作者作为驻莫斯科武官团团长向各国武官致辞

作者做客中央电视台“今日关注”节目

俄罗斯首任总统叶利钦与作者握手

与俄罗斯前国防部长伊万诺夫在一起

与俄罗斯武装力量总参谋长（左）在一起

与俄罗斯战争老战士在一起

俄罗斯战争老战士向作者赠送其回忆录

在俄罗斯老战士家中做客

在俄罗斯海军学院毕业典礼上致词

在卫国战争胜利日莫斯科红场观礼台上

在各国驻莫斯科武官团会议上

在“中俄哈石油论坛”上演讲

给军事留学生讲课

与首都大学生在一起

作者做客浙江“人文大讲堂”

作者荣获俄罗斯武装力量友谊勋章、纪念章

国际观察与思考：王海运将军文集（三）

新世纪的中俄关系

王海运 著

上海大学出版社

·上海·

图书在版编目(CIP)数据

新世纪的中俄关系/王海运著. —上海：上海大学出版社，2015.8
(国际观察与思考：王海运将军文集)
ISBN 978-7-5671-1805-8

Ⅰ.①新… Ⅱ.①王… Ⅲ.①中俄关系-研究 Ⅳ.①D822.351.2

中国版本图书馆 CIP 数据核字(2015)第 197859 号

丛书策划　李　伟　张恒龙

责任编辑　焦贵平　左希超
封面设计　倪天辰
技术编辑　金　鑫　章　斐

国际观察与思考：王海运将军文集(三)
新世纪的中俄关系
王海运　著
上海大学出版社出版发行
(上海市上大路 99 号　邮政编码 200444)
(http://www.press.shu.edu.cn　发行热线 021—66135112)
出版人：郭纯生
*
南京展望文化发展有限公司排版
上海华教印务有限公司印刷　　各地新华书店经销
开本 787×960　1/16　印张 31.25　字数 495 千
2015 年 8 月第 1 版　2015 年 8 月第 1 次印刷
ISBN 978-7-5671-1805-8/G·176　定价：98.00 元

总　序

《国际观察与思考：王海运将军文集》即将付梓出版，邀我作序。我与王海运同志共事多年，深知其谦谨为人、严以治学；粗略浏览文集，深感其内容浩繁、论说精辟；我又是上海大学上合组织公共外交研究院学术委员会主席，自感有责任向读者推荐本研究院博士生导师王海运的这一研究成果，故乐为作序。

王海运是知名国际问题专家，且长期工作在外交第一线，观察问题的国际视野开阔，研究问题涉及深层次因素较多，对策思考也颇具针对性。该系列文集第一卷《国际风云与中国外交》较为系统地反映了作者对有关问题的观察与思考，一定意义上勾勒出了近年国际风云的变幻及中国外交运筹的轨迹。王海运在思考有关问题时提出了不少重要观点，从中可以感受到他敏锐的洞察力。例如，关于世界进入由单极霸权向多极制衡过渡的"准多极时代"的论述，关于中国进入崛起"麻烦多发期"的论述，关于"战争与和平"的论述，关于中国应当确立"发展中大国"国际战略定位、"多极制衡"外交战略以及强化"五大意识"的论述，均很好地揭示了问题的本质，具有很强的战略性、前瞻性和指导性。

王海运是知名欧亚问题专家，其关于俄罗斯国内形势的变化、中俄关系的深化以及上合组织的建设等现实与理论问题的观察与思考等，丰富了我国对欧亚问题的研究。特别是对俄罗斯崛起性质与前景的判断，对中俄全面战略协作伙伴关系战略基础的分析，对"不结盟"与"准结盟"问题的辨析，对我国在上合组织建设问题上的战略目标及对"丝绸之路经济带"战略构想的内涵与实施路径的思考，均很好地反映出他对大国关系与周边外交的深刻见解。这些观察与思考集中体现在系列文集有关俄罗斯与上合组织的各卷中。

基于对能源安全在国家安全中重要性的日益提高，王海运近年在国际能源问题研究领域狠下了一番功夫，并且取得了丰硕的成果。他以国际政治的视角观察分析国际能源关系，就我国能源外交运筹与国际能源合作提出了许多颇具针对性和可操作性的建议，在能源业界赢得了很高的威望。特别是他对国际能源合作宏观环境的研究，中国能源外交战略的研究，对于能源企业"走出去"的正确决策和风险规避具有很好的指导意义。他的专著《能源外交概论》集中研究了这一领域的诸多基础理论与前沿理论问题，填补了国内外的研究空白；文集第五卷《国际能源关系与中国能源外交》则多角度地研究了当代国际能源政治、国际能源经济的各种问题，令人深刻感受到能源问题与地缘政治问题的紧密关联性。

可以看出，凝聚着王海运将军十几年国际战略问题研究结晶的系列文集的出版具有很高的学术价值和实践意义。上海大学出版社慧眼识珠，决定出版这部系列文集，非常值得称赞。相信这部文集一定能够赢得广大读者的关注与青睐。

上海合作组织首位秘书长
中国外交部前副部长　张德广
中国前驻俄罗斯大使

对国家民族的高度使命感

五卷本《国际观察与思考：王海运将军文集》问世，是国际问题研究领域的一件大事。

王将军长期工作在军事外交领域，素以认真和勤奋得到广泛的赞誉。多年来，在业余之际，在丰富的实践经验、对国际形势和我国外交政策长期观察和深入思考的基础上，他扬扬洒洒，撰论 200 余万言，尽管这还不是他笔耕的全部。

阅读他的巨著，你能深深地感受到他对时代风云变化观察之敏锐、思路之开阔，以及他对国家民族的高度责任感和使命感。

相信对于广大读者，特别是国际问题研究的专家和学者，《国际观察与思考：王海运将军文集》的出版将餍之使足。

中国社会科学院学部委员

中国俄罗斯东欧中亚学会会长

李静杰

国际关系学界的一件盛事

王海运将军文集出版，是国际关系学界的一件盛事。长期以来，他既立足本职工作又超越自身业务，以宽阔的视野、勤奋的精神、严谨的作风，关注和研究当今世界诸多领域的重大问题，从宏观到微观，经常提出一些富有创见的看法与建议。

政治性与学术性结合，时评性与研究性结合，理论性与实践性结合，贯穿在《国际观察与思考：王海运将军文集》的字里行间，充分体现出他的学术风格。

他对于中国安全环境的分析，对于中俄关系以及对于上海合作组织地位与作用的评估，对于国际能源关系与中国能源外交的论述，尤具特色。

将军兼学者，笔耕不辍，著作之丰，难能可贵。

中国当代世界研究中心教授

国际自然和社会科学院院士

充实我国国际问题研究文库的高水平论著

《国际观察与思考：王海运将军文集》是一部内容十分丰富、精辟论述国际问题的巨著。该书从国际战略形势着手，深刻分析当前的俄罗斯、中俄关系、上海合作组织及国际能源关系等具有重要理论与现实意义的重大问题。

王海运将军是我国著名的国际问题特别是俄罗斯问题专家。他长期处于外交工作第一线，担任重要领导工作，同时又非常勤奋地从事科研工作，撰写了大量高水平的论著。他对国际问题的研究，都具有高度战略性与针对性的特点。

《国际观察与思考：王海运将军文集》的出版，对充实我国国际问题研究文库将起着重要作用，是值得一读的好书。

中国社会科学院荣誉学部委员

陆南泉

既有理论价值又有现实指导意义

欣闻《国际观察与思考：王海运将军文集》出版，崇敬之情油然而生。我与王海运将军交往多年，自认为对他的学识和学风有些了解。但是，当我看到这部五卷本文集时，还是觉得对将军的了解实在太浅了。

国际问题研究作为一门学问，要做好其实是非常难的，尽管在许多问题上许多人都可以发表一些"高论"。国际问题研究既要求掌握基础理论和研究方法，又要求了解现实情况，知晓前沿动态，这样研究的结论才能够具有理论价值和现实指导意义。而要做到这一点，必须付出成倍的努力。王海运将军做到了！更难能可贵的是，他在离开工作一线后依然保持着充沛的精力和旺盛的研究热情，走在了国际问题研究的前列。

《国际观察与思考：王海运将军文集》集中了将军新世纪以来十数年的研究成果，不仅向我们展示了将军涉猎问题的广度，更证明了他研究问题的深度。

近些年来，王海运将军以自己独到的视角对中俄战略协作伙伴关系、上海合作组织、国际能源博弈以及"丝绸之路经济带"战略倡议等热点问题进行探讨和研究，得到了政府职能部门和学术界的高度重视。

《国际观察与思考：王海运将军文集》的出版将激励我们潜心治学，勇攀高峰。

中国社会科学院俄罗斯东欧中亚研究所所长、研究员

李永全

多视野高境界独创性重实践富远见

俄罗斯研究之所以不同于其他国家研究，在于这个国家始终是偏离所谓的“一般历史进程”，每每以其特立独行而彪炳于史册。

俄罗斯研究之所以特别艰难，在于其包蕴宏阔而又异常复杂多变，故通常是众说纷纭而难于归一。

俄罗斯研究之所以具有巨大的意义和价值，不仅因为她是中国的一个近邻，我们正努力建设一种新的战略伙伴型大国关系，而且因为俄罗斯的道路将始终是人类的多样性、多向度历史的一面镜子。观照其间，人们总会发现自己的影子。

王海运将军以其几十年深厚的功力，以多年驻外使节的贴近观察，特别是以他多视野、高境界、独创性、重实践、富远见的系统而全面的研究，为国人对俄罗斯的认知与理解，提供了一份极其宝贵的丰厚成果。

浏览、研读海运将军的这五卷大作，就好比对以往几十年，以及对未来的俄罗斯，做一番知识和心灵的游历，将会受益无限。

华东师范大学国际关系与地区发展研究院院长

俄罗斯研究中心主任

冯绍雷

军人中的学者，学者中的将军

我与王海运将军相识近三十年，亦师亦友。

常言道：将军决战岂止在战场。王将军书写了一部和平年代中国军人独特的“三部曲”：年轻时做战役战术研究，成为军事专家；壮年时从事军事外交和调研分析，对国别、地区和国际大势洞若观火，为“庙堂”献计，是出色的军人外交官；解甲之后并未“归田”，继续在中国军方最重要的智库——中国国际战略学会任高级顾问，在国内外智库研讨会上贡献才智，接受传媒采访，在中国外交战略和能源安全、国际战略研究等重大课题上著书立说，成一家之言，堪称“军人中的学者，学者中的将军”。

昔有朱可夫元帅的军事回忆录《回忆与思考》，今有王海运将军的学术专著《国际观察与思考》。两本书，均开卷有益，不可不读！

香港文汇报副总编辑

尹树广

目　录
Contents

第一专题　中俄关系发展

第二专题　中俄战略协作

第三专题　中俄经济合作

第四专题　中俄军事安全合作

第五专题 媒体访谈录

自　序

俄罗斯是中国的最大邻国，一定意义上是中国北部安全的“半边天”。俄罗斯与中国同为新兴大国，不仅国际战略利益、战略理念相近，而且在经济领域具有得天独厚的互补优势，从而为两国关系的不断深化奠定了坚实的基础。中俄已经建立起“全面战略协作伙伴关系”，两国战略协作与务实合作全面展开。中俄关系不仅在两国战略全局中均处于无可替代的重要地位，而且对世界和平与地区稳定具有重大积极影响。目前，中俄关系处于历史最好时期，成为两国与各大国关系中最成熟、最具建设性的一对双边关系。与此同时，两国关系发展中仍不可避免存在这样那样的障碍，需要下大力予以消除。

由于中俄关系具有极端的重要性和复杂性，笔者又长期在前苏联和新俄罗斯工作，对中俄关系的研究遂成为笔者多年关注的重点。新世纪以来，笔者参与了有关中俄关系的多次国际国内研讨活动，接受了多次媒体采访，发表了百余篇文章、访谈，内容涉及中俄关系的多个领域，既有对两国关系中重大事件的分析与评述，也有对深化两国关系的思考与建议。

为了与读者分享研究心得，在上海大学上合组织公共外交研究院的支持下，笔者将部分文稿集结成册，作为笔者即将出版的《新世纪的俄罗斯》的姊妹篇、系列文集的第 3 卷。文集跨越时段为 2000 年至 2013 年，大体是从普京崛起到普京第三任期开局，故曰《新世纪的中俄关系》。为了便于阅读，本书依照内容分编为中俄关系演变、中俄战略协作、中俄经济能源合作、中俄军事安全合作及媒体访谈录等5个专题，各专题文章以发表时间为序编排。

作为上海大学兼职教授、博士生导师及上海大学上合组织公共外交研究院学术委员会副主席，十分感谢上海大学对本文集编辑出版给予的热情帮助。谨以本文集的出版向研究院成立三周年致以诚挚的祝贺。

感谢我国俄罗斯研究学界朋友多年来给予的帮助。不妥之处，恳望读者批评指正。

第一专题

中俄关系发展

俄外交战略调整及其对中俄关系的影响*

俄罗斯是世界大国，无论是旧世界格局的坍塌还是新世界格局的形成，都与其密切相关。其外交战略走向，对新世纪国际关系包括中俄关系具有直接而重大的影响。

叶利钦时代俄罗斯外交战略的形成经历了一个曲折过程。俄立国初期，叶利钦实行以“争取与西方结盟、甘当西方二流伙伴”为核心的亲西方外交，对俄国家利益造成严重损害。自1993年开始，俄转而实行“双头鹰外交”，强调既面向西方也面向东方，但是其外交实践仍带有浓厚的亲西方色彩，且缺少明确的战略目标，因而收效甚微。1994年，叶利钦提出以“重振大国地位、维护传统势力范围”为核心的大国主义外交战略，但是受到主张对西方“一边倒”的外交部长科济列夫的抵制。1996年普里马科夫出任外长后，提出了以“成为未来多极化世界中重要一极”为目标、以“独立自主和东西方相对平衡”为特征的多极化外交战略。实践表明，叶利钦时代后期的俄罗斯外交相对其他领域而言，是失误最少、最有成效的领域，在国力严重衰弱的情况下较好地维护了俄的战略利益。俄国内各派政治力量虽然对叶利钦的内外政策争论不休，但是对其多极化外交战略却较少批评。

新千年到来，叶利钦时代终结。俄罗斯内外环境发生巨大变化，给其外交带来重大影响。**今后一个时期，俄外交战略的总体框架不会有实质性改变，但是必将出现重要调整。**

先来看一下影响俄外交走向的主要因素。

---

* 本文节选自作者2000年3月讲课稿。

除了上面谈到的国内政治环境的变化、经济实力和军事实力的发展之外，安全环境的变化以及安全战略的调整对俄外交战略更是具有直接影响。苏联解体使俄罗斯西部失去了上千公里的战略缓冲带，南部失去了外高加索、中亚安全屏障。去年以来，北约东扩、科索沃战争、以“防区外干预”为核心的北约新战略的出台、以“人权高于主权”为核心的美英新干涉主义的推行、美国反导防御计划的启动、美日军事同盟的加强，以及北高加索和中亚地区伊斯兰极端宗教势力和恐怖主义活动的猖獗，使俄安全环境进一步恶化。

在此形势下，俄关于国家安全的危机感进一步加深。今年1月6日，普京代总统正式签署了面向21世纪的国家安全构想。其核心内容是：对冷战后国际形势作出新的判断，强调单极与多极的矛盾影响着世纪之交的国际安全形势，认为美国企图建立单极世界、推行新干涉主义并着手建立国家反导系统，对俄罗斯乃至整个世界构成了重大威胁；对战争与和平的判断更趋严峻，强调国际安全形势中不稳定因素明显增多，在今后可以预见的一段时间里，以美国为首的西方国家“弱俄遏俄”的战略不会有实质性改变，对俄不利的国际与周边安全环境不会有明显改善。由于国家安全战略是俄维护国家安全利益、保证国家发展的总体战略，涵盖其外交战略的主要方面，对俄外交战略有着重要的指导作用，因此，新的国家安全构想的出台，势必对21世纪初期俄外交战略的走向产生至关重要的影响。

在上述多种因素的推动下，俄外交战略可能沿以下方向做出调整：

首先，加大多极化外交的推行力度，加强对美的制衡与抗争。将更加重视发展同世界和地区各力量中心的关系，特别是同在国际战略问题上利益相近、共识较多的大邻国中国的战略协作伙伴关系，以及同印度、伊朗等地区性大国的关系，存在同其中一些国家形成准同盟关系的可能性；同欧盟国家的关系将进一步拉近，在获取经济利益的同时加大借欧制美的力度；同美国的摩擦争端可能增多，俄美间不可能建立起真正平等的战略伙伴关系，亦不可能形成类似冷战期间那种全面对抗的关系，既合作又争斗、“合作有限度，争斗有底线”将是今后相当长的一段时间里俄美关系的基本特点。

其次，推动独联体一体化进程，确保周边战略缓冲带。独联体外交仍将是俄总体外交的“重中之重”，围绕独联体问题的外交活动将进一步增多。将在坚持近几年实行的“多层多速一体化”方针的同时，变争取“首领地位”为建立

"平等互利互信"关系。在努力推动经济一体化的同时争取军事安全合作取得较大进展,变独联体集体安全体系为确有行动能力的防御联盟。为遏制独联体国家西靠倾向,防止西方国家、伊斯兰国家对独联体国家进行渗透,以确保独联体的传统势力范围,俄将综合运用政治、经济、军事等多种手段。

其三,为维护国家主权统一而坚决抵制外部干涉。将强烈反对美英的新干涉主义,努力维护以联合国为中心的国际安全机制和以不干涉主权国家内政为核心的国际安全准则。将强烈反对宗教极端主义、民族分裂主义和恐怖主义,推动该领域的国际合作。对西方借民族、宗教、人权等问题干涉俄内政的企图,保持高度警惕,采取强硬立场。对西方以此为借口干涉他国内政的做法,将明确表示反对,并可能与有类似情况的国家相互支持。

其四,为恢复和发展经济营造必要的外部环境。外交将为建立于俄有利的国际经济新秩序、开拓国际市场、吸引外部投资、争取经济利益、尽快实现经济恢复和发展服务。审慎、逐步地实现与世界经济的一体化,将是新世纪俄对外经济活动的基本方向,加入 WTO 将是今后一个时期俄经济工作的重要课题。经济关系将被置于对外关系中更加重要的位置,外交将带有更多的经济色彩。经济安全在俄安全战略中的地位将更加突出,经济利益将更多地影响到俄同其他国家的关系。

其五,大幅调整军事安全政策,确保对美低水平战略均势和应付局部武装冲突的能力。继续把核武器作为维护大国地位、确保俄及其盟国安全的有效手段。坚决维护现有核军控条约,特别是 1972 年的苏美反弹道导弹条约,确保对美国的低水平战略均势。面对以发展高技术兵器为中心的军备竞赛和南部地区的动荡形势,俄将不断加大国防投入,特别是对高新武器装备的研制投入,增强高技术条件下的常规作战能力。

关于俄外交战略调整对中俄关系的影响,可以用以下几句话来概括:关系不断加深,合作基础广泛,发展前景良好,仍存一些隐忧。

关系不断加深。俄罗斯立国后,在中俄共同努力下,顺利实现了由中苏关系向中俄关系的平稳过渡。此后,两国关系连续迈上了三个台阶:睦邻友好关系、建设性伙伴关系、战略协作伙伴关系。两国间已建立起一系列调节矛盾、避免冲突、加强合作的重要机制:国家元首会晤机制、总理混委会机制、安全磋商机制、安理会合作机制等。对两国关系影响重大的边界问题已基本解决。两国间形成了以“不对抗、不结盟、不受意识形态干扰、不干涉对方内政、平等信任、互利合作”为特征的新型国家关系。两国先后与哈、吉、塔共同签署了关于在边境地区加强军事领域信任措施及相互裁减军事力量的两个协定，为加强中俄睦邻合作关系奠定了坚实的基础，并为树立国际新型安全观提供了良好范例。两国在多极世界、反霸权、反对新干涉主义、维护联合国权威、反对美日部署反导系统等重大国际问题上形成了广泛的共识。普京任代总统后，更加注重发展与中国的战略协作伙伴关系，赞赏中国渐进的改革模式和经济成就，表示中国将是其首选出访国之一，并相继采取了一系列重要措施加强与中国的战略协作。

合作基础广泛。一是联手推动世界多极化进程。目前，大国力量严重失衡，美国地位超强、霸权主义上升，北约“新干涉主义”盛行，对世界多极化进程构成重大威胁。中俄均面临复杂的国际安全环境，迫切要求进一步深化两国战略协作伙伴关系。在美国恃强称霸、单极与多极成为世界主要矛盾的情况下，只有中俄两个大国联手合作才能维护各自的国家安全，才能推动世界多极化进程、维护世界和平与地区稳定、维护现行国际安全机制和安全准则、恢复国际战略平衡，才能制止绥靖主义发展、给国际反霸力量以鼓舞。二是联手抵制美国的战略挤压。中俄均面临美国推行遏制战略的巨大压力。一方面，北约东扩对俄国家安全构成严重威胁，将北约阻挡在前苏联以外地区是俄今后相当长时间内的一项战略任务。为此，俄在努力推动独联体军事一体化的同时把中国视为抗衡北约东扩的“战略后方”，积极寻求中国在此问题上的支持。另一方面，美国积极支持日本修改美日安全防卫合作指针、不断加强美日韩军事同盟、加紧对中亚和蒙古等地区的渗透、暗中支持“台独”势力，使中国安全利益受到严重威胁。为反对美在中国周边建立反华包围圈、抗衡美日同盟，中国亦有必要借助俄罗斯。三是在军控和裁军领域协调行动。美国积极研究部署战区导弹防御系统和国家导弹防御系统，公然要求修改美苏《反导条约》，美国会拒绝批准《全面禁止核试验条约》，严重阻碍了世界军控和核裁军进程，引起以发展高技术兵器为中心的军备竞赛升温，对世界安全与稳定构成严重威胁。遏制军备竞赛发展势头、加强军事技术合作、使国家防御能力保持在必要的水平，是中俄面临的共同任务。四是在维护国家主权、反对民族分裂的斗争中相互支持。中国和俄罗斯均属多民族国家，均面临西方国家和宗教极端势力支持下的民族分裂威胁，在民族问题上相互支持、加强合作显得尤为紧迫。俄在车臣问题上十分珍视中国的支持，中方在台湾、西藏、新疆问题上也迫切需要俄的帮助。

发展前景良好。在今后相当长时期内，俄为抗衡西方挤压、维系大国地位，对中国的借重可能进一步加大。中俄战略协作伙伴关系的基础和基本框架不会改变，两国战略合作在新形势下还会进一步发展。中俄关系是中国外交全局中不可缺少的重要资源，进一步巩固和发展中俄战略协作伙伴关系，不仅符合中国加强周边安全的需要，而且可增强中国的国际地位、有利于中国的外交运筹，使中国在稳定对美等西方国家关系中获得更大的回旋余地，这对于中国在未来多极国际格局中占据有利地位至关重要。国家利益、战略需要决定了中俄战略协作伙伴关系具有良好的发展前景。不论俄哪派政治力量上台，这一点都难以改变。

仍存一些隐忧。政治上，东段边界黑瞎子岛和阿巴该图洲渚的归属问题尚未解决。俄存在大国主义和对外扩张传统，普京政策主张中的民族爱国主义成分突出，加之俄对中国综合国力明显高估（普京署名文章称中国国内生产总值为美国一半），“中国威胁论”（力量对比失衡论、人口扩张论、领土要求论）在俄有较大市场，今后俄对中国国力强大的担忧可能会有所增大。俄已走上西化之路，中俄存在意识形态方面的差异及改革模式方面的竞争。经济上，两国经贸关系严重滞后于政治关系。尽管这种状况对两国政治关系尚未造成大的影响，但是可能造成中俄战略协作伙伴关系的空心化。外交上，俄运筹重点仍在西方，对华关系将受俄与美等西方国家关系的制约。俄积极发展与中亚国家及日本、印度、越南等国的关系，也有对中国进行战略牵制的目的。在对华合作中特别是在认为中方有求于俄的军技合作中，俄可能抬高要价、坚持“一揽子解决”或与经济合作“挂钩”，在关键性技术方面仍会有所保留。

世纪之交的中俄关系*

世纪之交的中俄关系，可以说是中国与各大国关系中最成熟的一组大国关系。

第一，高层交往不断加强。去年，叶利钦以健康原因为由，没有出席亚太经合组织非正式首脑会议，却抱病前往比什凯克参加了中俄哈吉塔五国元首会晤。叶利钦私下说，他赴会的目的就是要同江泽民主席会晤。去年底，叶利钦再次推迟对日本、印度等国的访问，却在出院后不久前往中国与江泽民主席会面。美国总统克林顿在台湾问题上作出“三不”承诺，叶利钦则宣布“四不”，增加了“不向台湾出售武器”这一条。俄罗斯还明确支持中国严打“法轮功”邪教，甚至表示“应该把李洪志引渡回国枪毙”。

江泽民主席对中俄关系的未来发展极为关注。今年 3 月 27 日，也就是普京当选俄罗斯新一届总统的当天，江主席立即与普京通了电话，对他的当选表示热烈祝贺，并对普京在出任俄罗斯代总统期间为中俄关系稳步发展所作的努力表示赞赏。普京对此深表感谢。他说：您是外国领导人中第一位向我表示祝贺的，发展并深化与中国的战略协作伙伴关系是俄罗斯坚持不懈的对外政策。俄罗斯尊重并支持中国在台湾问题上的立场，不支持台湾独立，不支持两个中国或一中一台，不允许台湾参加只能由主权国家参加的国际组织，不向台湾提供武器。我同样相信，俄中关系将在新世纪得到全面发展。

第二，战略协作全面加强。科索沃战争前后，俄罗斯主动与中方在重大国际问题上加强磋商与协调，共同反对美国建立“单极世界”，推动多极化进程，

* 本文节选自作者 2000 年 6 月讲课稿。

是与中国发表“多极化联合声明”的第一个国家。在联合国的几乎所有重大问题上，中俄两国的立场都基本一致。此外，在中俄联合倡导下，中俄哈吉塔建立了“上海五国机制”，在加强区域合作、抵御伊斯兰宗教极端势力渗透、反对民族分裂等重大问题上定期举行会晤，开展协调与合作。目前，这一机制还在进一步深化，存在发展为地区合作组织的前景。

第三，积极扩大军技合作。去年军委张万年副主席访俄，今年迟浩田副主席访俄，俄方都给予了破格接待。俄方还表示要在反导问题上与中方加强实质性合作，并提出了一系列重要建议。俄罗斯太平洋舰队去年10月访华，与中方首次举行了联合演习。中国从俄罗斯购买的两艘“现代”级导弹驱逐舰，去年底已交付一艘，今年要交付另一艘。中国还从俄罗斯购买了苏-27飞机（性能强于F-16）、C-300防空导弹（性能强于“爱国者-III”）等先进武器装备，至此俄罗斯已成为中国引进先进武器装备的主要来源。

关于普京时代中俄关系的前景及其在中国战略全局中的地位问题，我想在这里多讲几句。

先谈谈普京外交的总体走势。可以用一句话来概括：外交战略总体框架不会改变，但是具体政策和运筹策略可能出现一系列新的特点。

普京出身强力部门，有着深刻的传统思想烙印和强烈的民族爱国情结；同时他又是追随激进民主派起家的，认同民主价值观和市场经济原则。因此，普京的思想基础和治国理念具有明显的双重性，其外交思维也必然具有二元性：既有强烈的强国意识，又正视国力虚弱的现实；既崇尚西方，又对其存有很强的戒心；既强硬，又灵活务实。这就使得普京外交政策易于多变、难以把握。但同时必须看到，普京是一个典型的务实主义者，国家利益是其外交决策的主要依据，而国家利益在一个时期内是相对稳定的，因而普京的外交政策走向，特别是从战略层面看，又是可以预测的。

从俄现行外交战略的实施情况看，我们完全有理由认为，普京外交承袭必然大于创新。经过1994年和1996年两次大的调整，俄外交战略可以说已经趋于成熟，比较符合俄罗斯国情。**在俄国力严重衰退的情况下，以“恢复大国地位、维护传统势力范围”为核心，以“成为未来多极世界重要一极”为目标，以“独立自主、多方位、东西方相对平衡”为特征的现行多极化外交战略，较好地维护了俄的国家利益**。尽管各派政治力量对叶利钦的政治、经济、社会政策多有批评，但是对其外交战略却较少争论。目前，俄国内不存在对现行外交战略进行重大修改的政治要求和客观条件。

从以上分析可以看出，在今后一个时期内，俄外交战略的总体框架不至于发生大的变化。

同时应当看到，俄最高权力的更迭标志着“叶利钦时代”的终结和“普京时代”的开始。普京作为新一代领导人，有着明显不同于叶利钦的政治理念和行事风格，有着开创新时代的强烈愿望，并且面临着新的国家发展任务。这就决定了普京外交将具有许多新的特点，可能出现一系列政策和策略调整。

首先，将具有反危机色彩。这是由俄面临的任务所决定的。普京外交首先要考虑当前反危机的需要，其次才能考虑长远发展。与此相关，普京必然强调外交服务于内政，为俄罗斯稳定和发展创造条件。

其次，将具有经济主义色彩。恢复经济是普京面临的最紧迫、最艰巨的任务。外交必须为发展经济创造必要的外部环境，外交将更多地围绕经济问题展开，以经济利益作为定位国家关系的重要考量。争取经济援助和外部投资、推动对外经济技术合作及与世界经济接轨，将成为普京外交的重点内容。

其三，将具有突出的军事安全色彩。科索沃战争后，俄安全环境进一步恶化，稳定和改善安全环境成为普京面临的重大课题。在安全与经济两大根本利益中，一定时期的某些方向上，安全利益可能被置于更高的位置。特别是在美国建立国家导弹防御系统和军控问题上，俄不可避免地要同美展开激烈的争论，以维持对美低水平战略平衡。

其四，将具有较强的实用主义色彩。一切以利益为转移，较少理想主义和浪漫主义(这与叶利钦有很大不同)。对外活动多数情况下可能是低调的、非进攻性的，同时又是积极进取的。坚持多极化目标的同时少说多做，反对美国单极企图但是不挑头扛旗。国际事务“有选择地参与”，某些方向、领域的外交活动可能收缩，集中外交资源于关系俄切身利益的方向和领域。减少虚张声势，从逞强好胜转向量力而行，从注重大国面子转向更注重实际利益。既强调维护国家利益的坚定性，又讲求实现国家利益的灵活性。

具体到中俄关系，我认为，两国战略协作伙伴关系仍有望继续深化，但是可能出现一些新情况、新问题。

之所以认为中俄战略伙伴关系仍将继续发展和深化，**首先是因为中俄多**

年的共同努力为两国关系奠定了坚实的基础。两国间不存在重大的悬而未决的问题。两国已建立起一系列调节矛盾、避免冲突、加强合作的重要机制。两国已形成新型国家关系，战略协作已取得明显成效。俄国内主要政治力量在发展对华关系问题上不存在原则性分歧。

其次是因为新形势下中俄两国战略协作具有巨大的潜力。两国均面临发展经济的艰巨任务，均需要和平稳定的国际和周边安全环境。两国均面临美国战略遏制的巨大压力，在建立多极世界、反对单极企图，反对霸权主义和新干涉主义，维护联合国权威和国际安全准则，反对北约东扩、美日强化军事同盟和发展反导系统，维护中亚、东北亚地区稳定和战略平衡，反对民族分裂主义、宗教极端主义和恐怖主义，维护国家主权和领土完整等问题上联手合作，符合两国的根本利益。俄虽在经济上有求于西方，但安全利益与美等西方国家严重相悖，纷争、摩擦难以减少，俄不可能为了发展同西方国家的关系而恶化对华关系。

其三是因为普京在发展中俄关系问题上态度比较积极。普京多次强调，俄中关系不会因俄国内局势变化而逆转。俄高层内部亦不断传话，称普京时代俄中关系将比叶利钦时代更好。普京当政几个月来，俄发展对华关系的热情未见减少。对 7 月 18 日的中俄首脑会晤，普京态度积极、期望较高。普京作风务实，有望改变俄在对华关系上“说的多做的少”的局面。

总之，俄的国家利益特别是安全利益决定了其在相当长的时间内必须把对华关系放在重要位置。中国国力日渐强大，也使得俄更加重视对华关系。

与此同时，中俄关系发展中多年存在的问题一时仍难以解决。中俄均以对美关系为重点，中俄关系必然受到各自对美关系的制约。中俄在地缘政治利益方面存在某些竞争性，俄仍存戒心，仍以中国为潜在威胁，“中国威胁论”在俄仍有一定市场。两国经济关系严重滞后，且短期内难以大幅提升。俄已走上西化之路，中俄之间存在意识形态方面的差异和经济改革模式方面的竞争。双方关注的重点多有不同，互动困难。

更值得密切关注的是，普京时代中俄关系可能出现一些新的复杂情况。普京对华政策可能具有较强的实用性，在涉及重要利益问题上与其打交道的难度可能增大。普京对西方存在一定的妥协性，为本国利益有可能打中国牌。普京有民族主义倾向，加之对中国综合国力估计偏高，担心中国强大后对俄构成威胁。美国对中俄军事技术合作的压力正在增大，俄在一些敏感问题特别是军事技术合作问题上的保留可能增多。俄对中俄经济关系滞后十分不满但缺少自责，欲借军技合作对中国施压，有发展经济合作的强烈愿望但又时常追求单方面的利益，因而解决中俄经济关系滞后问题难度很大。

中国应从安全战略和发展战略的高度认识中俄关系在我国战略全局中的地位和作用，下大力运筹好中俄关系。

俄是中国外交全局中可资利用的重要因素。俄虽已衰弱，但仍是政治、军事、资源大国，并有可能成为未来多极化世界中的重要一极，在现在和将来的国际事务中都有着重要影响。俄是我国在国际事务中的主要战略伙伴，中俄战略合作对我国运筹大国关系特别是拉动中美关系、营造周边安全环境均具有重要意义。在当前大国力量严重失衡的情况下，中俄只有联手合作，才能较好地维护各自的国家利益。

在中国解决台湾问题上，俄的作用无可替代。由于中国面临解决台湾问题的艰巨任务，因此对俄的战略倚重正在增大。在世界各大国中，俄对我国国家统一问题立场最为鲜明。各大国中惟俄有可能在政治上给我以一定理解、道义上给我以一定支持、军事技术上与我保持一定合作。当然，一个重要前提是，我对俄关系必须运筹得当，而且要从现在做起。

从发展战略看俄亦对我国具有重要意义。与俄开展能源合作，是我国21世纪能源战略的重要选择。吸引俄参与我国西部开发，有可能为我国西部经济发展找到重要外部依托。俄是未充分开发的大市场，可能成为我国实施“走出去”战略大有前途的方向。

因此，在发展中俄战略合作问题上似应胆子再大一些，步子再快一些。对俄在我国战略全局中的重要价值，我国应有充分认识。美、俄都是我国外交的“重中之重”，美是最主要的对手，俄是最重要的伙伴。要制定对俄外交构想，建立对俄工作协调机制，努力解决缺少互信的问题。要着眼于对台斗争的需要发展安全领域的战略关系。在经济合作问题上要有新思路，还要准备面对新情况、新麻烦。

中俄签约及中俄关系前景*

《中俄睦邻友好合作条约》不论在中国还是在俄罗斯对外关系史上都是独一无二的，蕴含着大量的新思维、新理念、新原则。这一条约是彻底摈弃冷战思维的条约、体现时代精神的条约、面向未来的条约。条约的签署不仅开创了两国关系的新纪元，标志着中俄关系进入到一个新阶段，而且具有广泛深远的国际意义。

一、《条约》的突出特点

以"相互平等、相互尊重"为基础的条约。这一条约充分体现了"国家一律平等"理念，缔约双方不同于20世纪50年代中苏条约中"大哥哥"与"小弟弟"的关系，更不同于美等西方国家某些条约中霸主与附庸之间的关系。中俄两大国完全平等，中俄与其他小国也是如此。这是一种先进的思维，代表了新时代国家关系的发展方向。

以摈弃冷战思维为特征的条约。《条约》确立了在"和平共处五项原则"基础上建立"不结盟、不对抗、不针对第三国"的国家关系指导方针，既不同于历史上两国同他国签订的同盟条约，更不同于美等西方国家间签订的此类条约，传递了两国摈弃冷战思维的战略取向。《条约》虽然将起到制衡美国霸权主义的重大作用，但是并不以反对美国为目的。制衡不等于对抗，更不等于为敌；战略协作伙伴关系虽然高于一般战略伙伴关系，但是远不是结盟关系。这就为两国稳定、发展同美等西方国家的正常关系预留了空间，有利于两国的国家

* 本文系作者2001年7月23日所写备忘录。

利益，有利于世界的和平与稳定。目前两国结盟有可能形成新的不对称两极格局，既不符合时代精神，也不利于两国的安全与发展。但是，考虑到美国霸权心态的急剧膨胀和新干涉主义的肆虐，两国亦不能不为将来一旦必要时结成反霸同盟奠定基础。这就是《条约》规定当一方国家安全受到侵略威胁时双方应“立即进行接触和磋商”的深层内涵。

以避免意识形态对抗为取向的条约。这一条约不同于西方国家以反对共产主义阵营、输出“民主价值观”为目标的“北大西洋公约”，也不同于前社会主义阵营以对抗帝国主义阵营、推动世界革命为考量的“华沙条约”。世界是多元化的，意识形态也应是多样性的。不同意识形态求同存异，在比较中完善发展，在竞争中调整进步，有利于世界的和平，有利于各国的发展，有利于不同文明的和谐相处。

以和平与发展为主要诉求的条约。和平与发展是当今时代的主题，和平环境是发展的必备条件，发展经济是求得持久和平的重要途径。靠牺牲发展、以武力求和平，只会使和平更无保证，世界更不太平，自身安全受到更大威胁。摈弃武力、以发展求和平，和平才能持久、可靠。因而，条约既符合两国也符合世界人民长远的根本利益。

面向新世纪的条约。这一条约签订于新世纪之初，指导今后几十年两国关系的发展。《条约》所体现的“三新”精神(新型国家关系、新型安全观、新型合作模式)，为新世纪国际关系的发展、新的国际政治秩序的建立指明了方向。世界多数国家接受“三新”精神之时，就是国与国战争减少之时，也是民主、公正、合理的国际政治秩序建立之时。《条约》将造福于两国和世界人民及其子孙后代。

制衡美国霸权主义的条约。称霸与反霸是 21 世纪前十几年甚至前几十年的世界主要矛盾。《条约》充分反映了这一矛盾，明确规定“共同致力于维护全球战略稳定与平衡”。中俄在此关系到世界前途与未来的重大问题上联手合作，必将对美国称霸世界的野心产生有力制约，对世界爱好和平、期盼发展同时又对美国霸权主义敢怒不敢言的广大发展中国家产生巨大鼓舞，对一些在美国霸权面前搞机会主义、绥靖主义和投降主义的国家产生巨大拉动，对多极世界的形成产生巨大推动。

二、《条约》对中俄关系的深远影响

《中俄睦邻友好合作条约》是中俄两国间的世纪条约，将首先作用于中俄关系，为两国关系的发展开辟光明的未来。

将对两国关系的发展起到重要的规范和指导作用。《条约》对两国关系近年来的发展进行了理论总结，以法律形式确立了两国关系发展的基本准则。这些基本准则是：睦邻友好、平等信任，互利合作、共同发展，战略协作、共同安全。这些准则将对今后几十年两国关系的发展具有重要的规范和长期的指导意义。

将进一步夯实两国战略协作伙伴关系的政治基础。中俄两国人民有着传统的友谊，这一友谊经过近年两国人民特别是两国领导人的共同努力得到很好的发展。但是由于历史的原因和西方的挑拨，两国人民间的相互了解、相互信任还比较薄弱，一定意义上已成为两国战略协作伙伴关系进一步深化的“瓶颈”。《条约》规定中俄两国“世代友好、永不为敌”，双方庄严承诺两国边界将是和平友好的边界，“相互没有领土要求”，永远做“好邻居、好伙伴、好朋友”，“互不使用武力或以武力相威胁”，“互不首先使用核武器和互不将战略核导弹瞄准对方”。这将使西方国家恶意散布的“中国威胁论”（中俄实力对比失衡论、中国对俄领土要求论、中国对俄和平扩张论）和“俄罗斯不可靠论”（俄外交具有动摇性、妥协性、两面性、利己性）不攻自破，对于消除中俄关系怀疑论、增进两国人民的相互信任、夯实两国战略协作伙伴关系的政治基础，具有十分现实且深远的意义。

将推动两国战略合作向广度和深度发展。《条约》所规定的两国战略合作领域十分广阔，从国际政治领域共同抗衡霸权主义、追求多极世界、推动民主公正合理的国际新秩序的建立，到两国政治、经济、科技、文化等领域的相互支持和帮助。可以说，《条约》为21世纪两国各领域的战略合作奠定了基础。只要两国遵照《条约》精神、按照《条约》之规定行事，两国间的战略合作就会越来越有成效，在维护两国的安全与经济利益方面发挥的作用也会越来越大。

将大大增强两国在国际事务中的战略地位。中俄均是拥有悠久历史和文化底蕴的大国，均是人口众多、资源丰富、有巨大发展潜力的大国，均是联合国安理会常任理事国，均是坚持时代精神、主持国际正义的大国。两国加强战略合作，不仅消除了两国间可能发生冲突的后顾之忧，而且大大增强了两国的战略分量。美国虽然实力超强，有称霸世界的野心，但不能忽视中俄两个大国联手合作的巨大能量，而世界各国也会更加重视两国在国际事务中的影响力。这就为俄罗斯重振大国地位、中国重新跻身于世界大国之林，创造了重要的条件。两国对新世纪国际关系的影响将主要表现为三个方面：一是核心作用，中俄将成为抗衡霸权主义的核心、维护战略稳定的核心、促进地区和平与发展的核心；二是示范作用，中俄关系将在确立新型国家关系、新型安全观、新型合作模式方面成为世界各国的典范；三是鼓舞作用，将在激励世界人民反霸斗志、消除绥靖主义危险、维护世界和平与稳定方面起到重要作用。

三、中俄战略合作的紧迫领域

《条约》既已签订，必须尽快采取积极措施，扩展两国合作的领域，扩大两国合作的规模，提升两国合作的层次。从目前面临的形势和任务看，首先应予以深化合作的领域主要是：

维护全球战略平衡。这一问题既关系到两国的国家安全，也关系到世界的和平、安全与稳定，在此问题上中俄两大国肩负着不容回避的历史责任。特别是在美国决计发展国家导弹防御系统、谋求绝对战略优势的今天，联手限制和迟滞美国实施反导计划，是中俄面临的紧迫战略任务。

维护国际安全机制。以美国为首的北约绕过联合国安理会对主权国家动用武力，是威胁世界和平稳定以及影响中俄等国国家主权的危险举动。中俄应在维护以联合国安理会为中心的国际安全机制方面加强合作，采取有力措施，坚决抵制霸权国家边缘化联合国安理会的企图。中俄应坚决捍卫“不干涉主权国家内政”的国际安全准则，坚决抵制美英等国推行的新干涉主义。

确保两国共同周边地区的安全稳定。在中俄共同周边地区特别是中亚地区，恐怖主义、分裂主义和极端主义势力在西方敌对势力的支持下活动日益猖獗，已成为威胁地区安全与稳定的主要因素。如其在中亚任何一国得逞，都将严重恶化中国和俄罗斯的周边安全环境。因此，中俄应在上海合作组织框架内就打击“三股恶势力”加强合作。

捍卫国家主权和领土完整。中国有个台湾问题，俄罗斯有个车臣问题，两者都关系到国家主权和领土完整，都有外部势力插手的背景。两国应采取具体措施落实条约中有关支持对方“在维护国家统一和领土完整问题上的政策”的条款。在台湾问题和车臣问题上，中俄应相互给予更多的政治、道义乃至物质和军事技术支持。

推动经济快速发展。发展经济是“硬道理”。从国家长远利益考虑，只要不出现大规模战争的威胁，不论中国还是俄罗斯都应坚持“以经济建设为中心”的基本国策不动摇。两国要切实发挥经济上的互补优势，通过完善市场机制、改善投资环境、动员大型企业、扩大政府参与，尽快打破经济关系滞后的“瓶颈”，推动两国经济合作快速发展，为两国关系的持续深化奠定坚实的物质基础。

综上所述，对中俄关系的未来发展，我们完全可以充满信心。只要两国切实践行《中俄睦邻友好合作条约》的基本精神，坚持“世代友好，永不为敌”国家关系基本方针，在美等西方国家的打压、利诱面前不动摇，在某些敌对势力的挑拨面前不动摇，在发生局部利益摩擦和纷争情况下不动摇，中俄关系就会得到长期、健康、稳定的发展，中俄战略协作就会极大地造福于两国人民，造福于世界人民。

中国应下大力发展中俄关系*

1991 年 12 月，新俄罗斯独立建国，中国随之与其建立外交关系。10 年来，中俄关系连续上了三个台阶：从 1992 年的“相互视为友好国家”上升到 1994 年的“面向 21 世纪的建设性伙伴关系”，然后又提升到 1996 年的“平等信任、面向 21 世纪的战略协作伙伴关系”。普京上台后，两国关系发展势头不减。过去的一年里，中俄战略协作伙伴关系得到进一步加强。江泽民主席去年 12 月 11 日总结 2001 年的中俄关系发展主要有四件大事：一是签署《中俄睦邻友好合作条约》；二是就一批大型合作项目达成协议；三是共同推动建立起上海合作组织；四是在反恐、反导等领域的战略协作更加密切。

当前俄美关系的变化并未改变中美俄战略三角关系的格局。

“9·11”事件后，大国关系经历新一轮深刻变化。当前俄外交的战略收缩特别是俄美关系的改善，客观上使中国面临的挑战有所增大。如何看待大国关系的发展前景，成为学术界普遍关注的问题。

我们在看待和处理大国关系时，既要重视中美俄三角关系的意义和作用，又要超越这一思维定式。在关注俄美关系改善可能对中俄战略伙伴关系产生一定消极影响的同时，亦应看到俄美关系的发展并未改变中美俄战略三角关系的基本格局。中美、中俄、俄美关系在某种程度上可以并行不悖地发展，中美俄战略三角仍将保持中俄相互借重，既共同牵制美国单极企图，又各自谋求改善、发展对美关系的态势。江泽民主席 6 月 6 日在圣彼得堡会见普京时说：“俄美关系的发展为国际社会所关注，但是归根到底是俄美两家自己的事情。”

* 本文节选自作者 2002 年 9 月的讲课稿。

在大国关系出现复杂变化的情况下，更应重视影响中俄关系的基本因素。 中俄建立并深化战略协作伙伴关系绝非权宜之计、策略之举，而是两国战略利益交汇的结果。应当看到，即使在叶利钦时代初期俄美关系处于“蜜月期”之时，中俄关系也未出现大的波动。

历史证明，诸多不以领导人意志为转移的不变因素是推动中俄关系发展的主要动力：① 地缘政治因素。中俄有 4 334 公里的共同边界，互为最大邻国，营造睦邻友好的周边环境是两国的共同需要。② 安全利益因素。俄面对美国“弱俄遏俄”的压力，中国面临美国“西化分化”的压力。中俄两国均受到美国的战略挤压，在维护国家安全利益上需要相互配合。中俄两国都面临打击分裂主义与恐怖主义的战略任务，在维护国内稳定上需要相互支持。③ 政治基础因素。俄国内各派政治力量对发展对华关系态度较为一致，主流社会主张大力发展中俄关系。④ 经济发展因素。一是中国面临推进现代化建设的艰巨任务，俄总统普京也提出了“强国富民”的战略目标。二是双方在资源、产业结构和发展水平等方面具有较强的互补性。三是两国间陆路、水路、航空交通便利，具有独特的地缘优势。上述不变因素对中俄关系的发展起着重要的基础性作用，不会因为俄美关系的改善而发生根本性变化。

在中俄战略协作伙伴关系中中国更需要俄罗斯。既要看到中俄建立并深化战略协作伙伴关系是两国战略利益交汇的结果，同时也要清醒地认识到，我对这种战略协作的需要较俄更为强烈。

首先，俄是我外交全局中可资利用的重要因素。目前俄国力虽弱，但仍是政治、军事、资源大国，再加上地缘及历史原因，俄在国际舞台上较我回旋余地更大。俄地跨欧亚两大洲，历史上即是欧洲和世界列强之一。在欧洲，俄与法、德是战略伙伴，其融入欧洲的努力正在加大，与北约关系也得到某种程度上的缓和。在亚洲，俄与印度是战略伙伴，与伊朗等国也保持着传统盟友的关系。反观中国，除俄之外，战略伙伴屈指可数。在美恃强称霸、大国力量对比严重失衡的情况下，要推动世界多极化、维护我周边安全环境、打破美等西方国家对我的战略遏制企图，必须高度重视中俄战略伙伴关系，充分利用俄美间的战略矛盾、减轻我面临的战略压力。至少可以说，美国一超地位能维持多久，中俄间的战略协作就应保持多久。此外，俄在打击“三股势力”、人权等一系列重大问题上，亦是我坚定的支持者和同盟军。

其次，俄在我武力解决台湾问题上具有无可替代的价值。目前在世界主要国家中，俄在台湾问题上对我的支持最为有力。解决台湾问题是我今后10～20年的重大战略任务，如我不得已而对台动武，在世界各大国中惟俄有可能在政治上给我以一定理解、道义上给我以一定支持、军事技术上与我保持一定合作。俄还是我面临"强敌介入"威胁时的地缘战略纵深。虽然我们把台湾问题和车臣问题相提并论，但是俄在台湾问题上现在给予我的支持和将来可能给予我的支持，要比我在车臣问题上能够给予俄的支持作用要大得多。此外，俄对我不构成威胁，使我有可能腾出力量来集中应对东南方向的麻烦。

其三，俄对我经济发展战略的实现具有重要意义。俄是一个尚未充分开发的大市场，在国际市场日益饱和的情况下，进军俄罗斯市场是我实施"走出去"战略的重要思路。而俄的经济复兴，其所依靠的外部支持，如在资金、技术方面，目前更多的是来自西方国家而不是中国，中国有着释放这一潜力的可能。

其四，俄对我确保能源安全具有特别重要的影响。俄是能源资源大国，与俄积极开展能源合作，应是我21世纪能源战略的重要选择。我国是石油生产和消费大国之一，1999年我石油探明储量累计205亿吨，年产量1.6亿吨，列世界第5位，但是随着经济持续快速发展，我国石油供需缺口不断加大。1993年，我由石油出口国变为净进口国。2000年进口石油7 000万吨，预测2005年将达8 000万吨以上，到2020年我石油消费的50%以上将依赖进口，年进口量可能高达2.4亿吨。而俄油气资源十分丰富，与我又有输送便利，可望成为我国重要油气供给源。

总之，俄是我战略运筹中可资利用的重要因素。**当前乃至今后一个较长时期内，对美、对俄关系都是我外交战略的"重中之重"，但美是我最主要的战略对手，而俄可能成为最重要的战略伙伴，发展对俄关系显然应当置于更加重要的位置**。

在对中俄战略协作伙伴关系发展保持充分信心的同时，应当看到中俄关系发展仍然面临一些问题，要进一步深化中俄关系，必须化解这些障碍性因素。

首先，俄外交战略的重点仍在西方，对华关系受其与美等西方国家关系的制约。特别是普京执政以来，既坚定捍卫国家利益，又讲究灵活适度的策略，使我与其打交道的难度增大。

其次，俄中力量对比此消彼长，使俄对我的疑虑和防范有所增大。由于历史原因、地缘因素及传统影响，俄政界、军界对我有成见者、存戒心者不乏其人，主要是担心中国的崛起可能会给俄树起一个“劲敌”。按照俄10年发展规划，如俄经济保持每年4～5%的增速，到2010年俄经济刚好恢复到苏联解体前俄罗斯联邦的水平，难以与我匹敌；即使保持年平均7%的增速，至2020年GDP也仅为9 717亿美元，仅相当于届时我国GDP的23.3%（我将为41 792亿美元）。

俄对我的疑虑和防范心理主要表现在三个方面：一是“中国威胁论”在俄仍有一定市场。俄某些政治势力和远东地方当局及一些媒体围绕“中国公民滞留远东”问题大肆渲染“中国威胁论”。据不完全统计，1999年以来，俄部分报纸发表了近百篇担心中国“向北扩张”的文章。中俄在进行《睦邻友好合作条约》谈判中，俄方最为关切的一点就是第六条：“缔约双方满意地指出，相互没有领土要求”。二是俄军仍在举行以我为假想敌的演习。俄军在亚洲地区的演习虽然大多以美日韩联军为主要作战对象，但是仍然强调在翼侧加强对我的防范。2000年，驻亚洲地区俄军共举行师以上规模演习43次，其中以我为主要假想敌的演习有13次。2001年举行集团军以上规模演习19次，其中以我为单独假想敌的3次，以美、日、韩、中为共同假想敌的6次。三是俄在军技合作中对我有防范心理，强调要确保对我的军事技术优势。俄前国防部长谢尔盖耶夫曾讲过，不管现在还是将来，卖给中国的武器都应该是有选择的，“不能让俄中在军事技术方面的差距缩短到20年以内”。

其三，两国经济关系中存在不少问题。主要表现在两国贸易额与两国经济合作潜力不相称，商品结构单一，贸易方式不规范，经济合作层次低、规模小，以及两国政治经济关系发展不平衡等。俄认为，经济关系滞后将影响战略协作关系的可持续发展。

因此，我既要坚持发展中俄战略协作伙伴关系不动摇，同时又要对普京实用主义外交路线的妥协性、两面性心中有数，预做研究、妥谋对策。

总体看，两国关系发展中积极因素是主流，消极因素则是局部的、非主流的，有些更是潜在的；中俄战略协作伙伴关系有着广泛的战略基础，有着相当强的可持续发展潜力，在可预见的一段时间里发生逆转的可能性不大。

加强对俄关系是新世纪我国外交运筹的重大任务*

鉴于今后若干年世界将处于由单极向多极过渡的时期,国际安全环境十分复杂,而我国又面临一系列重大战略课题,特别是不得已情况下武力解决台湾问题的艰巨任务,如何争取战略伙伴、扩大战略空间、避免国际孤立,已成为我国外交运筹的紧迫任务。

不论在全球层面上还是地区层面,中俄都面对共同的战略对手、面临相近的战略任务、有着共同的战略利益和近似的战略诉求。这就为中俄战略协作伙伴关系的持续发展奠定了重要基础。

俄罗斯与美国战略利益严重相悖,美"遏俄弱俄"的战略既定,决定了今后几十年俄美间将摩擦不断、争斗不休,这就为我争取俄罗斯提供了广阔的空间。

俄罗斯近年来深陷危机、急剧衰弱,但至今仍是不容忽视的政治大国、军事大国,且资源丰富、科技储备雄厚、发展潜力巨大,仍具有重大国际影响力。那种认为"俄衰弱了,在国际关系中无足轻重了,与俄联手没有意义"的观点是缺少根据的。

从地缘政治看,中俄互为最大邻国,要营造良好的安全环境、扩展我战略纵深、缓解美国强化亚太战略给我带来的压力,不能不与俄发展关系。

从大国关系运筹看,搞好对俄关系可以局部改变世界战略力量严重失衡的危险局面,提高我在对美关系中的地位。实践表明,中俄关系运筹得好,可以拉动而不是损害对美关系。

从军事战略看,我不能不考虑一旦对台用武时必须有一个相对可靠的先

---

* 本文系作者 2003 年 5 月所写备忘录。

进武器装备来源、一个能对美国构成牵制的相对强大的战略伙伴。

从发展战略看，俄罗斯是世界级的能源大基地，对我解决能源安全问题意义重大；俄罗斯是尚未开发的大市场，可为我提供新的市场空间；俄罗斯科技潜力雄厚，对我科技发展亦具有重要价值；俄罗斯还是我实施西部开发战略的重要外部依托。

从战略利益、国内政治力量格局和国家间的关系互动等指标看，今后十几年俄罗斯的基本战略取向有利于中俄战略协作伙伴关系的稳定发展。

因此，必须从安全战略和发展战略的高度认识俄罗斯对我的战略价值，运筹好俄罗斯因素。在发展对俄关系问题上，不能急功近利、只顾眼前经济利益。要努力突破“互信不足”、“经贸滞后”的瓶颈，千方百计将对俄关系推上新的高度，使之成为新世纪我反霸斗争、维护国家安全和世界和平的主要战略伙伴。

我同俄罗斯的战略协作伙伴关系是以“不结盟”为特征的。“不结盟”在现阶段无疑是明智的，因为与俄结盟的一个直接后果可能是形成新的不对称两极世界格局，使我面临更大的安全压力，不利于我综合国力的快速发展。因此，不到十分必要，不应走上结盟之路。但是考虑到一旦我对台用武、美国强力介入等非常事态，我亦不能不从现在起就为必要时与俄结盟创造条件。结盟与否，是策略而不是战略，是手段而不是目的，只能根据形势和任务来决定。

要建立广泛的国际反霸统一战线，需要有一定分量的国际组织作为依托，最近建立的“上海合作组织”完全可以担当这一重任。占世界人口 1/3、欧亚大陆面积 2/3 的 6 个相邻国家，在“和平”与“发展”的旗帜下携起手来，共同维护地区安全、制衡美国霸权，无疑将对世界大多数国家特别是那些对美国霸权行径敢怒不敢言的发展中国家产生巨大鼓舞。“上海合作组织”所倡导的“睦邻友好、平等互信，互利合作、共同发展，战略协作、普遍安全”的新型国家关系准则、新型安全观、新型区域合作模式，为民主、公正、合理的国际新秩序的建立指明了方向。“上海合作组织”的不断发展、壮大，对于吸引广大发展中国家投入反霸事业、组成广泛的国际反霸统一战线，具有十分重要的意义。而俄罗斯是影响上合组织发展的关键性因素，中俄加强在上合组织框架内的战略协作对于上合组织的未来至关紧要。

因此，**大力发展对俄战略合作关系应成为新世纪我外交运筹的一项重大任务。**

中俄关系面临新的发展机遇*

最近一段时间俄罗斯发展对华关系的积极性明显增高。高层会晤中，俄高官高度评价中国的快速发展及在国际事务中的重要作用，主动提出一系列深化合作的建议。俄外交部就台湾"防卫性公投"迅速做出反应，旗帜鲜明地反对"台湾独立"。中俄军技合作第十次混委会成功举行，俄方表现出前所未有的合作姿态。俄几大强力部门对加强对华合作明显较前积极。

情况表明，俄高层就深化对华合作形成新的共识，其国际战略思维出现重要变化。这种变化与中俄两国各领域合作进展顺利、我坚持不懈地开展对俄友好工作、我快速发展及负责任大国形象的树立直接相关。2003 年国际战略形势的变化、俄面临安全威胁的增大以及俄对自身战略地位、战略利益的再认识，则是俄调整对外政策的深层原因。

在过去的一年里，俄美龃龉不断，"9·11"后两国关系改善的势头严重逆转。美国在伊拉克战争问题上大搞单边主义，在伊拉克战后重建问题上排斥俄，在车臣战争问题上掣肘俄，在议会选举、"尤科斯"事件等问题上责难俄。美驻欧洲军事力量部署重心东移，策动格鲁吉亚剧变、压俄从格撤出军事基地，向俄的后院中亚地区进一步渗透，推动北约扩大至俄的家门口。凡此种种，使俄在国家安全问题上的危机感急剧增大。在 10 月出台的《俄联邦发展武装力量的紧迫任务》重要文件中，字里行间均流露出俄对美推行霸权主义、单边主义，遏制俄发展、挤压俄战略空间的担忧，以及对自身实力不足、急需连横合纵以维护俄罗斯国家利益的紧迫感。随着俄国内政治力量格局变化，强

* 本文系作者 2004 年 1 月撰写的研究报告。

力部门在高层决策中的影响力增大，亲西方主张受到冷落，发展与中国、欧洲大国及发展中国家的关系，借以抵御美国咄咄逼人的霸权扩张，成为俄高层新的战略选择。

综合上述分析似可作出判断：中俄关系出现新的发展机遇。这一机遇期的长短，既与国际战略形势今后发展变化有关，也与我是否接招、如何接招直接相关。从我在新世纪面临的国际战略环境、社会发展任务，特别是解决台湾问题的紧迫需要考虑，俄罗斯因素无疑在我战略全局中具有巨大价值，持续发展、不断深化对俄战略协作，与俄相互借重、互为纵深符合我最大战略利益。**我应紧紧抓住、充分利用这一重要机遇，大胆接招、主动出牌，努力增进政治互信、主动推出深化两国战略合作的新举措，并以积极务实的姿态解决两国关系中存在的各种问题。**

（一）主动推出深化合作的重大举措

国际战略合作，是中俄合作的重要领域，对我极具价值，且潜力巨大。当前应重点从以下方面予以加强：共同抵制美国单边主义，维护以联合国为中心的国际安全机制和以不干涉主权国家内政为核心的国际安全准则；共同防范美国对欧亚大陆的扩张和渗透，保证中俄周边安全环境的稳定；共同推动朝核、印巴等与中俄利益攸关的地区热点问题的解决，制止美国黩武倾向的发展；共同抑制日本成为军事大国的野心，防止日本军国主义复活及日美联手破坏地区力量平衡。

经济合作，是两国战略协作的基础性工程。目前两国经济合作发展滞后，应努力予以加强。中俄经济合作主要有四个层面：一是大项目合作。此领域合作总体进展顺利，但是能源合作问题较多，应推动俄从战略高度作出政治决断。二是大企业合作。目前看，俄尚不具备我大企业大举进军的环境条件，不能操之过急，但是需加紧政府间磋商，努力创造条件。三是地贸合作。目前进展较好，所占份额较大，但是仍有巨大潜力待开发。四是民贸合作。中俄民贸对我相当数量的中小企业的生存和工人就业关系重大，但是存在不规范等弊端。我应以“十六大”精神重新审视民营企业在中俄关系中的地位和作用，与俄方共同努力，引导其走上规范、合法的经营轨道，变“倒爷”形象为商家形象、劣质商品形象为精品形象、地摊形象为店堂形象。四个层面的积极健康合作，可使俄成为我重要新兴市场、重要投资方向，中俄战略协作伙伴关系亦会得到更好的发展。

军事安全合作，是两国战略关系水平的重要标志。目前两国在此领域的合作进展基本顺利，成果显著。下步努力方向宜为：军技合作方面，推动俄方在提供关键技术和关键部件以及合作研制问题上对我更加开放；军训合作方面，推动俄方在先进装备的战术使用等问题上对我更加开放；各强力部门之间应广泛开展对口合作，主动深化反恐、边防海防、应对紧急情况、打击有组织犯罪等方面的合作。

上合组织框架内的合作，对我增强国际地位、维护西北地区稳定、实施西部大开发战略和能源来源多元化战略、扩大国际市场份额均有重大意义，对深化中俄战略协作亦有重要作用，我应以积极主动的姿态予以推进。要尽快建立和完善相关机制，推动该组织在国际战略、地区安全、经济发展等领域有更大作为，促使该组织在国际和地区舞台上发出更加有力的声音，产生更加广泛的影响。

（二）进一步消除猜疑，增进互信

要努力消除“中国威胁论”的影响。“中国威胁论”在俄仍有不小市场，是两国增进政治互信的最大障碍。俄某些政治精英对中国的快速发展心怀疑虑，担心中国强大后对俄构成威胁，抛出“中俄力量对比失衡论”。俄民族主义势力对通过不平等条约侵占中国的150万平方公里土地放心不下，担心中国强大之后要求收回，散布“中国领土要求论”。俄面临人口减少危机，我民众在俄滞留触动了俄的敏感神经，“中国移民扩张论”由此而生。俄军在远东、西伯利亚地区的演习继续以我为假想敌，对我军售中仍有诸多保留，能源合作波折不断。这些问题不解决，两国合作难以进一步深化。

为此，我应大力宣传我和平外交路线和防御性军事战略，宣传中俄军技合作和经济合作的双赢性质，宣传我和平崛起不会对俄构成任何威胁，相反有利于俄的发展与安全。

要多邀请俄各界人士，包括那些对我不友好而又有较大政治影响的人士到中国看一看，使更多的俄罗斯人对中国有一个正确的了解。

重视媒体对民心民意的影响，组织俄媒体代表到中国实地采访，促其对我客观报道。对于散布“中国威胁论”、“对华怀疑论”，甚至污损我形象的报道，要通过各种渠道做工作，包括与这些媒体面对面地进行讨论。

要切实贯彻胡锦涛主席“多交朋友，广交朋友”的指示，所有驻俄机构和到俄访问团组都要主动与俄各界交朋友，拉近感情距离。

积极开展对俄地方的工作，特别是对远东、西伯利亚地区的工作，这些地区受“中国威胁论”的影响最深，对两国睦邻友好关系的影响最直接，应成为我对俄工作的重点。要尽早解决边界遗留问题。

鉴于全部收回黑瞎子岛的可能性极低，与其长期僵持、给不友好势力散布“中国威胁论”以借口，不如实事求是，在总体不吃亏的条件下以置换方式果断解决。

要努力消除俄所谓我“对俄美重视不一”的疑虑。在讲“对美关系是我外交重中之重”之时，不要忘记对俄关系也是我外交的“重中之重”。区别仅仅在于一个是主要战略对手，一个是主要战略伙伴。对发展与主要战略伙伴的关系应有更高的热情、更大的投入。

对俄所谓我“在经济合作中不照顾俄利益”的抱怨也应予以重视。在大型项目招标中可适当向俄倾斜。在俄入世谈判问题上，在维护我关键利益的前提下可适当降低要价。同时要多做解释工作，使俄理解市场经济的规则。

（三）务实地解决两国关系中存在的问题

在中俄关系中，积极面是主要的，但是也存在一些消极因素。应充分利用俄对发展中俄关系更加积极的有利时机，以务实合作的姿态推动解决。

例如在俄华人华侨权益问题，应通过政府间磋商，既规范在俄华人华商的行为，消除俄关于非法移民的担忧，又促使俄方解决对在俄华人华商的歧视及警察敲诈勒索等问题，体现我新一届政府“以民为本”的宗旨，消除影响两国友好的隐患。

再如“法轮功”、“藏独”在俄活动问题，俄方迄今未予以足够重视，我应以《中俄睦邻友好合作条约》及即将签署的《联合打击三股势力协定》为法律依据，争取俄方早日宣布其为非法组织，予以取缔。

中俄关系的发展前景值得期待*

在今后十几年甚至几十年，中俄两国的战略利益可能更加接近，相互对对方战略价值的判断可能更加积极，战略上相互借助的需求可能更加迫切，各领域的战略协作有望全面深化。前提条件是，美国一超独大的国际战略格局不发生根本性改变，俄罗斯尚未重新崛起为真正意义上的世界强国，中国和俄罗斯高层战略判断和战略决策不出现重大失误。

做出中俄关系发展前景值得期待判断的主要依据是：

——今后20～30年，美国仍将是世界唯一超级大国，其充当“世界领导者”的全球霸权战略不会改变，视中俄为最具竞争潜力的战略对手而进行战略遏制的政策取向亦不会根本改变。也就是说，中俄两国联手制美的战略需求将长时间存在。两个具有战略思维的大国不会放弃相互借助而单打独斗。

——今后20～30年俄罗斯尚难发展成为真正意义上的世界强国，中俄力量对比将长时间对中国有利。尽管俄罗斯大国主义心态难以改变，但是在其真正强大之前很难重新走上扩张称霸的老路。更何况中国有望持续高速发展，成为世界强国的时间可能早于俄罗斯，将对俄罗斯重走霸权之路构成有力制约。

——今后20～30年，中俄两国对和平稳定的周边安全与发展环境的强烈需求不会改变。中俄互为最大邻国，为了集中力量发展综合国力，双方都不能不努力加强睦邻友好合作关系。

两国关系的最大变数是，双方高层战略判断和战略决策失误。如果在这方面发生问题，将难以完全排除两国关系倒退的可能性。但是，中国对俄在战

---

* 本文节选自作者2005年4月对莫斯科中国留学生的讲课提纲。

略全局中重大价值的认识是清醒的，俄罗斯经过十几年的挫折也极小可能重走“一边倒”的亲西方之路。

判断中俄关系具有可持续发展性质，不等于可以高枕无忧。这是因为：任何国家关系都需要小心呵护，否则就难有稳定和发展；两国关系中还存在政治互信不足、经济基础薄弱、外交非协调情况较多等障碍性因素，需下大力去消除；随着合作的扩大、交往的增多，两国在具体利益问题上的摩擦与纷争可能更趋频繁，需要以友好合作的精神冷静公正地加以处理；美国等西方势力不会停止对中俄关系的干扰，必然千方百计离间两国关系；俄国内政治生态仍然非常复杂，不排除一定条件下反华势力抬头的危险。

俄罗斯因素对我具有重大战略价值，但是只有不断深化对俄关系，关键时刻才可能发挥其积极作用。

首先是要增信释疑，努力消除“中国威胁论”对俄的影响。为此，需要营造客观友善的舆论环境，增进两国人民的相互了解和理解。

其次是加强经济技术合作，通过务实合作夯实两国关系的物质基础。

其三是强化两国在国际和地区事务中的战略协作，使俄感受到借助中国的战略价值。

其四是加强强力部门间的合作，强化两国合作的战略性质，将合作提升到更高层次。

其五是分清主流与支流，历史地看待两国关系发展中出现的一些问题。

关于中俄是否应当结成战略联盟问题，两国国内均存在意见分歧。

我认为，**目前两国尚不宜结成军事政治联盟**。**之所以认为军事结盟暂不可行，不仅是基于50年代中苏结盟的教训，而且是基于对目前和今后一个时期国际战略格局的判断**。中俄结盟必然会形成不对称的两极世界格局，这种格局不利于世界的稳定，更不利于力量较弱的一极。在美国超强的国际战略环境中，中俄结盟势必引起美国强烈反弹。在战略伙伴、战略协作伙伴、战略盟友、军事结盟等几种选择中，战略协作伙伴关系即“准战略盟友关系”比较符合目前的实际。

暂不结盟不等于不为将来一旦需要时结盟创造必要条件。**结盟是种策略而不是战略，不能教条主义地看待结盟问题。今后20年内，我可能出现建立联盟体系的战略需求。无论如何，我都应千方百计地争取俄、拉住俄**。

抓住俄外交布局调整契机深化中俄关系*

最近一个时期，在国际国内形势变动的驱使下，俄罗斯外交政策出现新一轮调整。其基本走向是，在保持实行多年的“东西方相对平衡的多极化外交战略”基本框架不变的同时，进行外交布局的局部调整：在东西方关系问题上，在继续以西方为外交重点的同时，对东方外交的力度有所加大，对华的借重有所增强，深化对华合作的热情有所增高；在对西方关系上，对欧外交的地位有所上升，借欧制美的意图更加明显；在独联体外交中，危机感增大，出现改变思路、加大投入的新动向。**我应紧紧抓住俄外交布局调整的契机，深化两国战略协作伙伴关系，将中俄关系推向一个新的高度**。

首先是努力增信释疑。增信释疑任务相当艰巨，必须采取更有针对性的举措，多层面、多渠道地开展对俄工作，解开俄罗斯人对我疑虑的心结。除高层、政府各部门多做工作外，建议进一步扩大民间交流、媒体合作与人员培训合作；除用好政府间战略磋商、安全磋商机制外，可考虑建立两国学术界“战略论坛”，就两国关系中各方面问题深入坦率地交换意见，为高层决策提供建议。当发生不愉快、不协调情况时，两国政府和民众均应着眼于国家关系的大局，冷静对待、妥善处理，避免因言辞过激、处置不当而伤害对方感情。媒体更应避免报道失实、情绪化炒作。

其次是大力扩展经济合作。通过政府间磋商，解决中国企业在俄投资、经营环境及规避风险机制问题；抓住当前有利时机，尽快落实能源合作项目；大力扶持边贸合作，扫清物流障碍，重点扩大我在俄远东地区、俄在我东北地区

* 本文系作者 2005 年 6 月在国内研讨会上的发言。

的经济存在；引导在俄华商改变经营思路，走规范化经营道路，树立中国商人、中国商品的新形象，同时力促俄政府友善对待我赴俄经商、务工人员，减少因民贸问题引发的纠纷；对俄科技潜力进行专项调研，更多地引进俄优势科技项目。

其三是加大军事安全合作力度。搞好联合军演，正确、有力地开展军演宣传，扩大政治效应，将两国战略协作提升至新的水平；军技合作中扩大技术合作的比重，推动重要军品的联合研制、联合生产，努力解决售后服务不到位及零配件价格过高等问题；针对强力部门在俄重大决策中地位上升的新情况，加大军事外交和特种部门外交的力度，使其在配合总体外交、提升国家关系水平、增信释疑等方面发挥特殊作用。

其四是共同稳定中亚地区局势。防止西方势力和极端伊斯兰势力在中亚国家制造动乱、共同稳定中亚地区局势，是当前两国战略合作的重要切入点。在中亚问题上，俄罗斯的举措大多与我利益吻合，宜予支持、鼓励、配合。特别要注意发挥上海合作组织的作用。上海合作组织对我营造西北安全屏障、稳定战略后方，推行新型安全观与发展观、改善与中亚国家关系，以及实施西部开发战略，均具有极为重要的作用。离开上海合作组织，俄罗斯与中亚国家还有集体安全条约组织、中亚合作组织等机制，而我目前能够参与的只有上海合作组织，因此我应比其他成员国更加关注该组织的发展。

上海合作组织成立仅仅 4 年，成绩显著、发展不错，显示出生命力。当前影响上海合作组织发展与作用发挥的最突出问题是意志不够统一，机制不够灵活，反应比较迟钝，声音不够有力。为此建议：

——从各个层面广泛开展对各成员国的说服工作，使其充分认识到上合组织的发展与其切身利益的关系；打消部分成员国的“惧美”心理，同时在举措上尽量避免直接针对美国；在中亚国家之间多做促和工作，防止因相互矛盾影响上合组织的发展。

——大力发展组织框架内及成员国之间的经济合作，使其感受到这种合作对其发展经济、消除贫困的重要作用；加大投入力度，解决投入选择欠妥、效率不高问题；重点加强能源合作，建设横贯中国与中亚的“能源丝绸之路”。

——积极推动军事安全合作，发挥其在震慑“三股恶势力”、预防“颜色革命”方面的积极作用。为此应推动建立军事首长定期会晤机制，在秘书处和反恐机构中增设军事代表；协调好上海合作组织与集体安全条约组织的关系，使之各有侧重、相互配合。

——扩大组织秘书处的授权，给予秘书长紧急事态下的随机表态权、应急处置权和紧急协调权，多数问题宜变事前协商一致为事后检查监督；改善秘书处和地区反恐机构的人员组成，确保其有效运转。秘书处和地区反恐机构官员是国际组织官员，派出国在其履职期间不应过多干预其活动。

——成立上海合作组织学会，联合有关组织与学者，为上海合作组织建设提供智力支持。

——对发生在本地区突发事件的解决，上海合作组织应积极参与、有所作为。这既是上合组织的责任，也符合成员国的利益、符合国际法，有利于增强组织的凝聚力。

中俄战略协作伙伴关系的深化不仅有利于中俄维护各自国家利益，而且有利于稳定大国关系和地区形势，有利于世界的和平与发展，必须格外诊视、积极推动。尽管中俄关系中仍然存在这样那样的问题，但是总体发展是顺利的。中俄关系已成为大国关系中最积极、最具活力的一对双边关系。只要两国认识到位、举措得当、坚持不懈，中俄关系一定会有很好的发展前景，俄罗斯因素在我和平发展中、中国因素在俄罗斯重新振兴中的积极作用一定会进一步增大。

胡主席访俄：深化中俄关系的新起点*

一、此次访问的主要成果

两国领导人就共同关心的国际、地区和双边关系问题深入交换了意见，达成了广泛共识，促进了政治上的互信，为两国战略合作奠定了更加坚实的基础。

发表了《关于21世纪国际秩序的联合声明》，为建立公正合理的国际政治经济秩序，促进世界和平、稳定与繁荣作出了新的贡献。

就经济合作问题进行了广泛磋商，签订了一系列重要协议。此次访问将成为两国深化经济合作的新起点，两国经济合作可望进入新的发展阶段。

就人文领域合作达成了重要协议：2006年在中国举办“俄罗斯年”，2007年在俄罗斯举办“中国年”。

就维护两国主权统一相互表达了坚定的支持。

为联合军演拉开了序幕。

二、此次访问的主要意义

这是两个大国最高领导人在50天里第二次握手，意义非同寻常。它向人们传递了一个非常重要的信息：两国战略合作得到新的深化，进入新的阶段。

进一步加深了两国的相互理解、政治互信，将两国战略协作伙伴关系推向一个以相互信任、平等互利、务实合作、共同发展为特征的全面发展新

* 本文系作者2005年7月为中央电视台“今日关注”节目谈话要点。

阶段。

进一步推动了两国的经济合作，能源、贸易、相互投资领域的合作可望取得新的进展。

进一步推动了两国在维护主权统一问题上的相互支持。为军事安全合作注入了新的动力，两国联合军事演习即将举行，两国军事技术合作将进一步深化。

特别引人注目的是两国发表《关于 21 世纪国际秩序的联合声明》，进一步凸显了两国关系的战略性质。

三、对《联合声明》的看法

《联合声明》是此次会晤一大亮点，内容十分丰富，涉及到新世纪国际关系的一系列重大问题，反映出两国在国际战略问题上利益与主张的广泛一致性，进一步夯实了两国战略合作的基础。

《联合声明》提出的一系列重要原则和主张符合时代的潮流，对推动世界的和平、稳定与发展，推动公正合理的国际秩序与新型国家关系的建立，必将产生重大影响。

《联合声明》代表了世界上绝大多数国家和人民关于建立新型国际秩序的强烈愿望，必将得到世界各国的广泛支持。

《联合声明》中最引人注目的内容是：一致认为和平与发展是时代的主题，多极化是世界发展的重要趋势；重申和平共处五项原则，摈弃结盟、对抗思维，倡导对话合作；主张各国自主选择发展道路、尊重世界文明的多样性和发展模式的多样化，反对外部强加社会政治制度；主张遵守国际法和国际关系准则，和平解决争端，建立互信、互利、平等、协作的新型安全架构，反对单边行动与强权政治；主张大小国家一律平等，反对将国家划分为领导者与被领导者；主张共同发展，消除发展水平差距。

四、关于两国经济合作

经济合作进展良好，但是与双方的期待仍有很大差距。

经济关系对两国战略协作关系具有基础性作用，不能长时间滞后。

经济合作应着眼战略全局，重点解决投资环境、防风险机制和便利化机制问题。大项目合作、大企业合作、边境地区合作、民贸合作应全面发展。

油气、水电、核能合作领域均取得重要进展。能源合作是两国经济合作的重头戏，将对两国经济合作产生重要带动效应。两国均应从战略高度看待能源合作，努力抵制外部势力的干扰。在两国战略合作不断加深的背景下，能源合作前景广阔。

五、关于联合军演

这是两国首次举行联合军演，开辟了两国军事合作的新领域。

这是一次战略性军演，不仅具有军事意义，而且具有政治意义。特别是对促进两国战略合作、地区稳定，将发挥重要作用。

军演的主要目的是相互学习、相互借鉴，提高两国军队的战斗力特别是协同作战能力。这从"友谊-2005"的演习命名亦可看出。

联合军演是世界各国军事合作的重要形式。中俄联合军演不针对第三国，某些别有用心的西方媒体所谓"针对某国"的说法缺少依据。

据俄国防部消息，双方参演兵力为俄方 3 000 人、中方 500 人。将出动各型战略轰炸机、水面舰只与特种部队。8 月 18～19 日在俄境内进行，20～25 日在中国境内进行。两国军队领导人将视察最后阶段的实兵演练，检阅参演部队。

关于阶段划分，尚不清楚具体情况。按照两国的习惯做法，大概分为演习筹划与准备、兵力集结与展开、演习实施、演习总结等几个阶段。实施阶段既应包括实兵演习，还应包括司令部图上作业与通信演练。

关于假想敌，最大可能是国际恐怖主义势力。

演习中，俄方可能要展示某些先进装备。有人说，这是俄方有意向中国推销。我认为在市场经济条件下推销也是正常的，对双方均有好处。

六、中俄关系的现状与前景

两国关系经多年共同努力，接连取得重大进展，几年一个新台阶，进入历史最好时期，成为大国关系的典范。《中俄睦邻友好合作条约》明确规定"世代友好、永不为敌"，为两国关系的持续发展奠定了坚实的法律基础。边界问题的彻底解决消除了两国关系中的最大历史遗留问题。《联合声明》的发表进一步深化了两国战略合作。两国关系具备了新的发展条件。

中俄战略利益具有广泛一致性（战略环境、战略任务、战略诉求、战略思维相近），具有巨大合作潜力（大国、邻国、互补优势）和坚实基础（政治基础、既有发展、机制建设）。两国关系具有战略性、全面性、机制性、可持续性。

两国关系的深化必然遭到来自方方面面的干扰，包括两国国内不同思潮、国际上别有用心势力的干扰。两国应努力增强抗干扰能力，坚定不移地推动两国各领域间的合作。

中俄关系是当代世界一对具有重要影响的大国关系。两国关系的发展深化，不仅将为两国人民带来实实在在的好处，而且有利于世界的和平与发展。

俄罗斯从中国崛起中受益*

日前读报,看到美国彭博新闻社题为"俄罗斯从中国崛起中获益匪浅"的文章,颇有一些同感。的确,不论从国际政治、经济发展还是从军事安全看,俄罗斯都是从中国快速发展中受益颇多的国家。

国际政治领域。俄罗斯是正在复兴中的大国,以成为未来多极化世界中的重要一极为战略目标,强烈希望建立公正合理、民主多元的国际新秩序。俄罗斯遭遇到以美国为首的北约"紧逼式挤压",地缘政治环境严重恶化,强烈希望改变严重失衡的国际战略格局。俄罗斯的稳定与发展遭遇到美等西方国家"扩展民主"的干扰,维护符合本国国情的发展道路和价值观任务艰巨。

在上述关系俄根本利益的重大国际政治问题上,中国都与俄罗斯都有着相近的处境、相近的利益、相近的主张。两国互为重要战略伙伴,在一系列重大国际政治问题上的战略协作十分紧密、极富成效,对俄罗斯维护国家利益、提升大国地位起到了重要作用。这不仅得益于两国关系的不断深化,而且得益于中国实力的快速增强、国际影响的迅速增大,因为只有共识广泛、意愿真诚而又实力强大的伙伴才有可能施予实质性援手。

经济发展领域。中俄两国经济具有很强的互补性。能源出口是俄罗斯经济增长的主要动力,而中国是持续稳定、需求旺盛的能源大市场。军品出口是俄罗斯维持其庞大国防工业生存与发展的重要途径,而中国恰是这一领域的重要客户。俄罗斯制造业相对落后,而物美价廉的"中国制造"对俄保证社会供给、提高人民生活水平贡献巨大。俄罗斯产业结构严重畸形,已成为经济持

---

* 本文发表于《世界新闻报》2005 年 9 月 30 日。

续发展的瓶颈,而中国近年来在制造业领域进步巨大,可为俄打破这一瓶颈提供资金支持、经验借鉴以及适合其发展水平的技术和管理。俄罗斯远东与西伯利亚的开发对其经济复兴和国家统一具有战略意义,而要发展其东部经济不能不借助中国经济的快速发展,中国振兴东北老工业基地战略的实施更为俄东部开发提供了难得的机遇。可以说,中国经济的快速崛起为俄罗斯经济的持续增长注入了重要助力。另外,中国的"社会主义市场经济"与俄罗斯的"可控市场经济"理念上存在着许多相近之处,两国可以相互借鉴。

军事安全领域。中国更是俄罗斯无可替代的战略伙伴。为集中力量发展综合国力,两国都迫切需要一个和平稳定的发展环境。而中俄互为最大邻国,两国睦邻合作对各自稳定周边、改善安全环境、相互提供地缘政治依托意义重大。最近成功举行的中俄首次联合军演向世界传递了一个重要信息:当中俄面临共同威胁时,两国完全有意志、有能力采取联合军事行动。在反恐、防扩散、军控等重大安全问题上,中国与俄罗斯也有着共同或相似的立场。显然,一个军事实力不断增强的中国,对俄罗斯解决复杂困难的军事安全问题具有非同寻常的意义。

一言以蔽之,中国的崛起对俄罗斯是种难得的历史机遇。正因为此,俄罗斯发展对华合作的热情近年持续增高。至于俄罗斯部分亲西方势力和极端民族主义势力视中国的强大为威胁,起劲地鼓吹"中国威胁论",甚至主张防范中国的崛起,根本不能代表俄政府的战略判断和俄社会的主流民意。这股浊浪迟早会被不断深化的中俄战略协作大潮所吞没。

2006年中俄关系展望*

2006年将是中俄战略协作伙伴关系进一步深化、各领域合作更富成效的一年，两国关系在各自国家战略全局中的地位有望进一步上升，俄罗斯因素对中国和平崛起、中国因素对俄罗斯强国复兴所发挥的积极作用有望进一步增强。与此同时，两国关系发展中的某些障碍性因素仍将继续存在，需要两国政府和有识之士努力消除。

一、推动两国关系进一步深化的主要因素

任何国家关系的发展都是多种因素推动的结果。展望2006年中俄关系的走势，亦离不开对其主要影响因素的分析。在众多影响因素中，以下四个方面具有决定性意义：

一是两国战略利益的持续一致性。战略利益是国家关系的基础，国际关系史上鲜有战略利益相悖而国家关系友好的实例。中俄关系的不断深化——从睦邻友好关系到建设性伙伴关系再到战略协作伙伴关系，与两国战略利益广泛一致是直接相关的。两国都处在冷战后严重失衡的国际战略格局中，都受到外部势力的挤压与遏制，战略处境十分相近；两国都处在社会转轨过渡期，都以发展经济、增强国力作为相当长时间内的根本性任务，因而都迫切需要一个睦邻友好的周边环境、一个和平稳定的国际环境、一个公正合理的国际秩序，战略需求十分相近。正因为此，两国在国际重大问题上的战略思维和政策主张也惊人的相似，特别是在多极与单极、多边与单边、战争与和平等关系

* 本文发表于《外交季刊》2006年第1期。

国际秩序的重大原则问题上，两国总是有着相同或相近的主张。这种战略利益的广泛一致性，既是两国关系多年持续发展的坚实基础，也是展望两国关系发展走势的基本依据。可以预料，今后相当长的时间里，只要国际战略格局不发生根本性变化，只要两国的地缘战略环境不发生实质性变动，两国战略利益的广泛一致性就会继续存在，两国关系就有望持续发展。前提条件是，两国不发生战略性判断失误，不做出损害对方战略利益、严重伤害对方民族感情的举动。从现实情况看，两国的领导集体都是成熟的、富有远见的，基本可以排除发生上述情况的可能性。近年来不管国际风云如何变幻，中国领导人都始终不渝地把俄罗斯作为“主要战略伙伴”，俄罗斯领导人也力排“中国威胁论”的干扰，将对华关系作为东方外交的“最优先方向”，即是最有说服力的证明。因此，从战略利益及战略领导角度看，2006 年中俄关系无疑可以持续稳定地发展深化。

二是两国关系发展的既有基础。既有基础坚实与否对新的一年两国关系的发展具有更为直接的影响。中俄两国关系经过近年的不断深化，已经达到相当高的水平。不仅边界问题彻底解决、《睦邻友好合作条约》签订、政治互信加深，而且经济合作、军事安全合作、人文合作都迈开了重要步伐。特别在国际战略领域，两国间的协作日益紧密。两国领导人对当前两国关系的评价是“处于历史最好时期”，完全恰如其分。政治互信不足曾是两国战略协作深化的主要障碍。经过共同努力，在过去一两年中这种情况发生较大变化。曾经在俄罗斯广为传播的“中国威胁论”遭到越来越多的抵制，理性地看待中国崛起、视中国的发展为机遇、主张加强对华合作的力量在俄罗斯精英层和民众中逐渐占据上风，从而为新的一年两国关系的深化提供了重要的社会基础。同时，两国外交运筹中的非协调情况也明显减少，具体问题上的分歧、摩擦大多能够及时友好地解决，这对消除互信不足亦产生了积极的影响。从既有基础看，2006 年应是两国各领域合作取得重要收获的一年，更多造福于两国人民的一年，在推动地区和世界和平与发展方面有更大作为的一年。

三是两国国内局势的发展变化。外交政策是国内政策的延续，国内局势的发展走向直接影响着对外政策的形成与实施。国际国内专家普遍认为，2006 年不论是中国还是俄罗斯，国内政局都会持续稳定、经济都会持续发展，因国内局势变化而导致对外政策重大调整的可能性可以排除。虽然俄罗斯两大选举临近，政治斗争可能趋于激烈，但是由于普京政权“强国富民”的施政理念深得民心、控局能力强，政治力量格局、大政方针不可能出现重大变动，完全可以保证其独立自主、务实灵活、东西方相对平衡的多极化外交战略的继续贯彻，在此框架内重视发展对华关系的方针亦不可能发生动摇。中国从政府到各界在大力发展对俄关系问题上早已形成广泛共识，“睦邻、安邻、富邻”理念深入人心更是为深化对俄关系奠定了坚实的国内政治基础。可以说，大力发展中俄战略协作伙伴关系已成为两国的主流民意，两国民众发展相互关系热情增高的势头强劲，必将为新的一年两国关系的新发展注入新的动力。另外，两国不论在政治发展战略还是在经济发展战略方面都不存在对立和竞争，甚至出现相互靠拢的趋势，也有利于国家关系的进一步加深。

四是两国关系发展的国际环境。国际环境必然作用于国家的对外关系，2006年的中俄关系也必须放到这一大的背景下去观察展望。新的一年国际战略形势仍有望保持总体稳定，但是导致局部动荡的因素可能增多，特别是两国共同的周边地区，某些方向上形势可能趋于复杂，需要中俄与国际社会更加紧密的协作。外部不友好势力不会减少对中俄经济社会发展的干扰，不会放松对中俄地缘战略空间的挤压，不会放弃对中俄振兴崛起的遏制，同样需要两国共同面对。与此同时，随着中俄的实力增强、影响增大，国际社会要求两国担负起更大的国际责任，中俄在此问题上也必须加强协调与配合。可以说，新的一年国际环境对中俄战略协作提出了更高的要求，这必将有力地拉动两国关系的发展，促进战略协作的深化。

二、两国各领域双边关系有望进一步深化

政治互信有望取得新的进展。中俄已充分认识到互信不足对两国关系的消极影响。新的一年里，两国增信释疑的努力将会进一步加大，两国关系发展的氛围有望更加客观友好，各领域合作机制也会得到进一步完善，从而为两国各领域合作的深化提供更加有力的保证。特别是两国高层战略安全磋商实现机制化，对增加信任、促进协调有望起到重要作用。两国政府经过长时间酝酿，准备于今年3月普京总统访华时推出一系列合作举措，有望将两国关系推向一个新的高度。在去年签署《关于国际秩序的联合声明》的基础上，两国元首会晤中可能签署一个更具分量的联合声明。随着中国的快速崛起、国际地

位的迅速提高，俄罗斯国力的逐步恢复、国际影响力的日益扩大，两国更加相互看好、相互看重，新的一年里这种势头不仅可以继续保持，而且存在进一步加强的极大可能。人文领域合作的全面展开亦有助于民众相互了解的加深、相互信任的增强。两国对举办“国家友好年”高度重视，今年的“俄罗斯年”将有一系列重要活动推出，也会对两国互信的加强产生重要推动作用。

经济合作有望取得重大进展。去年两国经贸额突破 290 亿美元，增幅高达 37%。新的一年两国经济合作完全可能取得更大进展。这首先是因为两国从政府到企业均高度重视经济合作，不仅认识到两国经济合作的巨大潜力，而且认识到两国经济合作对各自国家利益的重要性。其次是因为两国能源合作进入收获期。俄领导人不止一次宣布，今年年中将开工建设远东石油管线。由于普京政权实行深化对华合作的战略方针、大力推进东部地区战略开发、急于实现油气出口的多元化、受寡头和地方势力的掣肘减少，俄发展对华油气合作的大趋势已不可能发生逆转，远东石油管道的铺设出现决策性变故的可能性基本可以排除，尽管仍可能发生这样那样的技术性波折。俄石油公司正在与哈萨克斯坦方面磋商向刚刚建成的中哈石油管线注入西伯利亚石油，此举对密切中俄油气合作亦有重要助益。在核电、水电等领域的能源合作也有望取得新的进展。其三是因为两国企业间、地区间的经贸合作出现快速发展势头。随着俄经济特区的兴建及经济环境的改善，中国对俄投资和技术投入可能将有大的增长。俄企业参与我东北振兴、西部开发的兴趣越来越浓厚，新的一年也会采取更加积极的行动。两国沿边区域经济合作正在酝酿大的动作，有可能成为两国经济合作新的增长点。随着相互了解的加深，两国间机电产品贸易滞后的局面在新的一年可能有所改观，科技合作也有望取得实实在在的成果。在生态安全、灾害预防等领域，新的一年两国存在进一步加强合作的客观要求和共同愿望。另外，随着“中国威胁论”的退潮，民贸也可能出现新的发展空间。一句话，两国人民有理由期待 2006 年成为中俄经济合作大发展的一年，尽管还会遇到这样那样的困难。

军事安全合作将更具实质性。新的一年，两国军队及其他强力部门之间的交往有望进一步增多，相互信任进一步加强，实质性合作进一步加深。在 2005 年成功举行首次联合军演的基础上，中俄有可能在上海合作组织框架内会同其他成员国，再次举行较大规模的联合军演。此类联合演习不仅有利于震慑三股恶势力、促进地区国家的稳定，而且有利于增强上海合作组织的凝聚力和行为能力，有利于地区军事力量的平衡。在军技合作领域，两国业已签署的几个大项目在新的一年将进入交货期，两国军技合作将迎来收获的喜悦。新的合作项目正在加紧酝酿，由军品贸易为主向联合研制、联合生产为主的转变有可能取得进展。在人员培训领域，近年合作成效显著，新的一年有望按照培训与需要更紧密结合的方向迈出新的步子。在反恐、防扩散、共同打击武器和毒品走私以及情报交换等领域的合作，在既有基础上也会取得新的成果。

三、两国在地区稳定问题上的合作有望更富成效

在中亚地区稳定问题上，新的一年中俄战略合作将会更加紧密。中亚地区紧邻中俄，地区的稳定与发展关系到两国的重大安全利益，在地缘战略方面对两国有着特别重要的意义。在过去一年里，这一地区经历了美等西方势力策动的“颜色革命”的冲击，遭受到伊斯兰极端势力骚(暴)乱的破坏。西方势力企图在中亚强力“推展民主”及伊斯兰极端势力企图在中亚制造动乱，成为中亚局势动荡的两大祸源。而中亚动荡将严重损害中俄的安全与发展利益。预计在新的一年里，中俄在确保中亚稳定、促进中亚发展方面将会采取更加协调一致的举措，主要思路是进一步强化上海合作组织框架内的安全合作。今年年中的上海合作组织上海峰会可望推出一系列政治、经济、军事合作举措，从而进一步增大组织的活力和影响力。上海合作组织正在成为进一步深化中俄战略协作伙伴关系的重要平台。

在东北亚地区稳定问题上，中俄也会展开更富成效的合作。朝核问题是影响东北亚地区稳定的突出因素。在半岛无核化、和平解决争端、确保半岛稳定问题上，中俄有着共同的利益、共同的主张，进行着紧密的协作。人们虽然不能指望朝核问题年内彻底解决，但有理由期待取得进展。这有赖于有关各方包括中俄做出协调一致的努力，首先是促成六方会谈的复谈。日本的急剧右倾化及美日军事同盟的强化，对中俄都是新的挑战。日本右翼否定侵略历史不仅是对饱受日本军国主义侵略的中国人民的极大伤害，也是对苏联红军远东战役正义性的根本性否定。日本修改和平宪法、走军事大国之路，在未能认真反省侵略历史的情况下，必然对邻国包括中俄构成安全威胁。日本军事战略由本土防卫转向周边干预，存在成为破坏东北亚地区安全稳定新祸患的

极大危险。美日军事同盟的强化亦与地区稳定的要求背道而驰。中国与俄罗斯是该地区的两个主要国家，是在日本问题上有着重大利害关系的两个大国，不能不团结地区各国，共同制止日本沿着对其本国、对整个地区都十分有害的邪路继续下滑。新的形势将促使中俄在东北亚问题上的战略协作更加紧密、更加坚定。

四、两国在重大国际问题上的战略协作有望更加广泛

新的一年里，中俄在重大国际问题上的战略协作有着众多切入点，两国有望进行更加广泛的合作。

在维护联合国权威、制约单边主义问题上，中俄有着共同的利益、共同的主张。尽管美国深陷伊拉克泥潭，布什政府在国内政治中陷入极大被动，不得不稍稍收敛其单边主义的气焰，但其自恃拥有超强实力、急欲成为世界霸主的战略不会发生任何改变。在新的一年里，围绕联合国的地位与作用问题，美国还会不断生出事端，中俄作为安理会两大常任理事国有责任确保联合国的权威不被破坏、单边主义受到遏制。在联合国改革问题上，中俄也会采取更加协调一致的步骤。

在反对强权政治、维护不干涉主权国家内政问题上，中俄也面临复杂的形势。动辄以“民主”、“人权”为由干涉主权国家内政，甚至直接颠覆合法政权，已成为美等某些西方国家的惯常做法。“人权高于主权”、“去主权化”理论严重破坏现行国际安全准则和国际秩序，而其在中俄周边国家的推行更是直接危害到两国的国家安全，中俄不能不高度警惕、积极应对。特别是在关系到两国的主权统一问题上，例如车臣、台湾等问题上，以及在抵御外部势力干预本国政治进程、确保国内政治稳定等问题上，新的一年中俄需要并且能够进一步加大相互支持的力度。

在核不扩散问题上，中俄面临更加严峻的挑战。除以上提到的朝核问题外，当前最为紧迫的是伊朗核问题。在此问题上中俄面临着困难的抉择：既要坚定地维护核不扩散原则，又要公正维护伊朗和平利用核能的权利；既要稳定与美欧国家的关系，又要照顾到广大伊斯兰国家的感情；既要维护自身的国际形象，又要维护本国在伊朗的经济利益特别是能源利益，对俄来说还有核商业利益。因此，中俄在协调各方立场、促成外交解决、避免全面制裁、消除战争

危险问题上必须有所作为。推动伊朗核问题的外交解决,有望成为新的一年中俄战略协作的新领域。

另外,在八国集团峰会、亚太经合组织、东亚共同体及其他国际和地区问题上,两国也存在巨大的合作空间,新的一年里可望得到更好的开发和利用。

在对新的一年中俄关系发展趋势做出乐观展望的同时,不能忽视两国关系发展的障碍性因素。这些障碍性因素仍会有顽强的表现,仍会不断对两国关系造成干扰。特别是对中俄关系有着严重销蚀作用的"中国威胁论",在国际反华势力"妖魔化"中国的大背景下,有在俄重新抬头的现实危险,必须予以高度关注。对美关系的处理依然是易于引起中俄相互猜疑的敏感问题,加之两国内部主张俄中、中俄关系服从对美关系的势力依然强大,两国在统一内部认识问题上必须多做工作。外部势力对中俄关系的干扰破坏仍会无孔不入,要求两国保持必要的警惕、采取及时的沟通措施。两国民众交往增多,具体问题上的摩擦在所难免,亦要求两国政府及时妥善地处理、两国民众冷静友好地看待、两国媒体避免情绪化炒作。

总之,新的一年,两国仍要在增信释疑、营造良好舆论氛围、夯实经济基础等方面做出实实在在的努力。舍此,一切乐观的展望都会大打折扣。

影响中俄关系深化的障碍性因素及应对举措*

在共同战略利益的拉动及国际形势发展的驱动下，在两国政府及各界人士的共同努力下，近年中俄战略协作伙伴关系发展总体良好。最近普京总统正式访华，两国关系进入战略协作与务实合作并举的新阶段。中俄关系已发展成为一对比较成熟、极具影响的大国关系。这不仅对两国发展环境的营造、国家利益的维护、战略地位的增强起到十分重要的作用，而且对促进世界和平、地区稳定与国际战略平衡有着广泛、积极的影响。与此同时，两国关系的发展仍不尽如人意，主要原因是存在一些影响关系深化的障碍性因素。尽管这些问题只是两国关系中的支流性问题、前进中的问题，但是对战略协作和务实合作的进一步深化有着不容小觑的消极影响。正视这些障碍性因素的存在，实事求是地分析问题的症结所在，进而采取针对性措施予以化解，已成为推动两国关系深入发展的重要课题。

一、影响两国关系深化的障碍性因素

影响两国关系深化的障碍性因素多种多样，主要表现为如下几点：

（一）政治互信不足集中表现为“中国威胁论”与“俄罗斯不可靠论”的传播

“中国威胁论”已在俄罗斯流传多年，至今仍在蔓延。俄罗斯的“中国威胁论”与西方国家鼓吹的“中国威胁论”有许多相通之处，同时又具有某些俄罗斯

* 本文发表于《外国问题研究》2006 年第 4 期。

特色，主要包括“中俄力量对比失衡论”、“中国人口扩张论”、“中国经济威胁论”、“中国领土要求论”以及“中国生态威胁论”。这些论调在俄部分政治精英中经常谈论，在俄媒体上广为传播，对民众认知及舆论氛围产生了较大影响，对两国战略协作伙伴关系有着严重的销蚀作用。

俄罗斯部分精英看到中国经济快速发展和国际地位大幅攀升，看到两国发展差距不断拉大，一方面更加看重中国，重视研究、借鉴中国的经验，另一方面出于传统安全思维、大国主义心态以及种种误解，担心一个强大的邻居会对其构成威胁，于是出现**“中俄力量对比失衡论”**，甚至产生某种危机感。美日针对中国崛起而“妖魔化中国”的做法，使俄罗斯某些势力更加相信中国强大必将对俄构成挑战。

俄罗斯远东地区经济发展缓慢，人口危机加深。几年前远东 8 个联邦主体尚有 790 多万居民，现在已不到 700 万。而中国仅东北三省就有一亿多人口。于是某些俄罗斯人认定中国人为寻求生存空间必定要大量流入俄罗斯远东地区，引起远东地区民族成分的改变，增大远东地区脱离俄罗斯的危险。加之近年来进入俄罗斯特别是其远东地区的中国人数量增多、无序现象严重，一些对华不友好的势力似乎更有了事实依据，于是抛出了**“中国人口扩张论”**。他们甚至耸人听闻地大讲“几十年后俄罗斯远东可能要改讲中文”。

中国经济快速增长，中国商品走向世界，到俄经商者激增。一些俄罗斯人感受到了中国商品对俄罗斯市场的冲击，却忘记了这些物美价廉的商品对其解决居民供给、保持社会稳定所起到的积极作用。两国间“资源换消费品”的贸易模式是两国经济结构的现实造成的，某些俄罗斯人却耿耿于怀，指责中国在“掠夺俄罗斯的资源”。加之部分俄罗斯人缺少市场经济意识，将正常的经贸往来视为“经济扩张”，担心俄远东地区成为“中国经济的附庸”，于是出现**“中国经济威胁论”**。赞成这种论调者，虽然在俄罗斯高层为数不多，但是在经济界和地方势力中大有人在。

历史上俄罗斯帝国侵占中国 150 万平方公里土地，今天俄罗斯某些人担心中国强大后要求收回。尽管中俄边界协定已经生效，边界问题已经彻底解决，两国《睦邻友好合作条约》明确规定相互不提出领土要求，中国政府根本不存在将来收回历史领土的思维，但是俄罗斯某些人心里总不踏实。因此，每当有人谈及中俄历史条约的不平等性质，俄罗斯人都十分不快，于是出现“**中国领土要求论**”。

“中国威胁论”的最新一论是“**中国生态威胁论**”。某些俄罗斯人夸大、渲染中国在生态保护方面存在的问题，制造“中国只顾自己发展，不顾邻里环境安全、不负责任”的恶劣形象。他们声称，“中国及其飞速发展的工业是邻国面临长期生态威胁的根源”，“无论是空气中的粉尘还是河流中的工业废水，中国都与邻国分享”，“中国的繁荣使俄罗斯的森林减少”，“就连西伯利亚也感受到中国经济活动向大自然进攻的影响”。他们还挑拨说，哈萨克、柬埔寨、越南都因为中国在河流上游取水而面临河流、湖泊干涸的危险，日本甚至美国西海岸都发现了来自中国的粉尘。他们更是抓住松花江污染大做文章，称“阿穆尔河三角洲乃至鄂霍茨克海和日本海的自然资源都将受到长期损害”。而对于中国推行科学发展观、治理和保护环境的努力却只字不谈。显然，这是不友好，甚至是别有用心的。

在“中国威胁论”的影响及其他因素的作用下，俄罗斯迄今未放松对中国的防范。俄罗斯远东战区的大大小小演习，将中国作为假想敌的情况时有出现，俄罗斯媒体对此亦不讳言。俄对华军售存在不少保留，据媒体透露，内部底线是要保持 10～15 年的技术优势，最先进的武器可以卖给印度而不能卖给中国。据说原因是中国作为邻国，可以“用俄罗斯的武器打俄罗斯”。这种担心在俄媒体上公开谈论，一些势力甚至就此向俄国防部施压。部分俄罗斯媒体关于中国的报道大多引用西方材料，客观友善的内容少、负面消极的东西多。在俄罗斯的民意调查中，视中国为安全威胁甚至“潜在对手”者的比例居高不下。

两国关系发展中出现一些杂音本属正常现象，但是这些论调如此广泛、如此长时间地流传，不能不令人担忧。俄罗斯精英们究竟如何看待中国的崛起，如何看待俄中关系的战略价值，如何看待今后几十年两国关系的发展前景，已成为必须严肃对待的问题。

应当看到，随着两国合作的加强、相互了解的加深，近一两年特别是最近一段时间，俄罗斯内部反思、反驳“中国威胁论”的声音有所增强。不少政府高官和知名学者明确指出，“中国的发展对俄罗斯不是威胁而是机遇”，“中国不存在对俄人口扩张的政策”，“中国没有对俄罗斯构成军事威胁”，“俄中必须友好相处”。这说明，俄罗斯高层和部分政治精英已开始客观、理性地看待中国，有望对“中国威胁论”的消除产生积极影响。

在中国亦存在“俄罗斯不可靠”的消极议论。由于存在历史的嫌隙，中国相当一部分人对俄罗斯的信任很有限度，尽管多数中国人对俄罗斯怀有友好感情。不少中国人对沙俄侵略中国、前苏联对中国搞霸权主义记忆犹新，对新俄罗斯立国初期一头扎进西方、甘当西方“二流伙伴”很瞧不起，对俄罗斯在国际事务中时常表现出软弱性、动摇性、妥协性很有成见。对俄美关系的发展、俄“融入欧洲”的努力，不少中国人也抱持警惕心理。对俄在两国军技合作上保留甚多、在油气合作上反反复复、在劳务合作上排斥中国以及粗暴对待居俄经商的中国人、大赦非法移民时排除中国人等做法，中国民众也深感不快。中国经济界则存在看不起俄罗斯、低估俄罗斯经济实力和发展潜力的情况。中国大企业不愿去俄投资，除认为俄市场环境差外，亦与所谓“俄罗斯人说话不算数”、“履约能力差”等陈见有关。在中国一些工程项目招标中，俄罗斯企业中标几率很低，不能说与项目主管者对俄企业的技术水平缺少了解、对俄企业家缺少信任毫无关系。学术界甚至有人怀疑俄罗斯有配合美国遏制中国的可能。显然，这些看法与做法有违两国战略协作的要求，有些看法与事实存在很大出入。仅仅从个别事例中就得出“俄罗斯不可靠”的结论，显然是片面的。应当相信战略利益的共同性对国家关系的决定性影响，相信俄罗斯作为一个有文化底蕴的大国能够做出正确的战略判断和战略选择，相信绝大多数俄罗斯人同中国人一样是讲求诚信的。

（二）外交运筹中的非协调性在对国际和地区事务处理中时有表现

中俄美大三角关系的处理问题。中俄都把对美关系作为外交战略的“重中之重”，在处理双边和多边关系中总要考虑美国人的感受和可能反应。两国内部都有人主张对俄、对华关系“服从对美关系”。中俄都有人害怕刺激美国，担心同美国发生对抗，都在极力避开美国的锋芒、希望对方成为自己的对美“防火墙”。俄罗斯某些人对中美之间的接触心怀疑虑，担心中国与美国搞交易、损害俄的战略利益，每逢中美关系有较大动作，俄罗斯总有人以警惕的目光加以注视。中国也有类似情况，某些人对俄美关系的发展也持有同样的心态。这种情况导致中俄互不放心，在战略协作问题上瞻前顾后甚至留一手，从而给外部势力离间中俄关系留下了缝隙。

“势力范围”或者“主导权”问题。俄罗斯视中亚为其战略后院、传统势力范围。不让中国进去，俄罗斯拉不住中亚国家，顶不住美国的扩张；而让中国进去，又担心中国在中亚地区影响增大，使其失去对中亚的主导权。上海合作组织的成立，对俄罗斯改善地缘战略态势是件大好事，但是一些俄罗斯势力企图以集体安全条约组织和欧亚经济共同体排斥上海合作组织。基于传统战略文化，俄罗斯不少人甚至不相信迅速崛起的中国会不在周边地区谋求“势力范围”，怀疑中国“睦邻、安邻、富邻”政策的真诚性。

俄罗斯希望融入欧洲问题。俄罗斯人时常谈论自己是欧洲国家，要融入欧洲，要成为“西方大家庭的一员”，其“东西方相对平衡”的外交战略的重心也在西方。部分民主反对派更是两眼紧盯西方，对中国看不起、不友好。俄罗斯明明是个地理上的欧亚大国、文化上的多元文明融合体，某些亲西方势力却硬要强调俄罗斯是个地道的“欧洲国家”。凡此种种使不少中国人对俄发展对华关系的诚意产生怀疑。

“不结盟”问题。中国的政策是“不结盟、不对抗、不针对第三国”，但是俄罗斯有结盟的传统与愿望。在其战略思维中，只有建立联盟关系、结为盟友，才可能成为真正的朋友，才感到放心。俄罗斯不少高官和战略分析家都流露过希望中俄结成“战略同盟”的想法，认为“只要中俄站在一起，完全可以改变世界”。从讨论中俄印三国战略关系到提出中俄印伊(朗)四国文明联盟，都反映出这种战略意识。一个搞结盟战略，一个坚持不结盟政策，自然会出现不协调问题。

(三) 两国交往中的摩擦增多直接影响到两国关系的氛围

近些年，伴随中俄各领域合作的发展、人员交往的扩大，双方有伤对方感情的事情也时有发生。由于害怕中国人到俄会改变其民族成分，俄罗斯对中国人入境及在俄活动进行种种限制和排斥：视临时到俄经商人员为“非法移民”随意拘留，而不管他们是否持有合法居留和营业许可；夸大在俄非法居留和逾期未回国者的人数，将几万夸大为几十万甚至几百万；在劳务合作问题上极力排斥中国人，在边防入境检查中对中国公民进行特别查验，采取歧视性做法；社会上光头党、极端排外分子殴打中国人的事件更是屡屡发生；中国商城被查抄、货物被罚没，中国人被抓、被敲诈的新闻不时传出。加之两国媒体大加炒作，引起部分中国民众的情绪化反应。中国有些人见利忘义，在俄销售假冒伪劣商品，滥伐盗采俄罗斯林木，偷猎偷采俄罗斯珍稀动植物，严重败坏了中国人在俄罗斯人心目中的形象。中国某些沿边地方和企业在水资源、界河污染等问题上损害俄方利益的做法，也引起俄罗斯方面的不满。另外，俄某些部门与台湾官方保持秘密往来，在达赖访俄问题上无视中国的感受，也令中国人愤慨。而俄罗斯人对在三峡工程招标中未能中标、俄罗斯机电产品打不开中国市场、中方一度拒绝在其驻华使馆内建设东正教小教堂等等，也多有抱怨。

这些具体问题上的摩擦，如果处置不当、解决不力，不仅会影响两国关系及相互信任，而且有可能发展为影响国家关系的实质性障碍，不能不予以高度重视。

二、出现障碍性因素的历史与现实原因

出现上述障碍性因素的原因十分复杂，既有历史的也有现实的，既有政治经济方面的也有民族文化方面的，既有两国内部的，也有来自外部的。

首先是大国相处的复杂性。在国际战略中，国家间利益相互交织、国家间关系错综复杂，大国之间尤其如此。从历史上看，俄罗斯（苏联）既是中国抗日战争中的同盟国、社会主义阵营的“老大哥”、朝鲜战争与越南战争中的盟友，同时又是帝国主义列强中从中国掠夺最多的国家。中俄之间曾长时间存在边界领土争端，在中苏关系恶化时期两国曾经为几个小岛兵戎相见。苏联曾以百万大军对中国压境威慑，对中国国家安全一度构成严重威胁。中国也曾以“苏联社会帝国主义”为主要作战对象，准备全力以赴打一仗。即使在中苏友好时期，两国也曾发生过激烈的争吵。另一方面，俄罗斯（苏联）曾给予中国以巨大帮助。特别是新中国建立初期，苏联的政治、经济和军事援助对中国打破帝国主义的封锁、遏制帝国主义的侵华企图，起到过无可替代的重大战略作用。历史上两国关系的这种双重性，不可能不对今天的中俄关系产生复杂影响。在当今国际政治中，中俄虽然战略利益广泛一致，但是在不少问题上也有着某些利益差异。特别是在大国关系运筹上，两国的实力地位、地缘条件、战略任务存在差异，外交战略与策略自然会有所不同。如果双方不能理性地去思考、去理解，势必成为关系发展的障碍。

其次是经济关系发展滞后。任何政治关系都必须以经济关系作为基础，

经济关系薄弱必然制约政治关系的深化。只有经济上依存加深，政治关系才能变得牢靠。近年两国经济关系发展应该说总体不错，但是中俄作为两个大国、大邻国、战略协作伙伴国，至今只有不到300亿美元的贸易额，与高水平的政治关系和巨大的合作潜力确实很不协调，这不能不影响到两国政治关系的发展。贸易结构不合理、推动贸易增长的努力与实际需求不对接的情况更是严重存在。资源丰富是俄罗斯的巨大优势，而俄罗斯人偏偏忌讳成为"原材料输出国"，其能源外交又是力图多方赢利，致使两国能源合作多有波折，其他资源开发合作进展也比较缓慢。中国商家对俄罗斯的购买力和民族心理缺少了解，误以为俄市场至今仍欢迎低档廉价商品，因而很难适应俄市场环境的变化。中国企业在对俄投资问题上缺少战略思维，对进入俄罗斯疑虑重重、裹足不前，错过不少重要机遇。看来，以经促政、以经固政的经验，双方都未能充分利用。

其三是战略文化存在差异。俄罗斯战略文化一向视邻国强大为威胁。在俄罗斯强大、中国虚弱时，俄尚不存在太多的担忧，但是现在的情况是中国快速崛起而俄罗斯发展相对缓慢。基于数百年形成的安全观念，俄罗斯某些人内心紧张不足为怪。历史上的俄罗斯曾经是帝国主义大国，冷战时期的苏联是与美国平起平坐的超级大国。而现在中国的实力与影响可能超过俄，一些俄罗斯人内心不平衡可以想见。从中国方面看，历史上曾经遭受俄罗斯的侵略与欺侮，现在强大起来了，有些人变得不冷静、不谦虚，开始看不起过去的"老大哥"，说话口气大了起来，甚至出现报复性言论，令俄罗斯人很不舒服。个别人受西方地缘政治学说的影响，甚至不希望看到俄罗斯重新强大。俄罗斯人运筹国家关系历来以利益与实力为基础，中国人却总讲"以诚相待"，不仅这样要求自己，同时也这样要求别人，因而常常因诚意得不到相应回报而感到失望。这种因文化差异造成的不谐有可能长时间存在，对此双方都应有思想准备。

其四是外部势力的干扰。俄罗斯流行的"中国威胁论"，很大程度上是一些西方势力恶意散布的。俄媒体对华不友好言论泛滥，与美等西方势力特别是其非政府组织对俄媒体、学术界的渗透不无关系。美国最担心中俄走到一起，总想拉一个打一个，千方百计离间中俄关系。日本更是害怕中国崛起和俄罗斯复兴，挑拨中俄关系不遗余力。在中俄军技合作问题上，美国国会曾通过决议对俄罗斯施加压力，阻止俄卖先进武器给中国。在油气合作问题上，日本在美国的支持下公开出面搅局，俄罗斯则乐得左右逢源、多方获益，但是却对中国造成了伤害。

其五是相互沟通不够。政治互信不足很大程度上是相互沟通、相互了解不够造成的。在加强沟通、避免猜疑问题上，双方都做得不够及时、不够坦率，不仅影响到共识的形成，而且导致对对方政策和企图的误读。这种情况虽然近一两年有所改变，比如两国高层建立起战略安全磋商机制，以及两国学术界的战略论坛开始启动、研讨活动明显增多，但是对于两大邻国来说仍嫌不够。可以设想，如果双方在各个领域、各个层面上都能建立起及时顺畅的沟通机制，多数误解和不协调情况完全是可以避免的。

三、对消除障碍性因素举措的思考

对影响中俄关系的一些障碍性问题，两国政府不应回避，而应以负责任的态度去面对，通过政府间坦率沟通找出问题的症结，采取积极有力的措施加以消除。两国学术界、媒体也应为消除这种有碍两国关系发展的消极现象做出积极努力。

（一）尽力消除“中国威胁论”的影响

此项任务异常艰巨，必须采取有针对性的举措，多层面、多渠道地开展工作，解开两国民众相互猜疑的心结。特别要深入开展战略对话，坦诚地就两国关系中的重大问题说明情况、交流想法，而不应一味回避问题，只讲外交辞令，讲官话、套话，而不触及实质性问题。

针对“中俄力量对比失衡论”中国应坦率地向俄罗斯讲明，中国的确发展迅速，但是中国坚定地奉行和平外交路线和防御性军事战略方针。中国从来都不是侵略性国家，而是侵略的受害者。中国哲学强调“和”、“合”，中国人的理念是“和平发展”、“和平崛起”，不可能出现强大后欺负邻国的问题，更不存在“用俄罗斯武器打俄罗斯”的可能。中国需要一个强大的战略伙伴，中国真诚地希望俄罗斯发展振兴，中俄不会也决不应成为战略对手。相反，中国的发展与强大只会有利于俄罗斯的安全与发展。

针对“中国人口扩张论”和“中国经济威胁论”必须对俄讲清，中国人口规模的确很大，但是有能力、有意志自己养活自己。中国政府绝对没有推动向俄移民的政策，中国文化讲究叶落归根，99%的中国商人去俄罗斯纯粹是为了挣钱，有移民倾向者寥寥无几。中国商人的确赚了些钱，同时价廉物美的中国商品也解决了俄罗斯的供给问题，对俄罗斯度过多年动荡做出了突出贡献。特别在远东地区，如果没有中国商品，俄立国初期那些年的日子恐怕还要困难得多。经贸往来对拉动双方经济的增长都是积极因素，绝非“经济威胁”。在全球经济相互融合的时代，这种正常的经贸往来无论如何与“经济扩张”是搭不上边的。

针对“中国领土要求论”中国应当坦率承认，中国一些学者在研究中俄关系史的著述中的确谈到过两国历史条约的不平等性质问题。但那是历史事实，承认历史事实并不意味着否认历史条约的合法性，更不意味着要重算旧账。更何况两国签订有《睦邻友好合作条约》，4 300 公里的共同边界已经以法律形式加以界定，两国间已不存在任何边界争议。

针对“中国生态威胁论”中国更应当明确承认，近年在快速发展经济的同时的确造成了相当严重的生态安全问题，对邻国也产生了某种程度的不利影响。但是中国决非有意为之，中国政府和人民已经充分认识到问题的存在，正在采取积极有效的措施加以治理。在生态环境问题上，一味指责无济于事，正确的做法应是加强合作、相互帮助。

总之，关于“中国威胁论”，中国政府与学术界均应下大力开展有针对性的解释工作，俄罗斯政府与社会精英也应当担负起向民众说明真实情况的责任。两国都应当正确看待对方的崛起与复兴，正确判断对方的战略企图，正确评估两国关系的战略价值。

（二）努力消除外交运筹上的不协调现象

国家利益不完全相同，对外政策、策略做法有时不一，均为正常情况。但是为了两国战略合作的顺利发展，又必须努力减少这种不协调现象。

关于“中俄美大三角关系”，两国均应当认识到，美国是当今唯一超级大国，是影响各国外交运筹、和平发展的重大因素。美国实力强大而又十分霸道，为了求得和平稳定的发展环境，中俄都需要稳定对美关系，尽量避免与美对抗，尽量减少对美刺激。但是，这不等于说中俄关系、俄中关系要服从对美关系。作为战略协作伙伴，中俄应增强联手抵御外部压力的意识，决不能为了改善与他国的关系而影响中俄、俄中关系。如果处处考虑不刺激美国，中俄双方都会被束缚住手脚，什么事也做不成。不论刺激与否，美国遏制中国崛起和俄罗斯复兴的战略都是不可改变的，差别只是以“硬遏制”为主还是以“软遏制”为主而已。

关于“不结盟”问题，两国均应认识到：摈弃结盟战略是冷战后的时代要求，现在不搞“结盟”符合国际政治现实，符合两国战略利益；中俄结盟必然会引起美国的强烈反弹，恶化两国实现发展所需要的国际环境；在国际战略力量严重失衡的条件下，中俄结盟势必形成强弱不对称的两极格局，对力量较弱的一方非常不利。当然，不组建形式上的“军政同盟”，不等于不能发展更为紧密的合作关系，在“战略协作伙伴关系”的基础上两国关系完全可以逐步达到“准盟友”的水平；如果美国硬要以中俄为对手，甚至强力遏制、围堵中俄，相信两国都不至于愚笨到死抱着“不结盟”政策不放的地步。“联手制衡”应是中俄对付霸权主义最为现实可取的战略。

（三）尽快强固两国关系的物质基础

经济关系是政治关系的物质基础。那种认为经济合作上不去，两国关系照样可以发展的观点，是与事实相悖的。前些年两国经济关系滞后而政治关系加深，仅仅是特殊条件下的暂时现象，不可能长时间继续。

经济合作只有真正贯彻互利共赢的原则、照顾彼此的需求与关切、发挥各自的优势，才有可能得到快速发展。要大力推动大项目合作，特别要尽快落实能源合作、军技合作项目。要努力为相互投资改善各自的市场环境、建立规避风险机制，为大企业的相互进入提供经营便利。中国大企业要抓住俄罗斯建立经济特区的机遇，在协助俄特区建设中实现双赢。

要大力扶持边贸合作，扫清物流障碍，重点扩大我在俄远东地区、俄在我东北地区的经济存在。对民贸既要积极扶持又要加以引导、规范秩序。整顿秩序时既要严格执法又要照顾历史，避免伤害对方人民的感情。要引导在俄华商改变经营思路，走规范化经营道路，树立中国商人、中国商品的新形象。同时要力促俄政府友善对待中国赴俄经商、务工人员，减少因民贸问题引发的纠纷。

要改善贸易结构，对双方机电产品、高技术产品的优势要有客观的了解。中国对俄科技潜力需进行专项调研，更多地引进俄优势科技项目；俄罗斯也要看到中国的科技进步，提高对两国科技合作的认识。

（四）加强军事安全合作

军事安全合作是反映国家战略关系水平的晴雨表。加强军事安全合作可以增进政治互信，将战略协作提升至更高水平。两国在军事安全领域面对许多共同挑战，有着广泛共同利益，存在联手合作的巨大空间。两国军事合作并不针对第三国，主要目的是通过相互学习、相互借鉴提高两军战斗力，因而不应有过多的顾虑。应加强军事人员的交流，增进两国军人间的相互了解和信任。两军媒体在增信方面应当发挥更大的作用。有必要进一步扩大人员培训合作，不仅中国军人要到俄军院校学习，俄罗斯军人也有必要来中国学习。军技合作对中国防御能力的提高、对俄罗斯国防工业的生存与发展意义重大，其努力方向应是逐步转向联合研制、联合生产。应加大军事外交和特种部门外交的力度，使其在配合总体外交、提升国家关系水平、保障国家安全等方面发挥特殊作用。

（五）分清主流与支流

中俄关系中尽管存在这样那样的问题，但是正面因素、积极因素是主要的。两国的主流民意都重视发展中俄战略关系。特别是最近一段时间，俄发展对华关系的热情明显增高，中国也越来越坚定地视俄为主要战略伙伴。某些互信不足、协调不够现象的存在以及交往中出现某些摩擦，都是前进中的问题，绝不应以偏概全、把支流看作主流，做出错误判断、得出错误结论，动摇发展关系的信心。只要两国战略利益广泛一致的情况继续存在，两国战略协作就能够不断深化。对一些不愉快情况的发生，两国政府和民众均应着眼于国家关系的大局，客观分析、冷静对待，避免因言辞过激、处置不当而伤害对方感情，媒体更应避免报道失实、情绪化炒作。

（六）在民间交往、文化交流和舆论导向上多下功夫

应大力推动两国民间交往、学术交流、媒体合作。在此问题上双方均应持更加开放的态度，简化手续、提供便利。要鼓励两国民间组织建立联系、多加走动。两国学术界可考虑建立经常性研讨、对话机制，就两国关系的方方面面深入坦率地交换意见，为高层决策提供建议。中国的俄学家、俄罗斯的汉学家对本国人民观察、了解对方具有独特的影响力，尤其应当加强交流与合作。媒体在现代信息社会中对社会舆论具有直接而深刻的影响，两国媒体合作相对滞后、对对方的正面报道偏少的情况亟待改变。特别要努力解决部分媒体报

道失实、情绪化炒作问题，形成客观友善的舆论氛围。俄罗斯媒体应改变引用西方失实消息对中国进行不客观、不友善报道的做法，中国媒体在此问题上应给予俄方同行以有力的技术支持。俄政府不应借口“新闻自由”对解决失实报道问题无所作为，中国政府也应努力引导民众加深对俄罗斯的正确了解。

中俄战略协作伙伴关系的深化不仅有利于中俄维护各自国家利益，而且有利于稳定大国关系和地区形势，有利于世界的和平与发展，必须格外重视。中俄关系虽然存在这样那样的障碍性问题，但仍是两国与各大国的关系中最积极、最具活力的一对双边关系。**中俄战略协作伙伴关系符合两国人民的根本利益，不断深化这种关系应成为两国在21世纪的长期战略选择**。只要共同努力，中俄关系一定会有美好的未来。

关于中国俄罗斯学建设的几点思考*

祝贺中国俄罗斯学研讨会的召开。想就推动学科建设的几个关键性问题谈点看法。

一、中国的俄罗斯学应是一门综合学科

俄罗斯学，顾名思义是关于俄罗斯的学问，是了解、研究俄罗斯的一门科学。它有许许多多个分支学科，可以说包罗万象。这样理解的依据是：中国的俄罗斯学建设必须考虑中国的俄罗斯研究力量与布局现实，满足中国人了解俄罗斯的现实需求；中国的俄罗斯学应是世界俄罗斯学的一个组成部分，应当与国际上关于俄罗斯学的界定接轨，应与俄罗斯关于俄罗斯学的界定保持基本一致，并且体现中国特色。

将俄罗斯学定位为"语言＋国情"或者"语言＋人文"均有失偏颇。语言院校是中国俄罗斯学建设中的一支重要方面军，但其所涉领域不可能覆盖整个俄罗斯学，甚至没有条件发挥领率作用。中国俄罗斯学的主导力量应是有能力整合俄罗斯语言教学和各领域研究的全学科学会。

把俄语院校教学与科研定位为"语言＋各专业研究"同样存在陷入误区的危险。语言院校的优势是语言教育，语言院校不可能包揽方方面面的专业研究。否则，就会失去自己的优势，暴露自己的劣势，到头来就会无特色、"四不象"，语言教学因此受到影响、专业教学也很难深入。语言院校应将主要注意力放到语言教学上，解决俄语本科毕业生语言实践能力较其他语言专业落后、

---

* 本文系作者 2006 年 11 月在中国俄罗斯学建设研讨会上的发言要点。

不适应用人单位需求的问题；同时加强国情知识教育、扩展学生基础知识面。

二、中国的俄罗斯学建设必须为现实需要服务

应将学科建设与发展两国关系的现实需要紧密结合。要学以致用，考虑国家和市场的需求。否则，就会造成学科建设与现实需要脱节，也就难以得到社会的关注以及政府和企业的支持，难有大的发展空间。**为此，提出“三个服务”的指导思想：**

服务于两国人民的相互了解、睦邻友好。这是俄罗斯学研究的基本功能。具体讲，就是要加强语言文化研究，促进各种往来，活跃学术和媒体合作等。目的是促进人文交流、增进相互了解，消除彼此误解、增强政治互信，形成国家间睦邻友好的民意基础、舆论氛围、社会环境。从两国“世代友好”的要求看，这一“服务”具有深远战略意义。

服务于两国的战略协作和务实合作。中俄关系已进入战略协作和务实合作并举的重要发展阶段，俄罗斯学建设必须紧紧跟上。不仅要研究战略协作对两国的深远意义，而且要研究两国战略协作对地区和世界和平与发展的影响；不仅要研究战略协作的重要性，而且要研究如何深化战略协作；不仅要研究战略协作问题，而且要研究务实合作问题，包括各领域合作的历史和现状、有利因素和不利因素、潜力和障碍，并且提出深谋远虑、具有可操作性的对策建议，发挥政府和企业智囊的作用。如此，这一学科的建设方可显示其巨大价值，得到政府和企业的支持。这是学科最现实、最重要的任务，但是目前状况并不理想。

服务于两国的和平发展、国家复兴。这应是学科建设的根本性任务，即学科建设必须造福于两国人民。中俄都在快速发展中，需要相互学习、相互借鉴，相互支撑、相互促进。为此应进行两国发展模式和发展道路的研究、两国国际和周边发展环境的研究，等等。

还可提出其他一些目的和要求，但是抓住这“三个服务”即可解决学科建设的基本方向问题。

三、中国的俄罗斯学建设必须全面发展

既然中国的俄罗斯学是个综合性学科，学科建设就不能仅仅关注某个或

者某些领域，而应推动对俄罗斯的全方位研究。这就提出了学科建设必须全面发展的任务。文化、语言、哲学、社会等基础领域的研究必须深化，政治、经济、军事、外交等领域的研究也必须加强；一些跨学科前沿领域的研究必须紧紧跟上，一些与俄相关的综合学科研究也必须尽快展开。

目前的状况是，各领域研究均有人在做，基础领域研究的发展相对较好，而应用领域的研究相对滞后，与实际需要脱节现象比较严重，与上述"三个服务"的要求差距较大。

四、中国的俄罗斯学建设必须有力量与机制保障

力量与机制保障是学科建设的基础。而在这两个方面，俄罗斯学建设都比较薄弱。

在力量方面，这些年高校、研究界更多地是着眼西方。学生报考俄语专业不踊跃，俄罗斯学研究"坐冷板凳"，吸引不来人才、留不住人才。不少原先搞俄罗斯问题研究的学者纷纷改行，不少俄罗斯问题研究机构纷纷改变研究方向，致使俄罗斯问题研究力量不足、青黄不接现象普遍存在。这一两年情况稍有好转，但是力量不足的问题依然突出。俄罗斯是个发展潜力巨大的世界大国，只要俄罗斯不分裂成若干个小国，俄罗斯研究就将是世界学术研究的一大主题。俄罗斯是我最大邻国，与我国家利益息息相关，更是中国国际问题研究最重要的主题之一。在此问题上不能短视，更不能因"俄罗斯研究容易受穷"而另谋他就。

还有个力量布局与现实需要不协调的问题：基础研究领域力量相对较强，应用研究领域力量相对较弱。这就大大限制了学科影响的扩大，进而影响到学科建设物质基础的强化。基础研究与应用研究必须协调发展，对相对薄弱的应用研究必须给予更多的关注。

在机制方面，虽然有不少与俄罗斯研究相关的学会、研究会，但是普遍不够活跃，难以起到领率、协调、指导作用。主要原因是没有资金支持，没有得力的办事机构。与此相关，全国俄罗斯学研究力量缺少必要的整合，本来就力量有限，加之相当分散、互不通气、重复劳动，这就大大影响了研究成果的数量、质量和覆盖面。如何解决这些问题？需要俄罗斯研究界各单位坐下来好好商量。

五、中国的俄罗斯学建设必须争取两国政府和企业的支持

不论是解决力量和机制问题,还是解决资金问题,都离不开政府和企业的支持。

对俄罗斯学建设来说,政府的支持和推动非常重要。政府可能很难大幅增加直接拨款,但是可以向各学研机构的主管部门施加积极影响,可以在研究方向上给予指导和协调。而要得到政府的重视和支持,就必须更好地为政府服务。政府也应该更新观念,更多地重视学界的意见、利用学界的智力,这对政府决策尤为重要。当然,前提是我们的意见有可取之处,我们的研究报告、课题报告紧密联系实际,情况分析有真知灼见、对策建议有可操作性。学研机构只有真正发挥智囊作用,才有可能争取到政府的大力支持。

中国的俄罗斯学建设同样离不开俄罗斯政府的支持。只有得到俄罗斯政府的大力支持,两国学术交流才能真正活跃起来,俄罗斯学术机构才有可能给中国的俄罗斯研究提供更多的资料信息帮助。这对于深化中国的俄罗斯学研究非常重要。

关于争取企业支持,涉及到学研与企业相结合的问题。企业总是要追求利润的,不愿涉及与企业效益无关的事。要企业掏钱,必须能够帮企业解决实际问题。这关系到学科研究方向和重点的调整问题。中国的学企结合滞后,俄罗斯学的学科建设与企业的结合尤其欠缺,需要付出更大的努力。可喜的是,随着越来越多的中国企业走向世界,企业开始重视国际问题的研究、合作对象国宏观环境的研究。例如,三大油气企业近年对到俄罗斯投资经营的宏观环境研究越来越重视,请国内俄罗斯问题专家介绍情况、承担课题的情况越来越多。这是个机遇,我们应当抓住,为此必须加紧再学习,我们的知识结构必须适应企业的需要。

最后我要说,中国的俄罗斯学建设大有可为。只要抓住以上几个关键问题,全学科协同努力,中国的俄罗斯学建设定有光明的前景。

对未来 10 年中俄关系的期待[*]

“中国当代世界研究中心”举办中俄国际研讨会，邀请双方专家就“中俄关系未来 10 年”进行友好、坦诚的意见交流，是颇具前瞻性的重要举措。中俄战略协作伙伴关系建立已经 10 年有余，经受住了国际风云变幻的考验，取得了良好的发展。**未来 10 年，不论是国际战略格局的变化，还是两国自身和平发展的需要，都对这种战略协作伙伴关系提出了更高的要求**。两国有识之士必须共同为此做出新的努力。作为长期从事对俄工作，长期致力于两国友好合作的学者，我愿就此问题谈点感触和期待。

一、未来 10 年中俄必须进一步深化战略协作伙伴关系

未来 10 年国际战略格局将进入重要变动期。其突出特点是，以中俄为代表的新兴大国加速崛起，美国陷入战略困境、霸权开始衰落。这一方面将大大改变严重失衡的国际战略力量对比，推动多极化世界加速形成；另一方面可能引发新的矛盾和冲突。在各种挑战中，美国因霸权衰落而进入“焦虑期”，可能对世界的和平与稳定构成最大威胁。多极与单极、多边与单边、称霸与反霸之间的斗争，将构成新时期的世界主要矛盾。中俄都是安理会常任理事国，对维护世界和平与发展负有重大责任。为了推动国际秩序向着公正、合理、民主的方向发展，中俄必须加强战略协作。

未来 10 年中俄将处在和平发展的关键期。两国综合国力将快速增长，进入和平崛起的“显形期”，同时也将进入外部战略阻力的增长期。在这一时期，

* 本文系作者 2007 年 2 月在中国当代世界研究中心国际研讨会上的发言要点。

两国最主要的战略需求将是确保和平发展的良好国际环境和周边环境。两国战略利益相近、国际战略理念相通,存在开展广泛协作的战略基础。两国必须联手行动、相互支撑,共同应对霸权国家和不友好国家的遏制和挤压。此外,中俄互为最大邻国,加强睦邻友好对两国安全环境的影响最为直接。中俄经济发展接轨点多、互补性强,加强务实合作对两国综合国力的快速成长作用最为显著。

也就是说,国际战略环境的可能变化、国家发展的战略任务,迫切要求中俄进一步深化战略协作伙伴关系。这不仅关系到两国和平发展的大局,而且关系到世界的和平与发展。可以说,进一步深化中俄战略协作伙伴关系是时代的要求,是两国安全战略和发展战略的需要。

二、避免战略误判是进一步深化战略协作伙伴关系的必要条件

尽管存在深化两国战略协作伙伴关系的强烈战略需求,但是要使这一关系持续稳定地发展,尚需两国政府和精英做出新的努力。其中至为关键的是避免战略误判。

要相互确信对方的和平发展意图。目前,两国关系的确进入历史最好时期,但是,政治互信仍然不足,相互猜疑时有发生。其中,最突出的问题是对对方和平发展的意图不能完全放心,最突出的表现是"中国威胁论"在俄罗斯持续蔓延,"俄罗斯威胁论"在中国少数人中也有流传。中国从来都不是扩张国家,中国提出"和平发展"、"和谐世界"的理念是真诚的。中国绝对不会对俄构成安全威胁,俄对中国的快速发展不应有任何担忧。相反,中国的强大有利于增强俄的国际地位,有利于稳定俄的安全环境,有利于俄的重新崛起。一个友好合作的中国,将会增大俄的战略纵深,成为俄的战略依托,对于俄国家安全来说"中俄友好胜抵百万大军"。与此同时,中国绝大多数专家学者相信,俄走向强大将会有效地改善中国的安全环境和发展环境,相信在和平与发展成为时代主题、占领经济技术发展制高点成为实现国家利益最有效途径的 21 世纪,具有战略智慧的俄罗斯人不可能重走对外扩张的老路,俄罗斯的重新崛起完全可以是和平的。

要正确理解对方与第三方发展关系的意图。出于世界大国的国际责任,出于维护本国和平发展的国际环境的需要,中俄都在进行广泛的国际交往。

其中，与美国的交往最容易引起中俄之间的相互猜疑。利用这个场合，我想坦诚地告诉俄罗斯朋友：中美关系不可能超过中俄关系，中美关系的任何发展都不会损害俄罗斯的利益，更不可能出现中国拿俄的利益与美国做交易的情况。同时我们也相信俄罗斯与美国发展关系同样是出于本国安全与发展的需要，不会损害中国的利益。美国对中俄实行的都是遏制围堵战略，中俄对美国的霸权本质都应有清醒的认识。面对美国的所作所为，中俄都必须放弃对美幻想。同时必须承认，在今后相当长的时间里，美国仍将是世界最强大的国家，中俄两国都必须与其打交道，必须与其周旋，以减少我们和平发展的阻力。中俄与美国的矛盾虽然是结构性矛盾，不可能从根本上消除，但是必须尽可能地寻求合作、避免对抗。与美国搞对抗不利于我们的和平发展，也不利于世界的和平稳定。俄在中国发展与中亚国家关系问题上似乎也在存在某些保留。事实上，中国发展与中亚国家的关系完全出于睦邻友好、共同发展、确保地区稳定的需要，不存在任何谋求势力范围的企图。中国深化与中亚国家的关系有利于中俄共同周边的战略稳定，有利于抵御美等西方势力对中俄的战略挤压。中国推动上合组织的全面合作对俄有利无害，俄应持更加积极的姿态。

要警惕别有用心者的挑拨离间。发生这种情况具有一定的必然性，因为中俄合作可对霸权主义构成最强有力的制衡。正因为此，美国在中俄军事技术合作问题上不断对俄施压，日本在中俄能源合作问题上大肆搅局。鉴此，我们一定要保持战略上的清醒，一定不要受到别有用心者挑拨的影响。

三、抑制各自国内极端民族主义滋长是深化战略协作的又一必要条件

未来 10 年两国都处于快速发展期，容易滋长大国主义和傲慢情绪；两国都面临各种外部阻力和挤压，容易产生焦躁和怒气；两国间人员和商品流动进一步加大，容易产生各种利益摩擦。在此情况下，两国国内都存在滋生极端民族主义的危险，而极端民族主义是影响两国关系的消极因素。对此我们必须保持高度警惕，共同采取针对性措施，共同予以抑制，努力夯实两国关系的民意基础和社会基础。中国的俄学家、俄罗斯的汉学家在此问题上责任尤其重大。

扩大两国间的人文交流，增进相互了解和理解。这是抑制极端民族主义

最有力的武器。相互举办“国家年”富有成效，应当形成机制。要进一步扩大学术和媒体交流，使两国学术精英和传媒更好地发挥增进互信桥梁的作用。引导媒体对对方进行友好客观的报道与限制言论自由毫不相干，在此问题上不能无所作为。要扩大人员培训合作，培养大批知俄和知华青年，使中俄友好大业后继有人。要扩大旅游合作，使更多的百姓亲眼看到两国的发展，亲身感受两国的深厚友谊。

谨慎对待涉及对方感情的问题。接触越多、往来越多，磕碰就越多。要积极引导两国民众相互尊重、友好相处。要坚决制止任何排外思潮的抬头，善待对方国家的公民。要防止别有用心者借个别事件进行挑唆，制止某些媒体进行不良炒作。两国政府应建立相应机制，及时协商解决可能引发摩擦的问题。

稳妥处理“移民问题”。这是两国关系中无法回避的敏感问题。中国理解俄罗斯因人口下降而产生的严重担忧。中国绝对不存在“人口扩张”的意图。俄国内亲西方势力和极端民族主义势力散布所谓“中国移民威胁论”完全是另有所图。中国有足够的生存空间养活13亿人口，而且中国的人口增长已经接近峰值，不存在搞“人口扩张”的战略需求。在经济全球化时代，扩大民族生存和发展空间最理智、最现实的选择是扩大与世界经济的融合，而不是搞“人口扩张”。所谓中国正在对俄远东进行“静悄悄的侵略”的言论，是恶意的、不负责任的。目前在俄中国人的数量绝对不像某些媒体宣扬的那么大，两国政府通过边境人员进出量统计完全可以查清，不应任凭别有用心者继续炒作。而且绝大多数在俄中国人只是为了经商赚钱，有移民倾向者寥寥无几。加强外来人口管理是必要的，炒作“中国移民威胁论”甚至放任极端民族主义势力搞极端活动是危险的。

四、坦率沟通、务实合作、互利共赢亦是深化战略协作的必要条件

坦率沟通。沟通是避免和消除误解的最有效途径。沟通必须坦率，不必搞外交辞令；必须真诚，着眼于增信释疑、友好合作；不要惧怕分歧，只有找到分歧才能解决分歧。中俄安全战略磋商机制的作用未能充分发挥，原因就在于外交辞令太多。中俄间还需要建立其他高层对话机制，例如战略经济对话机制。中俄政府对口部门之间、学术机构之间的战略对话亦应进一步扩展。

务实合作。中俄关系已经发展到战略协作与务实合作并举的新阶段。务实合作搞不好,战略协作就会失去物质基础。务实合作应在符合双方利益的所有领域全面展开。为此,必须优化各自的投资环境、法律环境、舆论环境,提高履约能力。这是深化各领域合作最现实、最迫切的任务,双方都应予以高度重视。

互利共赢。要强化两国战略协作伙伴关系,必须强化"互利共赢"意识。国家间、企业间的交往与合作首先要维护本国、本企业利益,但在维护自身利益的同时必须充分考虑对方的合理关切。否则,任何交往、任何合作都不可能持久。贸易结构不合理、俄方机电产品在两国贸易中的比例下降,是客观存在的事实,中国对解决此问题持积极姿态,但是苦无良方。两国都是市场经济国家,不可能靠行政命令强行要求企业采购对方的某种产品。关键是俄方要努力提高机电产品的竞争力,包括产品质量、交易条件、售后服务。同时两国要共同扩大对俄机电产品的宣传,发掘两国企业的合作潜力。所谓中国"只对政治合作、能源合作和军技合作感兴趣"的说法完全是种误解。

展望未来10年的中俄关系,我们既要看到挑战和压力,又要充满信心、坚定决心。只要两国政府和有识之士切实强化"共同发展、携手崛起"的战略思维,中俄战略协作伙伴关系就一定能够得到持续稳定的发展,一定能够更好地造福于两国人民,并且给世界带来更多的和平与发展。

中俄关系的发展趋势及突出问题*

中俄战略协作伙伴关系进入第二个10年。今后10年对我国和平崛起和俄罗斯复兴都是重要机遇期、关键期。稳定与深化中俄战略协作伙伴关系，对我战略全局具有重大意义。为此，必须正确判断两国关系发展的总趋势，厘清影响两国关系发展的关键，妥谋发展对俄关系的战略与策略。

一、中俄关系的发展趋势

总体趋势是，战略协作有望更加紧密，务实合作有望进一步深化，利益摩擦可能有所增多。做此判断的前提是，两国崛起的进程不发生严重逆转，国际战略格局不发生实质性改变，两国高层决策不发生重大战略失误。

（一）战略协作更加紧密，务实合作进一步深化

两国的国际战略环境、国家战略任务将更加相近。两国的国际战略理念、国际秩序诉求将更加相通。两国战略利益的一致性将进一步突显。

两国的政治互信将不断增强。"俄罗斯年"、"中国年"的举办，高层互访、战略对话的频繁举行，精英、民众相互了解的不断加深，将是其重要促进因素。

两国关系的基础不断加固。边界协定与睦邻友好合作条约的签订、协调与沟通机制的强化、民心民意的变化、理智声音的上升，以及我国坚定不移地推行对俄睦邻友好合作方针，都将发挥重要作用。

中国软硬实力增强、国际影响增大。俄将更加看重中国的实力与影响，对中国的评价也将更加积极正面。

---

* 本文节选自作者2007年10月在军事科学院研讨会上的发言。

安全上,俄更加需要借助中国。俄美交恶、两国关系进入摩擦冲突多发期,俄需要以中国作为战略依托。俄西部安全环境恶化,需要以东部作为战略纵深。俄要抵御美国对其战略空间的挤压,也需借助中国、借助上合组织。在建立国际战略平衡方面,中国更是俄必须依托的力量。

经济上,俄更加希望利用中国发展的机遇。这与俄认为 21 世纪是亚太世纪,希望搭乘中国经济发展的快车直接相关。东部开发是俄重大战略问题,也需要与中国的发展战略接轨互动。

两国发展模式、价值观趋同。“主权民主”与“社会主义民主”,“可控市场经济”与“中国特色市场经济”,在核心理念上非常接近。意识形态上的趋同,将会减少竞争,增进亲近。

普京路线可望得到较好的延续。俄对华政策不会发生实质性改变(普京承诺“如果新总统改变对华政策,我将亲自干预”)。我以俄为主要战略伙伴的政策也不会改变。

结论:两国关系进入战略协作与务实合作并举、同时深化的新阶段。

(二)具体利益摩擦可能增多

两国各领域交往进一步增多,可能带来更多的利益摩擦。交往愈多,发生利益摩擦的几率愈高。俄罗斯人缺少“互利共赢”意识和自我反省意识,一旦遇到意见分歧,总是习惯于从对方找原因,从各个角度进行猜疑。不少俄罗斯人崇信“本国利益最大化”,看不得别人得到好处。可以想见,一旦俄强大起来,在两国发生具体利益冲突时,俄方很可能更加苛求于我方,更难对我做出妥协,双方利益摩擦也可能因此增多。

俄大国主义可能进一步抬头,我与俄打交道的难度可能增大。俄罗斯一向大国主义情绪强烈,傲视其他国家和民族。随着国家发展强大,其大国主义可能会有新的发展,更难平等待人。在双边关系以及国际和地区事务中,可能更加“以己为主”,甚至表现出某种霸气。

俄极端民族主义可能进一步抬头,“中国威胁论”可能再起。俄极端民族主义是不定向导弹,存在指向我的可能性。两国比邻而居,交往中时常会遇到涉及对方感情的问题,可能刺激俄民族主义情绪,引发“中国威胁论”升温。

二、中俄关系中亟待解决的突出问题

中俄关系是关系我战略全局的大国关系。目前总体发展良好，处于历史最好时期。同时问题不少，某些深层次问题影响重大，必须高度重视、认真解决。

（一）对对方崛起性质的判断问题

两个大国、大邻国同时崛起，这在历史上尚属首次，必然引发许多新问题。其中最具关键意义的是对对方崛起性质的判断。

俄是陆上周边对我安全环境影响最直接、最重大的国家。前苏联是我最亲密的盟友，曾予我巨大援助。今天的俄罗斯是我最重要的战略伙伴，对俄关系在我战略全局中具有无可替代的重大价值。同时，俄又是一个有着几百年侵略扩张传统、大国主义盛行、十分难打交道的国家，是历史上侵占我国领土最多的国家，六七十年代还一度对我构成最严峻的安全威胁。因此，俄罗斯今后将如何发展，是和平崛起还是非和平崛起，对我是机遇还是挑战，是否可能重新对我构成安全威胁，都是必须认真对待的战略性问题。

同样，俄罗斯对中国的崛起也不放心。俄传统安全思维一向视邻国强大为潜在威胁。加之某些中国学者和网民不时提及不平等条约问题，俄不少精英担心中国强大后要算历史旧账；中国经济蓬勃发展，中国企业“走出去”，中国商品大举进入俄罗斯市场，对俄产业产生冲击；中国人口众多、大批中国人进入俄罗斯、滞留俄罗斯，俄担心远东民族成分改变而破坏国家统一。这些都被俄罗斯视为安全威胁。虽然我们一再讲“和平发展”、“决不称霸”，“中国对俄没有任何领土要求”，“中国不存在人口扩张政策”，俄罗斯人仍心存疑虑，对华合作中仍多有保留。

要促使双方相互确信对方的和平发展意图。这是一个十分关键、极其艰巨的战略性任务。要更加深入细致地对俄解释我“和平发展”、“和谐世界”的理念和“与邻为善、以邻为伴”的周边外交方针，以及中俄“世代友好、永不为敌”的思想。要利用两国发展模式的趋同性，增进亲近感。要扩大两国高层、政府对口部门间的战略对话沟通。要充分认识智库、媒体、利益集团这三大权力在国家决策中的重要作用，活跃公共外交，扩大两国关系的社会基础。民间组织、学术机构要广泛开展交流、进行坦诚沟通。要更加深入地做俄媒体的工作，影响俄舆论。要研究俄利益集团，认真做俄利益集团的工作。军事外交在增进战略互信问题上亦应发挥重要作用。

要落实胡锦涛主席提出的“五个伙伴关系”（真诚互信的政治合作伙伴、互利共赢的经贸合作伙伴、共同创新的科技合作伙伴关系、和谐友好的人文合作伙伴、团结互助的安全合作伙伴）。这是今后相当长时期中国对俄工作的指导方针。该方针内容相当丰富，涉及领域十分广泛，针对性极强。如能真正落实，两国关系将得到进一步深化。

要努力促使俄走和平发展之路。俄罗斯走何种发展道路，首先取决于其自身的战略选择。但是，国际社会的推动、制约，对俄的道路选择同样具有重要影响。俄容不得别人对其指手画脚，但是以适当方式对俄加以引导还是可行的。要引导俄强化“共同安全”、“共同发展”的理念。要促使俄明白真正的威胁来自何方，推动俄的对外政策向着于我更加有利的方向发展。要促俄认识到谋求势力范围、控制他国不是明智的选择。要引导俄学会平等待人，推动俄的对外政策向着更少冲突的方向发展。要鼓励俄更加坚定地融入经济全球化的大潮，帮助俄平稳融入世界经济体系。

（二）上合组织主导权问题

实质是俄努力维护势力范围与中国在中亚积极进取发生碰撞的问题。俄虽然看好上合组织的发展前景、看重中国的积极作用，但是担心中国对中亚影响扩大，削弱其对中亚的政治、经济控制。俄既看重上合组织的发展前景及中国的作用又怀疑、防范中国，是其在一系列合作项目问题上姿态消极的深层原因。俄专家讲，俄中在上合组织政治与安全领域是合作关系，而在经济领域是竞争关系。在10月上海研讨会上俄专家透露，俄经济部准备对上合组织经济合作“踩刹车”。俄近期提出要修改上合组织多边经济合作纲要，主要是对促进贸易便利化和交通便利化有所保留。近年来，中国进入中亚比较顺利，地区影响力不断扩大。俄实力强大后，对中国在中亚地区扩大影响可能比较排斥，在上合组织建设问题上可能有更多的不合作，在中亚能源开发与外运问题上可能给我设置更多的障碍。为此，需要从以下方面做出努力：

切实贯彻“上海精神”。上海合作组织之所以具有强大的生命力和号召力，关键是从建立伊始就确立了有别于其他国际组织的理念，即“上海精神”。“上海精神”真正摈弃了冷战对抗思维，确定了共同安全、共同发展的建设方向。这种理念对于中俄在中亚和上合组织中的合作尤其重要。但是,要使这一理念真正为俄罗斯接受,需要有足够的耐心,需要以身示范,需要付出艰苦的努力。

在上合组织建设问题上我应求实利而淡虚名。我所追求的目标应是"求睦邻、促稳定、谋发展、树形象",而不是与俄争夺上合组织的主导权。必须看到,俄在中亚经营近 200 年,其与中亚国家的政治、安全、经济、文化联系十分广泛,对中亚的影响也十分深刻,中国在相当长时间里不可能取代俄在该地区的地位。为了避免俄对我意图的猜疑和误判,我应主动承认俄在中亚地区的"特殊利益",明确强调我不存在任何谋求中亚主导权的意图和政策,更不会对俄的战略利益构成挑战。说明中国的理念是互利共赢、共同发展,是促睦邻、求稳定。要使俄真正认识到,中俄在中亚地区及上合组织建设问题上战略利益广泛一致,不存在相互排斥的问题。在驱逐美国势力问题上我应把握一定尺度。目前美国在中亚的矛头主要指向俄罗斯,美国在中亚的扩张对中国来说是远虑,而对俄来说则既有远虑又有近忧。美国在中亚存在而不坐大,有利于调动俄对华合作的积极性;而一旦美国从中亚撤离,中国就会成为俄的主要排斥对象。美国看到了这一点,上海会议上美国代表称,美国在中亚的政治、经济、军事存在是地区稳定的促进因素,并称"如果美国势力从中亚消失,俄中马上就会展开争斗,伊斯兰势力也会参与其中",中亚可能陷入更大混乱。瑞典代表随声附和。

(三)外交上的非协调性问题

中俄是战略协作伙伴,外交上相互协调必不可少。否则,战略协作将难以为继。

非协调性问题首先表现在对美关系上。在此问题上,中俄存在着相互猜疑。要使俄真正确信中美间不会有任何有损俄的交易,确信中国深化对俄关系的诚意,警惕别有用心者挑拨离间。要使俄明白,中国在对美关系问题上既讲斗争又讲合作,斗争讲有理、有利、有节,合作出于大局考虑、不失原则立场;中国不指望对美关系好到哪去,同时又必须力避两国走向对抗;中国在对美关系上追求的是"稳定",是"建设性合作关系",而不是任何战略关系。要使俄相信,在对美关系问题上,中国真诚希望与俄加强战略协作,以期改变严重失衡的国际战略格局,抑制美国的霸权主义和强权政治,推动世界多极化进程,促进世界的和平与稳定，改善中俄两国的安全环境与发展环境。在俄美交恶情况下中国不应长时间沉默，而应采取既不卷入冲突又侧面助俄的策略。俄在10月“2＋2”俄美会谈前建议中俄进行反导问题磋商，我默不作答，不能说不是种失误。

另一个问题是结盟问题。俄奉行结盟政策，结盟思维强烈，认为不是盟友就不是“自己人”，就不可靠，就要防范。俄存在拉我与美抗衡的企图，存在将上合组织建成为反美军事同盟的主张。要从国际格局、时代潮流、国家战略利益等方面做俄工作，使其明白建立军事同盟与上合组织的根本宗旨、基本原则相悖，不符合时代潮流，有可能导致新的两极对抗，不利于两国的和平发展。同时，建立军事联盟也有违多数成员国的外交理念及其广泛开展合作的愿望，缺少可行性。要使俄理解在战略协作伙伴关系框架内、遵循《睦邻友好合作条约》，两国关系仍有巨大发展空间。

（四）经贸关系失衡问题

一是贸易结构不合理。俄机电产品在两国贸易中的比例大幅下降，现已不到2%。对此，俄罗斯举国上下几乎都在抱怨中国，担心沦为中国的“资源附庸国”，却很少从自身产品质量、价格、履约能力等方面查找原因。二是俄由顺差首次变为逆差。俄驻华贸易代表称，今年前8个月俄逆差已达40亿美元。俄难以接受、无法适应，甚至出现了“对华贸易吃亏论”。三是我某些商品对俄出口增长过快。今年我对俄钢管出口比上年增长7.5倍。汽车出口也大幅增长。俄担心威胁其企业生存，出现对华“反倾销调查”舆论。四是贸易多、投资少，相互依存度低。五是地方合作过于集中在相邻省份。六是自贸区建设推进困难。

对于上述问题，我应促俄以友好合作的精神，实事求是地查找原因。要促俄认识到提高机电产品质量的紧迫性；同时推动我企业增加对俄技术优势的了解。要加强我内部协调，防止某些领域一轰而上、过于集中地进入俄罗斯。要推动俄优化投资环境，推动我企业扩大项目投资。关于自贸区建设，必须充分考虑俄方顾虑，不能急于求成。

（五）能源合作进展缓慢问题

两国加强能源合作的战略决策已定，目前进入技术性攻坚阶段，困难集中于价格问题上的分歧。因此，我不应停留在俄是否有政治意愿的议论上，而应认真研究如何攻坚。不能不切实际地追求控股、拿区块。正确对待俄方各种“挂钩”要求，适当开放下游市场。价格上要看大趋势，不要错失机遇。对俄在两国关系中打能源牌要有所准备。

（六）俄对我依存度较低问题。要扩大俄对我的政治、经济依存，进一步夯实两国关系的利益基础

安全、经济关系是国家关系的基础，也最为俄所重视。在安全领域，目前俄对我存在一定借助，但是谈不上依赖。在经济领域，这种依赖更少。在安全上要努力扩大俄对我的“看重”和“借重”，抑制俄对我的“猜疑”和“防范”。在经济上要努力扩大俄对我的依赖，例如逐步增大俄对我油气市场的依赖（管道是构成相互依存的要件）。要努力在俄内部培育对华友好利益集团，特别要做好普京团队的工作。

另外还有环境污染问题（界河、上游）、东正教问题。

中俄关系仍具有一定脆弱性，必须小心呵护、细心经营。

总统大选后普京对华政策的延续*

俄罗斯即将举行总统大选，普京已经决定不再参选。普京离任后俄对华政策会否发生变化，两国关系会否受到影响？俄罗斯是世界大国、我最大邻国、战略协作伙伴国，中俄关系对我战略全局意义重大，我对上述问题不能不做出审慎的研判。**有充分理由认为，俄罗斯总统大选后，普京对华政策将会得到较好的延续**。

首先，普京路线的延续是俄对华政策延续的保证。

从政党基础、民意支持率、行政资源掌握、媒体舆论控制等影响总统大选的主要因素分析，得到普京明确支持的总统候选人梅德韦杰夫将在总统大选中胜出。杜马选举和总统选举具有对普京路线进行“准全民公决”的性质，普京领衔“统俄党”参加杜马选举获胜被广泛解读为民众对普京及其路线的认同。普京赞许的总统候选人梅德韦杰夫如能顺利当选，将进一步确认选民对普京及其路线的支持。因此，俄最高权力更迭，不会影响到普京路线的延续。

普京对华政策是其总体路线的组成部分。尽管总体路线不变并不能保证各个领域的政策不出现调整，但是极小可能发生严重逆转。普京高度重视对华关系，对发展两国战略协作伙伴关系表现出极大热情。近年来俄罗斯在对华关系上的所有重大举措几乎都是普京亲自推动的。普京一再承诺“将确保现行对华政策得到延续”，任何人要改变对华政策，他都将“亲自干预”。目前担任第一副总理的梅德韦杰夫，直接参与了普京在对华关系问题上的各项重大决策，由其担任组委会俄方主席的“俄罗斯年”和“中国年”活动取得突出成

* 本文发表于《外交》季刊 2008 年第 2 期。

效。有理由相信,梅德韦杰夫也是对华关系的积极推动者,其出任总统对两国关系的深化极小可能产生负面影响。

其次,普京对华政策具有坚实的国家利益基础。

领导人执政理念和行为风格仅是影响国家关系的次要因素,国家利益才是国家关系最重要的基础。近年来中俄关系的发展正是建立在坚实的国家利益基础之上的。中俄国际战略环境、国家战略任务相似,国际战略诉求、国际战略理念相近。战略利益的广泛一致性,为两国关系的可持续发展提供了根本性保证。另外,俄罗斯的“主权民主”与中国的“社会主义民主”,俄罗斯的“可控市场经济”与“有中国特色的社会主义市场经济”有着许多相通之处。两国发展模式、价值观的趋同,有利于国家关系基础的拓展。

其三,中俄关系具有比较健全的机制保证。

边界协定、睦邻友好合作条约的签订,相互协调与避免冲突机制的完善,为两国关系的稳定发展提供了必要的机制保证。中俄“国家年”的相继举办,高层互访、战略对话、民间往来的增多,不断加深两国民众的相互了解、夯实两国关系的民意基础。目前两国正在协商建立深化各领域合作的相关机制,例如促进相互投资的机制、促进贸易平衡的机制、就意见分歧进行坦诚沟通的机制等。两国高层对机制建设的高度重视,对国家关系始终沿着正确的方向前进起到了重要的保证作用。

因此,总统大选后,普京“睦邻友好、合作借重”的对华政策不可能改变,普京路线的延续可望保证中俄战略协作伙伴关系的进一步深化。

今后几年里中俄关系的发展趋势可能是:

两国更加相互看重。中国与俄罗斯都是快速崛起中的新兴大国,发展势头、发展前景为国际社会普遍看好,更为两国相互看重。中国舆论普遍认为,俄罗斯幅员辽阔、资源丰富,人民富有创造力,只要坚持目前发展方向,就一定能够走向富裕、强大,并且为世界的和平与发展做出大国贡献。俄罗斯也高度评价中国的发展势头,预测中国不久将发展成为“世界强国”。更为重要的是,中俄还相互确信对方的和平发展意图,欢迎对方的和平崛起。中俄相互看重的进一步增强,必将为两国战略关系的深化提供新的动力。

两国更多相互借重。中俄两国都面对严重失衡的国际战略格局,都遭遇到某些大国的遏制和挤压,必须相互借重、相互支持。在国际战略格局进入大调整、大变动的重要历史时期，两个在建设多极化世界问题上理念相同、在推动建立新的国际秩序问题上利益和取向一致的大国，必须紧密协作。对于中国来说，在当今严重失衡的国际格局中，需要俄罗斯的战略支撑。对于俄罗斯来说，借助中国则具有更为现实的需求：俄美交恶，两国关系进入冲突多发期，互为战略对手的局面正在形成，俄需要借助中国强化其战略地位。

两国各领域合作将进一步深化。中俄关系已经进入战略协作与务实合作并举的新阶段。不论政治、安全领域，还是经济、人文领域，合作都在不断深化。务实合作的深化必将为战略协作的扩展奠定更加坚实的基础。尽管两国关系中仍然存在政治互信不足等障碍性问题，俄罗斯"张扬式"崛起给我外交运筹带来不少新的困难，各领域交往的密切也可能使利益摩擦增多；但是，只要两国坚持坦诚沟通、切实贯彻"互利共赢"理念，这些矛盾完全可以化解。

因此可以充满信心地讲，俄罗斯总统大选及其高层权力更替，不会对普京的对华政策产生消极影响；两国战略协作有望更加紧密，务实合作有望进一步深化。

新时期俄罗斯对华政策的走向及深化两国关系的思考*

5月7日，俄罗斯第五任总统梅德韦杰夫宣誓就任，次日前总统普京被任命为政府总理。俄罗斯最高权力实现平稳更替，俄由此进入一个新时期。俄罗斯是总统制国家，总统主导国家内外政策。一个尖锐的问题摆在人们面前：**俄最高权力更替会否导致重大路线调整，其对华政策会否发生变化？俄罗斯是个世界大国、我最大邻国、战略协作伙伴国，中俄关系对我战略全局意义重大，对上述问题我必须做出审慎而准确的判断。**从各种影响因素分析，笔者认为，**在新近组成的“梅普”权力架构下，俄罗斯现行对华政策有望得到较好的延续，中俄战略协作伙伴关系有望进一步深化。**

一、俄现行对华政策有望得到较好的延续

最高权力更替不会导致重大路线调整。首先，梅德韦杰夫是普京的门生、普京制定各项重大政策的主要参与者。包括普京在内，俄罗斯上上下下普遍相信梅将忠实于普京路线。其二，普京仍然留在最高权力中心，继续掌握影响国家大政方针的主要权柄，并且很可能是位“强势总理”。其三，“亲普京政党”掌握了杜马绝对多数议席，新的政治力量格局为保证普京的“领袖地位”、延续其路线提供了重要政治依托。其四，普京路线比较符合俄罗斯的国情，其可行性已经为俄罗斯立国以来反正两方面的实践所证明。普京具有强大的民意支持，已经树立起“英明领袖”、“民族救星”的崇高形象。在此情况下，任何人想

* 本文节选自作者发表于中国国际战略学会《国际战略研究》2008年第3期文章。

要推翻普京路线，都将面对难以逾越的民意障碍。因此，不少专家认为，今后几年的俄罗斯高层权力结构仍将是"以普京团队为基础、由普京亲自掌舵"的垂直权力体系，尽管可能带上梅德韦杰夫的某些个人色彩，但是较小可能弱化普京路线。正如俄罗斯学者所言，俄最高权力更替"不是普京时代的终结，而是新的普京时代的开始"，普京仍将是"普梅二重唱"的领唱人。

普京路线的延续是其对华政策延续的重要基础。普京对华政策是其总体路线的组成部分。在普京路线总体延续的情况下，俄罗斯对华政策极小可能因最高权力更替而发生逆转，尽管不能完全排除出现某些调整的可能性。普京高度重视对华关系，对发展两国战略协作伙伴关系表现出很高的热情。普京一再承诺"将确保现行对华政策得到延续"，任何人要改变对华政策，他都将"亲自干预"。新总统梅德韦杰夫直接参与了普京在对华关系问题上的各项重大决策，由其担任组委会俄方主席的"俄罗斯年"和"中国年"系列活动取得突出成效。有充分理由相信，梅德韦杰夫也是对华关系的积极推动者，其出任总统对两国关系的深化将产生积极作用。

俄现行对华政策具有坚实的国家利益基础。领导人执政理念和行为风格仅是影响国家关系的次要因素，国家利益才是国家关系最重要的基础。近年来中俄关系的发展正是建立在坚实的国家利益基础之上的。中俄国际战略环境、国家战略任务相似，国际战略诉求、国际战略理念相近。战略利益广泛一致，为两国关系的可持续发展提供了根本性保证。俄罗斯的"主权民主"与中国的"社会主义民主"，俄罗斯的"可控市场经济"与"有中国特色的社会主义市场经济"有着许多相通之处。发展模式、价值观的趋同，有利于国家关系基础的拓展。因此，在梅普结合的新时期，俄罗斯可能更加看重中国、更多借力中国。

两国关系具有比较健全的机制保证。以平等尊重、互信协商、互利共赢、互不干涉内政、"不结盟、不对抗、不针对第三国"为核心的新型国家关系准则的确立，是两国关系健康发展的重要保证。边界协定和睦邻友好合作条约的签订、协调与避免冲突机制的完善，既是国家关系不断深化的重要标志，也是确保两国关系稳定发展的有效机制。中俄关系近年来的既有发展则为两国关系的持续深化奠定了坚实的基础。中俄"国家年"的相继举办，高层互访、战略对话、民间往来的增多，不断加深两国民众的相互了解、夯实两国关系的民意基础。两国高层对机制建设的高度重视,目前正在协商建立和完善深化各领域合作的相关机制,有望对两国关系产生新的推动。

因此可以充满信心地讲,俄罗斯最高层权力更替,极小可能对俄罗斯的对华政策产生消极影响。两国战略协作有望更加紧密,务实合作有望全面深化。

二、两国必须共同解决国家关系中的深层次问题

鉴于中俄关系对两国战略全局均具有重大意义,两国必须下大力深化战略协作和务实合作。为此必须努力消除影响两国关系发展的障碍性因素,夯实两国关系的战略基础和民意基础。当前及今后一个时期,需要重点关注、努力解决以下深层次问题:

(一)两国关系的基本框架问题

中俄战略协作伙伴关系已经走过 12 个年头,12 年来的实践有力地证明,中俄关系的定位是完全正确的。尽管自 1996 年两国建立战略协作伙伴关系以来,不论国际形势还是两国国内形势都发生了重大变化,但是中俄"战略协作伙伴关系"的发展空间依然巨大,没有必要为两国关系设计新的框架。

首先,"战略协作伙伴关系"是"面向 21 世纪"的。这种关系框架的建立不是出于一时之需,不是短期行为,而是建立在两国广泛、长期的共同战略利益基础之上的。"战略协作伙伴关系"的基本框架完全可以适应新形势、新变化、新要求。

其次,"协作"一词的内涵尚未在实践中充分体现。俄文"协作"一词本来是个军语,准确的中译应为"协同动作"或者"互动",而不是一般的"合作"。其内涵是双方"按照目标、任务、地点以及遂行任务的时间和方法而采取的协调一致的行动"。而目前两国各领域的合作水平,与"协同动作"的高要求还有不小差距。

其三,建立"军政联盟"的构想不合时宜。俄罗斯战略研究界有人提出,俄中应建立"军政联盟"、共同制衡霸权主义。这一构想虽然出于深化两国战略关系的良好愿望,但是有可能形成新的两极格局、引发新的集团对抗,不利于国际关系的稳定。中俄结盟还可能引起美等西方国家的强烈反弹,恶化两国的安全环境,不利于两国的和平发展。因此,起码在可以预见的将来,中俄不宜结成军事政治联盟,上合组织也不应向军事政治集团方向发展,只能逐步向

着"准结盟"方向前进。

有充分理由相信,在"战略协作伙伴关系"框架内,遵循《中俄睦邻友好合作条约》和胡锦涛主席提出的"五个伙伴关系"方针,两国关系必将取得新的发展。

(二)对对方崛起性质的判断问题

两个大国、邻国同时崛起,必然带来许多新的问题。其中,最敏感、最具关键性影响的是对对方崛起性质的判断。

尽管俄罗斯的崛起有些"张扬",有可能给我带来一系列新的问题,但是总体上看,有利于缓解国际战略力量的失衡,有利于制约霸权主义和单边主义,有利于世界多极化进程的推进,有利于国际政治经济秩序的改造,有利于改善两国和平发展的国际环境,有利于减轻我国承受的霸权压力。俄罗斯的崛起还有利于世界经济的发展,俄罗斯完全有希望成为推动世界经济发展的新发动机,而世界经济发展正需要多个发动机。因此,中国真诚地欢迎俄罗斯的和平崛起。

俄罗斯高层和多数精英对中国崛起性质的判断总体上也是积极的。他们确信中国和平发展的意图,赞同中国"和平发展"、"和谐世界"的理念。视中国快速发展为俄加速崛起的机遇、努力"搭车中国经济发展快车"的声音,正在逐步压倒"中国威胁论"的杂音。

但是,不同认识仍然存在,对两国关系的消极影响不容低估。特别是在俄罗斯,某些极端民族主义势力、外部势力代言人贩卖某些大国制造的"中国威胁论",散布"中国移民扩张论"、"中国经济扩张论"的情况仍然相当突出,严重干扰两国战略协作和务实合作的深化。中国国内也有少数人坚持"俄罗斯不可靠论",担心俄罗斯强大后会重走扩张称霸的老路。两国有识之士对此不能不予以高度重视,不能不进行有理有据的批驳。对存有疑虑的民众,则应进行耐心的解释工作。要相信事实最能说明一切。

(三)我在俄传统势力范围内的影响扩大问题

俄罗斯虽然看重上合组织的发展前景及中国的积极作用,但是某些人担心中国对中亚影响扩大、主导上合组织的发展,妨碍俄对中亚的政治、经济控制。这种疑虑已经成为俄在上合组织某些领域合作中姿态消极的深层原因。

化解这一矛盾的基本思路是切实贯彻"上海精神"。上海合作组织之所以具有很强的生命力和号召力，关键在于从建立伊始就确立了有别于其他国际组织的理念，即以“互信、互利、平等、协商，尊重多样文明，谋求共同发展”为宗旨的“上海精神”。只要认真践行“上海精神”，所谓“中国挤占俄罗斯传统势力范围”的谎言就会不攻自破。

事实必将证明，中国在中亚地区和上合组织中积极作用的发挥、政治经济影响的扩大，有利于地区的稳定与发展，有利于上合组织各领域合作的深化，也有利于俄罗斯和中亚国家的根本利益。中国不存在谋求中亚地区和上合组织主导权的意图和政策，更不会对俄在中亚的战略利益构成挑战。中俄在中亚地区及上合组织建设问题上战略利益广泛一致，不存在相互排斥的问题。在和平与发展成为时代主题的新世纪，任何国家都不应存在控制某个地区、某些国家的欲望。

（四）外交上的非协调性问题

中俄是战略协作伙伴，外交上相互协调必不可少。近年来，两国在国际事务中的协调总体进展良好、成效显著；但是相互猜疑仍时有发生，特别是在对美关系上，中俄间的相互疑虑更为突出。

两国都以对美关系作为外交战略的优先方向，甚至都把对美关系作为“重中之重”。两国都对对方与美国的交往十分敏感，担心对方与美国做交易、损害己方利益。而对美关系是中俄战略协作的重要领域，在此领域的不协调势必影响到战略协作的水平和效能。

鉴此，中俄应以“两国在对美关系问题上利益与理念广泛一致”的判断作为增进相互信任、促进相互协作的重要基础，进一步加强在对美关系问题上的沟通、磋商，及时消除疑虑、加强协调。应当指出，中美之间也存在共同利益，但是这种共同利益与俄罗斯的国家利益并不存在冲突；中国在对美关系上追求的是“稳定”，而不是建立“战略关系”；中国讲求“共赢”，不会与任何国家做任何有损第三方的交易。为了世界的稳定与和平，中俄应当共同争取与所有大国发展“建设性合作关系”。

（五）经贸关系失衡问题

最近一年多，两国经贸关系出现一些新情况。一是贸易结构发生变化。去年我对俄机电产品出口快速上升到对俄贸易额的50%，而俄对我机电产品出口大幅下降至其对我贸易额的1%。俄罗斯从上到下几乎都在担心沦为中国的“资源附庸国”。二是俄由顺差变为逆差。去年俄对华贸易逆差88亿美元，而此前多年俄一直保持顺差。俄一时难以接受、适应，甚至出现了“对华贸易吃亏论”。三是中国某些商品对俄出口增长过快。俄担心威胁其企业生存，出现对华“反倾销调查”舆论。四是经济合作的质量偏低。相互贸易多、投资少。我对俄投资十几亿美元，俄对华投资仅2亿美元。在技术研发方面，两国的合作则更少。五是两国能源合作进展缓慢，军技合作几乎停滞。

上述问题导致俄罗斯某些人对我所谓“经济扩张”的忧虑增大、相互信任受损，有可能成为两国贸易摩擦增多的燃点。鉴此，两国应共同谋划化解办法。中方应努力推动本国企业增进对俄技术优势的了解，理解俄方的利益与关切，扩大俄机电产品的进口。俄方则应真正认识到提高其机电产品质量、加强售后服务、加大其机电产品推介力度、增强履约能力的重要性。实现贸易平衡是双边的共同诉求，一时出现不平衡也是正常现象，两国均应以平常之心看待。要积极推动两国相互投资，扩大技术合作，提高经济合作的质量。在能源合作问题上，双方应认真研究解决在具体利益特别是价格问题上分歧的办法，真正实现“互利双赢”。对军技合作，两国则要从国家安全战略的高度，尽快予以激活。要尽快建立健全政府间解决贸易争端的机制，按照国际通行规则，通过友好协商、互谅互让，及时将分歧解决在初始阶段

综上所述，对俄罗斯最高权力更替后的中俄关系，既要充满信心又要悉心经营。两国应以新的思维、新的举措共同推动战略协作和务实合作的深化，同时相互借助对方崛起的历史机遇，服务于本国的和平发展，服务于世界的共同安全和共同发展。

当前俄罗斯研究中值得关注的几个问题*

目前中俄关系发展良好，处于历史最好时期。与此同时，仍然存在这样那样的问题，其中一些深层次问题对两国关系的持续发展具有重大影响。我必须着眼于新时期的新情况，认真梳理有关问题，妥谋化解矛盾、深化关系的新思路。

一、“梅普时代”俄政治经济形势及政策走向

对俄罗斯形势和政策走向的判断，是我制定对俄战略和政策的重要依据。

俄政治形势可望继续保持稳定。主要依据是：大选顺利举行，民众和精英阶层普遍接受“梅普组合”；普京 8 年治理带来政治稳定和经济发展，受到民众拥戴；民心民意求稳定思发展，社会心理抵制任何破坏政治稳定的行为，外部势力插足困难，对俄政局稳定影响有限；高层内部没有明显裂痕，权力重组不会引发大的权力争斗；社会两极分化尚不至于引发社会动荡；俄最高权力更替不是“普京时代”的终结，而是“新普京时代”的开始，普京将是“普梅二重唱”的领唱人，俄高层权力结构仍将是“以普京团队为基础、由普京亲自掌舵”的垂直权力体系，尽管可能带上梅德韦杰夫的某些个人色彩；“梅普组合”短时间内不会出现大的变故，小梅在相当长时间里无力挑战老普的权威。

俄经济形势可望继续保持增长势头。主要依据是：2007 年俄经济增长势头强劲，为 2008 年经济形势稳定奠定了良好基础；国际市场油气价格继续高企，有望为经济增长继续提供重要依托；世界农产品价格不断攀升，为俄农业

---

* 本文系作者 2008 年 5 月 20 日在社科院研讨会上的发言。

发展注入了新的动力;俄经济对外依存度较低,受美国经济低迷的影响较小;通货膨胀走势虽然不好,但是失控的可能性不大。

俄内外政策可望较好延续普京路线。主要依据是:梅德韦杰夫是普京各项既定重大政策制定的主要参与者,俄罗斯上下普遍相信小梅将会忠实于普京路线;普京仍然留在最高权力中心,继续掌握影响国家大政方针的主要权柄;"亲普京政党"掌握了杜马绝对多数议席,新的政治力量格局为延续其路线提供了政治保证;普京路线比较符合俄罗斯的国情,得到强大的民意支持。因此有理由认为,在新的权力架构下,普京路线较小可能被弱化。如果说变化,基本上也将是普京路线在新形势下的新发展、新调整、新举措。

二、俄罗斯崛起的前景及其对大国关系的影响

关于俄罗斯崛起的前景及其对大国关系的影响可以概括为四句话:崛起势头强劲,同时存在渲染成分;崛起潜力巨大,同时存在众多制约因素;崛起方式总体可望是和平的,同时可能伴随各种摩擦甚至冲突;我对俄崛起应持欢迎姿态,同时要努力推动俄坚定走和平崛起道路的选择。

关于对俄崛起方式的预判主要有三种意见:一是俄本性难改,必将重走扩张称霸老路;二是俄在新时代有新思维,不会再走扩张称霸老路;三是俄罗斯虽然本性难移,但是制约因素强大,老路走不通,只能走新路。我基本赞成第三种看法。主要依据是:俄几百年历史是部侵略扩张史,冷战中后期还发展成为霸权国家。历史上俄维护国家安全的途径是不停地对外扩张,扩大领土、控制邻国,建立势力范围和战略缓冲带,扩张已成为俄的战略文化,俄今天的战略思维不可避免地还会受到这种战略文化的影响。但是,在新世纪,国际大环境、时代大潮流、国内社会环境、今后几十年国家的战略需要,都会对俄的扩张冲动构成强大制约,形成难以逾越的障碍。俄要坚持走扩张称霸的老路,必然冲突不断、困难重重,发展环境必遭破坏,崛起进程必会中断,甚至发生逆转。因此,俄不大可能再次成为霸权扩张国家。

今天俄罗斯崛起中的"张扬"表现很难称得上是种扩张。俄的行动仅是其对美国、北约遏俄弱俄、打压挤压的反弹,是总体防御中的局部反击,而不是全面战略反攻。俄恢复传统势力范围和战略缓冲带的主要途径是扩大政治经济安全影响,而不是侵略称霸。俄虽然表现强硬,但是基本上是种理性强硬。

关于俄崛起对大国关系的影响，主要有以下方面：俄罗斯大国主义情结浓重，崛起中的俄罗斯必将按照自身战略需要重塑国际秩序、寻求发展空间；俄罗斯的崛起正在改变美国一超独霸的局面，引起国际政治经济秩序新一轮重大调整，加速世界多极化的进程；俄罗斯对热点问题的介入增多，而且大多与美等西方大国不同调，双方围绕热点问题的争吵难以停息；俄将更加敢于对美国说“不”，更加敢于与美国碰硬，俄美间挤压与反挤压、遏制与反遏制、崛起与反崛起的斗争可能进一步加剧；俄美互为战略对手的局面加速形成，两国关系正在进入冲突多发期；俄罗斯的崛起与北约和欧盟的“双东扩”迎头相撞，一旦北约、欧盟东扩突破俄罗斯一直坚守的独联体边界底线，美国和北约大幅增加在新欧洲的军事存在，实力增强了的俄罗斯肯定会做出更加激烈的反应；中俄战略利益、战略理念广泛一致，发展模式逐渐趋同，两国相互看重、相互借助的趋势可能进一步增强，联手合作将会进一步增多，但是不存在建立“反美同盟”的可能。

三、中俄关系面临的新情况及其对两国关系的影响

（一）俄罗斯进入新的发展时期

俄罗斯总统大选落下帷幕，“梅普体制”基本形成，俄罗斯由此进入一个形式上可以称之为“梅德韦杰夫时代”而本质上仍是“普京时代”的新时期。新时期俄深化对华关系的方针仍将延续：普京路线的延续是其对华政策延续的重要基础，梅德韦杰夫也是对华关系的积极推动者；俄现行对华政策具有坚实的国家利益基础；俄走向西方的幻想破灭，转而强调俄罗斯的欧亚文明特性，意味着俄国家定位正在发生重要变化，可能引领俄更加重视东方；俄罗斯的“主权民主”与中国的“社会主义民主”，俄罗斯的“可控市场经济”与“有中国特色的社会主义市场经济”有着许多相通之处，发展模式、价值观的趋同也有利于拓展国家关系的基础。另外，两国关系还具有比较健全的机制保证。

（二）中俄两大国同时崛起的复杂影响

两个大国、邻国同时崛起，历史上从未有过，必然带来许多新问题、新挑战。其中，最敏感、对两国关系最具关键性影响的是对对方崛起性质的判断：是机遇还是挑战，是安全还是威胁？这个问题不解决，两国必然疑窦丛生、相互防范，“加强战略协作”将会沦为一句空话。

基本判断是,俄的崛起对我和平发展总体上是种积极因素。俄适当强大有利于缓解国际战略力量的失衡,有利于制约美国的霸权主义和单边主义,有利于推进世界多极化进程,有利于改造现行国际政治经济秩序,有利于改善我和平发展的国际环境,有利于减轻我承受的霸权压力,因而总体上有利于我和平发展。

与此同时,俄的崛起可能给我带来一些新问题、新挑战。例如,俄大国主义可能抬头,我与俄打交道可能更加困难;俄极端民族主义可能上升,存在某些问题上矛头指向我的可能性;俄与美等西方国家争斗加剧,我运筹大国关系可能更加复杂。

我对俄崛起总体应持欢迎姿态。主要是因为:俄崛起总体对我有利;发展强大是所有民族国家的权利;如果阻止俄崛起,两国战略协作将难以为继。但是,“欢迎”不等于放弃防范,毕竟俄罗斯是个有着数百年对外扩张历史的国家。同时,在推动俄坚定走和平发展道路方面,我应尽更大努力。

(三) 国际格局面临重大变动

美国霸权出现衰落之势,新兴大国群体式崛起,多极化世界加速形成,大国间既合作又争斗、既相互借重又相互防范的趋势增强。经济全球化和区域一体化趋势深入发展,各国间经济上的相互联系日趋紧密。安全挑战的全球性日益突出,需要国际社会共同应对。

在此情况下,中俄战略处境更加相近,俄中关系相互借重必然增多。两国关系有望进一步拉近,战略协作有望进一步深化,务实合作有望进一步拓展。

“梅普组合”的对华政策走势*

一、俄对华战略借助的需求增大

俄迫切需要和平稳定的国际和周边环境。俄大国地位虽然基本恢复，但是要实现“强大俄罗斯”之梦依然任重道远。今后相当长时间里其根本性国家任务是“强国富民”，为此迫切需要和平稳定的国际和周边环境。与拥有 4 300 公里共同边界、崛起势头迅猛的大邻国搞好关系，是俄的重大战略需求。有迹象表明，梅普已将对华关系置于较前更加突出的位置。

俄在大国关系中的处境趋于被动。俄与西方大国的关系日益恶化。美国可能将俄列入主要战略对手。法德重新疏远俄靠近美，对俄关系与 2003、2004 年俄法德反战轴心时已经大为不同。为运筹大国关系，俄不能不与国际战略处境、国际战略理念相近，国际影响日益增大又能平等友好待俄的大国中国加强战略协作。正因为此，近来俄在重大国际问题上与中国主动联手增多。

俄西部、南部安全环境日趋严峻。以美国为首的北约加紧构筑对俄包围圈(性质已不仅是战略挤压，而是战略围堵)。俄周边战略缓冲带和传统势力范围出现局部坍塌危险。俄的安全危机感空前增大，需要通过与中国的战略协作打破美欧对俄的合围企图，抵御北约进一步向其周边特别是中亚挺进，防范北约与美日同盟实现对接。俄对上合组织建设姿态趋于积极，即有此重要背景。

俄在治国模式问题上与西方距离拉大。美等已将俄打入“异类”，不断恶言谴责，并且将俄与中国并提，视其为对西方发展模式和价值观的严重挑战。

---

* 本文系作者 2008 年 7 月在国内研讨会上的发言。

中俄均面临捍卫发展模式自主选择权(实际也是捍卫国家崛起前途)的严峻挑战。俄对中俄印、金砖四国、发展五国框架下的活动趋于积极,就很能说明问题。

上述战略需求使俄对深化中俄战略协作伙伴关系的热情增高、动作增多。

二、中俄战略协作的领域有望扩展

两国战略协作的领域已经非常广阔,但是国际形势的发展对两国深化、拓展战略协作提出新的要求。除反对霸权主义、单边主义、强权政治,维护联合国权威和“不干涉主权国家内政”国际法准则,反对反恐“双重标准”等领域外,下述领域的战略协作可望扩展或者强化:

——**维护发展模式自主选择权领域的战略协作**。这不仅对中俄坚持适合本国国情的发展道路、保持崛起的势头至关重要,而且有利于团结广大发展中国家,特别是两国的周边国家、伊斯兰国家。同时对于抵御美等“扩展民主”或策动“颜色革命”、以意识形态与价值观为号召孤立中俄的图谋,以及反对“美欧文明优越论”、将西方煽动的文明冲突推回美欧,均具有重大意义。由于意识形态在国家关系中具有基础性作用,中俄在此领域的协作有望大大拉近两国的距离。

——**国际舆论战领域的战略协作**。西方媒体几乎一边倒地诋毁中国和俄罗斯,频频发难,对两国国际形象、软实力增强构成重大威胁。面对共同挑战,中俄不能不互施援手。中俄应共同争取第三世界媒体舆论的同情支持。可考虑共同策划一些大的举措。

——**在发展中国家发展与稳定问题上的战略协作**。广大发展中国家是我外交布局的“基础”,抵御美等战略遏制、战略挤压的主要支点,必须予以更多关注。发展中国家普遍贫穷落后、政局不稳。这里既有发展水平方面的原因,也与美等干预、策动有关。中俄在发展中国家发展与稳定问题上存在共同利益,有必要开展战略协作。中俄应共同应对美等对发展中国家的内政干涉,并且要避免在发展中国家相互竞争。

——**上合组织框架下的战略协作**。不仅是具体利益上的合作,而且包括地缘战略高度的战略协作。可在不走向军事结盟的条件下加强军事合作、能源合作、维稳合作、救灾合作。加强军事合作符合两国多重战略利益,必须拿出大的魄力。否则,部分中亚国家可能被北约拉走,上合组织将失去存在之本。维护中亚国家政治稳定既是中亚各国的强烈愿望,也符合中俄两国的战略利益。在此问题上中俄不应谨小慎微,而应努力找到切入点。救灾合作一本万利,值得加大投入。

——**能源安全领域的战略协作**。虽然中俄间存在资源国与消费国间的利益差异,但是俄能源战略是在实现本国利益最大化的同时改变国际能源格局,争取在国际能源秩序中有更大话语权、主导权。与能源消费大国、战略买家中国开展协作、共同致力于全球能源共同安全,有利于俄达成这一战略目的。这是一种战略协作,而不是一般意义上的能源合作。这一协作难度较大,必须有新的思路、新的举措。

——**制止新一轮军备竞赛领域的战略协作**。军备竞赛可能打断中俄崛起的进程,中俄均应力避卷入。两国应联手合作并且动员第三世界国家共同应对美国谋求更大军事优势的企图,制止北约扩展全球军事干预。特别要加强反导合作、防止国际战略力量进一步失衡,外空"非军事化"合作、制止外空军备竞赛。

三、加强沟通、强化互利共赢意识是深化两国战略协作的前提

深化两国战略协作的障碍因素犹存,致使在不少领域战略利益的共同性难以转化为开展战略协作的推动力。其中,最为突出的是战略互信不足,互利共赢意识不强。

——**俄对中俄关系的战略价值认识滞后**。中俄关系仍未被置于俄外交战略应有位置。也可以说,中俄在对两国关系的定位上存在错位。当然,我内部在此问题上认识亦很不统一。

——**对对方崛起的和平性、非扩张性的判断尚不够坚定**。"中国威胁论"特别是"中国人口扩张论"、"俄扩张习性难改论"同时存在。俄极端民族主义势力部分矛头指向中国。俄对中国崛起的心态仍未调整好。

——**外交上的非协调性问题仍然比较突出**。特别是对美关系,两国均将之作为外交运筹的"重中之重",而中俄之间却相互提防,惟恐对方稳定对美关系的举措会损害自己的利益。

——**在中亚地区战略利益定位上两国存在矛盾**。俄视其为传统势力范

围，努力收复；中国视其为必须经营的周边安全带、经济合作带，必欲进入。

——**军技合作、能源合作陷入停滞或者半停滞状态**。必须从战略全局的需要推进两大合作。

——**经贸关系结构失衡**。导致两国利益摩擦增多，影响到战略协作的氛围。

出现上述情况，一方面是利益差异客观存在所致，另一方面与相互沟通不够、利益协调不够、政治互信不足有关。

解决问题的思路建议为：

一是加强战略对话，坦诚交换意见。不消除战略误解，战略协作不可能深化。有必要借鉴中美战略对话的经验，建立就战略问题及时、充分沟通的高层对话机制。要加强民间战略对话，特别是学术界的战略对话。培育并且发挥涉俄非政府组织的作用。我在俄经营的企业也应发挥为国家关系铺路的作用。

二是贯彻互利共赢理念，相互照顾对方的利益与关切。互利共赢是我国开放战略的核心理念，必须真诚地贯彻。俄缺少这种理念，必须努力促俄。在经贸领域，要切实贯彻市场原则，双方都不要期望通过政府干预实现非市场经济利益，关键是找到双方利益的契合点和各领域合作的增长点。

2008年中俄关系回顾与展望*

2008年是中俄战略协作伙伴关系稳步发展的一年。在双方的共同努力下，两国关系的战略基础和机制基础进一步夯实，战略协作与务实合作进一步深化。一年来的实践表明，中俄战略协作伙伴关系的基础牢固、机制完备，成果丰硕、前景广阔。与此同时必须看到，两国关系中仍然存在这样那样的问题，面临这样那样的挑战。**面对错综复杂的国际形势，基于和平发展的需要，中俄应当以更加积极的姿态，共同推动两国战略协作伙伴关系进一步深化。**

一、中俄关系的最新发展

2008年对于中俄两国来说都是不平凡的一年。年内两国国内大事不断：中国战胜冰雪和地震灾害，成功举办奥运会，世界更多聚焦中国；俄罗斯高层权力实现平稳过渡，俄格冲突严重冲击国际关系体系，世界更加感受到俄罗斯崛起的强势。与此同时，两国在国际事务中面临的机遇与挑战都在增多，特别是全球金融危机的冲击日渐扩大，已然成为两国面临的重大课题。上述情况使得中俄关系在各自战略全局中的地位进一步提升，为两国战略协作伙伴关系的持续深化增添了新的动力。

（一）战略协作进一步深化

战略互信不断增强。2008年5月，梅德韦杰夫总统成功访华，中俄发表了《关于重大国际问题的联合声明》。这是双方10年来就国际事务发表的第三个政治文件，是两国在重大国际问题上加深战略协作的又一个里程碑。这

* 本文发表于《国防大学学报》2009年第2期。

表明，两国战略互信进一步增强，战略协作水平进一步提高，互为战略依托的态势进一步强化。

战略磋商进一步深入。10 月，中俄总参谋部在北京举行了例行性安全磋商，在莫斯科举行了反导问题第 10 次磋商。11 月，两国恢复了中断一年的战略磋商，国务委员戴秉国与俄安全会议秘书帕特鲁舍夫进行了坦诚深入的战略对话，就进一步规范和完善战略磋商机制达成了广泛共识，有力地促进了双方在国际事务中的战略互动。

热点问题上相互协调。年内，双方围绕朝核、伊核、联合国改革等重大国际及地区热点问题加强协调与配合，有效地维护了两国的共同利益，牵制了美国的霸权主义和单边主义，对恢复国际战略平衡、维护两国和平发展所必需的国际环境发挥了重要作用。两国还共同推动上合组织建设，并且在各种国际组织中相互配合。

核心利益问题上相互支持。在谴责陈水扁发动"入联公投"问题上，在批驳西方国家涉藏喧嚣问题上，以及在其他涉我核心利益问题上，俄罗斯都采取了明确支持中国的立场。俄格冲突后，我以不同方式回应了俄罗斯的战略期待。特别是在北京亚欧峰会期间，我发挥主办国的优势，拒绝了个别西方国家将南奥塞梯问题扩大化的企图，一定程度上减轻了俄格冲突给俄罗斯带来的战略压力。

（二）务实合作进一步扩展

高层往来密切。梅德韦杰夫在就任总统两周后即来华访问，将中国作为独联体以外的首个出访国家，标志着俄高层权力更替后普京时代的对华政策得到了延续，发展对华关系仍是俄罗斯外交的优先方向。年内，胡锦涛主席与梅德韦杰夫总统五次会晤，普京总理出席北京奥运会开幕式，温家宝总理访俄并出席两国总理第 13 次定期会晤。11 月，胡主席在华盛顿会晤梅德韦杰夫，双方正式批准了《中俄睦邻友好合作条约实施纲要（2009～2012 年）》。该纲要将会对今后几年两国务实合作的深化起到重要指引作用。

经贸合作不断深化。两国贸易规模和质量再上新台阶。去年 1～10 月，两国贸易额达到 415 亿美元，全年有望突破 500 亿美元大关，从而为实现两国元首提出的到 2010 年贸易额达到 600～800 亿美元的目标奠定了坚实的基础。世界金融危机发生后，双方保持了密切的沟通与磋商，在共同应对金融危机、维护本国及世界经济稳定等方面加强了行动协调。10 月，温总理出席中俄总理第 13 次定期会晤，双方就继续优化贸易结构、扩大机电产品贸易、稳步推进投资合作、着力规范贸易秩序、妥善解决有关问题、进一步提高经贸合作的质量和水平，达成了广泛共识。双方还决定进一步加强航天、航空、火星探测、核能利用、新材料开发等高新科技领域的合作，共同提升科技创新能力，并且签署了一系列重要协议。加强金融领域互惠合作是两国经济关系深化的又一重要标志，对于抵御金融风暴对两国经济的冲击正在发挥重要作用。

能源合作取得突破。7 月，中俄建立了由两国副总理牵头的能源代表谈判机制。随后双方能源代表举行了两次谈判，有力地推动了两国在能源领域的合作。温家宝总理访俄期间，双方签署了《关于在石油天然气领域合作的谅解备忘录》及一揽子能源合作协议，结束了两国能源合作进展缓慢、管道建设久拖不决的局面。两国能源企业、金融企业间的有关合同也即将签署。双方还承诺加强节能环保等领域的合作。上述文件涵盖了能源合作的多个领域，为两国关系深入发展进一步打牢了物质基础。

边界问题彻底解决。7 月，两国外长签署了《中俄国界线东段补充叙述议定书》。10 月，双方在黑瞎子岛举行了两国边界界桩揭幕仪式。这标志着两国 4 300 多公里的共同边界全部勘定，历史遗留的边界问题彻底解决，从而为两国关系的长期稳定扫清了重大障碍，必将对消除俄罗斯版“中国威胁论”特别是“中国领土要求论”发挥重要作用。

军事合作取得进展。12 月，俄罗斯国防部长谢尔久科夫访华，出席中俄第 13 次军技合作委员会会议。这是该委员会会议在停顿两年后重新召开，表明两国在有关问题上的分歧与障碍基本消除，军技合作重新步入发展轨道。两国还讨论了举行联合军事演习等重大军事安全问题。

(三) 人文基础进一步拓宽

人文交流内容更加丰富。今年 5 月，我国发生汶川大地震，俄方主动派遣救援队参与抗震救灾，并向我国提供了大量人道主义救援物资，充分体现了俄罗斯人民的对华友好情谊。俄罗斯救援队的出色表现受到了两国民众的普遍好评，拉近了相互间的感情。梅德韦杰夫总统邀请我国 1 500 名灾区儿童赴俄疗养，进一步加深了两国人民的友好感情。两国元首还宣布继相互举办“国家年”活动后将在对方国家举办“语言年”活动。有充分理由相信，人文合作的进一步加深，定会极大地增进两国人民的相互了解，进一步打牢两国关系深入发展的民意基础。

民众相互好感度不断上升。中俄两国战略处境与战略理念的相近性、发展模式与价值观的趋同性，对增进两国人民的亲近感起到重要作用。两国关系的深入发展、两国民众往来的增多与了解的加深，调动了两国民众对发展国家关系的热情。我综合国力大幅提升，成功举办奥运会与残奥会并且取得优异成绩，在俄罗斯产生热烈反响。舆论调查显示，有36％的俄受访民众认为中国是俄的战略伙伴，40％的人认为中俄是友好邻邦，76％的人对中俄关系给予正面评价，超过半数的俄民众认为中国是仅次于白俄罗斯的最友好国家。

二、中俄关系的发展趋势

（一）两国关系面临新的发展机遇

中国快速发展，增强了俄罗斯深化对华战略协作与务实合作的动力。我经济快速发展，综合国力不断提升，国际影响大幅扩展，中俄形成了300年历史上首次强强并立的态势。俄罗斯看重、看好中国的和平发展，期望搭乘中国经济的快车，对华战略协作与务实合作的姿态日趋积极。中国不断走强，为俄罗斯破解西方的战略围堵、推动世界多极化进程、增强其国际地位，增添了可资借助的力量。俄罗斯与我共同推动上合组织发展，亦与其更加看重中国不无关系。

俄格冲突后俄罗斯与西方关系恶化，对我战略借重的迫切感增大。俄格冲突是俄对美等西方国家长期打压的强势反击，导致俄与西方关系总体趋冷。俄罗斯采用“张扬”崛起方式，增大了美等西方国家对俄的战略疑虑，其遏俄弱俄的力度明显加大。俄美间虽然不至于发生新的冷战，但是双方力避对抗的时代成为过去，两国关系进入冲突多发期。为应对美等西方国家的战略挑战，确保国家的快速崛起，俄罗斯更加需要借助中国的力量与影响。正是在此背景下，近来俄罗斯深化对华关系的热情进一步增高，在各领域合作中采取了较前更为主动的姿态。

金融危机与油价下跌对俄产生较大冲击，俄迫切希望借助中国遏制经济衰退。世界金融危机与油价下跌，不仅使俄罗斯陷入金融困境，而且波及到其实体经济。俄罗斯经济形势日趋严峻，危机局面初步形成。特别是多个大型国有企业陷入资金短缺危机，急需世界其他经济体施以援手。而中国外汇储备庞大，应对危机的能力相对较强，加强对华经济合作成为俄稳定经济的重要选择。最近，中俄能源合作取得突破性进展、军技合作重新启动，与俄罗斯陷入经济困境存在某种关联。另外，俄罗斯新近制定的《2020年前对外经贸发展战略》提出合作重点向亚太地区东移，亦可能为深化中俄经贸合作提供新的契机。

（二）两国关系发展面临的诸多挑战

目前的中俄关系虽然是两国与各大国关系中最成熟、最稳定、最富建设性的一对双边关系，但是由于大国、邻国相处存在特有的复杂性，加之相互沟通不够、相互了解不深，具体利益上存在差异，因此两国关系的发展仍然存在某些障碍，面临某些挑战。

政治互信仍然不足，外交上的非协调问题仍然存在。政治互信不足突出表现为“中国威胁论”与“俄罗斯不可靠论”在两国仍有着较大影响。俄罗斯某些人仍在散布“中俄力量对比失衡”、“中国人口扩张”、“中国经济扩张”、“中国领土要求”、“中国挤占俄传统势力范围”等等损害两国关系的不实言论。在中国部分民众中，俄罗斯历史上侵占中国大片领土造成的阴影、对俄罗斯强大后重走扩张老路的担忧短时间内亦难以消除。加之俄罗斯少数人言而无信、缺少履约能力和共赢思维，因此在中国也有不少人对俄罗斯的信任度不高。虽然中俄战略利益、战略理念广泛一致，但是由于两国文化传统、行为风格不同，两国外交上不够协调的情况也时有发生。特别是在对美关系问题上、在上合组织建设问题上，两国的行动还不够协调。

两国各领域交往增多，有可能带来更多的利益纷争。俄罗斯人缺少自我反省意识，遇到分歧总是习惯于从对方找原因。受两国产业结构和发展需求的制约，中俄贸易结构失衡问题短时间内难以完全解决。两国在经济与安全上的相互依存度不高，两国利益相互捆绑的纽带较少，亦不利于两国关系的长期稳定。

俄罗斯大国主义与极端民族主义抬头，我与俄打交道的难度增大。俄罗斯一向大国主义情绪强烈，民族和文化优越感突出，傲视其他国家和民族。俄罗斯国力上升、国际处境艰难，引发极端民族主义抬头。中俄比邻而居，交往中时常会遇到涉及对方感情的问题，例如移民问题、环境污染问题等。这些敏感问题有可能刺激俄极端民族主义情绪升温，不排除某些情况下指向我国的可能性。

总之，中俄关系的发展趋势总体良好、潜力巨大，同时存在着不少障碍性问题。尽管这些问题基本上属于前进中的问题、支流性的问题，但是对两国关系的消极影响不容小觑。

三、对深化两国关系的思考

中俄战略协作伙伴关系对于增强两国的战略地位、维护两国的安全环境、促进两国的快速发展，有着无可代替的重大影响。然而，两国关系的发展仍有不尽人意之处。国际大环境、时代大趋势、国家长远战略利益，要求两国进一步深化战略协作与务实合作。

（一）总结经验，提高认识。

有必要组织力量，全面回顾两国 10 多年来开展战略协作的历程，总结经验、找出不足，从而为进一步深化两国的战略协作与务实合作理清思路、明确方向。两国高层和精英要充分认识到，在当前严重失衡的国际战略格局中，在由单极世界向多极世界过渡的新时期，中俄加强战略协作与务实合作对于两国乃至世界的安全与发展、前途与命运具有极为深远的意义。要深刻分析国际大环境的可能变化，洞察两国关系可能面临的新问题及两国对对方可能的新需求，从而对两国关系进行前瞻性规划。要影响和动员广大民众，积极支持两国关系不断深化，夯实两国关系的民意基础。

（二）加强沟通，增信释疑。

互信不足是两国深化战略协作与务实合作的主要障碍。而互信不足的主要根源是相互了解不够、相互沟通不及时。共同举办“国家年”对于增强两国政治互信作用显著，在此基础上继续办好类似活动意义重大。两国在推出重大国际行动时，必须充分考虑对方的关切与利益。特别是在对美关系问题上，两国更要相互关照，努力减少彼此疑虑。俄国内某些势力，甚至个别高层精英对于“中国人口众多，存在向俄寻求生存空间危险”的担忧，是俄版“中国威胁论”不断发酵的重要根源之一，对两国战略协作危害极大。两国政府部门和学术机构有必要就此问题进行专门对话、坦诚交流。

（三）拓展领域，完善机制。

两国战略协作领域十分广泛，但是仍有不少领域亟待拓展。例如，在发展模式和意识形态领域，在某些西方国家坚持其意识形态优越论并藉此推行新干涉主义的今天，中俄在此领域的战略协作不仅关系到两国软实力的增强和大国地位的确立，而且关系到新世纪新型国际秩序的建立，甚至关系到世界的和平与稳定，因此有必要予以加强；在舆论宣传领域，两国同样需要联手合作，共同抵御某些西方媒体的舆论霸权及其对中俄的歪曲宣传，争取更多的国际话语权；在应对金融危机冲击问题上，两国更应加强合作，共同推动新的国际金融秩序的建立；在上合组织建设领域，两国要共同推动政治、经济、安全、人文领域的合作不断深化，确保该地区国家的稳定与发展，努力避免所谓的“主导权”之争；在南北关系领域，中俄亦应进一步加强合作，共同维护广大发展中国家的权益，带动其发展。应更多地关注战略协作的针对性和有效性，在强化高层会晤机制、战略对话机制的同时，大力推动两国民间外交，扩大各界各层次人员的交往、交流。两国政府各对口部门间，应建立经常性沟通机制、重大国际问题紧急磋商机制、重大决策相互通报机制。

（四）坚持“三不”，互利共赢。

“不结盟、不对抗、不针对第三国”方针顺应了21世纪和平与发展的时代潮流，是对以“集团对抗”、“绝对安全”、“零和游戏”为特征的冷战思维的有力抵制。只要中俄不面临严重战争危险，两国就应继续坚持“三不”方针。任何国家都在追求本国利益，但是只有贯彻“互利共赢”理念才能有效维护本国长远利益。中俄在相互关系上更应真诚地贯彻“互利共赢”理念，否则战略协作很可能流于形式。

（五）共同发展，共同安全。

共同发展、共同安全，符合中俄两国的根本利益，是两国开展战略协作的根本目标。两大邻国相互欢迎对方的和平崛起，与某些大国坚持冷战思维、将中俄的发展视为“战略挑战”、极力遏制两国崛起形成鲜明对比。中俄如果相互防范，不仅战略协作无从谈起，就连睦邻友好也难以为继。两国在冷战中期相互对抗、对两国的发展与安全形成重大牵制的历史教训，必须铭记。

冷静对待俄边防部队射击中国民船事件*

2月14日，注册于塞拉利昂的中国干货船“新星”号，在驶离俄罗斯纳霍特卡港时，因遭遇俄边防部队巡逻舰的枪炮射击和海上风暴而受损沉没，导致7名中国船员失踪。事件经媒体曝光，引起中国百姓一片谴责之声。部分网民甚至认为这是俄罗斯政府故意所为，不仅对俄罗斯国家产生了严重的负面看法，而且对中俄战略协作的可持续性产生了怀疑。笔者几十年与俄罗斯人打交道，一直跟踪研究中俄关系，对俄罗斯人的思维模式、行为方式有所了解。在这里谈几点粗浅看法，与读者交流。

俄边防部队执法过度导致严重后果，必须道歉赔偿。按照有关国际法，俄罗斯边防部队的确有权阻拦任何处在俄主权海域内、未经俄政府主管部门同意擅自驶离的外国船只。但是，有关国际法同时规定，不得对民用船只使用武力，拦截行动不得危及船只和船员安全。而据报道，俄边防舰船竟然对“新星”号开枪开炮达500余次，甚至直接射击船体。显然，俄边防部队存在野蛮执法、执法过度问题。更有甚者，在“新星”号船体严重受损、即将沉没的危急时刻，俄边防舰船未能采取及时有力的救助措施，严重违背了国际惯例和人道主义精神。俄罗斯有关部门至今不肯承认以上错误，仅讲“新星”号擅自离港。但是，俄媒体披露的3分零4秒的视频清晰地记录下了事件的经过，可以百分之百地证实俄边防部队开枪开炮与救助不力的事实。就连俄罗斯一些媒体和网民也认为，俄边防部队的做法“的确过分”、“没有必要”。俄方必须坦率地承认错误、诚恳道歉，而不应一古脑地把责任推给“印尼籍船长”，更不能无视国

* 本文发表于《东方早报》2009年2月25日。

际法，声称开火行为“合法”。俄罗斯应当表现出一个大国应有的风度，勇于承认错误、承担责任，并且采取措施避免此类事件再次发生。否则，俄罗斯的国际形象将会受损，并且可能损害中国人民对俄罗斯的友好感情。

此次事件总体看应属偶发事件，不应影响中俄关系的大局。俄边防舰船向“新星”号开枪开炮，是经过俄联邦安全总局批准的，不能说不是政府行为。因此，中国政府进行紧急交涉、表达“强烈不满”，是完全正确的、适宜的。同时应当看到，此次事件仅是两国关系中的偶发事件，不宜上升到俄对华政策变化的高度，更不应因此而影响两国关系的大局。事实上，目前两国关系处于历史最好时期，进入战略协作与务实合作同时深化的新阶段。此种事件的发生，显然与两国关系发展的大趋势完全相悖。特别是在世界金融危机肆虐的情况下，俄罗斯迫切希望深化对华关系，没有任何必要以此方式破坏两国关系的氛围。因此，用“俄高层的政治决断”来解释此次事件的发生，在逻辑上是讲不通的。在国际战略格局严重失衡的当今世界，对俄关系在我战略全局中具有重大战略价值，我必须小心呵护，绝对不能因偶发事件而影响两国关系的大局。我们必须以理性思考来判断事件的是非曲直，以摆事实讲道理的方式对俄方不当做法发表批评意见。

“新星”号船东亦负有重要责任，必须深刻反省。从各种来源的信息看，“新星”号是按照其船东“广州明洋船务有限公司”的指令驶离纳霍特卡港的，在遭遇俄边防舰船拦截后亦是在其船东强令下继续行驶的。“新星”号船东公司的这种做法表现出对俄方管辖权的不尊重，引起对方冲动性反应，导致严重事态的发生，因此亦应承担重要责任。不论俄方扣船的理由成立与否，“新星”号都不应擅自离港，更不应在遭遇炮火拦截情况下不顾船员的生命安全继续行驶。中国船只在国外遇到纠纷，完全可以通过船东公司进行交涉，必要时还可以求助于中国驻外外交领事部门。据报道，“新星”号此前已有多次违规记录，曾在张家港因未经检疫擅自入港而受到处罚，在青岛港曾被查出严重安全隐患。看来，该船守法意识不强、船东管理失职问题早已存在。因此，“新星”号船东公司必须深刻反省，认真整顿。否则，在国际交往中还可能出现这样那样的问题，给国家造成麻烦。

对中俄关系中若干深层次问题的思考*

中俄关系是一对比较成熟的大国关系。但是，大国、邻国相处的复杂性，国际关系大变动、大调整的深刻影响，不可避免地会在中俄关系中引发这样那样的问题。其中一些深层次问题可能对两国关系产生负面影响，必须予以高度关注、认真加以解决。

一、关于两国关系的基本框架

自 1996 年中俄建立战略协作伙伴关系以来，已经走过了 14 个年头。实践证明，中俄关系的这一基本框架完全适用。但是 14 年来，不论国际形势还是两国国内政治经济形势都发生了巨大变化，鉴此我国有学者提出，需要为中俄关系安排一个新的框架。笔者认为，目前尚不存在重新设计两国关系基本框架的必要。

首先，中俄两国元首共同确立的“战略协作伙伴关系”是“面向 21 世纪”的。这种关系的建立不是出于一时之需，不是短期行为，而是建立在两国长期的共同战略利益基础之上的，并未因为时空的转换而失去意义。

其次，中俄“战略协作伙伴关系”不同于两国与其他国家所建立的“战略伙伴关系”。“协作”一词具有深刻的意涵，相当于俄文军语中的“协同动作”。据《苏联军事百科辞典》释义，“协同动作是军队为达成作战目的而按照目标、任务、地点、时间而采取的协调一致的行动”，其对相互协调、相互配合的要求远高于“合作”。如果根据“协同动作”的要求评价今天的中俄关系，完全有理由

* 本文发表于《远东经济导报》2010 年 6 月 29 日。

认为,其内涵尚未得到充分体现,发展空间依然巨大。

因此,今后若干年两国完全可以在“战略协作伙伴关系”的基本框架内,进一步深化两国关系,而不必设计新的框架。

另一情况是,俄战略研究界和强力部门有些专家、官员认为,国际战略格局严重失衡、美等西方国家对中俄实行遏制战略,中俄只有结成同盟,才能有效维护和平发展所需要的国际环境。我国国内一些媒体也在展开关于是否应当结盟的讨论,所谈结盟对象显然是指俄罗斯。笔者主张,**我们既要避免走上结盟之路,又要注意不伤害俄方深化两国关系的热情,同时还要为将来一旦需要时结盟奠定基础**。

必须继续坚持“不结盟”政策。我长期奉行“不结盟”政策,在错综复杂的国际斗争中赢得了主动,对我和平、公正国际形象的树立起到了积极作用。中俄结盟意味着我必须放弃独立自主的外交方针,这必然牵动我外交全局,不能不慎之又慎。中俄结盟势必引起美国的强烈反弹,并且可能形成强弱不对称的新的两极世界格局。在这种两极格局中,中俄即使再拉上几个、十几个中小国家,也只能构成一个弱极;而美国依托北约、美日同盟等同盟关系,很容易组成相对强大的一极。这种战略格局必然严重恶化我和平发展的国际环境。而且,继续坚持“不结盟”政策,还有利于我更加广泛地团结世界多数国家,对国际关系进行纵横捭阖的灵活运筹。因此,**只要国际战略格局不发生重大变化,国家安全不面临重大威胁,就不宜与俄结成军事政治联盟,上合组织也不应向军事政治集团方向发展**。

必须为将来一旦需要时结成联盟奠定基础。结盟与否只能是因时因势适时调整的策略。国际形势的发展具有很大的不确定性,不排除美日等国对我实施“强力围堵”的可能性。我面临解决台湾问题的重大战略任务,一旦被迫对台动武,存在美日军事介入的极大可能。对方以集团力量对我,我不能单打独斗。为了将来出现这种危机事态时不至于陷入国际孤立,特别是在面临战争危险时能够得到援手,我不能不做多手准备,不能不为将来有结盟之需要创造必要的条件。可考虑在“战略协作伙伴关系”框架内推动中俄关系向“准结盟”方向发展。

注意不要伤害俄友好人士深化两国关系的热情。俄罗斯人结盟意识强烈,认为不是盟友就不是“自己人”,就不可靠。我坚持“不结盟”政策,对俄友好人士发展两国关系的热情已经造成某种挫伤。因此,对于俄罗斯一些人推动中俄结盟的努力，我们不能不认真对待。必须看到，俄某些力量希望与我结盟，是看重我、对我友好的表现，而且持此主张者多是对华关系的积极推动者，我不能以简单的拒绝伤害其友好感情。宜从时代潮流、国际格局、国家战略利益等方面开展说服工作，使其明白：建立军事同盟既不利于推进世界多极化进程，也无助于改变严重失衡的国际战略力量对比，并且可能恶化中俄两国的发展环境；我不同俄结盟，并非不重视发展对俄关系，在战略协作伙伴关系框架内，遵循《中俄睦邻友好合作条约》和胡锦涛主席提出的"五个伙伴关系"（真诚互信的政治合作伙伴，互利共赢的经贸合作伙伴，共同创新的科技合作伙伴，和谐友好的人文合作伙伴，团结互助的安全合作伙伴）方针，两国关系仍有巨大的发展空间。

二、关于俄罗斯对华战略疑虑

近年来中俄政治互信不断增强，但是俄罗斯对我战略疑虑并未明显消减。

一是对我存在诸多"担心"。担心中俄力量对比进一步失衡，中国可能强势对待俄罗斯；担心中国觊觎俄远东领土，对远东进行"静悄悄的人口扩张"；担心中国强大后重算历史旧账，重提"领土要求"；担心中国对俄搞"经济扩张"，变俄为"经济附庸"；担心"中美共治世界"，贬损俄的大国地位；担心中国为了发展对美关系拿俄的利益做交易；担心中国在中亚挤占俄的传统势力范围。

二是对我存在不少"不适应"。中国的国际地位快速上升，更受世界瞩目，更具国际影响力，俄部分精英深感失落。中俄实力对比差距拉大，中国正在变成"老大哥"，俄民族优越感受到挫伤。中俄贸易结构失衡，俄成为中国的"原材料供应国"，感到难以接受。

正是由于存在上述"担心"和"不适应"，"中国威胁论"才得以在俄罗斯广为传播，影响到两国关系的深化。而且这些"担心"、"不适应"多属于战略层面的问题，用"政治互信不足"已难以准确概括，需要上升到"战略疑虑"的高度去认识。

俄罗斯出现上述"担心"、"不适应"有着复杂的原因。邻国相处易于产生利益纠葛，移民问题、边境管理问题、环境污染问题、水资源问题等易于引发敏感反应。两国文化上存在巨大差异，行为风格上存在很大不同，容易产生误解。俄罗斯大国主义强烈,习惯于居高临下、傲视他国。俄地缘环境复杂,在大国地位下降、国际处境艰难的情况下安全忧虑感增大,易于发生情绪性误判。俄民族优越感强烈,对于中俄在世界上角色的转换,需要一个较长时间的适应过程。俄对任何大国都不完全放心,对中国的"不放心"也可能长时间存在。俄高层及精英层中亲西方势力、极端民族主义势力、疑华势力比较强大,不时对中俄战略协作伙伴关系提出质疑。历史上俄罗斯是侵占我领土最多的国家,冷战中期还一度对我构成最严峻的安全威胁,中国部分民众对俄罗斯强大后重走扩张称霸老路的担忧也难以很快消除。美国奥巴马政府近来频频向俄示好,有可能唤起俄部分势力再次倒向西方、"与西方结盟"的冲动。西方"遏俄遏华"势力不会放弃对中俄关系的挑拨。美国某些人提出的"中美国"、"中美共治"概念在俄引起复杂反应。

必须采取针对性化解措施。要针对俄罗斯人的"担心"、"不放心"开展有根有据的增信释疑工作。提高两国高层、政府对口部门间战略对话的层级、扩大规模,并且使之更具实质性、更加坦诚。大力开展对俄强力部门、战略研究界和舆论界的工作。研究俄利益集团,认真开展对俄涉华利益集团的工作,努力培育知华力量。充分认识智库、媒体、利益集团这"三大权力"的重要影响,加强人文交流,活跃公共外交,扩大两国关系的社会基础,改变"上热下冷"、"官热民冷"局面。分清战略问题与战术问题,理性地处理具体利益分歧,不因枝节性问题而影响两国关系的大局。敏锐地发现、及时地解决可能引起误解、疑虑的问题。谨慎地处置敏感问题,特别是关系对方民众感情的问题。

三、关于两国外交上的非协调性问题

中俄是战略协作伙伴,外交上的相互协调、相互支持必不可少,而恰恰在此问题上两国时常相互猜疑。特别是在对美关系问题上,两国都以对美关系作为外交优先方向,都把对美关系作为"重中之重"。在我国某些政府部门、某些国际问题专家中,特别是某些受美国教育熏陶、在美国有着重要利益的群体中,存在"对俄关系服从对美关系"的主张。上述情况不可能不冲击到中俄关系。正因为此,两国都对对方与美国的交往十分敏感,担心对方与美做交易,损害己方利益。俄方尤其不满我在抵制美国霸权问题上"韬光养晦",认为我"把俄作为对美挡箭牌"。每逢中美间有重要高层接触,俄罗斯人总是以警惕的目光注视中美达成的协议是否会损害俄罗斯的国家利益。中俄在对美关系问题上相互信任不足,已经成为两国战略协作伙伴关系难以大幅深化的一大深层原因。

在中美关系的最新变化中,最令俄罗斯放心不下的是所谓"中美共治"。俄罗斯人大国主义情结强烈,自认为是当之无愧的世界大国,总是追求远远超出其实力的国际地位,对于任何可能导致其大国地位被贬低的国际事态一向高度警惕。在相当多的俄罗斯精英看来,所谓的"中美共治",就属于此类可能致使俄罗斯在重大国际事务中被边缘化的危险事态。尽管美国某些人提出G2、"中美共治"的意图并不是要与中国分享世界领导权,而是要将中国纳入由其主导的国际体系,作为美国的"跟班"担负起超出我国能力的国际责任,并且继续维持中美间不公正的经济关系;尽管中国政府与民众对自身实力及发展中国家的定位有着清醒的认识,对接受 G2 安排可能带来的危害已形成广泛的共识,因而多数中国人对此提议并无多大兴趣,而且国家领导人已经明确予以拒绝,但俄罗斯人仍然不能放心、安心。因此,我们必须就此问题对俄展开坦诚深入的沟通。

要在两对大国关系之间建立起动态平衡。应当动态地决定对美、对俄关系的轻重缓急,走出"一切服从对美关系"的误区。我国某些人在发展对美战略关系上的迷思与幻想,对我运筹大国关系极为有害,必须努力消除。对美霸不能只讲妥协、忍让,还必须讲制衡,为此必须灵活地运筹中美俄三角关系,尽最大努力使中美关系成为中俄关系的拉动因素。三角关系是否存在,主要看两大条件:一是三者分量是否相当。大国与小国不可能构成三角关系,其中一国依附于其中另一国的三个国家也构不成三角关系。二是三者是否存在互动。一对关系应能牵动另外两对关系。从这两个要件看,中美俄三角关系的存在是实实在在的。当然,今天的中美俄关系与冷战时期的中美俄关系有着很大的不同,三对关系中任何一对关系都不再具有集团对抗、意识形态对抗、全面对抗的性质。但是,相互间的竞争或斗争甚至局部对抗依然不时发生,三对关系的相互牵动依然十分明显。因此,必须正视中美俄三角关系的客观存在,正确把握运筹三角关系的规律,以此作为解决外交上非协调性的一把钥匙。

要把发展对美关系作为我国外交战略的重大任务。美国虽然从世界霸主的巅峰开始向下滑落,但是今后相当长时间里仍将是世界上最强大的国家,是对中国国际战略环境影响最为重大的国家。中美经济规模巨大、相互依存度很高，两国经济关系对中国的经济发展具有重要意义。中美人文关系的广度与深度也是我国与其他国家关系无法比拟的。美国人手伸得很长，影响无处不在，中国要扩展全球利益，不能不与美国人打交道。只要美国不真正放弃对华遏制战略，美国就将是中国的主要战略对手。因此，中国必须以极大的精力与美国周旋，将运筹对美关系作为外交的重大战略任务。

要努力经营好对俄战略协作伙伴关系。中俄互为最大邻国是我必须面对的重大地缘战略现实。中俄战略利益、战略理念广泛一致，在一系列重大国际问题上都是难得的战略伙伴。中国绝对不应为了发展与主要战略对手的关系而损害与主要战略伙伴的关系。失去俄的战略协作，中国必然遭受更大的霸气压力。从拉动、促进对美关系考虑，中国也必须加强对俄战略协作。紧紧拉住俄罗斯是我在今后相当长时间内的一项重大战略任务。为此，必须使俄确信我不会与美做任何有损俄利益的交易，争取在对美关系上达成充分的谅解和默契。要明白无误地告诉俄罗斯人：中国在对美关系上追求的是“稳定”，是“建设性合作关系”，而不是不切实际的“战略关系”；中国对美既讲合作又讲斗争，合作不失原则立场，斗争力避走向对抗；中国真诚地希望在对美关系问题上与俄加强战略协作，共同抑制美国的霸权主义和强权政治，共同推动世界多极化进程，共同促进世界的和平与稳定。要强化俄罗斯精英对中俄共同战略利益的认知，切实将两国战略利益的共同性转化为深化两国关系的动力。对于俄罗斯某些势力“融入西方”的冲动，我既应冷静看待（事实上俄融入西方之路是走不通的），又要努力抑制。

四、关于俄罗斯的势力范围思维

势力范围思维是俄罗斯的传统安全观念。近年来随着俄综合国力的快速发展，恢复对传统势力范围的有效控制成为俄众多精英与民众的强烈诉求。

俄势力范围思维抬头可能导致中俄在中亚地区的摩擦增多。俄罗斯视中亚为其传统势力范围、必须确保的“特殊战略利益区”以及抵御美国战略挤压及伊斯兰极端势力的渗透、维护大国地位的战略依托，因此对任何大国进入该地区都十分敏感、警惕。对于我国进入中亚，俄既无奈又警惕，既需要借助我国抵御美等渗透、挤压，拉住中亚国家，又不愿看到我国的影响持续扩大。俄虽然看重上合组织的发展前景及其无可替代的重要价值，但是担心中国掌握上合组织的主导权，妨碍俄对中亚的政治、经济控制。俄的这种疑虑已经成为其在上合组织某些领域合作中姿态消极的深层原因。俄实力强大后对我在中亚地区扩大影响可能更加排斥，在上合组织建设问题上可能更难合作，在环里海能源开发与外输问题上可能给我设置更多的障碍，甚至存在引发两国战略竞争的危险。因此，必须努力抑制俄对中亚国家的控制欲、处理好两国在中亚和上合组织的利益关系。舍此，难以维护我在中亚地区的战略利益，难以将上合组织建设成为充满活力的新型区域合作组织，我西部安全屏障、战略稳定带的建设也会受到严重掣肘。

化解这一矛盾的主要途径是切实贯彻“上海精神”。上海合作组织之所以具有很强的生命力和号召力，关键就在于从建立伊始就确立了有别于其他国际组织的新型理念，即“上海精神”（“互信、互利、平等、协商，尊重多样文明，谋求共同发展”）。但是要使这一理念为俄罗斯真正接受，需要有足够的耐心，需要付出艰苦的努力。为了避免俄对我意图的猜疑和误判，我应主动承认俄在中亚地区的战略利益。同时要促使俄认识到，势力范围思维具有控制性与排他性，不符合时代潮流，必然会引起被纳入势力范围的中小国家的抵制及被排斥大国的反弹，必然恶化俄的安全环境与发展环境。

在中亚和上合组织问题上我应“求实利而淡虚名”。我所追求的目标应是“求睦邻、促合作，保稳定、谋发展”，而不是与俄争夺上合组织的主导权。必须看到，俄在中亚经营将近200年，俄与中亚国家的政治、安全、经济、文化联系十分广泛，对中亚的影响十分深刻，中国很难取代俄在该地区的战略地位。因此，我既要坚定不移地维护国家利益，又要适当照顾俄在该地区的“特殊利益”；既要抑制俄的控制欲望，又要适度支持俄适当恢复地区影响；既要加强对俄协作，又要深化与中亚国家的合作。在与中亚国家能源合作问题上，我既要坚持平等竞争，又要适当照顾俄的关切。建立上合组织能源俱乐部于我利大于弊，应予积极推动。

五、关于两国关系的物质基础

中俄政治关系一直保持较高水平，但是经济关系发展相对滞后。而国家间的经济关系是政治关系的物质基础，缺少经济关系支撑的政治关系恐难经得起国际风云变幻的考验。目前两国经济关系中存在的问题主要是：

经贸合作水平较低,贸易结构不合理。即使在贸易水平最高年份的2008年,两国相互贸易额也仅有530多亿美元。这与两个大国、邻国的贸易潜力远不相称。两国相互投资少也是合作质量偏低的突出表现,我对俄投资只有十几亿美元,俄对我投资更是仅有2亿美元。在技术研发方面两国的合作更少,高科技产品在两国贸易中占比很低。军技合作本来是两国经贸合作的重头戏,近几年也陷入停滞状态,这不仅影响到两国经济关系的水平,而且对两国战略关系带来消极影响。

俄缺少互利共赢意识,担心成为中国的"原材料附庸"。俄对外经济战略的重要原则是谋求"本国利益最大化",而不是互利共赢。在对华经济合作中,俄谋求非市场经济优惠,并且进行各种利益"捆绑"。俄履约能力较差,反悔合同、不按时交货的情况多有发生。俄法律法规多变,投资环境问题很多,却缺少自省意识。近年俄对华贸易由顺差变为逆差,俄国内出现"对华贸易吃亏论"。我某些商品对俄出口增长过快,俄担心威胁其企业生存,出现对华"反倾销调查"舆论。俄罗斯人对于成为昔日"穷兄弟"的"原材料供应国"更是难以接受,"俄罗斯正在成为中国的原材料附庸"的报警声不绝于耳。另外,倒爷贸易、灰色清关、伪劣商品,也是影响两国经贸关系不可忽视的因素。

鉴此,必须强化双方的互利共赢意识与市场经济意识。要使俄真正认识到提高其机电产品质量、增强其履约能力的重要性,不应一味地抱怨中方。同时要推动我企业增进对俄技术优势的了解,从国家战略高度扩大对俄技术合作。加强我内部协调,防止某些产业对俄出口一轰而上。在能源价格问题上,我不要希冀对方以低于其国内市场价格对我售气,更不应不切实际地继续追求控股、拿区块,同时对俄在两国关系中打能源牌的可能性应有必要的准备。此外,还要进一步健全政府间解决贸易争端的机制,及时将分歧与摩擦解决在初始阶段。

必须扩大两国经济利益的相互依存度。要努力扩大相互投资,扩大双方利益捆绑。更多地吸引俄方投资,使俄企业界成为影响俄对华关系决策的积极因素。努力促使两国相邻地区发展战略相互接轨,推动两国相邻地区的经济逐步走向一体化,实现共同发展。大力落实、扩展能源与科技领域的大型项目合作,使之成为两国关系的纽带。有步骤地开展国际金融领域的合作。探讨加强军事合作特别是军技合作的新思路。加强两国在中亚地区和东北亚地区的战略协作,特别要共同推动上合组织各领域合作的深化。

在纪念《中俄睦邻友好合作条约》签订10周年高层论坛上的讲话*

尊敬的女士们，先生们，很高兴出席今天的高层论坛。

2001年7月16日中俄两国签订《中俄睦邻友好合作条约》，到本月整整10周年。今天，中俄两国专家学者齐聚中俄边境新兴名城黑河，举办纪念条约签订10周年高层论坛，重要意义不言而喻。

回顾10年来中俄关系的发展，两国高层和战略研究界得出的基本共识是，两国关系进入“历史最好时期”。用杨洁篪外长的话说，目前的中俄关系已经成为“成熟、稳定、健康和充满生气的战略协作伙伴关系”，成为“大国关系的典范”。

中俄关系发展10年来取得如此巨大成就，与两国坚定不移地共同践行条约所确立的“世代友好，永不为敌”这一两国关系根本方针密不可分。正是在这一方针的指引下，两国战略协作与务实合作不断深化，不仅为两国的快速发展提供了至关重要的国际环境和周边环境保证，而且为两国稳定新世纪的国际关系、改造西方主导的不公正国际秩序、推动多极世界的形成提供了坚实的战略依托。

新的10年，为了更好地造福于两国人民，促进世界的和平、稳定与发展，中俄两国必须坚定不移地贯彻条约所体现的新型国家关系准则、新型国际关系理念。为此，有必要深化对签订和履行这一条约的战略利益、战略理念和战略认知基础的认识。

---

* 本文系作者2011年7月在国际研讨会上的发言。

一、战略利益广泛相近，是条约签订的利益基础

战略利益是影响国家关系最为关键的因素。条约的签订及战略协作伙伴关系的发展，正是以两国共同战略利益作为基础和支撑的。

互为最大邻国，需要相互依托。互为最大邻国是两国最重要的地缘政治现实。长达 4 300 公里的共同边界，对两国安全环境和发展环境的影响十分重大。冷战中后期的中苏对抗，对两国安全环境与发展环境所造成的破坏难以估量，教训极为深刻。在当今国际关系大变动、大调整的复杂形势下，两大邻国更需要互为战略依托、战略纵深。邻居不能选择，远亲不如近邻，睦邻友好合作最符合两国的战略利益。《中俄睦邻友好合作条约》提出做“好邻居、好伙伴、好朋友”，深意即在于此。

拥有共同周边，需要共同经营。中俄同处中亚、东北亚地区，在周边安全与发展问题上有着广泛的共同利益。在中亚地区，中俄的战略目标都是将该地区建设成为睦邻友好带、战略稳定带、经济合作带。两国在中亚地区的联手合作更是上合组织存在与发展的根本保证。在东北亚地区，中俄两国也是共同利益远大于潜在竞争。考虑到美国“重返东亚”及打造“东亚版北约”的企图，中俄在共同周边的战略协作对于两国的国家安全意义更为深远。

战略需求相近，需要相互支持。今后十几年，两国均处在快速崛起的关键期，都迫切需要一个和平稳定的国际环境与周边环境，因此在维护世界与地区的和平稳定问题上两国利益与共。中俄的和平发展都面临着来自以美国为首的西方大国的阻遏，需要共同应对、相互支撑。中俄都是现行国际体系的后到者，在建立新的国际战略平衡和营造新的国际秩序问题上存在着共同利益诉求。

经济上互补性强，需要相互合作。俄罗斯拥有丰富的自然资源，军工、航天、航空、材料技术比较发达，中国则是稳定可靠的能源、资源大市场，轻工、电子、通信技术比较先进，两国可以相互补充。中国有西部开发和振兴东北老工业基地战略，俄罗斯有远东与东西伯利亚开发战略，两者可以接轨互动。尽管俄罗斯不少人将实现经济现代化的希望主要寄托于欧美，但是事实将证明，睦邻友好、蓬勃发展的中国对俄罗斯现代化发展的支持将会更为真诚、更具价值。

基本国情与发展模式相近，需要相互借鉴。中俄均是历史文化悠久、幅员辽阔的世界大国，同时又是经济发展相对滞后、处在由计划经济向市场经济转

轨过程中的新兴大国，两国面对的问题有许多相似之处。俄罗斯的“主权民主”和“可控市场经济”与中国的“社会主义民主”及“有中国特色的社会主义市场经济”有着许多相通之处。中俄在此领域相互借鉴、相互支持，对于两国的稳定与发展无疑具有重大意义。

二、战略理念广泛相近，是条约签订的思想基础

战略理念既基于战略利益，也基于战略文化。中俄战略理念的广泛相近性在两国与各大国关系中绝无仅有。

首先，在建立新型国家关系上理念广泛相近。一是平等尊重。今天的两国关系不同于中苏结盟时期“小兄弟”与“老大哥”的不平等关系，也不同于某些国家间主导与被主导的关系，而是建立在两个主权国家完全平等、相互尊重基础上的伙伴关系。二是互信协商。中俄战略互信不断增强，相互疑虑不断减少。通过协商消除分歧、深化合作，是中俄关系不断深化的重要经验。三是互利共赢。中俄各领域的合作之所以不断扩展，“互利共赢”理念起到重大作用。四是坚持“三不”。“不结盟、不对抗、不针对第三国”的方针，符合21世纪的时代潮流，是对以“集团对抗”、“绝对安全”、“零和博弈”为特征的冷战思维的有力抵制。这些新型国家关系准则的确立，既为两国关系长期稳定提供了根本性保证，也为新型国际关系的形成树立起一面旗帜。

其次，在发展道路问题上理念广泛相近。特别是在民主选择的自主性（反对民主的外部输入）、民主模式的多样性（不承认西方民主的唯一性）、民主发展的阶段性（民主发展不能超越社会经济发展阶段）、民主与稳定的关系（发展民主必须以确保稳定为基础）等问题上，两国有着几乎完全一致的主张。美等西方国家在国际关系中坚持以意识形态划线，宣扬西方价值观具有“普世价值”，策动“颜色革命”和“民主动乱”，大搞“民主输出”，矛头直指中俄，正在将中俄两国逼进同一条战壕。

其三，在重大国际问题上理念广泛相近。例如，在世界格局多极化、国际关系民主化、人类文明多样性问题上，在维护国际战略平衡与稳定、建立公正合理的国际政治经济秩序问题上，在反对霸权主义与单边主义、维护以联合国为中心的国际安全机制和以不干涉主权国家内政为核心的国际安全准则问题上，在维护国家主权统一、反对动辄制裁和滥用武力问题上，在抵制反恐、“人

权”、核能利用等领域的双重标准问题上，在维护二战历史严肃性问题上，中俄都是战略理念十分相近的伙伴。特别重要的是，在由单极霸权向多极格局过渡的“准多极时代”的全球治理问题上，中俄均主张全球事务“多边共治”，即以联合国为中心，以 G20、“金砖国家”及其他国际和地区合作机制为支撑，由世界主要力量中心共同参与、共同治理。

三、战略认知不断深化，是条约履行的认识基础

国家间的战略关系仅凭共同利益的客观存在远远不够，还必须形成对共同利益的战略认知。目前中俄对共同利益的战略认知虽然仍嫌薄弱，但是出现了不断增强的趋势。

从中国方面看，从上到下普遍认识到俄罗斯的重大战略价值。俄罗斯是中国的最大邻国，对中国和平发展的周边环境影响重大；俄罗斯是世界大国，对中国的国际战略运筹影响重大；俄罗斯还是资源与市场大国，对中国和平发展的经济环境影响重大。中国外交战略强调“周边是首要、大国是关键、发展中国家是基础、多边是重要舞台”，决定了俄罗斯必然是中国外交战略的重点。

从俄罗斯方面看，主流民意对两国共同战略利益的认知也在不断增强。近年来，俄高层及主要智库对中国崛起性质与前景的判断日趋积极，对俄中战略协作伙伴关系在俄战略全局中重要价值的评价明显提升，批驳“中国威胁论”、强调“中国机遇论”的声音明显增大，在稳定对西方关系的同时更加重视东方外交。俄罗斯搭乘中国经济的快车、借助中国加快与亚太经济接轨的愿望也日趋强烈。

中俄战略利益、战略理念、战略认知如此广泛相近，在两国与各大国关系中独一无二。这既为两国战略协作奠定了坚实的基础，也为两国务实合作注入了强大的动力。

新的 10 年就要到来。而新的 10 年将是国际关系的重要变动期、国际秩序的重要调整期，同时也将是中俄两国和平崛起的关键期，因而必须成为两国战略协作伙伴关系的深化期。**今后 10 年，只要两国坚定不移地贯彻条约提出的“世代友好，永不为敌”的国家关系方针，相互作为“最主要战略伙伴”、“最重要战略依托”，不断深化两国在国际和地区领域的战略协作，深化两国在政治、安全、经济、人文领域的务实合作，不论国际风云如何变幻，中俄两国都一定能够屹立于世界之林，并且在全球治理中发挥大国作用**。

普京回归有助于中俄关系的稳定与深化*

尽管俄罗斯反对党对梅普达成的最高权力安排大加抨击，但是多数俄罗斯政治家热烈欢迎梅普之间的“王车易位”，认为这将决定今后相当长时间内的俄罗斯政权格局，有利于俄罗斯的政治稳定与经济发展，有助于中俄关系的稳定与深化。

普京决定参选总统，很大程度上是为了保持其政治经济路线的延续性。大量事实表明，梅普之间不仅在风格、理念上存在差异，而且对国家发展方向、发展道路的设计也有着明显的不同。尽管老普对小梅的一些不恭言论一直未做正面批驳，并且多次做出与小梅亲密无间的表演，但是不难看出，老普对小梅政治上的信任已经大打折扣。普京无论如何也不可能允许小梅再干完一个任期，否则夜长梦多，难保普京路线不被修改。这不仅关系到普京及其团队的重大利益，而且关系到俄罗斯未来的发展方向甚至前途命运。

普京决定提前宣布参选，也与最近一段时间俄罗斯政坛的动荡直接相关。小梅团队的核心人物力推梅氏竞选下一任总统，甚至公然诋毁普京。俄罗斯民主反对派则从梅普分歧中看到了实现自身利益的机会，做出各种“拉梅打普”的姿态。西方一些政要从小梅的自由化言论中也看到了西化俄罗斯的某些希望，“挺梅抑普”动作频频。所有这些，普京及其团队不可能不有所警惕。虽然普京自信满满，但是为了平息精英层的猜疑、担忧，避免分歧加剧导致政坛不稳，不得不改变待杜马选举后再明确梅普二人何者参选的初衷，借统俄党

* 本文发表于《东方早报》2011年9月26日。

党代会之机，推出了“梅普组合”的新模式。而由小梅提议普京参选，不仅可以有效平息俄社会关于梅普分歧的议论，而且可望拉抬统俄党在杜马选举中的得票率。

统俄党代表大会所做出的这一重要决定无疑提前拉开了总统大选的帷幕。有理由认为普京重登总统宝座的几率甚高。构成这一预测的依据很多：统俄党占据了杜马 2/3 的多数，其所提出的总统候选人拥有坚实的政党依托；普京所倡导的政治经济路线、所规划的国家发展道路比较符合俄罗斯的国情，普京的民意支持率居高不下；普京拥有强大的执政团队及社会基础广泛的“人民阵线”，掌握着经济、媒体杠杆，竞选优势十分明显。

当然，现在对普京当选做出“板上钉钉”的预测为时尚早。但是可以肯定，如果普京顺利回归，对于俄罗斯将是一大幸事。这不仅是因为普京先前执政 8 年给俄罗斯带来了稳定与发展，而且是因为普京的政治经济路线较之那些极端自由化或者极端保守的路线更加有利于俄罗斯的重新崛起。普京的回归也值得国际社会欢迎，因为俄罗斯的内外政策可能因此而更具稳定性、可预见性，更利于国际关系的稳定。普京回归，对中俄关系的稳定与深化更是明显有利。

普京访华　值得期待*

俄罗斯总理普京将于本月 11 日来华进行工作访问，并与温家宝总理共同主持第十六次中俄总理会晤。十多年来，普京数十次访华，颇为中国民众所熟悉。但是此次来访却引起中国舆论格外的关注，显然有其特殊的背景。这是俄罗斯执政党统俄党代表大会 9 月 24 日推举普京作为该党总统候选人参加明年 3 月总统大选之后普京的首次出访。而普京拥有居高不下的民意支持率，掌握着其他候选人难以比拟的竞选资源，其重登总统宝座几乎不存在任何悬念。因此，此访完全可以看作普京为新总统任期进行国际国内战略布局的一次"预热"、一次在两国关系与重大国际问题上协调对表的重要国事活动，自然不同于作为总理所进行的一般工作访问。

普京来访要谈什么？中国外交部发言人仅仅透露"将就双边关系和共同关心的国际及地区问题深入交换意见"，并未列举会晤会谈涉及哪些议题、签署哪些协议。不过，从两国总理定期会晤机制的功能及双方为此次会晤所进行的有关准备中，人们也能猜出个大概。

在双边关系方面，两国领导人很可能就深化经济技术合作"深入交换意见"，并且有望达成一系列重要协议。双方可能宣布建立"现代化伙伴关系"，共同推进两国的现代化进程。如是，两国经济技术合作将取得"里程碑"式的重大进展，对于两国的和平发展将产生巨大的推动力量。这是因为，今后十几年中俄两国都将处于现代化发展的关键期。中国拥有相对先进的制造业和丰富的高素质劳动力，俄罗斯拥有深厚的科技潜力和丰富的自然资源，互为战略

---

* 本文发表于《东方早报》2011 年 10 月 12 日。

协作伙伴的两大邻国建立起“现代化伙伴关系”，对于两国的快速崛起无疑具有重大意义，同时也会给两国间的政治关系、安全关系注入新的活力。

能源合作仍将是双方会谈的“重头戏”，但是签署重大能源合作项目协议的可能性较低。天然气合作由于价格问题难以谈拢，此访签署正式合同的希望不大，但是双方将会原则性地承诺本着互利共赢精神努力缩小分歧。石油管输费争议也很难回避，但是在此次会晤中较小可能得到完全解决。由于这两个问题均属技术性问题，不大可能影响到两国深化能源合作的大局。预计双方在水电、核能、煤炭、新能源等领域可能推出新的合作举措。

军事技术合作也应是此访的重点议题。从各种渠道透露的信息看，关于两国联合研制新一代大飞机、直升机的协议有望正式签署。这意味着，两国军技合作关系将翻开新的一页，从以军品贸易为主转向以“联合研制、联合生产”为主。这将是两国在军技合作领域取得的重大进展，反映出两国政治互信的增强及战略关系的提升。

关于双边政治关系，由于不存在亟待解决的重大问题，估计不大可能成为两国领导人会晤的重点。

在国际与地区重大问题上，双方显然都有话要说。虽然按照俄罗斯总统与总理的职权划分，外交事务归总统管辖，但是在普梅作出“王车换位”安排后，作为今天俄罗斯事实上的掌舵人、不久后的最高领导人，普京肯定会就双方共同关心的重大国际与地区问题与中国领导人“深入交换意见”，内容很可能涉及普京重任总统后的外交战略布局。关于普京最近倡导的“欧亚联盟”问题，普京当会就其内涵做出解释，因为这关系到今后相当长时间俄罗斯的地缘战略取向，对于上合组织的发展也会产生实质性影响。关于西亚北非局势问题，双方都会予以高度关注，有可能在应对“利比亚模式”重演、制止“新干涉主义”肆虐问题上达成重要共识。东北亚问题也应是会谈中的重要议题，双方很可能寻求在稳定东北亚局势问题上加强协作，其中可能涉及定于 2012 年由俄罗斯主办的俄罗斯岛亚太经合组织峰会相关问题。中国作为上合组织轮值主席国，也会就上合组织建设问题与俄罗斯领导人“深入交换意见”，包括在建立上合组织能源俱乐部问题上寻求共识。

从普京担任总统期间的作为及近期发表的一系列言论看，普京在新的总统任期内很可能推行更加独立自主、更加富有进取精神的内政外交路线，其与中国在战略理念上很可能会有更多的契合点。完全有理由期待，普京此次访问将成为一次内容丰富、具有实质内容和战略内涵的重要访问，一次对两国关系具有深远影响的重要访问，一次双方都认为非常成功的重要访问。

中俄关系中值得关注的新情况*

最近一两年，随着中国的快速崛起及国际战略格局的剧烈变动，中俄关系中出现了一些值得关注的新情况。这些新情况既可能给中俄关系深化带来重要机遇，也可能对其构成一定挑战。对此，我们必须敏锐体察、深入研究，从战略层面采取相应对策，引导中俄关系持续深化，使之成为我国国际战略运筹的重要依托、破解敌对势力对我战略围堵的有力"抓手"。

一、中俄力量对比进一步"失衡"

中俄不仅在经济总量对比上距离拉大，而且在发展势头上出现明显反差。中国经过30年的改革开放，综合国力大幅增强。中国经济在世界金融危机中持续发展，成为世界第二大经济体及世界经济增长的主要引擎。中国在实现经济快速发展的同时，军事力量和政治影响力也在迅速增强。整个世界都在关注中国、谈论中国。相比之下，俄罗斯虽然相对成功地挺过了世界金融危机的冲击，但是经济发展依然缓慢，严重畸形的原料依赖型经济结构更是给今后若干年的发展投下了长长的阴影。

在此情况下，俄罗斯人对中国的看法发生了巨大变化。俄罗斯人更加看好、看重中国，甚至比中国人来得还要乐观。"中国崛起论"成为俄社会的主流判断，"中国崩溃论"在俄基本上失去市场。越来越多的俄罗斯人认为，中国已经成为"世界强国"，而俄罗斯已经沦落为"二流国家"。越来越多的俄罗斯人认同关于"中国将成为与美国平起平坐的世界领导者"的预测。

---

* 本文系作者2011年11月在国内研讨会上的发言。

这种情况对中俄关系的影响可能是：一方面，俄罗斯人在中国人面前的优越感明显收敛，从而为两大国平等相待提供了前所未有的可能性；俄罗斯人更加期望借助中国，不仅要搭乘中国经济发展的快车，而且要与中国联手抵御美国等西方大国对俄的战略挤压，中俄战略协作可望迎来新的深化期。另一方面，俄罗斯人面对中国的崛起出现明显的"失落感"和"不适应感"，部分精英更多地附和西方所谓"中国发展方向不确定"、"中国过于强硬"等论调，对中国能否真正"和平发展"表现出这样那样的"不放心"，甚至出现"借助美国制衡中国"的声音，从而可能给中俄战略互信、战略协作造成新的干扰。

面对这一新情况，中国的应对之策宜为：切实保持谦虚谨慎的作风，不在俄罗斯人面前表现出任何的傲慢，明确无误地承认、尊重俄罗斯人极为看重的"大国地位"，适当满足俄罗斯人喜欢"当头"的欲望。深入进行多渠道、多层次的战略对话，努力增进战略互信，促俄确信中国"和平发展"的真诚性，消除"中国威胁论"，特别是"中国领土要求论"、"中国人口扩张论"、"中国经济扩张论"、"中国视俄为原材料附庸国"等谬论在俄罗斯的恶劣影响。

二、中国成为美国的主要战略对手

中国快速崛起，坚持社会主义制度和共产党领导，奉行独立自主的外交政策，令以美国为首的西方大国疑虑重重、敌意增大。为了维护"世界唯一领导者"的霸权地位，继续廉价利用全世界的自然资源、智力资源和金融资源以维持其富有和强大，美国越来越把中国视为其主要战略对手、假想敌国。美国在中国周边煽风点火、拉帮结伙，对华实施战略围堵的图谋越来越不加掩饰，动作越来越多。美国提出"重返亚洲"，一方面是因为亚洲正在成长为世界经济的中心，美国必须加以利用。另一方面是因为中国有可能崛起为"具有挑战美国霸权能力的世界强国"，美国必须加紧布局、加以遏制。美国军事力量部署的重心基本上已经转移到亚太，美国政治、经济、外交运筹的重心也在逐步向亚太移动。

出于围堵中国的战略需要，美国极力离间中俄战略协作伙伴关系。这是因为，美国深知只要中俄站在一起，美国对中国的围堵绝不可能成功。尽管美国对俄罗斯同样放心不下，但是在美国的战略判断中，中国的"威胁"明显超过了俄罗斯。美国可能加大对俄的诱拉力度，打压矛头可能更加集中地指向中国，中国的国际战略环境可能进一步恶化，俄罗斯在中俄美大三角关系中的地位可能趋于主动。

中俄在美国战略对手设定中的易位，令不少俄罗斯精英感到欣慰，认为“俄的战略处境变得优于中国”。特别是一些“民主派”人士，因此而重新燃起对美国的幻想，认为俄美成为真正“战略伙伴”的机会已经到来。好在普京及其团队对美国霸权的警惕心依旧，一段时间内较小可能出现俄美联手对付中国的事态。但是，如果我们对中俄美大三角关系的处置失当，不排除俄美在遏制中国崛起问题上策略性地走到一起的危险性。另外，在应对美国霸权行径问题上，俄罗斯人对中国“躲在俄身后”的低调做法可能会更加不满，有可能从另一方向强调“中国责任论”。

因此，中国必须对中俄美大三角关系的可能变化进行前瞻性研究，清醒地认识大三角关系的重要性与复杂性，妥谋在大国关系中纵横捭阖的方略。特别要及时揭露美国政策的霸权本质及离间中俄关系的险恶企图，着力培育俄内部对华协作派，抑制俄内部亲美势力借美制华的冲动；在对付美国霸权、破解美日战略围堵问题上主动倡导对俄协作，联合倡议建立“东亚安全机制”，并且勇于承担必要的责任；扩大两国经济的相互依存度，夯实两国关系的物质基础。

三、俄罗斯发起向亚太地区的进军

近一两年，俄罗斯向亚太地区进军动作连连。俄高层和多位精英大谈东方外交的重要性，认为“向东走总体上会给俄带来机会”，呼吁俄“转向东方，转向亚太地区”。俄政府积极推动与亚太经济的一体化，对亚太地区各种合作机制的参与明显增多。俄加大东部开发战略的实施力度，扩大与东亚国家的能源合作。俄军事力量的部署也开始以东部方向作为战略重点，东部军区与太平洋舰队的大规模演习日趋频繁。普京推出欧亚联盟计划，也反映出其强化对亚太地区各领域合作的意图。多种情况表明，虽然俄罗斯外交战略的重心仍在独联体和欧洲，但是进军亚太已经成为俄外交战略新的进取方向。

俄罗斯向亚太进军的主要背景是：西方大国不能平等待俄，恶性挤压俄的战略空间、威胁俄的国家安全，使俄“融入欧洲”、“成为欧洲大家庭平等一员”的努力严重受挫，“融入欧洲”也不符合俄成为“多极世界中具有重大影响力的独立一极”的战略追求。欧盟债务危机愈演愈烈，“欧洲文明全面危机的征兆尽显”，整个西方陷入制度性危机，不再是俄罗斯人“理想的典范”，对俄罗斯人的吸引力明显下降。俄罗斯判断 21 世纪将是“亚太世纪”，“世界的未来首先与亚洲文明联系在一起”，东亚地区将成为世界经济最具活力的地区，俄罗斯是“东西方国家”，要实现重新崛起，必须“起到连接欧洲与快速发展的亚太地区的有效纽带的作用”，融入亚太经济一体化进程，成为有影响力的“亚太玩家”。美国“重返亚洲”、美日加强同盟关系，可能使俄东部战略方向成为多事之地，对俄国家安全构成重大威胁，俄必须加强防范。俄罗斯的振兴离不开东部地区的开发，要防止地广人稀、资源丰富的东部地区分离主义抬头，防范“中国静悄悄的扩张”、维护俄罗斯的领土完整，也必须加大东部开发的力度，而东部地区的开发离不开与亚太国家的合作。

俄罗斯进军亚太对我有利有弊，利大于弊。有利方面是：俄罗斯扩大在亚太地区的存在、强化东方外交，不能不更多地借助中国，不能不把对华关系作为其亚太外交的重点；俄罗斯要加快东部地区的发展，需要发展与中国的“现代化伙伴关系”，深化与中国的能源资源及经贸合作；俄要防范美日同盟构成的安全威胁，也必须强化对中国的政治、安全关系。不利方面主要是：俄在进军亚太过程中，在某些问题上可能与我构成竞争。俄建立欧亚联盟计划具有加强传统势力范围控制的意图，对中国扩大在中亚地区的影响及推动上合组织的发展可能形成更多掣肘。

对于俄罗斯向亚太地区进军的努力，我宜因势利导、加强合作。可正面肯定俄进军亚太的正当性，承认俄的“亚太大国”地位，引导俄在进军亚太过程中加强对华合作，联手参与亚太治理；推动中俄相邻地区的发展实现接轨互动，努力将“合作纲要”落到实处，切实做到“互利共赢”；力避中俄地缘战略竞争，以友好包容的姿态及时化解矛盾与分歧；在上合组织建设问题上尽可能淡化与俄的主导权之争，在发展与中亚国家关系上适当照顾俄的关切；在应对美日安全挑战问题上主动强化对俄战略协作，争取与俄构成犄角之势，甚至可以考虑形成心照不宣的“准同盟关系”。

四、普京倡导建立欧亚联盟

俄总理普京近日在俄《消息报》上发表署名文章《欧亚大陆新一体化计

划——未来诞生于今日》,明确提出要在俄白哈关税同盟的基础上建立"更高水平一体化"的"欧亚联盟"。舆论普遍认为,普京在宣布参加 2012 年 3 月总统选举之后不到 10 天即发表署名文章,直接谈论后苏联空间的重大战略性问题,虽然有某些为总统大选造势的成分,但更为重要的是,提出了俄地缘战略调整的基本方向,是其布局俄新的地缘战略的重大举措,是在国家定位上从"欧洲大国"转向"欧亚大国"、外交取向上从"融入欧洲"转向"欧亚平衡"的重大调整。

虽然普京打造欧亚联盟的努力面临诸多不利因素和不确定因素,其宏伟计划恐难顺利实现。但是,由于建立欧亚联盟即将成为俄罗斯的国家战略、普京重任总统后必会坚定不移地予以推动,部分目标还是有可能实现的。

俄是世界大国,建立欧亚联盟是其战略性举措,不论该计划的实施是否顺利,都会对后苏联空间的地缘战略格局乃至国际战略格局产生十分重要的影响。其中,对中俄关系的影响利弊兼有,对上合组织的发展消极影响较大。

普京建立欧亚联盟意在恢复独联体传统势力范围,势必为美国及欧洲大国所不容。美欧有可能重新加大对俄的施压力度,从而可能分散其围堵中国的努力。与此同时,俄强化对传统势力范围的控制,对中国深化与中亚国家的合作、扩大在中亚地区的影响,有可能形成掣肘。欧亚联盟与上合组织在地理、成员及功能上存在重叠,两者可能构成竞争,特别是在经济合作领域。俄可能以主要力量经营欧亚联盟,其在上合组织建设问题上的姿态可能更趋消极。如果欧亚联盟对中亚国家的吸引力实质性增大,不排除上合组织被边缘化的危险。

我宜趋利避害,积极引导俄罗斯地缘战略调整向着于我有利的方向发展。可考虑正面肯定俄倡导建立欧亚联盟对于加强世界多极化、区域经济一体化的积极作用,避免双方在此问题上形成对立。同时应对俄强调,建立欧亚联盟应与加强上合组织建设并行不悖。宜推出更多、更具战略意义的合作举措,增强上合组织对中亚成员国的吸引力。还应考虑改变上合组织成员国的构成,借以冲淡上合组织"中国＋前苏联国家"的色彩。如果上合组织扩展到南亚、西亚,则有望消除因欧亚联盟建立而被边缘化的危险,中亚国家也会将合作的重点更多地放到上合组织中。

总之,中俄关系于我外交全局关系重大,深入研究中俄关系中的新情况是正确运筹中俄关系的关键所在。因此,必须针对新情况,谋划新举措。

新时期应将中俄关系提升到新的高度*

普京王者归来，誓言建设一个“强大的俄罗斯”。面对新的国际战略环境、新的经济社会发展任务、新的机遇与挑战，“新普京”在继续坚持自20世纪90年代中期以来所实行的“独立自主东西方相对平衡的多极化大国外交战略”的同时，**加紧对外交战略布局进行重大调整：整合前苏联地区，将其打造成为俄作为多极世界中独立一极的战略依托；加快融入亚太经济一体化的步伐，为国家快速崛起创造有利条件；稳定与改善对欧洲关系，加强对美国的战略防范。**

俄罗斯外交战略调整给中俄关系的深化带来重要机遇：普京整合前苏联地区、打造独立一极的努力对中国总体有利；俄罗斯进军亚太、成为太平洋大国，有利于中俄战略协作的深化；俄罗斯加大东部地区开发力度，有利于中俄两国互补优势的发挥；俄罗斯对欧美关系的取向也有利于中俄战略协作的深化。**我宜紧紧抓住这一重要机遇，将两国关系提升至新的高度，携手实现共同崛起。**

一、充分认识对方战略价值，把深化两国关系作为共同的战略性任务

中俄在两国战略全局中相互具有重大价值。中俄互为最大邻国，互为国家安全的“半边天”，只有睦邻友好合作，才能够为两国的和平发展营造一个稳定有利的国际环境；中俄同处东亚和中亚地区，只有共同努力，才能够维护共同周边地区的安全稳定、促进共同周边地区的经济社会发展；中俄都是转轨型

* 本文系作者2012年6月在中国欧亚学会年会上的发言。

国家，面对的问题有着许多相似之处，只有在发展问题上相互配合、相互借鉴，才能够实现经济社会的快速发展；中俄都是新兴大国，只有在国际事务中联手合作，才能更加有力地推动国际战略平衡的建立、国际政治经济秩序的改造、新的全球治理模式的形成；中俄均面临美国及其他不友好势力的战略遏制与挤压，只有相互支持、互为纵深，才能够维护国家安全、保障国家发展。

中俄必须为进一步深化两国关系做出新的努力。两国业已形成的高水平国家关系，可望为两国战略协作的进一步扩展提供重要基础。

二、增进战略互信，夯实两国关系的认知基础

影响中俄关系进一步深化的最突出因素是存在战略互疑。必须切实消除对中国影响最大的“俄罗斯很难改变扩张传统”、“俄罗斯不可信任”等负面议论，同时切实消除对俄罗斯影响最大的“势力范围挤压论”、“原材料附庸论”、“中国人口扩张论”的消极影响。两国必须坦诚地开展战略沟通，努力消除相互疑虑，夯实战略协作的民意基础。必须促使俄罗斯民众特别是精英层确信中国和平发展的坚定性、对俄战略协作的真诚性，促使中国上上下下认识到俄罗斯在新的历史条件下确确实实在致力于和平崛起。

要谨防霸权国家及别有用心的日本挑拨中俄关系，抑制两国国内某些势力利用对方与他国矛盾进行战略投机的冲动。要相互尊重对方在第三国的重大利益，减少不必要的利益竞争。在欧亚联盟与上合组织关系问题上，两国要努力促使两组织紧密协作、共同发展。

为了增进战略互信，中俄必须强化对战略利益与战略理念相近性的战略认知。否则，共同战略利益与战略理念的客观存在难以转化为相应的战略决策和战略举措。

三、强化全方位战略协作，变战略伙伴为“准盟友”

中俄强化全方位战略协作的重点是，在全球治理和地区治理、建立国际政治经济安全新秩序问题上紧密配合，在上海合作组织和欧亚联盟建设问题上形成合力，在建立东亚安全机制问题上相互联手，在应对美国建立亚洲反导系统问题上携手合作，在两国核心利益问题上相互支持，在各种关系两国重大利益的问题上紧密联动。当前特别重要的是，共同维护国际法基本准则，共同构

建新型国际秩序，在制止美等西方国家新干涉主义肆虐、维护不干涉主权国家内政准则等问题上展现出大国作为。军事安全领域的合作是两国战略协作必不可少的重要组成部分，必须努力予以强化。特别是军事技术领域，两国必须从战略互信的高度排除各种消极因素的干扰，争取尽快在联合研制、联合生产方面取得积极进展。

为了使两国战略协作更加紧密，中俄有必要变“战略伙伴”为“准盟友”，并且以上合组织为基础构建“准同盟体系”，打造两国和平崛起的地缘战略依托。在美国拉帮结伙、肆无忌惮地遏制、围堵中国和俄罗斯的情况下，中俄决不应单打独斗，必须以合纵破解连横，必须携手应对美国在国际关系中的霸权行径。中俄要成为未来多极世界中的力量中心，也必须共同构建“紧密朋友圈”。这也是“全面战略协作伙伴关系”的应有之义，是实现真正意义上的“全面战略协作伙伴关系”的必要举措。

两国战略研究界应就此问题展开前瞻性论证，两国政府高层应就此问题展开积极磋商。两国都必须改变对美关系是本国外交“重中之重”的僵化思维，在力避同美发生全面对抗的同时大幅提升相互关系。特别要在联合国、G20、“金砖国家”、中俄印等各种多边机制中加强协同，共同致力于国际战略的平衡及新的全球治理模式的形成。

此外，中俄还要努力深化各领域务实合作，携手致力于共同崛起。

中俄能否致力于共同崛起，考验着两国领导人和精英层的政治智慧。两国有识之士既应满怀期待，又应积极推动。

当前中俄关系中值得关注的几个问题*

"中俄关系处于历史最好时期"的判断符合实际。但是,两国关系中问题也不少,最近一两年甚至有所增多。观察国家关系,既要看到积极面,从而认清大局;又要看到消极面,从而积极稳妥地予以解决。一定意义上讲,看清问题、解决问题,对于确保两国关系持续稳定、持续发展更为重要。

一、俄罗斯人对中国崛起的判断存在消极成分

普京总统公开表示,"中国的崛起对俄罗斯是机遇而不是威胁",俄罗斯必须"借中国之风扬俄罗斯之帆"。俄罗斯政府官员的表态也大多如此。

但是,最近一段时间在学者和地方官员中,模仿西方腔调公开谈论"中国发展方向不确定"、"中国过于强硬"者明显增多。个别"专家"(例如赫拉姆奇欣之流)甚至恶毒攻击中国,却未见俄官方给予任何限制,俄学界极少数对其批驳者也旗帜不那么鲜明,就连普京也在谈论所谓"中国移民威胁"。对于成为"中国的原材料附庸"的危险,担忧者则更为普遍。

中国是"和平崛起"还是"强硬崛起",对俄是"机遇"还是"挑战",是个重大战略判断,是俄制定对华战略的重要基础。所谓"战略互信不足",要害即在于此。俄罗斯在此问题上的看法出现混乱,对中俄关系的未来绝对不是好事。如俄罗斯人不消除这块心病,很难排除中俄关系走向貌合神离的危险。

中俄确确实实到了必须坦诚沟通、增进"战略互信"的时候了。两国高层应把所有彼此忧虑的问题统统摊开,说个清楚。两国政府都应当采取措施,制

---

* 本文系作者 2012 年 12 月在社科院欧亚所第四届"俄东欧中亚与世界高层论坛"上的发言要点。

止或者冲淡某些官员和精英对对方的消极议论，为两国关系的发展营造积极的舆论氛围。由于问题的出现很大程度上是俄罗斯人对中国政策和意图的误解、曲解所致，与事实相去甚远，因此逐步消除俄罗斯人的疑虑是有可能的。

二、中俄在对美对日关系上互不协调

自 2010 年以来，美国大张旗鼓地“重返亚太”，对中国进行“再平衡”。美国毫不隐讳地把中国作为“主要战略对手”，不断在中国周边挑动事端、给中国制造“麻烦”，构建对华围堵体系的企图几乎不再遮掩。而俄罗斯却因此成为美国打压的次要目标，甚至成为美国拉拢的对象。俄罗斯面临的霸权压力明显减轻，窃喜迎来前所未有的战略机遇。在此情况下，俄罗斯一些精英提出做“中美竞争旁观者”，某些人甚至提出“坐山观虎斗”，企图利用中国周边“麻烦多发”事态在中俄美三角关系中进行战略投机。就连普京也强调“俄罗斯不愿在中美竞争中支持任何一方”。

在对日问题上，尽管南千岛群岛与钓鱼岛争端的本质都是日本企图推翻二战历史结论，但是中俄在对方与日本的争端中均刻意保持所谓“中立”，采用“模糊战术”，互不施予援手。两国似乎忘记，不论对于中国还是俄罗斯，岛屿争端都关系到国家的核心利益。中俄元首曾经多次明确无误地宣示“在核心利益问题上相互支持”，现在却各自为战，哪里还像“战略协作伙伴”？日本推翻二战历史结论、修改“和平宪法”、突破“专守防卫”，是破坏东亚秩序、危害东亚和平的大问题，中俄两国政府却不协商对策，不发表联合声明，不推动国际社会予以制止，岂非怪事？

我认为，在对美对日问题上的战略协作，是对中俄战略协作伙伴关系的重大考验。中国因为陷入“麻烦多发”，特别需要俄罗斯的支持。从长远看，一旦中国陷入战略困境，俄罗斯的国家安全也必将遭遇严峻挑战，俄罗斯“转向东方”战略的实施更是难以为继。

因此，强烈呼吁两国高层尽快就此问题展开对话，共同应对美日挑战。我相信，只要坚持做俄工作，促俄真正认识到两国安全利益与共，中俄在应对美日挑战问题上展开战略协作还是完全可能的。

还需要指出，不单在对美对日问题上中俄缺少战略协作，而且在对越对印关系上、在南海问题上，两国间的不协调也日渐凸显。

三、中俄在上合组织建设目标问题上分歧增大

中俄在上合组织建设目标问题上一向存在分歧。长时间以来，俄罗斯企图把上合组织打造成为应对美国对中亚渗透、抵御三股势力向中亚扩张的地区安全合作组织，对经济合作消极应付，但是直接反对中国经济合作倡议的情况很少发生。

自普京提出"欧亚联盟计划"以来，俄罗斯对中国推动上合组织经济一体化努力的抵制明显增多，以"欧亚联盟"边缘化上合组织的意图日益显露。中国关于建立上合组织自贸区、开发银行、互联互通等倡议都被俄以各种理由予以搁置。原因很简单：俄罗斯要利用美国放松对俄遏制的有利时机收复传统势力范围，中亚地区首当其冲。中国所推动的"中国＋中亚国家经济一体化"与俄罗斯所推动的"俄罗斯＋中亚国家经济一体化"直接撞车。

在此情况下中国应该怎么办？必须认识到，普京"欧亚联盟"计划的提出是俄地缘战略的重大调整，尽管其推进不可能一帆风顺，但是肯定不会轻易放弃；中俄关系高于上合组织经济一体化，中国不能为了推进上合组织经济一体化而恶化对俄战略协作伙伴关系；没有俄罗斯的支持，上合组织经济一体化将没有前途。

因此，中国应在坚持深化对中亚国家经济合作的同时，暂缓对这一方向经济一体化的推进。在大多边合作难以启动的情况下，把更多的努力放到双边与小多边合作上来，实际上后者的收益可能更大。对上合组织建设目标也有必要进行调整，把打造新兴国家集合体、新兴大国战略协作平台作为新时期我国上合组织建设的核心目标，更多地服务于破解美国战略围堵这一重大而紧迫的战略需要，同时以此带动睦邻友好带、战略稳定带、经济合作带目标的实现。为此需要尽快改变在组织扩员问题上的僵化立场。

四、中俄在两国关系定位问题上出现思想混乱

中俄两国领导人确定的"全面战略协作伙伴关系"定位本来是明确的，但是近来一些新情况的出现使两国舆论界对此问题产生了思想混乱：一是在关系对方核心利益问题上，中俄间的相互支持变得含糊。二是随着美国对华围堵战略的实施及中国周边麻烦多发事态的出现，我国学术界关于中俄建立"同

盟关系”的议论增多。也就是说，出现了“中俄全面战略协作伙伴关系”是否名副其实、有无必要和可能将两国关系提升为“同盟关系”的争论。

我认为，现在谈论建立“同盟关系”肯定缺少可行性。前些年俄罗斯在其国际处境困难时确曾有过对华结盟的念头，就连普京也使用过“盟友”的概念。但是，今天俄罗斯人的想法已经大变，乐得躲在中国这棵大树后面“乘凉”，不可能再考虑结盟问题。考虑到美日等国可能的反弹，我国也不宜贸然把结盟问题提上台面。至于将来要否、能否结盟，一要看国际形势特别是东亚形势的变化；二要看两国战略协作的发展特别是相互战略需求的变化；三要看我们能否创造所必需的国家关系条件。

问题的关键不是提出一个什么概念，而是扎扎实实地推进两国战略协作的全面深化，推进两国在全球和地区重大问题上理念相互认同、行动相互支持。如果两国能够真正践行“全面战略协作伙伴关系”的内涵，即可起到“准盟友”、“不是盟友的盟友”的作用。中国外交界、国际问题研究界应当尽快统一思想，以便在对俄关系上保持统一步调。

全面深化中俄关系的重要访问*

国家主席习近平即将对俄罗斯展开正式国事访问。这是习近平当选国家主席、中央军委主席后的首次出访,引起国际舆论的广泛关注。

习主席首次出访选在俄罗斯,既具有重要象征意义,更具有重要实质意义。

回顾10年前胡锦涛当选国家主席后的首次出访、普京去年当选总统后的首批出访均选择在对方,足以说明中俄关系在两国战略全局中所具有的特殊地位。正如习主席当选国家主席后应约与普京通电话时所说,中国始终将对俄关系作为"外交优先方向"。

两国领导人如此重视中俄关系,显然有着非同寻常的内在原因。杨洁篪外长曾经讲过,"中俄互为最大邻国","都将对方的发展视为本国发展的机遇"。可以说,这是对中俄关系何以在两国都被置于优先位置的重要诠释。

互为最大邻国,对于中俄都是最大的地缘政治现实。"远亲不如近邻",中俄睦邻友好合作对两国都具有重大地缘战略价值。特别是在中国遭遇某些不友好势力自海洋方向的战略围堵、俄罗斯遭遇西方大国自西部方向的战略挤压情况下,中俄"背靠背"、互为战略纵深,对于两国的安全与发展都具有十分重要的意义。21世纪是亚太世纪,在世界经济、政治、安全重心加速向亚太转移的大背景下,俄罗斯提出"转向东方"的大战略,其重要考量之一即是借"中国风"推动"俄经济发展帆"。而中国作为俄罗斯的战略伙伴也真诚地欢迎俄罗斯成为亚太舞台上的重要"玩家",重要考量则是将俄视为亚太和平稳定的

---

* 本文发表于《东方早报》2013年3月22日。

重大积极因素。两大邻国在亚太安全领域的互动协作，对于增强各自在新的国际格局中的地位、实现两国的共同安全十分重要。正如普京所言，“俄中关系是维护世界和平稳定的重要因素，具有特别重大的意义”。正因为此，两国元首郑重声明，誓作“好邻居、好伙伴、好朋友”。

中俄互为最大邻国，还意味着两国在发展领域有条件相互借助、相互支持。中国有西部发展战略、振兴东北老工业基地战略，俄罗斯有东部开发战略，两国相邻地区发展可以接轨互动、实现共同繁荣。俄罗斯油气资源丰富，在欧洲对俄油气需求呈下降趋势下，急需开发东方市场。而中国经济快速发展，对外能源依存度不断攀升，在世界主要油气产地中东海湾局势持续动荡、海上运输安全风险趋于增大的情况下，急需加快陆上周边能源供给的战略布局。两国在能源领域的巨大互补优势得天独厚，发挥这一优势对于两国的能源安全都具有无可替代的重大价值。

更为重要的是，中俄两国战略利益、战略理念广泛相近。中俄都是新兴大国，不论在世界多极化、国际关系民主化、人类文明多样化问题上，在维护以联合国为中心的国际安全机制和以“不干涉主权国家内政”为核心的国际安全准则问题上，在反对霸权主义、单边主义和强权政治问题上，在构建公正合理的国际秩序问题上，在民主的多样性与发展道路的自主选择问题上，在反对西方意识形态优越论问题上，中俄都有着十分广泛的共识。而且，两国均承诺在核心利益问题上相互支持。可以看出，广泛相近的战略利益与战略理念，为两国互为主要战略协作伙伴奠定了十分重要的基础。这就是中俄关系为何能够成为“成熟、稳定、健康、充满生气的战略协作关系”，成为“国际关系特别是大国关系的典范”的根本原因。

习主席对俄罗斯的正式国事访问，显示了中国新一代中央领导集体对中俄关系的高度重视，必将“为深化中俄全面战略协作伙伴关系注入更加强劲的动力”(杨洁篪语)。可以预料，习主席访俄期间，两国元首将就一系列重大国际与地区问题深入交换意见。其中，不可避免地要涉及到共同维护世界和平稳定、加强全球治理、抵制新干涉主义肆虐、应对美国“亚太再平衡”、解决朝鲜半岛危机、维护二战历史结论严肃性和东北亚安全秩序、开好 G20 峰会与金砖国家峰会，以及相互维护核心利益等一系列重大国际问题和双边关系问题。在这些问题上，两国有望在已有共识的基础上达成新的共识、采取新的举措，从而进一步深化两国在国际舞台上的战略协作。

此访的另一重头戏是深化两国务实合作。特别是在能源合作领域，有望实现新的重要突破，包括俄方对华增供石油及中方对俄提供新的贷款，加快天然气管道合作与液化气合作的企业间谈判，推动电力、煤炭、核能、能效与可再生能源以及能源金融等领域的长期合作。军事技术合作领域，在俄售华先进战机、联合研发大飞机和直升机等问题上，也有望签署政府间协议。两国在务实合作领域即将取得的重要进展，必将为全面战略协作伙伴关系的深化奠定更加坚实的物质基础。

中俄关系已经进入战略协作与务实合作并举的新阶段。习近平主席对俄罗斯具有里程碑意义的重要访问，对于两国战略协作与务实合作的深化，值得期待。

中俄关系并未面临重大挑战*

法方提出希望中方谈谈“中俄关系面临的挑战”。但是，事实上中俄关系并未面临重大挑战。

目前的中俄关系是两国与各大国关系中“最成熟、最稳定、最充满活力的一对大国关系”。两国不仅誓作“好邻居、好伙伴、好朋友”，以《睦邻友好合作条约》的形式庄严承诺“世代友好，永不为敌”，而且在重大国际和地区问题上展开了卓有成效的战略协作，在维护两国战略利益的同时为维护世界与地区的和平稳定做出了大国贡献。正是在这个意义上，中俄两国领导人都认为，两国关系“处于历史最好时期”。

中俄关系之所以得到良好发展，一方面是因为两国互为最大邻国，互为国家安全的“半边天”，必须友好相处、加强合作；另一方面是因为两国都是新兴大国，战略利益、战略理念广泛相近，从而为两国加强战略协作和务实合作奠定了坚实的基础；再就是两国坚持了“平等、协商、互尊、互谅”的国家关系原则，建立起了多种有效的合作机制。

当然，任何国家关系都会有不尽如人意的地方，大国相处尤其如此。中俄关系尽管发展很好，但是仍然存在一些消极因素。

其一，两国都有某些势力对对方能否坚持走和平发展的道路不够确信。俄国内某些亲西方民主派本能地排斥中国，模仿西方某些政客和媒体的腔调，大讲“中国发展方向不确定”、“中国强硬”等等；某些极端民族主义势力则担心中国发展强大后会要求收复历史上沙俄侵占中国的土地，尽管中俄已经签署

---

* 本文系作者 2013 年 3 月与法国代表团座谈发言。

边界协定，并且以条约形式确定了两国相互“不存在领土要求”。中国国内也有一些人担心俄罗斯重新崛起后会重走沙俄、苏联对外扩张的老路。

其二，两国国内分别存在“中国威胁论”和“俄罗斯不可靠论”。在俄宣扬“中国威胁论”者同样是某些亲西方势力和极端民族主义势力。他们几乎是无中生有地抛出了“中国人口扩张论”、“中国领土要求论”。在中国，某些人基于历史上俄罗斯多次侵略中国，也在谈论“俄罗斯不可靠论”。

其三，俄罗斯某些人对中国的快速发展不够适应，出现了“俄中力量对比失衡论”。昔日的“老大哥”变成为今天的“小兄弟”，心里不是滋味。他们对中俄贸易结构中俄方主要出售能源和原材料尤其不满意，担心俄沦为中国的原材料供应国，于是出现了“原材料附庸论”，却忘记了两国在此领域的合作是种互利合作。事实上，俄对华贸易结构与俄对欧洲贸易结构非常相近，这显然与俄制造业缺少国际竞争力直接相关。中国非常希望俄罗斯能够成为中国的“现代化伙伴”。

此外，在中国扩大与中亚国家的经济合作问题上，俄罗斯也有人说三道四，将中国视为俄的战略竞争。这显然与俄罗斯某些人坚持势力范围思维有关。

必须指出，上述情况不论在中国还是在俄罗斯，不论在精英层还是在民间，都不是主流，因而对中俄关系的稳定与发展还谈不上什么“挑战”。但是，为了确保两国关系的健康发展，两国对上述消极因素都应给予高度重视。两国需要通过加强战略沟通增强战略互信，避免这些消极因素发展成为两国关系的障碍、“挑战”。

从这个意义上讲，要感谢法方提出这个问题，引起我们的注意。

关于进一步深化中俄关系的思考*

习近平主席日前对俄罗斯的国事访问，是其就任国家主席后的首次出访。此访将中俄关系推上了新的高度、新的阶段。为落实两国元首达成的共识，必须正确认识中俄关系在两国战略全局中的重要地位，下大力消除两国战略协作和务实合作的障碍，努力实现两国的共同安全、共同发展。

一、习主席访俄将中俄关系推上了新高度、新阶段

双方积极评价中俄关系的重要性和高水平，显著提升了中俄关系在各自战略全局中的地位。

双方就一系列重大国际战略理念达成了广泛共识，赋予战略协作以新的内涵，寄予新的期待。

双方对在核心利益问题上相互支持予以了更加坚定的承诺。

双方就务实合作做出了新的安排，提出了“大规模经济合作”、“战略性大项目合作”的新概念。

双方实质性地提升了军事合作的水平，军技合作领域可望取得突破性进展，年内两次联合演习意义深远。

可以说，此访是我国新一代中央领导集体进行新的地缘战略布局的重大举措，对于破解美国战略围堵、维护和平发展的战略机遇期意义深远，确实做到了“挥洒自如、不再缩手缩脚”，表现出了远见卓识和政治魄力，令人欣喜。

---

* 本文系作者 2013 年 4 月在中国国际问题研究基金会战略研究中心研讨会发言要点。

二、中俄关系有望在我战略全局中发挥更加突出的战略支撑作用

中俄关系对于我确保北部安全的战略稳定带，应对海洋方向安全挑战、打造海洋强国的战略纵深意义重大。

俄罗斯有望成为我运筹大国关系、破解美国战略围堵最具价值的借助力量和战略依托。

俄罗斯有望成为我集结新兴国家、建立国际战略平衡、构建新型国际秩序最重要的战略伙伴。

俄罗斯有望成为我践行"共同发展"理念、最具互补优势的务实合作伙伴。

在中国崛起的关键期、国际格局的剧烈变动期，中俄建立"准同盟关系"（战略同盟而非军事同盟）或曰"不结盟的盟友关系"、"统一阵线"，对我破解美国战略围堵、争取国际战略主动、维护战略机遇期具有无可替代的战略价值。习主席此访正是向此方向迈出的重要一步。

三、增强战略互信是进一步调动俄罗斯因素的关键

尽管中俄战略利益、战略理念广泛相近，具备进一步深化战略协作与务实合作、形成"准同盟关系"的客观基础，但是双方特别是俄方对共同战略利益的战略认知尚不到位、战略决心尚不坚定，根本原因是俄对我战略疑虑犹存。

要消除战略疑虑，必须进一步加强战略沟通。两国领导人、政府各部门要利用各种机制，坦诚展开交流沟通，并就重大国际和双边关系问题及时通报信息、协调立场。中方可在此问题上率先行动、主动作为。要大力开展对俄公共外交，深入细致地做俄精英层、利益集团的工作，推动俄对华友好人士发表客观友好言论，促使更多俄民众了解"真实的中国"。

要消除战略疑虑，一个重要切入点是主动配合俄"转向东方"战略的实施。包括配合俄实施东部开发、扩大对俄东部开发项目的投资、展开大项目合作；欢迎俄扩大在东亚的政治经济军事存在，支持俄成为亚洲大国、太平洋"玩家"的大国抱负，协助俄在亚太各种多边机制中发挥大国作用；还可考虑为俄海军重返亚太提供海上补给点，降低其对金兰湾的需求。

要消除战略疑虑，特别要抑制在俄"中国威胁论"的泛滥。要针对各种谬

论，摆事实、讲道理，并且以实际行动予以批驳。主动提出制定劳务人口有序流动规范，努力消除俄“中国人口威胁论”的影响。切实贯彻互利共赢理念，尽最大努力优化贸易结构。特别要将高科技战略性大项目合作落到实处，消除“中国经济扩张论”、“原材料附庸论”的影响。调整上合组织建设思路，将打造新兴国家集合体作为上合组织建设的核心目标，减少“中国＋中亚经济一体化”与“欧亚联盟经济一体化”之间的竞争，减少俄对“中国挤占俄传统势力范围论”的担忧。

要消除战略疑虑，更需要在军事安全领域推出战略性举措。俄特别关注军事安全问题，俄军队等强力部门对高层决策影响重大，消除军事安全领域的战略疑虑对深化两国关系具有特殊价值。鉴此建议：

——将两军关系确定为“特殊友军关系”，推动军事领域的合作向着全方位合作进一步深化。

——增强军事战略领域的相互透明度，包括军事战略方针、某些战略计划的相互透明。两军战略磋商要更加坦诚，更加敢于触及敏感问题，更具实质性内容。

——作为落实中俄《睦邻友好合作条约》“永不为敌”精神、深化军事领域相互信任的重要举措，提议签署两军“互不以对方为假想敌”的专门协议，并且制定可以相互检验的具体措施。例如，军事演习互不以对方为假想敌、边境地区军事设施“背靠背”，进一步减少相邻边境地区军事力量部署，进一步落实“导弹互不瞄准”协议。

——强化两国军事领域的战略性合作。例如反导合作、战略预警合作、作战理论研究合作、军事改革经验交流合作，制定应对周边危机事态(朝鲜半岛、中亚)的协同作战预案并且通过联合演习加以检验。针对美国加强东亚军事力量部署、强化美日军事同盟、威胁中俄两国安全的做法，针对日本突破“和平宪法”和“专守防卫”原则、大力发展军备、扰乱东亚安全秩序的行径，中俄可考虑展开国防部磋商，发表严正联合声明，采取共同应对举措。

——军技合作在两军、两国关系中具有实质性、标志性意义。为深化军技合作，我应主动消除俄关于中方“仿制竞争”的疑虑，就保护知识产权问题与俄方建立共识、制定合理规则，制止以仿俄武器装备挤占俄传统军品市场的短视行为。

高度重视努力化解俄对我国的战略疑虑*

近年来中俄战略互信不断增强，两国关系进入历史最好时期。与此同时，俄罗斯对我国的战略疑虑犹存，甚至有新的发展。战略互信是战略合作的基础，俄对我战略疑虑的存在不可避免地会对两国战略协作产生深层次影响。俄罗斯因素在我国战略全局中具有无可替代的重大价值，紧紧拉住俄罗斯是一项重大的战略任务。我必须高度重视、努力化解俄战略疑虑，确保中俄全面战略协作伙伴关系的稳定发展、持续深化。切不可只看到形势大好而无视问题的存在，或者看不到危害而听之任之。

俄部分精英对我国的战略疑虑主要集中在以下问题上：

(1) 关于中国崛起的方式及对俄的影响。俄部分精英模仿西方政客的腔调，宣称“中国日益强硬、傲慢”；怀疑中国在谋求东亚主导权，谋求与美国共同主导世界，贬损俄的大国地位；宣称中国正在将俄变成为“经济附庸”、“原材料附庸”，中俄经济合作将给俄造成利益损害。

(2) 关于中国强大后会否对俄构成安全威胁。俄部分精英认为中国存在觊觎俄远东的企图，“正在将远东地区纳入中国经济圈”，存在通过人口扩张将其纳入中国版图的危险；担心强大后的中国大国民族主义矛头指向俄，渲染中国社会存在“收复失地论”，有朝一日可能会对俄远东与后贝加尔提出领土要求；个别“专家”（例如赫拉姆奇欣之流）甚至攻击日益强大的中国军事力量已经对俄构成现实威胁，公开反对对华军技合作。

(3) 关于中国发展与中亚国家关系的企图。俄高层和精英层普遍视中亚

---

* 本文据作者 2013 年 11 月在国内研讨会上的发言整理。

为其传统势力范围，担心中国在中亚影响的扩大挤占俄的战略空间；认为中国对中亚经济扩张必然损害俄的地缘经济利益与地缘政治利益，“丝绸之路经济带”建设存在地缘政治企图；渲染中国正在吞并中亚市场，俄在中亚的经济影响可能为中国取代，俄存在失去中亚主导地位的危险；怀疑中国正在谋求对上合组织的主导权，担心上合组织发展成为与欧亚联盟相互竞争的地缘政治力量。

(4) 关于中国“合作共赢”理念的真诚性。俄不少人认为中国在搞实用主义外交，将俄推向与美对抗的前沿，自己缩在后面。指责中国对俄美冲突“坐山观虎斗”，缺少战略伙伴的作为。在经济关系问题上，认为中国在搞利己主义，“互利共赢”仅仅是种宣传。声称中国不尊重俄的知识产权，“仿制创新”俄军事技术挤压了俄的军品市场。

此类言论很多，不必一一列举。问题在于，这些言论不仅仅出自某些极端民族主义和亲西方人士之口，而且出于一些与我有着不少交往的俄罗斯专家之口。问题更在于，迄今未见俄官方出台任何限制措施，俄学界极少数批驳者也旗帜不够鲜明，而这并非因为俄言论自由，而是因为俄高层和精英层均或多或少地存在类似疑虑。

尽管上述战略疑虑在俄政坛尚不是主流意识，但是已部分渗透进高层战略思维，并且影响到俄对华关系的运作。例如，一些俄战略专家提出将两国关系定位调整为“相同利益上的伙伴”；俄政府对中俄经济合作有着诸多保留，在中俄能源合作问题上极力避免形成对中国市场的依赖，对两国劳务人口流动保持高度警惕，为中俄军技合作设置诸多限制；在中亚互联互通、上合组织建设问题上姿态消极，对中方一些重要建议故意拖延；对中国不承认南奥塞梯与阿布哈兹独立、在俄日岛争上未予俄支持耿耿于怀，公开声明在中日钓鱼岛争端问题上保持所谓“中立”，并且在南海争端中搞平衡，在发展对越、对印军技合作问题上越来越不考虑中国的感受；在抑制美国霸权问题上出现“当精明的猴子”甚至联手美国制衡中国的主张，对美日挑拨中俄关系的言论也少有批驳，等等。

俄罗斯部分精英对我战略疑虑的产生及其在俄的扩散具有多重深层次原因。

其一，大国相处的复杂性。尽管中俄战略利益广泛一致，但是利益差异不可避免。即使对共同利益,因政治取向、战略思维不同,其战略认知也会有很大的不同。

其二,俄亲西方势力与极端民族主义势力的影响。亲西方势力不愿看到中俄关系的发展,极端民族主义势力非理性地看待国家利益、不愿看到邻国强大。这两部分势力在俄依然强大,对俄精英层战略思维及政府外交运筹的影响不可小视。

其三,俄的大国主义心态。相当多的俄罗斯人对中国快速崛起、成为世界"老二"以及由此引起的俄大国地位相对下降很不舒服、很不适应。

其四,我国内亲西方势力与极端民族主义势力的消极影响。特别是在两国历史领土、俄粗暴对待在俄经营的中国商人等问题上的极端言行,往往被俄反对俄中战略协作的势力作为攻击中国的口实,影响到俄高层、精英层在对华关系上的战略决策。

其五,我外交运筹出现失误。例如,在俄日南千岛群岛争端、俄格冲突问题上,在俄与越南、印度发展军技合作关系问题上,我国的外交应对明显存在偏差,引起俄的消极反应。

其六,外部势力干扰。美日最不愿意看到中俄走近,千方百计挑拨离间中俄关系,搅局两国各领域合作,对中俄关系形成牵制。

由于上述深层次因素的存在,俄在更加看重、更加希望借助中国的同时,对中国的战略疑虑和防范不减,在某些问题上甚至有所增大。

战略疑虑必然影响战略决策。如俄罗斯人的这块心病不能消除,很难排除中俄关系走向貌合神离的危险。俄罗斯是我主要战略伙伴、新时期运筹国际关系特别是应对美日围堵的重要战略依托。战略互信是战略协作与务实合作的基础,对于中俄间的任何战略疑虑我都应予以高度重视、及时化解,从而夯实两国关系的互信基础。

建议从以下几个方面采取措施:

(1) 俄对我战略疑虑具有深层次性,必须通过深层次沟通予以化解。问题的出现很大程度上是俄对中国政策和意图的误解、曲解所致,因此通过坦率沟通部分消除其战略疑虑是完全可能的。两国各领域、各层次交往中应当敢于触及影响两国关系发展的深层次问题。要重点批驳"中国威胁论"、"中国强硬论"、"中国不负责任论",特别要就中国崛起的方式、强大后的中国会否对俄构成威胁等深层次问题对俄做出有说服力的阐述，务必使俄高层和精英层真正放下心来。在大国关系问题上，要努力促进两国对美日共同威胁的认知，改变担心“被对方利用”、“不选边站”等妨碍两国战略协作的消极思维。还要明确表达我对俄成为未来多极世界独立一极目标的尊重（俄不可能成为中国主导的世界一极，俄成为独立一极符合中国的战略利益）。对俄“转向东方”战略应予更加坚定的支持与配合，特别要肯定俄建立欧亚联盟的积极意义，同时要避免其对上合组织发展产生消极影响。

(2) 俄对华战略疑虑有着机制缺失方面的原因，必须尽快建立相应机制。 建议在已有战略磋商机制基础上建立外长＋防长“2＋2”会谈机制，就重大战略性问题进行坦率的深层次沟通。应建立重大外交决策、外交举措提前相互通报机制。针对“人口扩张论”，尽快制定人口有序流动规范，这对于深化两国经济合作至关重要。还应大力推动公共外交、智库外交、媒体外交，建立媒体协作机制、扩大相互关于对方的正面报道，建立智库专家增信释疑合作机制、充分发挥其对本国民众解疑释惑的作用。

(3) 俄对我战略疑虑的出现有我做法不当的原因，我应尽快予以调整。 对所谓中国搞实用主义外交问题，一方面需要促使俄理解我做法的合理性。另一方面需要认真反省我外交运筹出现失误、失当的原因。中俄对日岛争关系到两国核心利益，理应坚定地相互支持，中国对目前这种各自为战局面的形成负有重要责任，应当率先采取主动措施。在军事技术知识产权问题上，应主动与俄方谋求共识、制定合理规则，既确保我先进技术的获取、创新发展的权利，又摈弃以仿俄装备挤占俄军品市场的短视做法。

(4) 军事安全沟通是消除俄对我安全忧虑的关键，强化两国军事安全合作对于消除俄战略疑虑意义重大。 军事关系是国家关系中最敏感、最具标志性和战略性的领域。俄罗斯高度重视军事安全，军队等强力部门对高层决策影响重大，消除军事安全领域的战略疑虑对深化两国关系具有特殊作用。建议将两军关系确定为“特殊友军关系”，推动两国军事合作向着全方位、深层次发展；增强军事战略领域特别是军事战略方针、某些战略计划的相互透明度，签署军事演习互不以对方为假想敌、边境地区军事设施“背靠背”等军事互信专门协议；强化两国军事建设领域的战略合作，例如反导合作、战略预警合作、作战理论研究合作、军事改革经验交流合作；联合制定应对周边（朝鲜半岛、中亚)危机事态的协同作战预案，并且通过联合演习加以检验。

(5) 加紧展开战略性大项目合作，令俄更多地感受到对华合作的战略价值。在寻找、确定新的合作增长点问题上，既要考虑我国的发展需求，也有考虑俄的战略需要，实现真正的互利共赢。其中，战略性大项目合作对深化两国战略关系作用尤为突出，应作为我对俄合作的重点。例如，高科技联合研发项目、远东开发中的基础设施建设项目、利于发挥俄优势的耗水农业与耗水加工业项目。特别是俄能源产业现代化改造项目，在美国“能源独立”取得重要进展、俄倍感压力情况下，这一合作对俄增强国际能源地位意义重大，对维护我国能源安全也具有独特价值。

(6) 我内部在发展对俄关系上必须统一认识、统一步调。我国内部包括政府各部门在发展对俄关系问题上认识远不统一，仍然存在对美关系是“重中之重”、对俄关系服从对美关系的错误主张，特别在发展对俄关系的重大战略价值、俄能否以和平方式重新崛起等问题上的看法更是差异颇大，必须努力形成共识。我媒体不时炒作中俄关系中的负面新闻，部分网民关于俄罗斯的言论非常极端，却得不到及时制止和正确引导。这些问题必须尽快解决，不要给俄亲西方势力和极端民族主义势力破坏两国关系以口实。为此，建议组织力量，系统梳理俄对我国的战略疑虑，深入分析其产生原因，提出切实可行的消除措施；外交部门必须充分发挥协调、引导作用，各领域外交必须相互配合；同时还要努力营造有利于两国关系深化的舆论氛围，在此问题上智库专家应当多多发声。鉴于俄罗斯战略价值重大，我发展对俄关系不能三心二意，不能受国内亲美势力左右，更不能为极端民族主义势力绑架。

第二专题

中俄战略协作

新世纪俄外交战略走向及对大三角关系的影响*

新千年到来、叶利钦时代终结，俄罗斯内外环境发生重大变化，对其外交运筹带来重大影响。今后一个时期，俄外交战略的总体框架虽然不会发生大的改变，但是外交政策必将出现重要调整。俄罗斯是个世界大国，无论是旧的世界格局的坍塌还是新的世界格局的形成，都与其密切相关。俄罗斯的外交战略走向，对新世纪国际关系特别是中俄美大三角关系的影响不容低估。

一、影响俄外交战略走向的基本因素

新世纪俄罗斯外交战略走向，受多种内外因素的影响和制约，下述因素尤其重要。

现行外交战略的实施。叶利钦时代俄罗斯外交战略的形成经历了一个曲折的过程。俄立国初期叶利钦实行了以“争取与西方结盟、甘当西方‘二流伙伴’”为核心的亲西方外交，给国家利益造成严重损害。自 1993 年开始，俄转而实行“双头鹰外交”，强调既面向西方也面向东方，但是仍带有浓重的亲西方色彩，且缺少明确的战略目标，因而收效甚微。1994 年叶利钦提出以“重振大国地位、维护传统势力范围”为核心的大国主义外交战略，但是缺少实质内容。1996 年普里马科夫出任外长，提出以“成为未来多极化世界中重要一极”为目标、以“独立自主和东西方相对平衡”为特征的多极化大国外交战略。情况表明，叶利钦时代后期的俄罗斯外交相对于其他领域，失误最少、最有成效，在国

* 本文发表于《国际战略研究》杂志 2000 年第 1 期。

力严重衰弱的情况下较好地维护了俄的战略利益。俄国内各派政治力量虽然对叶利钦的内外政策争论不休,但是对多极化外交战略较少批评。可以预料,在下个世纪相当长时间里,不论哪派政治势力上台,俄现行外交战略的总体框架都不可能发生根本性改变。

国内政治环境的变化。俄罗斯面临时代更替和政权更迭,社会政治生态出现重大变化,民族主义思潮上升,重振大国地位的呼声强烈,反美情绪发展。第二次车臣战争中,普京政府坚决顶住西方压力、捍卫主权原则,得到了俄社会精英和广大民众的高度赞誉。新一届杜马选举后,俄政治力量格局发生了有利于普京政府的重要变化,在即将举行的总统大选中,主张"强国"的普京具有明显的竞选优势。普京出身强力部门和追随激进改革派起家的背景及其出任总理几个月来的言行表明,其在对外政策方面既是一位强烈的民族爱国主义者,又是一位市场经济和"民主政治"的拥护者。如果普京出任总统,其治国理念及政治基础必然推动俄外交战略向着更加注重维护俄大国地位,有利于俄与世界经济融合,有利于俄罗斯特色"民主政治"建设的方向调整。

经济实力的增强。俄罗斯"休克疗法"式的自由市场经济改革已经失败,转向社会市场经济改革已是人心所向、大势所趋。但是俄经济要恢复到1990年的水平起码需要十来年的时间,要成为名副其实的经济大国至少需要20～30年。这就给俄外交带来一系列影响:为恢复和发展经济必须争取外部援助,因而在诸多方面俄将受制于西方;为赢得经济利益俄将极力避免同西方走向对抗,但是为维护经济主权俄又不得不向西方抗争;由于缺少经济实力作后盾,俄外交将不时表现出动摇性和软弱性;发展东部经济将是21世纪俄罗斯经济战略的一大重点,为此必须把加强与中国的经济合作、搭乘亚太经济快车作为其重要战略考量。

军事实力的发展。急速大撤军、盲目大裁军、"雪崩式"军转民,照搬西方建军模式搞非党化、非政治化,加之军费严重匮乏,导致俄军队建设陷入困境,战斗力急剧下降。今天的俄罗斯武装力量已不能与原苏军相提并论。但是由于俄军拥有庞大的核武库、军事科技潜力雄厚,总体看仍是仅次于美军的现代化军队。今后相当长一段时间内,军事力量特别是核武器仍将是俄支撑大国地位的主要柱石,在触及切身利益的问题上俄有条件凭借军事实力同西方讨价还价,甚至"叫板"。核裁军、反导、防扩散、争夺世界军品市场等军事安全课题将成为俄西关系中合作最多同时也是争吵最多的领域，对俄同西方关系乃至俄外交全局必将产生极其重要的影响。

安全环境的变化。苏联解体使俄罗斯西部失去上千公里的战略缓冲带，南部失去外高加索、中亚安全屏障。去年以来，科索沃战争、北约东扩、以“防区外干预”为核心的北约新战略的出台、以“人权高于主权”为核心的美英新干涉主义的推行、美国反导防御计划的启动、美日军事同盟的加强，以及北高加索和中亚地区宗教极端势力和恐怖活动的猖獗，使俄安全环境进一步恶化。在今后可以预见的一段时间里，美等西方国家“弱俄遏俄”的战略不会有实质性改变，对俄不利的国际和周边安全环境不会有明显改善。这就决定了安全问题将成为新世纪俄罗斯外交头等重要的课题，决定了俄与西方不可能成为真正的战略伙伴，决定了俄必须把对独联体外交放在极其重要的位置上以恢复周边安全带，决定了俄必须努力发展对华关系以借助中国抵御西方的挤压和伊斯兰极端势力的扩张。

安全战略的调整。科索沃战争后，俄对国家安全的危机感进一步加深，连续召开国家安全会议和军队高层领导会议，重新修订了国家安全战略。今年1月6日普京代总统正式签署了面向21世纪的国家安全构想。其核心内容是：对冷战后国际形势作出新的判断，强调单极与多极的矛盾影响着世纪之交的国际安全形势，美企图建立单极世界、推行新干涉主义并着手建立国家反导系统，不仅对俄罗斯而且对整个世界构成重大威胁；对战争与和平的判断更趋严峻，强调国际安全形势中不稳定因素明显增多，爆发大规模战争的危险不能排除；对面临的内外威胁作出更加明确的评估，强调以美国为首的北约是俄国家安全面临的主要威胁，受外部势力支持的宗教极端势力、民族分裂势力及其所进行的恐怖活动对俄构成现实威胁；对世纪之交俄国家利益重新进行界定，强调必须确保四大利益（确保在多极化世界格局中成为重要一极，保持大国地位和对全球事务的影响力；确保国家独立、主权和领土完整；确保经济稳定和发展，人民生活质量的高水平及精神文化的发展；确保俄在世界海洋和宇宙空间活动的安全及出入世界最重要经济区和交通线的自由）；将军事因素在俄对外关系中的重要性提到新的高度，强调要更多地运用军事手段特别是战略威慑手段维护国家利益。由于国家安全战略是俄维护国家安全利益、保证国家发展的总体战略，涵盖外交战略的主要方面，对外交战略有着重要的指导作用,因此由普京签署的新的国家安全构想的出台,势必对 21 世纪初期俄外交战略的走向产生至关重要的影响。

二、俄外交战略的基本走向

上述深层次因素可能推动俄外交战略沿着以下方向发展:

加大多极化外交的推行力度,加强对美的制衡与抗争。将更加重视发展同世界和地区各力量中心的关系,特别是同在国际战略问题上利益相近、共识较多的大邻国中国的战略协作伙伴关系,以及同印度、伊朗等地区性大国的关系。尽管较小可能建立公开的反美同盟,但是存在同其中一些国家形成"准同盟关系"的可能性。此外,同欧盟国家的关系将进一步拉近,在获取经济利益的同时加大借欧制美的力度。同美国的摩擦和争吵可能增多,俄美间不可能建立起真正平等的战略伙伴关系,同时亦不可能形成类似冷战期间那种全面对抗关系,既合作又争斗、合作有限度、争斗有底线将是今后相当长时间俄美关系的基本特征。

推动独联体一体化进程,确保周边安全带。对独联体外交仍将是俄总体外交的"重中之重",围绕独联体问题的外交活动将进一步增多。将在坚持近几年实行的"多层多速一体化"方针的同时,变"首领地位"为平等互利互信。在努力推动经济一体化的同时争取军事安全合作取得较大进展,变独联体集体安全体系为确有行动能力的防御联盟。为遏制独联体国家西靠倾向的发展及西方国家、伊斯兰国家对独联体国家的渗透,确保俄在独联体的传统势力范围,俄将综合运用政治、经济、军事等多种手段。

为维护国家主权统一而坚决抵制外部干涉。将强烈反对美英的新干涉主义,努力维护以联合国安理会为中心的国际安全机制和以尊重国家主权为核心的国际安全准则。强烈反对极端宗教主义和恐怖主义,推动该领域的国际合作。对西方借民族、宗教、人权等问题干涉俄内政的企图,将保持高度警惕,采取强硬立场。对西方以此为借口干涉他国内政的做法将持反对立场,并可能与有类似遭遇的国家相互支持。

为恢复和发展经济创造必要的外部环境。外交将为建立于俄有利的国际经济新秩序、开拓国际市场、吸引外部投资、争取经济利益、尽快实现经济恢复和发展服务。审慎、逐步地推进俄经济与世界经济的融合,将是新世纪俄对外经济活动的重要方向，加入 WTO 将是今后一个时期俄经济工作的重要课题。经济关系将被置于对外关系更加重要的位置，外交将带有更多的经济色彩。经济安全在俄安全战略中的地位将更加突出，经济利益将更多地影响到俄同其他国家的关系。

大幅调整军事安全政策，增强战略威慑能力。将进一步修正核打击原则，增大核遏制的主动性和震慑力，把核武器作为维护大国地位、确保俄及其盟国安全的有效手段。将恢复非战略性核武器的发展，以增大核武器的实战能力。核武器的削减速度将有所放慢，新一代核武器的研制速度将有所加快。将坚决维护现有核军控条约，特别是 1972 年的苏美反弹道导弹条约，确保对美国的低水平战略均势。将有选择地加快常规力量的发展，以应对俄面临的局部战争和武装冲突威胁。面对以发展高技术兵器为中心的军备竞赛，俄将不断加大国防投入，特别是高新武器装备的研制投入。

三、俄外交战略走向对大三角关系的影响及中国的外交运筹

俄罗斯是一个横跨欧亚的政治大国、军事大国和有着巨大发展潜力的大国。尽管目前俄国力严重衰退，但是其在国际关系中仍占有、今后也必将占有重要位置，其外交战略的调整必然对大国关系特别是中俄美大三角关系产生重大影响。对此，我外交战略应予高度重视。

充分认识冷战后中俄美大三角关系的客观存在及其战略性质。在当代国际关系中，大国关系某种意义上决定着国际形势的发展及新的国际政治经济秩序安全的形成。在大国关系中，中俄美大三角关系不仅对国际战略格局影响最大，而且对我国家战略利益的影响最直接、最深远。冷战结束仅仅引起了大三角关系的变动，并未降低其战略意义。在近年大三角关系的多次互动中，中俄关系的进展往往会对中美关系产生拉动作用。从俄外交战略的走向看，大三角关系正在成为俄外交运筹的重点，俄罗斯正在成为促使大三角关系更趋活跃的重要因素。对美国来说，中俄结盟是最糟的噩梦，美一定要极力制止这种情况的出现，因而亦会高度重视对大三角关系的运筹。在我外交运筹中，大三角关系更是关键中的关键，我在大三角关系中取得主动即可在整个国际战略格局中占据有利地位。但是，近几年我国际战略研究界对大三角关系重视不够、研究不多，亟待将其重新置于重要位置。

充分利用俄外交战略调整给我运筹大三角关系带来的机遇。美国建立单极世界、推行霸权主义和新干涉主义的全球战略已定，中俄联手制美的战略关系亦在逐步形成，这种态势在今后十几甚至几十年内较小可能发生实质性改变。新世纪俄外交战略以美国及北约为主要现实威胁，为抵御美国的进一步挤压、抑制美国的霸权野心，对中国的借重明显增大。在解决台海问题上，俄是唯一有望给我提供实质性支持的大国。在打击民族分裂势力方面，俄也是我最有合作潜力的大国。在军事力量现代化问题上，俄是我打破西方军事技术封锁、引进先进武器装备的唯一可靠来源。我应紧紧抓住俄外交战略调整带来的机遇，在深化中俄战略协作伙伴关系问题上胆子再大一些，步子再快一些。不要过于担心中俄关系的发展会破坏中美关系，运作得当完全可以拉动中美关系。不要过于责备俄罗斯外交的妥协性和软弱性，这种妥协性和软弱性的产生主要是缺少实力所致，同时与无人援手、势单力薄直接相关。相信如果中俄真正联起手来，俄对西方的姿态将会强硬许多。“俄罗斯不可靠”的说法值得商榷，国家间谈不上可靠不可靠，只要战略利益一致就要联手合作。当然，中俄不应走向结盟，中俄结盟可能导致新的不对称两极格局和新的冷战的出现，不符合我国的战略利益。

充分认识大三角关系中加强中俄战略合作的紧迫性。在新世纪到来之时，中俄面临诸多共同性挑战，中俄战略合作潜力巨大、基础广泛。首先，大国力量严重失衡，美国地位超强，中俄均面临复杂的国家安全环境，迫切要求进一步深化两国战略协作伙伴关系，共同维护世界和平、地区稳定及各自国家安全。其次，在美国恃强称霸、单极与多极之争成为世界主要矛盾的情况下，只有中俄两个大国联手合作，才能推动世界多极化进程、维护现行国际安全机制和安全准则，恢复国际战略平衡、制止绥靖主义发展、给国际反霸力量以鼓舞。其三，中俄均面临美国推行遏制战略的巨大压力，同时均难以单独与美抗衡，只有联手行动，才能有效地维护各自国家利益。其四，美国是大三角关系中的“麻烦制造者”，中俄联手抑制美国霸权，对稳定大三角关系至关重要。其五，中国和俄罗斯同属多民族国家，均面临西方国家和宗教极端势力支持下的民族分裂威胁，在此问题上相互支持、加强合作显得尤为紧迫。其六，美国发展战区反导系统和高技术兵器，引发国际军备竞赛升温，对中俄均构成严重挑战，加强两国在军事技术领域的合作、使国家防御能力保持在必要的水平上，是中俄面临的共同任务。总之,中俄对新世纪世界战略格局的判断相近,面临的主要对手基本一致,在诸多问题上有着共同的战略利益,加强两国战略合作刻不容缓。

充分认识大三角关系中中美战略合作的有限性。美要称霸世界,建立由其主导的国际政治经济新秩序,将其意识形态强加给中国、西化分化弱化中国,严重损害我国的战略利益,中美不可能成为真正的战略伙伴,中美之间的斗争和摩擦不可避免。中美之间也有共同利益,两国在不少领域存在相互合作的可能性,但是这种合作很难提升到战略层次,而且合作中将充满着斗争。说到底,中美关系好不到哪去也坏不到哪去,对美国只能以斗争求合作。在对美斗争中,要注意借助俄罗斯以增大对美压力,同时要巧妙利用中俄关系调动中美关系、牵制俄美关系。

充分认识大三角关系中中俄战略合作面临的障碍因素。俄美间战略利益的相悖性远远大于一致性,俄对美国战略企图的认识越来越清醒,俄不可能再回归立国初期"一边倒"的亲西方外交,新世纪俄美间的摩擦和冲突将不可避免地增多。但是,俄实力衰弱,在资金、技术上有求于美国,俄要发展综合国力不能没有西方的援助,也不能没有和平的国际环境,因此俄美在一些领域开展合作、在一些问题上妥协是必然的。对俄抵制美霸权行径的期望值不可过高,俄的战略利益决定了俄将极力避免与美对抗,俄美对抗导致冷和平甚至冷战亦不符合我根本利益。此外,中俄均以对美关系为重点,中俄关系受到各自对美关系的牵制;中俄在地缘政治利益方面存在某些非一致性,俄对我仍存戒心,仍会以我为潜在威胁;俄媒体大多为西方势力和亲西方财团所操纵,"中国威胁论"在俄有一定市场;两国经济关系严重滞后,且短期内难以大幅提升;中俄在意识形态方面及改革模式方面存在一定的差异。因此,我在加强与俄的战略协作伙伴关系时,应对中俄关系发展中的各种消极因素保持清醒的头脑,采取积极的措施加以淡化和消除。

综上所述,新世纪之初,随着俄内外环境的变化,俄罗斯外交战略可能出现一系列重要调整。这种调整对中俄美大三角关系必然产生重要影响。研究俄外交战略走向及其对大三角关系的影响,对把握国际风云的变幻、妥谋有效对策,具有十分重要的意义。

俄罗斯因素在我战略全局中的重大价值*

国家与国家间的关系首先取决于各自战略利益，而是否符合本国战略利益的首要考量是对方在己方战略全局中的价值。因此，在发展对俄关系问题上，必须认真研究俄罗斯在我战略全局中的价值，舍此难以坚定我深化对俄战略合作的决心，难以充分调动俄罗斯因素、服务于我国和平崛起的大业。

一、俄罗斯有望成为未来多极化世界的重要一极

俄罗斯在我战略全局中的战略价值如何，首先要看其在大国关系、地区事务及我周边环境中是否具有较大的影响力。从综合国力和发展潜力看，俄罗斯具有足够的影响力。

俄罗斯仍是拥有重大影响力的世界大国。俄罗斯虽然不能与超级大国前苏联相提并论，但仍是联合国安理会常任理事国，是发达国家俱乐部“八国集团”成员。俄罗斯虽然失去了中东欧及部分原苏势力范围，但仍握有影响独联体国家及部分发展中国家的重要杠杆。俄罗斯还是仅次于美国的世界军事大国，特别是其核威慑能力仍令其对手望而生畏。今天的俄罗斯的确衰弱了，但在当今大国博弈中仍是一位重量级棋手。近年来国际政治的运行，充分说明了这一点。

俄罗斯是自然资源极为丰富的世界大国。俄罗斯国土辽阔，自然资源极其丰富。石油可采储量占世界总量的13%，天然气可采储量占世界总量的34%。铀探明储量占世界总量的14%，多种稀有金属储藏量也位居世界前

* 本文发表于《国际问题研究》2005年第3期。

列。广袤无际的森林中，木材储量高达750亿立方米，占世界林木资源的1/4，是世界最大的木材库。可耕地面积达2.11亿公顷，是任何国家都无法比拟的。淡水资源极为丰富，仅贝加尔湖的淡水储量就占全球淡水湖总储量的1/5，几十年后这一财富的价值难以估量。丰富的自然资源不仅使俄罗斯得以度过叶利钦时代的政治动乱和经济衰退，而且为俄罗斯今后的复兴奠定了强大的物质基础。

俄罗斯的科技潜力仍居于世界前列。前苏时期，俄罗斯的科技水平在多数领域与美国相差无几。叶利钦时代政局持续动乱、经济不断滑坡，导致人才大量外流、科研设施严重破损，但是俄罗斯的总体科技潜力仍相当雄厚。特别是国防科研领域，仍然保有大量技术储备，一旦解决资金匮乏问题，完全有希望大批量投产先进武器。其他，如在生物科学、材料科学、航天航空、核能利用等领域，俄罗斯的科研水平也居于世界领先地位。

俄罗斯民族具有很强的创造力、爆发力。俄罗斯民族并不勤奋，但是不乏创造力。历史上俄罗斯产生过无数位世界级科学家、文学家、艺术家、哲学家、军事家，为人类进步做出过杰出贡献。今天的俄罗斯，教育水平特别是受高等教育者的比例，仍处在世界前几位。特别值得注意的是，这个民族在艰难困苦的条件下，尤其是在生死存亡关头，往往可以产生巨大的爆发力，这是许多国家和民族所不具备的。18世纪初打败不可一世的拿破仑是如此，二次大战中打败横扫欧洲的希特勒更是如此。二次大战前的三十年代，苏联处在帝国主义的包围和封锁中，短短几年就从农业国变成了工业化国家。二次大战夺走了苏联2 700多万人的生命，整个西部地区成了一片废墟，可是战后未过几年，经济就得到了恢复和发展，七十年代更是发展成为与美国平起平坐的超级大国。这个民族有时是不按正常规律行事的，因此，人们不能完全按照一般逻辑来判断其发展前景。

俄罗斯已经开始“由乱到治”的过渡。叶利钦时代，俄罗斯处于混乱动荡之中。经过普京第一任期的拨乱反正，俄罗斯初步奠定了稳定发展的政治基础、经济基础和社会基础。普京的政治抱负是“强国富民”，成为彼得大帝那样的一代圣君，其在国情咨文中提出的“2010年经济翻番”、“消除贫困”、“建设强大军队”三大任务，均清楚地反映出这种治国理念。为此，普京在政治上实行“准集权体制”（民主的框架、集权的内核），在经济上走“可控市场经济”道路。应当说,这种选择比较符合俄罗斯国情,因而有希望取得成功。可以预料,如不发生意想不到的情况,例如国家重陷动荡、西方“温柔革命”在俄成功等,在实现“强国富民”的治国目标方面,普京是可望有所作为的。

毋庸置疑,俄罗斯是一个影响力不断上升的大国。俄罗斯具有巨大的发展潜力,只要坚持符合国情的发展道路,只要能顶住外部势力的挤压和渗透,只要不出现社会动乱、国家分裂的危险局面,俄罗斯完全有希望重新跻身于世界强国的行列,成为未来多极世界中的重要一极。当然,俄罗斯在迈向世界强国的进军中仍然面临种种困难,许多深层次问题有待解决,要实现“强国之梦”还要走漫长、曲折的道路。

二、俄罗斯有望成为我推进国际战略的主要伙伴

中国是一个发展中的大国,未来几十年,要实现和平崛起,必须在错综复杂的国际关系中纵横捭阖,为此不能不寻求利益相近、理念相通、有较大国际影响力的战略伙伴。俄罗斯恰是这样一个不可多得的选择。

两国在国际事务中有着十分相近的战略利益。首先是战略环境相近,都面临着冷战后一超独大、世界力量严重失衡的国际格局,都面临着美国的战略遏制与挤压。其次是战略目标相近,都以推动世界多极化为目标,都希望成为未来多极化世界中的重要一极,成为有重大影响力的世界大国。其三是战略需求相近,都需要一个和平稳定的发展环境、一个公正合理民主的国际秩序,都希望未来世界是一个民主化、多样性的世界,一个各种力量相互平衡、相互制衡的世界。其四是历史责任相近,作为世界大国和安理会常任理事国,在全世界、全人类面前,都肩负着维护世界和平与稳定、恢复全球战略平衡、确保地区安全等不容回避的历史责任。其五是战略思维相近,在国际重大问题上几乎总能找到共同语言,例如在反对单边主义、维护联合国权威问题上,在反对强权政治、不得干涉主权国家内政问题上,在反对反恐双重标准问题上等等,两国均有十分相近的主张。这种一致或者相近,为两国在国际事务中的紧密合作提供了十分重要的前提。

两国在地区事务中有着广泛的合作基础。特别是在中亚和东北亚事务中,中俄合作对维护两国的战略利益、营造睦邻友好的周边环境、推动共同周边地区的稳定与发展,都具有重大意义。在中亚,上海合作组织不仅对确保我

西北战略方向的安宁、西部大开发战略的实施具有重要意义，而且是我展示新型安全观、新型发展观的重要平台。而上海合作组织的巩固与发展离不开在该地区具有重大传统影响力的俄罗斯，没有俄罗斯的积极参与、没有中俄两国的紧密合作，就没有上海合作组织的未来。在东北亚，朝鲜核问题直接影响到中俄的安全利益，在此问题上中俄有着几乎完全相同的主张，两国联手合作成为确保朝核问题和平公正解决、防止朝鲜半岛局势动荡至关紧要的因素。在日本问题上，中俄也有联手合作的基础，两国都警惕日本军国主义的复活，都警惕美日军事联盟的发展，都希望东北亚成为一个和平稳定、共同发展的地区。

俄罗斯具有发展对华战略合作的强烈需求。从地缘政治看，中国是俄罗斯的最大邻国，俄罗斯要快速发展，要重新振兴，不能不与中国睦邻友好。俄罗斯的西部、南部安全环境严峻，要改善周边环境、维护国家安全，也不能不修好东方，以中国作为战略后方。俄罗斯再也不愿意重蹈冷战时期与中国对抗的覆辙。前苏联与中国对抗 20 年，为加强亚洲地区的兵力部署耗资 3 000 多亿美元，牵制了经济的发展，成为西方对苏冷战胜利的重要原因之一。俄政治精英已经清醒地认识到，同中国这么一个大邻国搞对抗，不会给俄罗斯带来任何好处。从国际战略看，面对美国一超独大、国际战略格局严重失衡的现实，俄罗斯不能不与同样是联合国安理会常任理事国的中国联手合作。面对美国的战略遏制和挤压，要顶住美国、保全自己，俄罗斯同样需要借助处境相近的中国。俄罗斯国力衰退，有意实行战略收缩，某种意义上讲要学习中国“韬光养晦”，而要“韬光养晦”也需要中国这面“挡风墙”。两国战略协作伙伴关系的建立与发展，也有俄罗斯希望借助中国这一非常重要的动力。从发展任务看，俄罗斯今后几十年的首要任务是集中精力发展综合国力，特别是要发展东部经济。发展东部地区，无论对俄罗斯的振兴，还是对维护国家的统一和领土完整，都是一项战略性任务。而要发展东部经济，不能不借助中国这个蓬勃崛起的大邻国，不能不搭乘中国经济快车、开发中国大市场。

两国战略合作已具备比较坚实的基础。在国际战略形势发展的驱使下，在两国的共同努力推动下，近 10 多年中俄关系取得了长足的发展，为今后几十年两国的战略合作奠定了比较坚实的基础。两国已建立起战略伙伴关系并赋予其“协作”的内涵，为在两国与他国所建立的此类关系中所仅有。两国签订了《睦邻友好合作条约》，明确提出“世代友好、永不为敌”，为两国关系的持续发展奠定了法律基础。两国间已建立起多种行之有效的合作机制，例如高层会晤机制、战略磋商机制、各领域合作机制、避免冲突机制等等。在反对霸权主义、单边主义，维护以联合国安理会为中心的国际安全机制和以不干涉主权国家内政为核心的国际安全准则等重大国际和地区问题上，两国间的战略合作富有成效。两国关系的发展是建立在“互信、互利、平等、协作”原则基础上的，符合新型安全观和新型国家关系准则的要求。两国都着眼于今后相当长时间的战略需求、以战略思维来规划两国关系的发展。

可以说，两国战略合作基础相当坚实，具有可持续发展的性质，俄罗斯因素对我国际战略的运筹不可或缺。

三、俄罗斯有望成为我维护国家安全的重要地缘政治依托

在安全领域，俄罗斯对我价值更大，完全可能成为我国家安全的重要地缘政治依托和战略纵深。

俄罗斯在我周边安全中具有无可比拟的分量。俄罗斯是我最大邻国，我要营造和平、稳定的周边安全环境，必须与俄罗斯睦邻友好、联手合作。俄罗斯还是抵御美等西方势力向我周边扩张的重要伙伴，特别是西北战略方向，要遏止美等西方势力改变中亚国家政治取向的企图，离不开对中亚国家有重要影响力的俄罗斯的共同努力。

俄罗斯在国际反恐斗争中是我重要伙伴。两国在打击车臣和“东突”恐怖主义活动中可以相互支持、相互帮助，共同抵御来自西方双重标准的压力。两国共同经营好上海合作组织，对于将中亚从伊斯兰极端宗教势力向我渗透的前进阵地变为我防范其破坏袭扰的安全屏障，具有重大现实意义。

俄罗斯是我解决台湾问题的重要借助力量。我面临着解决台湾问题的重大战略任务，一旦我在台海有所行动，俄罗斯对我的战略价值将会进一步突显：只有北部、西北部安宁，我方能集中力量应对台海局势的变化，从这个意义上讲俄罗斯有望成为我的战略纵深和战略后方；俄罗斯相对强大的军事力量可对美日军队起到重要牵制作用，使其不能无所顾忌的大举南下；如果美国在联合国对我发起制裁，在有否决权的几个大国中，俄罗斯最有希望对美构成一定制约。更为重要的是，我“杀手锏”基本上都来自俄罗斯。即使将来欧盟

取消对华武器禁运，由于存在武器装备体系兼容性问题，我也难以大批量从欧洲采购。因此在今后相当长时间里，俄罗斯仍将是我先进武器装备的主要来源。如果考虑到战时武器装备供给问题，可以说我对俄罗斯已形成一定程度的依赖。哪怕俄罗斯仅仅停止零备件供给，我战机坏一架就少一架，导弹打一枚就少一枚，持续作战能力将大成问题。可以说，俄罗斯在我解决台湾问题上具有无可估量的价值，失去俄罗斯的合作我国将陷入极大的被动。

另外，**俄罗斯还有望成为避免美国过早将我作为主要战略对手的重要牵制力量**。因为只要俄罗斯相对强大，只要中俄战略合作继续进行，美国就难以集中力量对我。从这个意义上讲，俄罗斯的适当强大对中国是件好事。

四、俄罗斯有望成为我重要能源原材料供应基地和重要市场

研究俄罗斯对我的经济价值，不仅要看到现实经济关系，更要看到我经济发展的长远需要。

俄罗斯可望成为我能源和原材料重要供应基地。俄罗斯自然资源十分丰富，而我自然资源相对匮乏。今后几十年我经济发展将处于扩张期，能源和原材料可能成为我可持续发展的重要瓶颈，加强该领域对俄合作对于我解决这一瓶颈问题具有重大意义。如果经营得好，俄罗斯完全有可能成为我能源和原材料的重要供应基地。考虑到两国陆路相联，与俄罗斯开展能源合作不仅具有地缘便利、节约成本、提高时效，而且利于我实现能源来源的多元化、规避跨越印度洋和马六甲海峡可能带来的安全风险，战时尤其如此。

俄罗斯是一个有待开发的大市场。俄罗斯是个大国，市场开发尚处初期、发展潜力巨大，且对独联体和东欧国家具有重要辐射作用。考虑到欧洲市场和日美市场已近于饱和，俄罗斯对我实施“走出去”战略的价值更显突出。从两大邻国角度看，开发俄罗斯市场，还可以节约物流成本、提高物流速度。俄罗斯还是北部欧亚陆桥的必经之地，对我与欧盟的经济合作也具有重要价值。

俄罗斯是我“振兴东北老工业基地”和“西北大开发”的直接外部依托。我东北三省与俄直接接壤，我西北与俄虽然仅有50余公里共同边界，但是与我相邻的中亚国家有可能与俄结成统一经济空间。与俄罗斯发展紧密的经贸联系，对于我东北、西北的经济开发至关重要，不仅可以利用俄罗斯的能源和原材料，而且可以利用俄罗斯的大市场。

俄罗斯有可能成为我解决剩余劳动力的重要出路。中国人口众多，就业是个大难题。而俄罗斯人口数量与国土面积相比显得相当稀少，加之俄罗斯人口逐年减少，劳动力已不能满足经济发展的需要，今后这个问题可能更加突出。中国解决剩余劳动力的出路之一是“走出去”，而俄罗斯解决人口危机的出路是“引进来”。尽管俄罗斯十分害怕外来移民改变其民族成分，但是俄罗斯要发展，不走引进之路别无他途；尽管俄罗斯流行“中国人口扩张论”，但是中国人勤劳智慧、遵守纪律、素质较高，在俄罗斯也有口皆碑；而且引进中国劳动力最为便捷、成本最低。随着两国关系的进一步深化，特别是两国间人口流动管理逐步规范有序，中俄劳务合作完全可能成为两国合作的重要领域。

俄罗斯还是我引进先进技术的重要来源。在人们的印象中，俄罗斯的科学技术已大大落后于西方，似乎无引进价值。但是事实上，俄罗斯在不少领域的技术水平仍居于世界前列，例如航空航天技术、军品开发技术以及相当多领域的基础科学研究。俄罗斯技术往往有其独特的思路，投入少、成效高，这是西方技术所不具备的。加之我科研基础相当大一部分源自俄罗斯，俄罗斯技术对我来说更易于配套、更加实用。事实上，近年来，我从俄罗斯引进的大量军用和民用先进技术已发挥重要作用。

因此，可以说俄罗斯在经济领域对我价值也是巨大的，许多方面是其他国家难以替代的。

五、紧紧拉住俄罗斯是一项战略性任务

俄罗斯于我有重大战略价值，今后相当长时期内将是我主要战略伙伴，拉住俄罗斯对我来说是一项重大战略任务。对此，我们要有清醒的认识。但是能否拉住俄罗斯，还取决于多种因素。

一是取决于我运筹对俄战略关系的意志和能力。例如，在发展对俄战略合作问题上能否做到坚定不移，能否正确处理对美外交和对俄外交两个“重中之重”的关系，能否正确看待俄对外政策中时而出现的动摇性、妥协性，是否善于调动俄罗斯发展对华合作热情，是否善于利用《中俄睦邻友好合作条约》和上海合作组织等机制，是否善于营造有利于两国友好合作的舆论氛围，是否善于推动两国各个领域的务实合作。

二是取决于俄罗斯的内部因素。例如，俄国内政局和政治力量格局的变

化，决策层对国际战略形势和本国战略利益的判断，防范西方“温柔革命”在俄得手的成败，制止西靠思潮再次抬头的决心等。在这方面，我们不能无所作为，而应利用多种渠道、采取多种办法，积极施加影响。

三是取决于双方能否有效排除影响关系发展的障碍因素。例如，如何消除“中国威胁论”在俄的影响、增进政治互信，如何扩大经贸合作、夯实两国关系的物质基础，如何防范外部势力对两国关系的干扰，如何处理两国外交运筹中的某些非协调性，如何处理两国关系发展中出现的各种摩擦，等等。从上述角度讲，中俄战略关系的未来尚具有一定的不确定性，我们的任务就是彻底消除这种不确定性，使其更具可预见性。

俄罗斯对华战略思维浅析*

从俄罗斯高层及社会精英对华关系言论及表现看，其社会主流在此问题上的战略思维可以用4个词来概括：看重、借重、怀疑、防范。对俄罗斯对华战略思维中的矛盾现象，中国应以平常之心看待。不应把两国间发生的某些摩擦和不愉快看得过重，媒体更不宜炒作。应充分看到俄罗斯对华战略思维中的积极面，努力化解消极面。

一个国家的战略思维是影响其对外战略的深层因素，这种影响具有持久性、深刻性。研究俄罗斯在对华关系问题上的战略思维，对于正确理解两国关系中出现的积极势头和消极现象，制定切合实际、富有远见的对俄方针，具有十分重要的意义。**从俄罗斯高层及社会精英在对华关系上的言论及表现看，其社会主流的对华战略思维可以用4个词来概括：看重、借重、怀疑、防范。**

看重

随着中国综合国力的快速增长及国际地位的不断提升，随着中俄交往的增多及俄罗斯民众对中国了解的加深，俄罗斯人已普遍改变了"中国贫穷落后"的印象。俄罗斯高层及多数社会精英视中国为正在蓬勃崛起的大国、对俄罗斯国家利益具有重大影响的地缘政治力量。部分俄罗斯学者甚至认为"十几年后中国将成为世界头号强国"、"21世纪将成为中国世纪"。

俄罗斯已由"看不起中国"转向"看重中国"。从俄罗斯人的口中时常冒出

---

* 本文发表于《环球时报》2005年2月4日。

“中国已由小兄弟变成老大哥”之类的感慨。这是一种非常矛盾的心态：既敬佩又不大服气，既羡慕又有些嫉妒。不服气也罢，嫉妒也罢，中国在俄罗斯战略思维中的分量大大加重已是不争的事实。

借重

俄罗斯精英已经认识到，中国走向强大不可阻挡，与中国为伴、借重中国符合俄罗斯的战略利益。

在地缘政治方面，中国是俄罗斯的最大邻国，俄罗斯要快速发展、重新振兴，不能不与日益强大的中国睦邻友好。俄罗斯的周边安全环境非常严峻，要改善战略处境、维护国家安全，不能不与东方修好，把中国作为战略纵深和战略后方。前苏联与中国对抗 20 余年，为加强其亚洲地区的兵力部署耗资 3 000 亿美元，极大地牵制了经济的发展。今天的俄罗斯再也不愿意重蹈与中国对抗的覆辙。经营好与中国的关系、深化与中国的合作，变中国为俄罗斯东部的地缘政治依托，以营造俄罗斯国家安全与发展所需要的和平稳定的周边环境，已成为俄多数社会精英的共识。

在国际战略方面，俄罗斯与中国在绝大多数国际和地区问题上有着相近的利益和相似的立场。面对一超独大、严重失衡的国际战略格局，面对美国咄咄逼人的霸权主义和单边主义，俄罗斯不能不与同为安理会常任理事国的中国联手合作。要顶住美国的战略遏制和战略挤压，俄罗斯需要与同样受到美国遏制与挤压的中国相互借助。要稳定中亚形势、抵御美国等西方国家的渗透与扩张，维护俄在该地区的传统势力范围和战略缓冲带，俄罗斯也需要借助在该地区有着重要利益、影响日益扩大的中国。

在经济发展方面，俄罗斯今后几十年的首要战略任务是集中力量发展综合国力，为此有必要也有愿望搭乘中国经济发展的快车，开发利用中国的广阔市场。俄罗斯东部地区的经济发展更是离不开高速发展的中国。而发展东部经济，不论对俄罗斯经济全局，还是对俄罗斯的稳定与统一，都是一项重大战略课题。

俄罗斯的国家利益决定了借重中国必然成为其战略思维的重要取向，中国发展对俄合作的方针进一步坚定了俄罗斯借重中国的信念。以俄罗斯强力部门与战略研究界部分人士为代表的一些政治力量，甚至呼吁“俄中结盟”、

“组成俄中印伊(朗)文明联盟”。普京总统 2004 年 12 月访问印度时亦明确提出“俄中印发展非集团性协作关系”的主张。可以说,借重中国已成为俄罗斯发展对华关系的主要动力。

怀疑

集中表现为“中国威胁论”在俄罗斯有着较大影响。

中俄发展差距拉大、力量对比发生变化,俄罗斯一些人士出于传统安全思维,担心一个强大的邻国会对其构成威胁,于是出现“中俄力量对比失衡论”。特别是一些知识精英对两国发展差距拉大看得更重。在俄罗斯高层的言论中也时常流露出这种忧虑。

俄罗斯远东地区经济发展缓慢,人口危机加深。俄罗斯远东地区的人口不到 730 万,而中国仅东北三省人口就有 1 亿多。于是某些俄罗斯人产生了恐惧,认定中国人为寻求生存空间必然要大量涌入俄罗斯远东地区,引起远东地区民族成分的改变,增大远东地区脱离俄罗斯的危险。加之近年来进入俄罗斯特别是其远东地区的中国人数量被夸大,一些反华势力似乎更有了“事实根据”,于是抛出了“中国人口扩张论”。

中国经济快速增长,中国商品走向世界,到俄经商的华人迅速增多。一些俄罗斯人不顾廉价商品对其解决居民供给、保持社会稳定所起到的重要作用,片面夸大了中国商品对俄罗斯市场的冲击。加之俄罗斯人缺少市场经济意识,于是出现了“中国经济扩张论”。赞成这种观点的人,虽然在俄罗斯高层为数不多,但是在经济界和地方势力中却大有人在。

历史上中俄长期存在领土争议。尽管有关中俄边界的协议已经生效,两国《睦邻友好合作条约》亦明确规定相互不提出领土要求,但俄罗斯人总是放心不下,于是出现了“中国领土要求论”。每当有人谈及中俄历史条约的不平等性质,俄罗斯上下都会十分难受。一个 300 年来不断扩张的国家,一向把领土问题看得很重。在对待被其侵占的中国领土问题上,俄罗斯人大多有着警惕心态。普京总统也曾说过“俄罗斯土地很多,但没有一寸是多余的”。

另外,在中俄美大三角关系问题上,俄罗斯对中美关系的发展心怀疑虑,担心中国与美国搞交易,损害俄罗斯的利益;在中国与中亚发展关系方面,俄罗斯既希望借助中国稳定中亚、抵御美国,又担心中国影响扩大、削弱其主导地位；在经济合作问题上，俄罗斯对中国按市场规律行事很不习惯，经常抱怨中国未给其照顾。凡此种种，构成了俄罗斯部分精英及民族主义势力，特别是一些亲西方民主派对中国的怀疑，使“中国威胁论”在俄罗斯形成了一定气候，直接影响到两国战略合作的氛围。

防范

基于以上怀疑心态及“邻国强大必然构成威胁”的传统安全思维，俄罗斯迄今未放松对中国的防范。

首先，演习中将中国作为假想敌。这种情况在俄罗斯远东战区的大大小小演习中时常出现，俄罗斯媒体对此似乎亦不讳言。这种做法与两国间的“战略协作伙伴关系”很不协调，更是对中国战略企图的严重误判。

其次，在对华军售上多有保留。据媒体透露，俄罗斯售华武器的内部底线是，保持10～15年的技术优势。最先进的武器可以卖给印度而不能卖给中国。中国要从俄罗斯引进先进武器生产技术更是难上加难。据说原因是，中国是邻国，可以用俄罗斯的武器打俄罗斯。可以说，俄罗斯防范中国的心态在此问题上表现得非常明显。

其三，对在俄华人实行歧视性政策。这主要是“中国人口扩张论”造成的后果。由于担心中国人入俄会改变其民族成分，俄罗斯加强了对华人的防范。于是，临时到俄经商的华人常常被视为“非法移民”随意拘留。在俄罗斯非法居留和逾期未回国的华人虽然不过几万人，却被夸大为几十万，甚至几百万。俄罗斯劳动力匮乏，急需引进外国劳动力，但是在劳务合作问题上却极力排斥中国。在边防入境检查中对中国公民的检查格外严格，甚至采取歧视性做法。社会上光头党、极端排外分子殴打中国人的事件屡屡发生。

另外，在中美关系问题上，俄罗斯时常抱怨中国重美轻俄；在俄台关系问题上，俄罗斯某些部门的做法也与官方的表态不相一致。近一两年两国在油气合作问题上出现的风波亦有某些防范中国的背景。

中国应有平常心

看重、借重、怀疑、防范，是俄罗斯在对华关系问题上战略思维的不同侧面，不能仅仅看到看重、借重的一面而忽视怀疑、防范的一面，反之亦然。与此同时，又必须分清主次，否则就会陷入误区、动摇发展对俄关系的信心与决心，就会采取错误的对俄方针、影响中俄关系的大局。

从决定两国关系最主要的因素——战略利益和战略企图看，俄罗斯对中国看重、借重是其对华战略思维的主要方面，怀疑、防范属于次要方面。近年两国战略合作不断加深、富有成效的事实充分说明了这一点。

对俄罗斯战略思维中的这种矛盾现象，中国应以平常之心看待。不应把两国间发生的某些摩擦和不愉快看得过重，媒体更不宜炒作。应当了解两个大国相处的复杂性和多面性，即使在中苏同盟时期，当时的苏联也一刻未放松对中国的防范。这其中既有俄罗斯民族历史文化的因素，也有大国政治的因素，不可能在短时间内完全改变。

俄罗斯在中国战略全局中具有重大战略价值，与俄罗斯搞好关系是一项战略任务。为此，中国既要充分看到俄罗斯对华战略思维中的积极方面，又要努力化解其消极方面。消除怀疑和防范，是一项极其复杂、困难的系统工程，需要做出长期的努力。只要中国坚持不懈、举措得当，中俄关系一定会有美好的未来。

中俄签署关于国际秩序的联合声明意义深远*

胡锦涛主席日前对俄罗斯的国事访问引起国际社会的广泛关注，俄媒体称其为“当前最重大的国际政治事件”。《关于21世纪国际秩序的联合声明》的签署，更是被视为此访的最大亮点。

一、《联合声明》凝聚了两国在国际战略问题上的广泛共识

《联合声明》是一部总结、阐述中俄关于新世纪国际秩序共识的重要文件，所列12个问题都是当前国际关系与两国关系中的重大问题。《联合声明》的主要贡献在于，对两国多年形成的关于国际战略问题的广泛共识进行了新的梳理，并根据国际形势的发展与认识的深化进行了新的概括，以联合声明的庄严形式向全世界宣示，因而更为系统、更加深刻，更能体现两国的原则立场与两国关系的水平。

二、《联合声明》反映出两国对国际与周边形势的判断趋于严峻

《联合声明》虽然未对形势问题进行专门阐述，但是从字里行间完全可以感受到两国对国际和周边形势的判断趋于严峻。可以说，这正是《联合声明》签署的重要背景。例如，声明重申“必须和平解决分歧与争端”，“不采取单边行动，不采取强迫政策，不以武力威胁或使用武力”，强调“尊重主权与领土统一”、开展“多边集体对话协商”、“摈弃对抗和结盟思维”、“不寻求对国际事务

* 本文发表于《世界新闻报》2005年7月8日。

的垄断和主导，不将国家划分为领导型和从属型”等等。这既是基于两国关于各国和平共处、共同安全的新型安全观，也反映出两国对国际战略格局严重失衡，唯一超级大国推行霸权主义、单边主义与强权政治，国际战略形势趋于复杂严峻的重要战略判断。再如，声明提到充分保障各国“选择发展道路的权利、平等参与国际事务的权利和平等发展的权利”，提到“不能从外部强加社会政治制度模式”，应当尊重“世界文化和文明的多样性”，不搞“文明冲突”、不干涉别国内政，“在相互尊重和包容中开展文明对话与经验交流”。这既是两国对国际关系准则的一贯主张，也透露出两国对某些国家在独联体策动“颜色革命”、制造地区动乱、恶化两国周边安全环境的高度关注，以及对某些国际势力企图通过重新部署军事力量、在各个领域给中俄制造麻烦，以遏制俄罗斯的快速复兴和中国的和平崛起的高度警惕。

三、《联合声明》表明两国在国际战略诉求方面的理念更加相近

《联合声明》强调“世界多极化和经济全球化是当前人类发展阶段的重要趋势”，传递出两国有着成为未来多极化世界中重要一极的相近战略目标。声明强调“和平与发展仍是时代的主题”，主张“加强国家间和地区间的协调与互利合作，消除经济关系中的一切歧视”，“扩大和深化经贸和科技交流”，“实现全面协调发展”，“促进共同繁荣”，反映出两国对和平稳定的发展环境及对通过互利合作振兴本国经济、实现各国共同发展的共同战略诉求。

四、《联合声明》显示两国关于国际行为准则的主张更加趋同

《联合声明》呼吁“以公认的国际法和准则为基础，在公正、合理的世界秩序下”解决人类面临的问题，强调“联合国应在国际事务中发挥主导作用，成为制定和执行国际法基本准则的核心”，“建立互信、互利、平等、协作的新型安全架构”，“营造互信和谐气氛”，“建设发展与和谐的世界”，并就打击国际恐怖主义、制止有组织跨国犯罪、防止大规模毁伤武器扩散、反对外空武器化和军备竞赛作出了一系列重要论述，表明两国对国际政治与安全领域的行为准则有着共同的主张。声明呼吁国际社会“制定全面和广为接受的贸易体制”，“摈弃以施压和制裁迫使单方面经济让步的做法”，“发挥全球和地区多边组织机制的作用”，“促进贸易共同体更加开放和富有成效”，从中可看出两国对国际经

济新秩序有着共同的期待。

五、《联合声明》显示了两国战略互信的增强和深化战略协作的意愿

《联合声明》虽然篇幅不长，但是内容涉及国际关系的方方面面，几乎集中了两国关于世界政治、经济、安全秩序的全部重要主张，且立场高度一致，表明两国政治互信达到了更高水平。正如普京总统所言，“俄中已建立起真正的伙伴关系和战略性关系”。声明的签署必将给两国战略协作伙伴关系注入新的活力，进一步夯实两国战略协作的政治基础、丰富两国战略协作的内涵。可以预言，两国在国际事务中的战略协作将会更加紧密、更为协调、更富成效，两国关系将进入一个新的发展阶段。

六、《联合声明》将对国际形势的发展产生重大而深远影响

《联合声明》提出的一系列重要原则和主张顺应时代的大潮，符合新型国家关系准则、新型安全观与新型发展观的要求，代表了世界绝大多数国家和人民的强烈愿望和共同心声，因而定会受到世界各国的广泛欢迎，定会对推动世界的和平、稳定与发展，推动公正、合理的国际政治、经济、安全秩序的建立，乃至新的国际战略格局的形成，产生重大而深远的影响。新型国际秩序的建立必然会遇到冷战思维的阻碍和传统观念的束缚，必然要面对种种挑战，因而需要国际社会的各方参与、共同努力。正如《联合声明》所言，“建立合理和公正的21世纪国际秩序是一个不断寻求各方都可接受的立场和决定的过程”，必须就此问题开展各方对话。中俄发表联合声明，就是要以实际行动对国际形势的健康发展施加积极有力的影响。

中俄战略协作水平应再高一些*

● 俄语里“协作”的意思更接近中文里的“互动”，但是目前中俄关系的水平还达不到“互动”的要求。

● 中俄两国战略利益、战略理念如此广泛一致，在两国与世界任何其他国家的关系中都难以看到。

● 中俄都需要稳定对美关系，但是这不等于说中俄、俄中关系要服从对美关系。

近年来中俄战略协作不断深化，两国关系进入历史最好时期。今年7月中俄元首峰会发表《中俄关于21世纪国际秩序的联合声明》，11月3日中俄总理第十次定期会晤在北京举行，近日又传出两国正在联合制定航天合作计划，俄总理将亲自监督远东输油管线建设。但是，中俄目前的合作水平，与战略协作伙伴关系的要求仍有较大差距。因此，有必要深入探讨这一关系的内涵、发展潜力、障碍因素，并据此思考深化两国战略协作的途径。

中俄关系还没达到“协作”水平

“中俄战略协作伙伴关系”比中国、俄罗斯各自同其他国家建立的“战略伙伴关系”多了“协作”一词。俄语里“协作”一词更接近中文里的“互动”。“互动”要求紧密配合、此呼彼应，显然比“合作”的内涵更丰富、要求更高。但是目前两国关系的水平，坦率地讲还达不到“互动”的要求。

---

* 本文发表于《环球时报》2005年11月14日。

需要特别指出的是，俄语里的“协作”是一个常用军语，作为军语的相应中文翻译是“协同动作”。按军语来理解，中俄关系更是远未达到应有的水平。

中俄没有理由不联手合作

中俄战略协作伙伴关系的建立并非出于两国领导人一时的热情，而是以两国广泛、长期的共同或相近战略利益作为支撑的。

首先是战略环境相近。两国都面临冷战后“一超独大”、力量严重失衡的国际格局，都面临霸权势力的战略遏制与挤压。今后二三十年这种战略格局难以发生根本性改变。面对复杂严峻的国际环境，两国自然不应单打独斗，背靠背、互为依托应是中俄的历史性选择。

其次是战略目标相近。两国都以推动世界多极化为目标，都希望成为未来多极化世界中的重要一极。在实现这一目标的过程中，必然会遭到不愿看到俄罗斯复兴和中国崛起的外部势力的打压，因此联手合作是两国实现各自战略目标的客观要求。

其三是战略需求相近。今后几十年，两国的主要战略任务都是加速发展综合国力，为此都需要一个和平稳定的发展环境和一个公正、合理、民主的国际政治经济秩序。而要营造这样一种环境、建立这样一种秩序，必然会遇到旧秩序的主导者、既得利益者的强烈抵制，中俄同样需要在这一问题上联手合作。

其四是战略主张相近。两国在重大国际问题上几乎总能找到共同语言。例如，在反对霸权主义和单边主义、维护联合国权威问题上，在抵制强权政治、反对干涉别国内政问题上，在应对反恐“双重标准”问题上，两国都有一致或相近的主张。这就为两国在国际事务中的紧密合作提供了重要前提。

其五是历史责任相近。作为世界大国和安理会常任理事国，中俄在全世界、全人类面前肩负着恢复全球战略平衡、维护世界和平与稳定、确保地区安全等不容回避的历史责任。

其六是互为最大邻国。远亲不如近邻，邻里和睦、互帮互助是两国人民之福。《中俄睦邻友好合作条约》提出做“好邻居、好朋友、好伙伴”，深意即在于此。互为最大邻国，为两国互为纵深、互为后方、集中力量发展综合国力提供了极为有利的条件。

其七是经济互补性强。例如,俄有丰富的自然资源,中国有充足的人力资源;俄军工、航天、航空技术比较发达,中国轻工、电子、通信技术比较先进。利用好这种互补性,对两国经济的发展,特别是对中国西部大开发、振兴东北老工业基地战略的实施,对俄罗斯远东与西伯利亚经济的发展,都具有重大意义。

中俄两国战略利益、战略理念如此广泛一致,在两国与世界任何其他国家的关系中都难以看到。两个懂战略、有深厚文化底蕴的大国,没有任何理由不紧密协作、联手行动。

破除"中国威胁论"与"俄罗斯不可靠论"的影响

应当看到,**中俄战略协作伙伴关系的深化还有一些障碍,突出问题是政治互信不足、经济基础薄弱、外交运筹存在非协调性**。

政治互信不足有多种表现。"中国威胁论"与"俄罗斯不可靠论"最为典型。"中国威胁论"在俄罗斯流行多年,主要包括"中俄力量对比失衡论"、"中国领土要求论"、"中国人口扩张论"、"中国经济威胁论"等。这些论调在俄罗斯媒体上广泛存在,对民众的认知影响很大,对两国关系有着严重的销蚀作用。在这方面,俄罗斯政府与社会精英应当负起责任,中国政府与学术界也应大力开展有针对性的解释工作。

对中国局部存在的"俄罗斯不可靠论"也必须高度重视。仅仅从个别事件例如石油管道问题、中国人在俄受到不公正对待问题,就得出"俄罗斯不可靠"的结论,是片面的、缺少依据的。中国政府、学术界、媒体、企业界应共同努力,尽快消除这些不利于两国关系发展的消极因素。

关于经济合作,中俄应注意以下几点:经济关系滞后,政治关系不可能长时间保持高水平;中俄两个比邻而居的大国至今仅有200多亿美元的贸易额,这与两国的潜力很不相称;经济合作只有真正贯彻互利共赢的原则才有可能得到快速发展。

外交运筹中的非协调性现象值得高度关注。国家利益不完全相同,对外政策、做法有时不一,是正常现象。但是作为战略协作伙伴国,应加强沟通、避免猜疑。例如在对美关系问题上,为求得和平稳定的发展环境,中俄都需要稳定对美关系,都需要将对美关系置于外交运筹的突出位置。但是这不等于说中俄、俄中关系要服从对美关系，不能为改善对美关系而影响中俄、俄中关系。再如“不结盟”问题，两国相当一些人士并不认同。必须认识到，现在不搞结盟符合国际政治现实和两国战略利益：摒弃结盟战略是冷战后的时代要求；中俄结盟必然会引起美国强烈反弹，恶化两国发展所需要的国际与周边环境；在战略协作伙伴关系基础上中俄完全可以达到更高的协作水平。

中俄发展战略协作伙伴关系应成为两国在21世纪的长期战略选择。正确看待中国的崛起与俄罗斯的复兴，正确评估中俄、俄中关系的战略价值，对两国关系的发展具有重要意义。建议明年中俄峰会就如何发掘战略协作伙伴关系的潜力、充实这一关系的内容进行深入探讨。

互为战略协作伙伴的中俄关系*

中国和俄罗斯是欧亚大陆上两个最大的国家,两国都是联合国安理会常任理事国,并且互为最大邻国,因而对双方来说,中俄关系在其与各大国、各邻国关系中都是至关重要的双边关系。在传统友谊的基础上,在新型国家关系理念的指引下,经过多年的共同努力,中俄关系已经发成为成熟的大国关系、邻国关系、战略协作伙伴关系。**中俄互为战略协作伙伴,不仅符合两国的战略利益,而且对世界的和平与发展有着重大而积极的影响。中俄战略协作伙伴关系有着丰富的内涵,有着不同于其他大国关系和邻国关系的特点,具有广阔的发展前景**。

一、中俄关系的内涵

1996 年中俄两国元首北京会晤,双方一致同意将两国关系从"建设性伙伴关系"提升为"平等信任、面向 21 世纪的战略协作伙伴关系"。"战略协作伙伴关系"是对中俄关系的高度概括,主要包括两层含义:在国际战略层面上展开紧密协作;在双边关系层面上深化务实合作。

中俄国际战略协作的领域十分广泛,几乎涵盖了所有重大国际和地区问题。

在国际战略格局问题上,为改变严重失衡的国际战略力量对比,两国共同推动世界多极化进程、抵制单极世界企图。1997 年两国元首曾就此问题发表了《关于世界多极化和建立国际新秩序的联合声明》。在此后的多次互访中,

* 本文发表于中国国际战略学会《国际战略研究》2006 年第 3 期。

两国领导人一再重申，中俄致力于世界格局的多极化，并且为此进行了颇具胆识的战略协作。这一协作符合冷战后的时代潮流，有利于世界的和平与稳定，受到世界绝大多数国家的欢迎。中俄倡导的多极化世界构想已经成为国际社会的广泛共识。

在国际秩序问题上，两国共同反对单边主义、倡导多边主义，反对以强凌弱、以大欺小，致力于建设公正、合理、民主的国际政治、经济、安全新秩序。2005年两国元首莫斯科会晤专门就此问题发表了联合声明。中俄的共同理念是，世界应当是一个民主化、多样性、多元文明的世界，一个平等参与、和谐相处的世界。这一理念代表了世界绝大多数人民的愿望，得到了世界绝大多数国家的支持。尽管在当今国际力量对比条件下，建立国际新秩序的目标难以在短时间里实现，但是中俄及世界多数国家的不懈努力，定会给世界带来公正与和谐。

在国际安全问题上，两国共同反对"一家说了算"、动辄武力相向的单边主义和强权政治，坚定地维护以联合国安理会为中心的国际安全机制、以不干涉主权国家内政为核心的国际安全准则，主张通过政治协商以外交手段解决国际争端。不论在传统安全问题上还是在非传统安全问题上，例如在军控、裁军、防核扩散、太空非军事化及反恐、缉毒、反武器走私、应对突发性灾难等问题上，两国都相互支持。不论在伊拉克战争问题上还是朝鲜核问题和伊朗核问题上，两国都紧密协作。两国在上海合作组织框架内的安全合作，也旨在维护地区的稳定与发展。中俄已成为维护世界和平的主力军。

在国际经济问题上，两国都顺应经济全球化的时代大潮，积极参与全球经济一体化进程，为世界经济的发展贡献力量，同时充分利用全球化提供的机遇发展本国经济，成为世界经济增长的主要"发动机"。两国都遵守和维护世贸规则，主张缩小南北差距、改变发达国家损害发展中国家经济权益的现状，并以自身经济的快速发展带动其他国家的经济振兴。中国还大力倡导"互利共赢"的理念，推动大国与小国、富国与穷国共同发展、共同繁荣，俄罗斯在这方面也与中国进行着越来越广泛的协作。两国在国际经济领域的共同努力不仅保证了本国经济的快速发展，同时也维护了广大发展中国家的经济权益。

中俄务实合作的内容十分丰富，体现在双边关系的方方面面。

政治关系方面，两国以平等协商、互谅互让的精神解决了历史遗留的所有重大问题，签订了边界条约、睦邻友好合作条约，扫除了两国关系发展的主要政治障碍。两国高层领导互访不断，今年两国元首将有5次见面机会。中俄战略安全磋商已经实现机制化。在增进政治互信方面两国也做出了巨大努力，外部势力散布的、俄极端民族主义势力和亲西方势力鼓吹的“中国威胁论”逐步为理智、客观看待中国发展的“中国机遇论”所压倒。目前，两国关系中不存在任何重大政治问题。

经济关系方面，中俄以“互利共赢”为指导，共同推动两国经济合作的扩大和深化。2005年两国贸易额达到291亿美元，计划2010年达到600亿～800亿美元。贸易不平衡问题得到初步解决，贸易结构不理想问题引起双方重视。两国相互投资也在迅速扩大。油气合作取得重大进展，泰纳输油管道已开始铺设，天然气管道建设项目正加紧论证。其他能源领域的合作、高技术领域的合作也在蓄势待发。中国对俄罗斯东部开发战略、俄罗斯对中国西部开发战略和振兴东北老工业基地战略，相互给予支持、相互积极参与。此外，上海合作组织框架内的经济合作也在积极规划之中，127个合作项目正在陆续启动。中国乐见俄罗斯经济复兴、重新崛起为世界经济强国，俄罗斯也强烈希望搭乘中国经济发展的快车、与中国一道实现经济繁荣。两国在发展战略方面的相互接轨越来越明显，两国经济互补优势的开发利用越来越有成效，两国关系经济基础薄弱的问题初步得到解决。

人文关系方面，两国民间交往日益活跃，文化团体、学术机构、政党和工青妇组织以及旅游团组往来不断。2005年来华参观访问的俄罗斯人达两百多万人次，中国赴俄旅行者也有一百几十万人次。两国学术界举办的各种研讨会、论坛接连不断。两国媒体间的合作也越来越广泛，相互报道越来越深入。两国元首关于举办“国家年”的决定开始落实，今年在中国举办的“俄罗斯年”有260多项活动，其中人文领域的活动超过一半。人文关系的快速发展，使两国人民相互了解不断加深、相互信任不断增强，正在为战略协作伙伴关系的深化奠定日益坚实的民意基础。

军事安全关系方面，两国不仅在军事技术领域，而且在人员培训、情报共享等方面不断深化合作。2005年两国军队成功举行了首次较大规模的联合军事演习，增进了两军的相互了解，推动了两军的相互学习，并且探讨了今后在国际反恐、维和行动中的联合作战问题。两国在上海合作组织军事安全领域也在开展实质性合作。中俄军事安全合作不仅对中国改变国防建设的落后状况、俄罗斯实现国防工业的重新振兴，而且对维护两国、地区乃至世界的安全，都起到十分积极的作用。

中俄在上述各领域的务实合作，给两国人民带来实实在在的利益，受到两国人民的广泛支持。中俄的务实合作同时也为世界树立了新型国家关系的榜样，并使世界许多国家从中受益。

二、中俄关系的特点

从内涵及趋势看，中俄战略协作伙伴关系具有一系列有别于两国与其他国家双边关系的突出特点。

基础广泛。中俄战略协作伙伴关系是以广泛的共同战略利益作为基础的。首先是战略处境相近。两国都面临着冷战后一超独大、力量严重失衡的国际格局，都面临着美国的战略遏制与挤压。互为依托、互为纵深成为中俄确保安全与发展的地缘战略选择。其次是战略目标相近。两国都以推动世界多极化为目标，都希望成为有重大影响力的世界大国。两国展开战略协作是实现各自国家目标的客观需要。其三是战略需求相近。今后几十年，两国的主要战略任务都是加速发展综合国力，都迫切需要一个和平稳定的国际和周边环境、一个公正合理的国际秩序，为此需要联手合作、共同推进。其四是历史责任相近。作为世界大国和安理会常任理事国，中俄在全世界、全人类面前都肩负着恢复全球战略平衡、维护世界和平与稳定、确保地区安全与发展等不容回避的历史责任，必须做出共同努力。其五是互为最大邻国。远亲不如近邻，邻里和睦、互帮互助是两国人民之福。“中俄睦邻友好合作条约”提出做“好邻居、好朋友、好伙伴”，深意即在于此。其六是经济具有很强的互补性。例如，俄有丰富的自然资源，中国有丰富的人力资源；俄军工、航天、航空、材料技术比较先进，中国轻工、电子、通信技术比较发达。利用好这种互补优势，对于两国经济的发展具有重大意义。

平等互信。这是两国“战略协作伙伴关系”建立之时即已确定的关系准则。新时代的中俄关系不同于沙俄与满清之间侵略与被侵略的关系，也不同于苏联与中国之间“老大哥”与“小兄弟”的关系，而是两个主权国家完全平等的新型关系。两国交往中相互尊重对方的主权统一和发展道路选择，互不干涉对方的内部事务。两国协商解决各种双边问题，完全不存在一方强加于另一方的情况。两国关系建立在相互信任的基础之上，对互信不足问题都高度重视，不断采取措施增信释疑。

互利共赢。“互利共赢”是中国提出的新型国家关系理念，这一理念在中国的对外关系中正在得到广泛贯彻，在对俄关系上体现得更为充分。俄罗斯也越来越感受到中国的真诚，认识到只有“互利共赢”才能长久合作。在各领域合作中，双方都在努力照顾对方的利益与关切，使双方都能从合作中受益。可以说，在中俄关系中完全摈弃了“零和”思维。

不搞结盟对抗。中俄领导人多次声明，两国关系遵循“不结盟、不对抗、不针对第三国”的方针。这一方针不同于热衷“集团政治”的冷战思维，是种全新的国际关系理念。这一理念是真诚的、可信的，因为结盟、对抗不符合冷战后的时代潮流，不符合两国的根本利益。两国清醒地认识到，中俄结成“军政联盟”势必导致新的两极世界形成，而这种两极世界将是不对称的，既不利于两国国家利益的维护，也不利于世界的和平与稳定。中俄不会结成“军事联盟”、“国家联盟”，上海合作组织也绝对不会成为西方某些人所谓的“东方北约”。中俄还一致认为，国家关系中矛盾虽然难以避免，但是不应因此而走向对抗，而应通过平等协商消除分歧。与任何国家搞对抗都不符合中俄两国的利益，只会恶化两国和平发展所需要的国际环境。中俄虽然共同反对美国的霸权主义和单边主义，但是绝对不希望与美国走向对抗。中俄在此问题上的协作，既是出于两国的共同理念与共同利益，更是基于“负责任大国”的国际责任意识。

着眼长期合作。两国元首确立的“战略协作伙伴关系”有一个修饰语：“面向 21 世纪”。这意味着，战略协作伙伴关系的建立不是出于两国的一时需要，不是出于领导人的一时热情，不是短期行为。两国长期合作的意向在两国领导人的多次声明中均有明确的表述。这种合作是以两国广泛、长期的共同战略利益为基础的。战略利益的共同性既是两国关系多年持续发展的主要动力，也是展望两国关系走势的基本依据。中俄的国家利益和国际战略形势的走向，促使两国只能长期合作。两个懂得战略的大国清楚这一合作对各自的战略意义，两国没有任何理由不进行长期合作。

从中俄关系的上述特点可以看出，这种关系是一种新型国家关系，一种成熟的大国关系。

三、中俄关系的前景

目前中俄关系处于历史最好时期，今后将会更加紧密。**中俄关系的发展前景是由两国的共同战略利益、各自的战略意图、相互的战略判断决定的**。

从战略利益看，正如上文所述，具有广泛的一致性或相近性。而两国战略利益的这种广泛一致性或相近性则是由国际战略格局、两国的战略处境和各自的战略任务决定的。国际形势虽然变化不定，但是国际战略格局是在相当长时间里形成的，不是短时间可以改变的。虽然单极世界走到了尽头，但是美国一超独大的局面还会持续相当长的时间。同时，中俄的复兴也需要相当长的时间，不论中国还是俄罗斯，要在综合国力方面赶超美国，即使在顺利的情况下，也需要数十年的艰苦努力。因而在今后相当长时间里，两国的地缘战略环境及以发展综合国力为中心的国家战略不会有实质性改变，这就决定了两国战略利益将具有长期的一致性。而战略利益是国家关系最根本的基础，战略利益的长期一致性决定了战略协作的持久性。

从战略意图看，中俄虽然都致力于成为未来多极化世界中有重大影响力的一极，但是均无称霸世界的企图。中国不仅无数次声明决心走"和平发展"的道路，将来强大了也"绝不称霸"，而且正在以实际行动践行这一庄严承诺。中国深受霸权主义之害，对霸权主义深恶痛绝，自己更不会走已为历史证明的失败之路。中国文化强调"和合"，中华民族的特性决定了中国在任何情况下都不会谋求霸权，更不可能欺侮邻国、恶化与最大邻国的关系。俄罗斯虽然有过霸权扩张的历史，但是早已汲取历史的教训。现实表明，俄罗斯人已经清醒地认识到，在全球化时代，实现本国利益的有效途径是融入世界经济、在平等竞争中实现自身的发展，靠欺压、掠夺他国来谋求国家利益的时代早已过去。俄国内政治力量格局的未来变化亦较小可能导致对华不友好势力上台。中国真诚地相信，俄罗斯重新崛起对中国是种机遇，俄罗斯崛起后极小可能重走历史老路。既然中俄均不可能搞霸权主义，两国和睦相处、长期合作也就有了重要基础，更何况《中俄睦邻友好合作条约》已经庄重承诺"世代友好、永不为敌"。

从战略判断看，中俄都是有深厚文化底蕴的大国，都是擅长战略思维的民族，发生重大战略判断失误的可能性很低。由于战略利益广泛一致，即使发生某种战略判断失误,也难以长时间持续。加之两国已经建立起相互沟通的多种渠道、避免冲突的有效机制,完全可以及时消除误解、纠正误判。当然,由于大国相处的复杂性、战略文化的差异性,加之外部势力的挑拨离间,完全排除战略判断失误的可能未免过于理想主义。对于这种危险,两国有识之士都应保持高度警惕。只要保持必要警惕,及时进行坦诚交流,增进政治互信,夯实经济基础,减少、避免判断失误是完全可能的。

总之,中俄战略协作伙伴关系具有广泛而深厚的基础。从影响国家战略取向的多种因素考察,这种关系具有可持续深化的性质、良好的发展前景。中国在俄罗斯重新崛起中、俄罗斯在中国和平发展中,有望成为最积极、最具价值的国际战略因素。

中俄战略协作伙伴关系与多层次反恐合作*

以 2001 年美国“9·11”恐怖袭击事件为标志，国际恐怖主义活动进入新的多发期。在此大环境影响下，中俄面临的恐怖主义威胁更加复杂，反恐斗争任务更加艰巨。中俄在打击国际恐怖主义活动中一直保持着紧密的协作，取得了显著的成效。进一步加强中俄反恐合作符合两国安全利益，有利于地区与世界的和平与稳定。作为战略协作伙伴，中俄应将反恐合作视为两国战略协作的重要领域，做出共同努力。作为两个大国、安理会常任理事国，中俄应为推动地区和国际多层次反恐合作做出更大的贡献。

一、恐怖主义活动越来越具有全球性质

自“9·11”以来，国际恐怖主义活动明显趋于活跃，恶性恐怖袭击此起彼伏，搅得世界不得安宁，成为地区和世界形势不稳的重要祸根。特别是近几年，在美国发动伊拉克战争和推行“大中东计划”的刺激下，国际恐怖主义活动呈现泛滥之势，仅 2005 年造成百人以上伤亡的重大恐怖袭击事件就发生十几起。一个从欧洲最西部的英国，经巴尔干、中东、高加索、中亚、南亚，再到东南亚的恐怖主义活动多发带基本形成，其中中东、高加索和西欧成为恐怖活动的重灾区。从各种影响因素分析，今后十几年，国际恐怖主义活动仍将呈上升趋势，其恐怖袭击手段可能更趋多样化，袭击目标可能更趋大众化，国际社会面临的反恐任务长期而艰巨。

当代国际恐怖主义主要有两种类型：一种主要针对以美国为首的西方国

---

* 本文系作者 2006 年 9 月在国际研讨会上的发言。

家，带有一定反抗强权、寻求公正的性质，容易得到伊斯兰世界的同情；另一种主要针对多民族主权国家，其政治诉求是建立政教合一的“伊斯兰国家”，大多与分裂主义、分离主义紧密相联，虽然国际同情并不广泛，但是亦不乏追随者。两种国际恐怖主义的共同特点是：行为主体都是伊斯兰宗教极端势力，主要思想武器都是伊斯兰极端宗教教义；组织上相互勾联，行动上相互呼应；袭击目标十分广泛，袭击手段十分残忍；恐怖活动方法上相互效仿，武器装备、资金、人员上相互支持。各种情况表明，国际恐怖主义组织虽然不是一个统一的整体，但是其活动越来越具有全球性质。

二、中俄应进一步加强双边和地区反恐合作

中国和俄罗斯都是多民族国家，都存在伊斯兰少数民族群体。他们大都热爱祖国、珍视民族团结和国家统一，但是确有一小撮败类，企图通过恐怖暴力活动实现分裂国家、建立所谓“哈里发”的政治野心，直接威胁到国家的安全和稳定。在中国有新疆“东突”极端势力，在俄罗斯有车臣极端势力，这两股极端势力都是国际恐怖主义组织的组成部分。其共同特点是，以伊斯兰极端宗教为号召，以分裂国家为诉求，以恐怖暴力活动为手段，与国际恐怖主义组织紧密勾联。

霸权国家出于遏制中国和俄罗斯的战略考虑，在对待中俄反恐问题上实行“双重标准”，庇护甚至暗中煽动、资助“东突”和“车臣”恐怖主义组织，致使其恐怖活动更加猖獗。中国真诚地实行民族平等、民族团结政策，大力发展新疆地区经济，同时对一小撮恐怖分子采取“露头就打”的果断措施，近年“东突”恐怖组织的活动烈度明显降低。但是在国际恐怖主义活动猖獗的大背景下，“东突”恐怖活动仍然存在回潮的危险，中国反恐斗争依然任重道远。俄罗斯在围歼车臣武装匪徒，进行车臣政治、经济、社会重建方面取得重大进展。但是车臣残匪困兽犹斗，俄面临的反恐形势依然严峻。

中俄是战略协作伙伴，两国战略利益广泛一致，在反恐问题上共识广泛、合作基础坚实。近年来中俄反恐合作十分紧密，不仅在打击“东突”和“车臣”恐怖主义势力方面相互支持，而且在反对反恐“双重标准”、推动地区和国际反恐合作方面紧密协作。两国间签订了多个反恐合作协议，建立了反恐情报共享机制，举行了大规模联合反恐军事演习，并且推动上合组织多边反恐合作取

得了突出成效。鉴于中俄均面临国际恐怖主义的现实威胁和长期威胁，两国应将反恐合作作为战略协作伙伴关系的重要组成部分进一步予以加强。

当前中俄加强双边和地区反恐合作的主要努力方向应是：进一步加强政治上的相互支持，广泛团结国际社会，努力消除反恐问题上的“双重标准”，为两国反恐斗争创造更为有利的国际环境；进一步加强反恐情报交流，并且在侦察情报力量、手段建设方面相互帮助，增强早期发现、有效预防恐怖袭击的能力；进一步推动上合组织的反恐机制建设，重点强化地区反恐机构的功能，夯实成员国反恐合作的法律基础，认真探讨组建有武装力量参与的常备反恐力量的可行性，举行旨在提高实战协同能力、具有战略威慑效能的联合反恐演习，使反恐斗争与维护地区稳定紧密结合。

三、中俄推动国际反恐合作的着力方向

鉴于国际恐怖主义具有全球性质，加之其组织隐蔽、行动分散，又往往异地策划、跨国活动，任何一国都难以独自有效应对。近年国际反恐斗争的经验表明，加强国际合作、实施联合打击，是消除其威胁的有效途径。在推动国际反恐合作问题上，中俄应当有更多的大国作为。

首先，要努力推动国际社会在恐怖主义活动、恐怖主义组织认定问题上达成更加广泛的共识。要大力倡导以共同安全为特征的新型安全观，提倡在反恐斗争中各国相互支持、相互帮助。坚决反对在反恐问题上实行“双重标准”，全面而准确地认定世界各地的恐怖主义组织。坚决抵制将反恐斗争指向特定民族、特定宗教的做法，防止某些国家制造不同文明之间的冲突。

其次，要强化联合国安理会在反恐斗争中的核心地位，建立行之有效的国际反恐机制。联合国安理会在国际反恐中的主导作用只能加强，不能削弱。反恐行动必须遵守联合国宪章和国际法准则，执行联合国安理会通过的各项反恐决议。要坚决制止绕过联合国、违背国际法准则的单边军事行动。要推动国际反恐立法建设，尽快制定打击国际恐怖主义全面公约、打击核恐怖国际公约。要尽快建立切断恐怖组织资金、武器和人员来源的国际合作机制，使恐怖组织丧失行动能力。

其三，要标本兼治，努力铲除滋生国际恐怖主义的土壤。要推动公正合理的国际秩序的形成。国际秩序不公正、南北发展差距拉大、对不同文明的蔑

视，是国际恐怖主义泛滥的重要根源。只有建立公正合理的国际秩序，解决日益严重的发展不平衡问题，尊重不同文明和不同发展模式，真正实行共赢、共享、共存的全球发展战略，才能从根本上铲除滋生恐怖主义的土壤。霸权国家的强权政治与伊斯兰极端势力的恐怖活动是相互刺激的孪生兄弟，要消除国际恐怖主义的根源，必须抑制霸权主义和强权政治。十分重要的是要开展不同文明之间的平等对话，防止文明冲突的发生。要综合运用政治、经济、法律、外交等多种手段，在促进发展中国家经济发展和社会安定方面加大国际投入，消除恐怖主义活动的社会基础。军事打击必须与发展经济相互配合，单纯依靠武力、以暴制暴只会增大民族仇恨，引发更多的恐怖暴力活动，陷入“越反越恐”的怪圈。尤其要制止霸权国家滥施武力，搞“国家恐怖主义”，引发人道主义灾难。

其四，要推动国际反恐执法合作机制的建设。目前国际反恐执法机制很不健全，中俄应推动联合国和地区合作组织加紧协调、尽快完善相关机制，使之在国际反恐斗争中发挥更大的效能。各国执法部门应当加强协作，包括执法力量相互支援、执法经验相互交流、反恐情报相互交换。特别要加强情报交流、实现情报共享。反恐斗争的许多经验和教训表明，及时准确的情报是预防和打击恐怖活动的根本性保证。

中国快速发展对俄罗斯是难得历史机遇*

中国快速发展、综合国力迅速增强,中国正在发展成为世界强国。中国的发展对俄罗斯意味着什么,是机遇还是威胁?俄罗斯从中国发展中是受益还是受损?一个时期以来,俄罗斯国内就此展开的争论相当激烈。从俄媒体报道看,主流意见是充分肯定中国发展将给俄罗斯重新崛起带来重要历史机遇,同时对中国强大后是否可能对俄构成威胁仍放心不下。部分亲西方势力和极端民族主义势力以及对中国缺乏了解者则多从负面看待中国的发展,俄版"中国威胁论"广为流传即是突出表现。可以说,**关于"中国的发展对俄罗斯意味着什么"的问题至今尚未得到真正解决。而这个问题关系到两国关系的战略基础,是个含糊不得的重大问题。为夯实两国关系健康发展的社会基础,中俄有识之士有责任率先厘清问题的是非曲直,并广泛向人民进行正确的解释,施加积极的影响。**

一、俄罗斯是中国发展的最大受益者

由于俄罗斯是中国的主要战略伙伴,又是中国的最大邻国,不论从国际政治、经济发展还是从军事安全看,俄罗斯都是从中国快速发展中受益最大的国家。

国际政治方面,俄罗斯是正在复兴中的大国,以恢复世界大国地位、成为未来多极化世界中的重要一极为战略目标,强烈希望改变严重失衡的国际战略格局、建立公正合理的国际新秩序。俄罗斯面临以美国为首的北约"紧逼式

---

* 本文系作者2006年5月访俄会谈发言,发表于《国际战略研究》2006年第4期。

挤压”，地缘政治形势严峻，强烈希望改善安全环境、维护支撑其重新崛起的传统势力范围。俄罗斯的稳定与发展遭遇到美等西方国家“强力扩展民主”的严重干扰，维护符合本国国情的价值观和政治制度的任务相当艰巨。在上述关系俄根本利益的重大问题上，中国都与俄罗斯有着相近的处境、相近的利益、相近的主张。近年来两国在这些问题上的战略协作十分紧密、富有成效，对俄罗斯维护国家利益、提升大国地位所起到的重要作用显而易见。这不仅得益于两国互为战略伙伴，而且得益于中国实力的快速增强、国际影响的迅速增大，因为只有利益相近、共识广泛而又实力较强的伙伴才有可能施予实质性援手。

经济发展方面，中俄两国在经济上具有很强的互补性。能源出口是今后相当长时期俄罗斯经济增长的主要拉动力，解决能源出口的多元化问题是俄罗斯能源安全战略的紧迫任务。而中国是持续稳定、需求旺盛、运输便捷的能源大市场，两国完全可以结成“能源战略伙伴”。俄罗斯轻工业相对落后，而物美价廉的“中国制造”对俄保证社会供给、提高人民生活水平作用明显。俄罗斯产业结构严重畸形，已成为经济持续发展的重要瓶颈。而中国适合俄发展水平的技术和管理经验以及投资潜力，对于俄打破这一瓶颈具有独特的价值。俄罗斯远东与西伯利亚开发对其经济复兴和国家统一具有重大战略意义，而要发展东部经济不能不借助中国经济的快速发展，中国西部大开发战略和振兴东北老工业基地战略的实施更为俄提供了难得的机遇。一句话，中国经济的快速发展为俄罗斯经济的持续增长注入了巨大活力。另外，中国的“社会主义市场经济”与俄罗斯的“可控市场经济”有着许多相通的理念，两国不存在发展模式的竞争，而是可以相互借鉴的。

军事安全方面，中国是俄罗斯在军事安全领域最具价值的战略伙伴。这是因为，中俄互为最大邻国，两国间的军事安全合作对俄稳定边境、营造经济发展的良好周边环境，改善国际安全环境、建立地缘政治依托具有无可替代的价值。在反恐领域，俄罗斯面临伊斯兰极端主义势力恐怖袭击和某些大国“双重标准”的巨大压力，维护国家主权统一的任务艰巨，而在各大国中，唯有中国予俄坚定不移的真诚支持。在防扩散、军控等重大安全问题上，中国的立场与俄最为接近，与中国联手合作，对俄增强其在该领域的影响力、恢复其对美等西方国家的军事战略相对平衡、维护其安全利益意义重大。中国的国防现代化进程对俄军事技术需求旺盛，可为俄国防科研和国防工业提供重要资金支撑。中国相对强大的军事实力还可减轻俄罗斯因北约东扩、美国在中亚和外高建立军事存在、美日强化军事同盟而受到的地缘战略压力。显然，一个军事实力不断增强的中国，对俄罗斯解决复杂的军事安全问题具有非同寻常的意义。

概言之，中国的发展对俄罗斯是种难得的历史机遇，俄罗斯从中国快速发展中得到的益处比任何国家都更大、更直接。

二、"中国威胁论"毫无根据

一方面，中国的快速发展给俄罗斯复兴提供了重要的历史机遇，俄罗斯成为中国发展的最大受益者。加之中国坚定不移地实行对俄睦邻合作方针，俄高层和社会各界高度重视对华战略协作，近年来两国关系发展迅速，进入历史最好时期。另一方面，在俄罗斯也出现一些不谐杂音，部分亲西方势力和极端民族主义势力视中国崛起为威胁，鼓吹"中国威胁论"，不仅影响到两国关系的民意基础，而且对俄政府决策构成牵制。尽管这仅是两国关系的支流，根本不能代表俄主流民意，在俄国内也受到越来越多的抵制，但是有关"中国威胁"的言论至今仍时常见诸于报刊、电视，因此不能不予以足够的重视、认真的剖析。**有理有据的批驳可以给俄罗斯主张发展对华关系的力量以重要思想武器，也是对普京总统外交战略的有力支持**。

在俄罗斯流行的"中国威胁论"与西方国家鼓吹的"中国威胁论"有许多相通之处，均对中国的崛起表示担忧，主张加强对中国的防范甚至遏制；同时又具有某些俄罗斯特色，被具体化为"中俄力量对比失衡论"、"中国人口扩张论"、"中国经济威胁论"、"中国领土要求论"以及"中国生态威胁论"。

"中俄力量对比失衡论"。俄罗斯部分精英看到中国经济快速发展、国际地位大幅攀升，看到两国发展差距不断拉大、对世界经济的影响悬殊，一方面更加看重中国，重视研究、借鉴中国的经验，努力借助中国发展带来的机遇；另一方面出于传统安全思维、大国主义心态以及种种误解，担心一个强大的邻居会对俄构成威胁，于是出现"中俄力量对比失衡论"。美日针对中国崛起而"妖魔化中国"的做法，使俄罗斯某些势力更加相信中国强大后必将对俄构成威胁。

但是，所谓“中俄力量对比失衡论”以及由此产生的担忧缺少事实依据。中国的确发展迅速，但是中国有 13 亿人口，要成为中等发达国家尚需几十年的艰苦努力。21 世纪是全球化时代，靠侵略扩张实现国家利益的可能不复存在。中国从来都不是侵略性国家，而是侵略的受害者。“己所不欲，勿施于人”，中国永远不会成为侵略欺压别国的霸权国家。中国的传统哲学强调“和”、“合”，中国的传统文化不允许以强凌弱。中国的国家战略是“和平发展”、“和平崛起”、“和谐世界”，中国坚定地奉行和平外交路线和防御性军事战略方针，中国的战略文化与长远利益决定了即使强大后也不会改变这一根本性方针。中国的国家利益要求长期奉行对俄睦邻合作方针，中俄不应也不会成为战略对手，更不存在“中国用俄罗斯武器打俄罗斯”的可能。中国的发展与强大只会促进而不会妨碍俄罗斯的复兴与崛起。

“中国人口扩张论”和“中国经济威胁论”。俄罗斯远东地区经济发展缓慢，人口危机不断加深。于是少数俄罗斯人认定中国人为寻求生存空间必定要大量流入俄罗斯远东地区，引起该地区民族成分的改变，增大其脱离俄罗斯的危险。加之近年来进入俄罗斯特别是其远东地区的中国人数量增多、无序现象严重，一些对华不友好的势力似乎更有了事实依据，于是抛出了“中国人口扩张论”。他们甚至耸人听闻地大讲“几十年后俄罗斯远东可能要改讲中文”。中国经济快速增长，“中国制造”走向世界，到俄经商者激增，俄罗斯一些人感受到了中国商品对俄罗斯市场的冲击，却忘记了这些物美价廉的商品对其解决居民供给、保持社会稳定所起到的重要作用。两国间“资源换消费品”的贸易模式本是两国经济结构现实造成的，少数俄罗斯人却指责中国在“掠夺俄罗斯的资源”。加之部分俄罗斯人缺少市场经济观念，将正常的经贸往来视为“经济扩张”，担心俄远东地区成为“中国经济的附庸”，于是出现“中国经济威胁论”。赞成这种论调者，虽然在俄罗斯上层为数不多，但是在经济界和地方势力中大有人在。

所谓“中国人口扩张论”和“中国经济威胁论”均缺少事实根据。中国人口规模的确很大，但是有能力、有意志自己养活自己，中国政府绝对没有推动向俄移民的政策。中国文化讲究叶落归根，99%的中国商人去俄罗斯纯粹是为了挣钱，有移民倾向者寥寥无几。中国商人的确赚了些钱，同时价廉物美的中国商品对俄罗斯度过多年动荡、提高人民生活水平也做出了贡献。特别在远东，没有中国商品，俄立国初期那些年的日子恐怕还要困难得多。经贸往来对拉动双方经济的增长都是积极因素，绝非“经济威胁”。在全球经济相互融合的时代，这种正常的经贸往来无论如何与“经济威胁”都搭不上边。加强对华经济合作，只会推动俄经济发展提速，助俄早日跻身世界经济强国的行列，而不会对俄的发展造成干扰。

“中国领土要求论”。历史上俄罗斯帝国侵占中国150万平方公里土地，今天俄罗斯某些人仍在担心中国强大后要求收回。尽管中俄边界协定已经生效，边界问题已经彻底解决，《中俄睦邻友好合作条约》明确规定相互不提出领土要求，但是俄罗斯个别人心里仍不踏实。因此，每当有人谈及中俄历史条约的不平等性质时，这些人都十分不快，于是出现“中国领土要求论”。

所谓“中国领土要求论”更不值一驳。中国一些学者在研究中俄关系史的著述中的确谈到过两国历史条约的不平等性质问题，个别网民甚至发表过一些民族主义的言论。但是沙俄对中国进行领土扩张是历史事实，承认历史事实并不意味着否认国家间历史条约的合法性，更不意味着要重算旧账。更何况两国签订有边界协定和睦邻友好合作条约，4 300公里的共同边界已经以法律形式加以固定，两国间已不存在任何边界争议。如果中国还在惦记这些土地，是不可能签署这些协定与条约的。少数中国网民的某些不负责任的言论，根本不能代表中国社会的主流民意，更有违中国政府的对俄政策。

“中国生态威胁论”。这是“中国威胁论”的最新一论。某些俄罗斯人利用中国在生态保护方面存在的问题，进行夸大、渲染，制造“中国只顾自己发展、不顾邻里环境安全”的恶劣形象。而对中国如何治理和保护环境、如何推行科学发展观却只字不谈。

但是，如果认真考察一下实际情况，就会发现“中国生态威胁论”欠缺公正。近年来中国一些地方的快速发展的确造成了生态问题，对邻国也产生了一定程度的不利影响。但是中国决非有意为之，中国政府和人民已经充分认识到问题的存在，正在采取积极有效的措施加以治理，“科学发展观”一定意义上就是针对这种情况提出的。在生态环境问题上，一味指责无济于事，更不应将其放大成“威胁”。正确的做法应是加强合作、相互帮助、共同治理。

“中国威胁论”在俄的流传，既与某些俄罗斯人对中国了解不够、两国文化存在差异、历史嫌隙尚未完全消除、大国相处影响因素复杂有关，更与企图离间中俄关系的外部势力及别有用心的俄国内政治势力恶意散布有关。中国的发展不会对俄罗斯构成任何威胁，只会加速俄罗斯重新崛起的步伐。中俄各界精英应下大力向各自民众开展有针对性的解释工作，俄罗斯的汉学家在此问题上责任尤其重大。

三、中俄应联手协作、共同发展

首先，两国都应当正确看待对方的崛起与复兴。判断一国的崛起和复兴是否可能构成威胁，不仅要客观评估这个国家实力的增长，而且要正确分析其战略企图。在中国看来，俄罗斯重新崛起为世界强国对中国是种机遇，一个强大的俄罗斯有利于全球的战略平衡，有利于制约霸权主义和单边主义，有利于威慑伊斯兰极端势力，有利于世界特别是东亚的和平与稳定。俄罗斯经济的振兴还会给中国企业提供广阔的新兴市场、丰富的能源和原材料、先进的技术和工艺。俄罗斯东部发展战略的实施，也有利于中国东北和西部经济的发展。俄罗斯军事力量恢复强大，可以抑制美国动辄武力相向的强权政治，可以对美日亚太军事部署构成有力制衡。俄罗斯与中国在上海合作组织框架内的合作也有利于中国构筑西部安全屏障。总之，中国真诚地希望俄罗斯发展强大。我们相信并且希望俄罗斯朋友也能如此看待中国的发展。如果我们两国有识之士都能客观积极地看待对方，两国间的政治互信就不再成为问题，两国各领域的合作就一定能够进一步深化。

其次，两国都应确立“互利共赢”的理念。在全球化时代，国家间的关系不再是“零和”，而是相互依存、相互需要。只有“互利共赢”，合作才能长久，关系才能和谐，战略协作才能不断深化。在各领域合作中，双方不仅应维护自身利益，而且应真心实意地照顾对方的利益：在政治合作中理解对方的关切，在经济合作中追求互利互惠，在安全合作中实现共同安全。“互利共赢”是中国的战略思维，而不是宣传口号，中国对贯彻这一理念是认真的。近年来中俄关系的发展历程完全可以证明此言不虚：不论在两国边界问题和在边境地区相互裁减军事力量的谈判中还是在两国各领域合作中，中方在维护自身利益的同时，总是以最大诚意、尽最大努力，照顾俄方的利益与关切。

其三，两国要共同推动战略协作和务实合作。中俄关系已经发展到战略协作与务实合作并举的新阶段。在国际战略层面上，两国应进一步加强磋商与协作，为改变严重失衡的国际战略格局、推动世界多极化进程、建立公正合理的国际新秩序、维护世界和地区的和平与稳定，做出共同努力。为此，必须正确评估两国关系的战略价值，不断扩展战略协作的内涵，完善战略协作的机制。当前尤其要在维护联合国权威、反对单边主义和强权政治、抵制在一系列国际问题上存在的“双重标准”、和平合理地解决地区热点问题、确保两国周边地区和平稳定、推动上海合作组织健康发展等领域加强互动。在双边关系层面上，两国应扩大经济、军事和人文等领域的务实合作，给两国人民带来实实在在的利益。要进一步增信释疑，加强各层次相互沟通，特别是战略对话和民间交往，切实做到相互信任、真诚相待。要充分利用两国经济结构的互补性，发挥各自优势、扩大合作规模、提高合作效益，进一步夯实两国关系的经济基础。当前尤其应在深化油气合作、推动相互投资和技术支持、建设物流通道等方面多下气力。在军事合作领域，应着重加强两军相互了解、经验交流、人员培训，并在去年首次联合军演取得成功的基础上，扎扎实实地筹备好下次联合军演。军事技术合作则应从以军品贸易为主向联合研制和联合生产发展。人文合作的重点应是办好“国家年”，扩大文化交流、学术交流、旅游合作，使两国民众更准确、更充分地了解对方。

综上所述，中国的快速发展给俄带来的是机遇，而不是威胁。中俄战略协作伙伴关系具有深厚的战略基础，具有可持续深化的性质。两国各领域合作取得丰硕成果，两国关系处在历史最好时期。这一局面来之不易，必须格外珍惜。中国和俄罗斯在双方战略全局中都是极具价值的因素，两国必须善加利用。如是，中国在俄罗斯重新崛起中，俄罗斯在中国和平发展中，必将发挥更加积极的作用。

中国在俄美交恶情况下的政策选择*

自2006年2月普京总统在慕尼黑国际安全会议上严词谴责美国“几乎毫无节制地在世界滥用武力”以来，俄美间龃龉不断。尤其是围绕美国在波兰、捷克部署反导系统计划，两国间的争吵更是难分难解。**多种情况表明，俄美关系已经跌入冷战结束以来的低谷，短期内不可能转暖，甚至存在陷入“冷和平”的危险。从大国互动的规律看，俄美关系趋冷，两国借助中国的战略需求必然增大。在此情况下，我国的政策选择将直接影响到我与两大国的关系，进而影响到我和平发展的国际环境。**我必须从国际战略全局、大国关系运筹的高度，审慎地确定在俄美争斗中的政策取向。

一、俄美关系日趋恶化

俄美唇枪舌剑，剑拔弩张。普京总统多次抨击美国的霸道行径，甚至放出俄美可能“共同毁灭”之类的狠话。俄高官反美言辞一个比一个激烈，俄媒体更是掀起自立国以来从未有过的反美大合唱。美国虽然摆出准备与俄对话的姿态，但继续坚持在中东欧部署反导系统的合理性，同时仍在指责俄“民主倒退”、“欺压邻国”、“以能源为武器讹诈他国”。双方不仅唇枪舌剑，而且剑拔弩张。美加紧在中东欧部署军事设施，拉乌克兰、格鲁吉亚等独联体国家加入北约，在中亚推行“大中亚计划”，其意图就是要进一步蚕食俄的传统势力范围，一步步紧缩对俄的包围圈，从政治、经济、安全等多个方面遏制俄的崛起。俄不仅对美口诛笔伐，而且加紧研制、装备新型武器特别是战略威慑武器，修改《军事学说》，暂停

---

* 本文节选自作者2007年6月在国防大学的讲课稿。

履行《欧洲常规力量条约》,重新聚拢独联体,强化集体安全条约组织,组建中亚"能源联盟",调整对上合组织政策,全面防范、局部反击美国的挤压和包围。

俄美交恶的主要背景。从俄来说,发起对美局部反击、表现出强硬姿态,具有多重原因:一是美国挤压激起俄的怒气。俄遭受以美为首的北约恶性挤压,安全环境、发展环境空前严峻,"强国战略"面临严重挑战。美部署反导系统是另一种形式的北约东扩,无疑是针对俄罗斯的,不仅要进一步剥夺俄一向十分看重的"战略缓冲带",而且要废掉俄赖以与美抗衡的最主要的"杀手锏"——战略核遏制能力。俄已被逼到墙角,退无可退,忍无可忍。俄对美幻想彻底破灭,安全危机感空前增大,下决心大幅调整对美战略,应对以美国为首的北约日益增大的安全威胁。二是实力增强给俄带来底气。俄不仅经济连续多年快速增长,而且军事力量明显恢复,民族自信心和凝聚力显著增强。与此同时美国陷入战略困境,难以对俄采取强硬举措。俄不仅有了反击的本钱,而且抓住了反击的有利时机。三是面临大选凝聚人气。普京发起反击,不仅可以振奋民族精神、凝聚社会共识、压缩国内亲西方势力的活动空间、确保大选的顺利进行,而且可以为俄罗斯巨轮规定航向,确保 2008 年大选之后普京路线的延续。

从美国来说,部署反导系统、打压俄罗斯,亦具有多重战略目的:一是俄不仅发展势头强劲,而且离西方越来越远,如果任其发展,有可能成为美全球称霸的严重障碍。美对俄疑虑加深,遏制俄崛起的紧迫感加重,加大对俄围堵打压的力度成为美的战略选择。二是欧洲独立倾向的发展令美深感忧虑,必须给欧洲制造一个威胁源、一个假想敌,以强化欧洲国家的安全危机感,从而拉紧大西洋两岸的防务关系,增强美在美欧安全关系中的主导地位。越来越背离西方价值观的俄罗斯,自然成为"假想敌"的首选。三是欧洲的一体化进程及多极化理念同样令美不安,美需要通过加强对新欧洲国家的控制来分化欧洲、迟滞欧洲一体化的进程,抑制欧洲大国对多极世界的追求,在中东欧部署反导系统即是达成这一目的的重要举措。

俄美交恶对国际关系的影响。首先是俄美关系陷入低谷,进入摩擦多发期。俄美矛盾是种结构性矛盾,俄美冲突是种战略性冲突,相当长时间里实质性化解的可能性微乎其微。虽然由于双方都缺少全面对抗的本钱,而且存在需要继续合作的领域,俄美尚不至走向全面对抗。但是俄美间完全可能形成互为战略对手的态势,存在出现"冷和平"局面的危险。其次是俄美争夺的主战场是中东欧和独联体，俄美在该两地区的地缘战略博弈可能在政治、经济、安全等多个领域全面展开。中东欧和独联体国家将面临巨大压力，有可能产生新的分化。俄美重新绘制中东欧和前苏联地区政治版图的努力，势必引发越来越多的冲突。其三是俄东西方相对平衡的多极化外交战略虽然不会出现实质性变化，但是东方外交的分量可能加重，对独联体、集体安全条约组织、欧亚经济共同体、上合组织的倚重可能增大。其四是美遏俄力度可能进一步加大，俄的崛起可能面临更大的战略阻力，崛起的进程可能放缓，崛起的道路可能更加漫长曲折。其五是俄对我国的防范可能减少，美对我国的压力可能减轻，我在中俄美三角关系中的地位可能增强。

二、俄美都在关注中国的立场

俄在困难中迫切需要战略伙伴施以援手。俄学者已明确表达这种愿望。虽然俄大国心态不减，官方高层很难正面向我提出请求，但是内心无疑十分期待。俄一再讲美部署反导系统是同时针对俄中的，言下之意，中国理应与俄站到一起、对俄施以援手。俄自认为其对美国的抗争不仅出于自身国家利益的需要，而且也在捍卫中国的战略利益与战略理念，中国在这场斗争中不应长时间保持沉默。

从美国来讲，其国际战略处境十分困难，在国内也遇到一大堆麻烦，自然不希望与俄中两个大国同时交恶。美已表现出暂时稳定对华关系、集中力量对付俄的意向。美希望中国能够与其站到一起，对美国"负责"，起码要保证在俄美交恶中不站到俄的一边。美对我任何联俄制美动作都会十分敏感，都会极力制止。同时，美将会极力离间中俄关系，破坏两国的战略协作。

三、中国在俄美交恶情况下的政策选择

在俄美交恶的复杂情况下，我政策选择对我战略利益、战略环境影响重大、深远，必须慎之又慎。

（一）避免直接卷入俄美冲突

俄美交恶使我在政策选择上面临巨大难题。公开站到任何一方、引火烧身，都会影响我与另一方的关系、恶化我安全环境和发展环境。我既不能像某些欧洲国家那样卷入冲突，又不能完全超然于这场冲突之外，而应从我战略利

益出发施加必要的影响。

宜纵横捭阖、巧妙周旋,尽量促使俄美“既不相互靠拢又不走向对抗”,以进一步减轻美国对我的战略压力、增大俄对我的借助需求,延长我和平发展的战略机遇期。可多讲希望俄美“加强对话,缓和关系”。

个别具有官方背景的学者,在电视媒体上公开点名批评普京总统在反导问题上“反应过度”,为美国的霸道行径辩护,不仅有失公允,而且在外交上十分犯忌。

(二)重原则、讲公正,侧面助俄

俄美交恶存在是非曲直。冲突的爆发,虽然有俄过于“张扬”方面的原因,但是主要是美对俄恶性挤压所致。美在对俄关系问题上表现出赤裸裸的霸权主义,理应受到国际社会抵制。中国是重原则、讲公正的国家,不能长时间沉默,更不能站到美国一边。中国要树立“负责任大国”形象也必须重原则、讲公正。而且,俄美在战略理念上的争论关系到 21 世纪的国际秩序及中国的战略环境,俄的主张符合国际法准则、符合我理念和利益,我理应予以必要的支持。

但是美国实力超强,而且十分霸道,世界主要国家均不愿助俄。在此情况下,我不能公开站到俄的一边,给美国某些势力宣扬所谓“中俄伊新邪恶轴心论”提供依据,将美国的矛头引向我国。

既要重原则、讲公正,又不能恶化对美关系,相对明智的选择只能是“侧面助俄”。可寻找适当时机,利用多边场合(如上合组织峰会),从宣传基本原则、理念的角度,表明我关于重大国际问题的原则立场(例如不干涉主权国家内政、尊重发展模式的不同选择、反对军备竞赛和太空军事化、寻求共同安全和共同发展、欢迎俄和平崛起等),但是不要直接针对美国。

(三)深化对俄关系、稳定对美关系,争取更加有利的国际环境

俄美因互相争斗而对我国的战略需求增大,这对我深化对俄关系、稳定对美关系可能是个重要机遇。应紧紧抓住这一有利时机,一方面进一步深化中俄战略协作伙伴关系,扩大对俄各领域的务实合作;另一方面采取积极主动措施稳定中美关系,尽可能减轻美国对我的战略压力。但是不要再抱有建立对美“战略关系”的不切实际的幻想,更不要再犯“对俄关系服从对美关系”的错误。我战略运筹的目标应是,妥善运筹大国关系,改善国际战略环境,充分利用战略机遇期,实现综合国力的快速发展。

俄罗斯崛起对我国家利益的影响*

俄罗斯崛起的潜力巨大，崛起的前景被普遍看好。**由于俄罗斯有着几百年侵略扩张的历史，前苏联曾一度是个霸权国家，今天的俄罗斯大国主义心态依然强烈，国际社会对俄罗斯能否走和平崛起的道路疑虑很深，国内部分学者对俄崛起后会否对我构成安全威胁亦有所担忧。但是，从国际大环境、大趋势、今后相当长时间里俄罗斯的国家利益以及中俄关系的基础看，笔者倾向认为，俄罗斯的崛起总体于我有利，同时可能给我带来某些挑战**。我对俄罗斯的崛起总体宜持欢迎姿态，同时必须努力促使俄走和平发展之路。

一、俄罗斯崛起的方式总体可望是和平的

当今世界，和平与发展已经成为时代的主流。在全球化时代，发展经济、推动科技进步，是提升综合国力、强化国际地位、维护国家利益的根本途径，而不是攻城略地、侵略扩张。在这种国际大环境的制约下，俄只能走和平发展之路，舍此只会增大其崛起的阻力，甚至导致崛起失败。对此，俄罗斯人已经有了比较清醒的认识。

历经巨大社会变革，今天的俄罗斯已无条件重走前苏联以牺牲经济发展和国民福利为代价集中大量资源于军事建设、主要依靠军事力量强大而增强国际地位的老路，尽管俄仍将十分倚重军事力量来维护国家利益。

今后几十年，俄罗斯的根本性战略任务是集中力量发展综合国力，需要营造一个稳定的周边和国际发展环境。这就决定了俄罗斯在整个崛起过程中，

---

* 本文节选自作者 2007 年 7 月在国防大学的讲课稿。

必须努力维护而不是破坏世界和地区的和平与稳定。

美等对俄的遏制可能产生双重效应：一方面可能引发与俄更多的摩擦和冲突；另一方面可能会迟滞俄的崛起，限制俄对外力量投放，迫使俄不得不走和平发展道路。

尽管俄罗斯民族特性逞强好胜、爱走极端，崛起中的俄罗斯必将按照自身战略需要重塑国际秩序，从而可能对大国关系、国际战略格局造成冲击，带来摩擦和冲突。但是时代的进步、国际环境的变迁，对大国崛起的道路具有重大制约作用，非和平崛起之路极小可能成为俄罗斯的战略选择。

二、俄罗斯的崛起总体于我有利

俄罗斯能否崛起、采取何种崛起方式，不仅会对国际关系产生重大影响，而且会直接影响到我国的安全环境和发展环境。俄是我最大邻国，是陆上周边对我安全环境影响最直接、最重大的国家。前苏联曾是我最亲密的盟友，曾予我巨大援助。今天的俄罗斯是我最重要的战略伙伴，对俄关系在我战略全局中具有无可替代的重大价值。俄罗斯同时又是侵占我国土最多的国家，七八十年代的苏联还一度对我构成最严峻的安全威胁。因此，俄罗斯的崛起对中国究竟意味着什么，的确是个重大战略课题。**总体看，俄罗斯的崛起于我有利，尽管可能给我带来某些新的挑战**。

有利于我国际战略环境的改善。俄适当强大，有利于缓解国际战略格局的失衡，有利于制约美国的霸权主义和单边主义，有利于世界多极化进程的推进，有利于国际政治经济秩序的改造。这对于我推进多极世界、和谐世界的国际战略，改善我和平发展的国际环境，将会起到重大而积极的正面作用。从大国关系运筹看，在与西方大国关系恶化的情况下，俄必须努力发展与战略利益、战略理念广泛一致的中国的战略关系。这种情况对于增强我在中俄美三角关系中的主动地位、减轻我承受的霸权压力，可能产生积极的影响。

有利于我周边安全环境的稳定。为确保顺利崛起，俄必须努力营造一个和平稳定的周边环境。中国是俄罗斯最大的邻国，对俄安全环境与发展环境影响重大。在西部、南部战略方向安全环境日趋严峻的情况下，俄必须确保东部安全环境的稳定，以避免两面受敌，并以东部作为其战略纵深和战略后方。俄的这种战略需求决定了俄必须深化对华睦邻友好关系。俄对中亚国家具有较强的影响和带动作用，俄中边境地区的稳定也有利于促进我与中亚国家边境地区的稳定。北部和西部安全环境稳定，不仅对我整个周边外交具有直接而重大的意义，而且可为我集中力量经营东部和东南部战略方向、应对来自海上的安全威胁、实施走向大洋的战略提供地缘战略支撑。

有利于中俄各领域合作的深化。一方面，在美等西方国家极力遏制俄的发展、强力挤压俄的战略空间的情况下，俄可能更加需要借助中国，对华关系在俄战略全局中的地位可能进一步上升。中俄战略处境、战略任务、战略诉求相近，两国关系已经打下比较坚实的基础，在新的国际形势下，中俄各领域的合作有望进一步深化。另一方面，只有俄适当强大，才能成为我有价值的合作伙伴。只有俄适当强大，其对我国快速发展的戒心才有可能减少。只有俄罗斯经济快速发展，两国务实合作的空间才有可能进一步扩展。俄要快速发展，必须振兴东部地区，为此需要借助中国快速发展的机遇，搭乘亚太特别是中国经济的快车，从而可能为中俄加深各领域的合作创造新的条件。

因此，我不必过于担心俄的崛起对我构成安全威胁，起码在其发展成为真正的世界强国之前，极小可能对我构成实质性威胁。

与此同时必须看到，俄罗斯的崛起很可能会给我带来这样那样的问题和挑战。对此，我们不能不保持清醒的头脑。

俄大国主义可能进一步抬头，我与俄打交道的难度可能增大。俄罗斯民族一向傲视其他国家和民族。一旦俄强大起来，其大国主义可能会有新的发展，更加难以平等待人。在双边关系中、国际和地区事务中，俄可能更加“以己为主”，甚至可能表现出某种霸气，不排除俄在对华关系上出现错误决策、错误做法的可能性。俄罗斯的极端民族主义、排外思潮也可能随着俄的发展强大而更加泛滥，移民问题很可能成为中俄间的重要摩擦点。如果我不能以更高的智慧、更灵活的姿态运筹对俄关系，两国间的战略协作可能受到影响。

俄在中亚地区主导权问题上，可能对我采取某种排斥态度。这些年，我进入中亚比较顺利、地区影响力不断增强、上海合作组织得以建立与发展，既与我国实力迅速增强、国际战略运筹务实灵活、地区国家普遍欢迎有关，也与俄罗斯实力不济、存在借助中国拉住中亚国家和抵御美等扩张的战略需要，因而对我进入中亚采取相对包容的政策有关。俄实力强大后，对我在其传统势力范围内特别是在中亚地区扩大影响可能采取某种排斥态度，在上合组织建设问题上可能采取更为消极的姿态，在中亚能源开发与外运问题上可能给我设置更多的障碍。如果我不能妥善应对，中俄间很可能发生更多的不愉快。在此问题上我应“求实利而淡虚名”，不必过于看重地区主导权，更不要将其挂在嘴边。在将美国军事力量驱离中亚问题上我亦应把握分寸，因为美国在中亚的有限军事存在，有利于调动俄借助中国、加强上合组织建设的积极性。

两国交往增多可能带来更多的利益摩擦。交往愈多，发生利益摩擦的几率愈高。俄罗斯人一向奉行本国利益最大化原则，缺少互利共赢意识，同时也缺少自我反省意识，一旦遇到意见分歧，总是习惯于从对方找原因。不论“灰色清关”问题还是“贸易结构失衡”问题，俄都很少从自身查找原因，总是一味地抱怨中国，甚至对在俄经商的华人采取不文明、不友好的做法。可以想见，一旦俄强大起来，在两国发生具体利益争端时，俄方很可能更加苛求于我。

三、我对俄罗斯的崛起总体应持欢迎姿态

俄罗斯的崛起总体看对我有利有弊、利大于弊，利多为战略层面上的，弊多为战术层面上的。因此，**我对俄罗斯的崛起既应持欢迎姿态，同时又必须努力促使俄走和平发展之路**。

首先，作为战略协作伙伴，我不能妨碍俄的崛起。和平发展、富裕强大，是所有民族国家的权力。俄罗斯是中国的战略协作伙伴，我更不能做干扰俄崛起的事情。在崛起问题上中俄必须相互支持，否则两国战略协作伙伴关系将难以为继。而且，与俄共同崛起，符合我“睦邻、安邻、富邻”的理念，也有利于减少我和平发展的阻力。因此，对俄的崛起，即使从道义和策略考虑，也只能表示欢迎。

其二，我对自身的快速发展和战略运筹能力应有充分的信心。中国也在快速发展，强大后的俄罗斯要威胁一个国力日益强盛的大国绝非易事。只要我国发展得“又快又好”，俄罗斯就不能不看重中国、借重中国，就不能不珍视两国战略协作伙伴关系，就极小可能产生威胁我国安全的冲动。中国人不乏战略智慧，有条件也有能力运筹好对俄关系，对此应有充分的信心。这里的关键是处理好大三角关系，不要对美抱过多的幻想，更不要在俄国际处境困难时冷落俄。只要我战略运筹得当，完全有希望化解俄罗斯崛起的多数消极影响，充分利用俄罗斯崛起的积极影响，服务于我国的和平发展。

其三，要努力促使俄走和平发展道路。俄罗斯走何种发展道路，首先取决于其自身的战略选择。但是，国际社会的推动、制约，对俄的道路选择同样具有重要影响。中国作为在俄崛起道路选择问题上的“利益攸关者”，必须施加积极的影响。俄容不得别人对其指手画脚，但是以适当方式对俄施加影响还是可能的。要引导俄强化“共同安全”、“共同发展”的理念，促俄抛弃“邻国强大就是威胁”的传统安全思维。要鼓励俄更加坚定地融入经济全球化的大潮，在互利合作中实现自己的利益。要抑制俄霸权心态的膨胀，引导俄学会平等待人。要推动俄的对外政策向着更加和平、更少冲突的方向发展。

其四，要从战略高度不断深化对俄关系。充分认识俄罗斯在我战略全局中的重大价值，毫不动摇地推进两国关系的深化。改变“对俄关系服从对美关系”的模式化做法。努力解决政治上互信不足问题，相互确信对方的和平发展意图。扩大两国间的战略沟通和人文交流，增进相互了解和理解，消除“中国威胁论”在俄的恶劣影响。警惕别有用心者的挑拨离间，努力避免在对方与第三方发展关系意图上产生误解。积极扩大俄对我的“看重”和“借重”，抑制俄对我的“怀疑”和“防范”。努力在俄内部培育对华友好的利益集团，增大俄对我的经济依存度。谨慎对待涉及对方民族感情的问题，妥善处理“移民问题”。战略协作与务实合作并举，不断以新的内容充实两国的战略协作，不断拓宽两国互利合作的领域。

总之，应努力利用俄罗斯崛起这一重要国际因素，服务于我国的和平发展。我所应争取的前景是，两国紧密协作、相互支撑、共同发展、携手崛起，同时为世界的和平与发展做出应有的大国贡献。

中国应欢迎俄罗斯和平崛起*

"中国周边安全研讨会"不能不谈俄罗斯，因为俄是我最大邻国，是陆上周边对我安全环境影响最直接、最重大的国家。前苏联曾是我最亲密的盟友，曾予我巨大援助；也曾是我主要战略威胁，两国一度剑拔弩张。今天的俄罗斯是我最重要的战略伙伴，在我国际战略全局中具有无可替代的重大价值。同时，俄罗斯又是一个有着几百年侵略扩张历史、侵占我国土最多的国家。**今天的俄罗斯以何种方式崛起，是否可能重新对我国家安全构成新的威胁，是个必须回答的重大战略问题。我的基本看法是：俄罗斯重新崛起较小可能对我构成实质性安全威胁，但是可能给我们带来某些新的挑战。**

一、俄罗斯的崛起较小可能对我构成安全威胁

首先，俄罗斯崛起的方式总体可望是和平的。

俄罗斯以和平方式还是以非和平方式重新崛起，是直接关系到是否可能对我构成安全威胁的大问题。

——从国际大环境看，今后几十年美国仍将是世界最强大的国家，容不得俄罗斯对外扩张。其他大国包括新兴大国，也将对俄罗斯的扩张冲动构成有力的制衡。对此，俄罗斯不能不有所顾忌。

——从时代大趋势看，在全球化时代，增强综合国力、强化国际地位、维护国家利益的根本途径，是融入世界和区域经济一体化进程、快速提升科技研发水平，而不是侵略扩张、控制他国。如果俄罗斯逆历史潮流而动，其崛起进程

* 本文系作者 2007 年 11 月在国内研讨会上的发言。

必将严重受挫。对此，俄罗斯人已有比较清醒的认识。

——从国内环境看，历经巨大社会变革，今天的俄罗斯已无条件重走前苏联以牺牲经济发展和国民福利为代价集中大量资源于军事建设、主要依靠军事力量强大而增强国际地位的老路。

——从战略需求看，今后几十年，俄罗斯的根本性国家任务是集中力量发展综合国力，迫切需要营造一个良好的周边和国际环境。这就决定了俄罗斯在整个崛起过程中，必须努力维护世界和地区的和平与稳定。

因此，俄罗斯崛起的方式总体可望是和平的，较小可能引发战争，有俄唱主角的新"冷战"亦不大可能发生。也就是说，俄罗斯的重新崛起较小可能破坏我国和平发展的周边环境和国际环境。

其次，中俄间不存在发生战略对抗的动因。

这既与俄罗斯崛起方式总体和平有关，也与中俄战略处境、战略任务、战略诉求相近相联。

中俄战略利益的广泛一致性远远超过中俄与所有其他大国。在国际战略格局未发生根本性改变之前，这种一致性有望长时间保持。因此，两国没有任何理由走向战略对抗，起码在美国霸权消失之前，中俄不可能走向对抗。没有战略对抗，也就不可能构成安全威胁。

两国关系已经打下比较坚实的基础。两国之间有着顺畅的沟通渠道，因战略误判而关系恶化、相互威胁的几率极低。60～80年代与中国进行战略对抗，是苏联陷入发展停滞、最终解体的重要原因之一。俄人士讲，俄中再次发生对抗，两国都承受不起。两国关系沿着深化战略协作的方向发展，自然不会构成彼此的安全威胁。

其三，俄罗斯适当强大有利于我安全环境的改善。

俄适当强大，有利于缓解国际战略力量的失衡，有利于制约美国的霸权主义和单边主义，有利于世界多极化进程的推进，有利于国际政治经济秩序的改造，有利于世界的和平与发展。因此，俄的崛起对国际战略格局的影响总体将是积极的，对于减轻我承受的霸权压力、改善我和平发展的国际环境，有着重要的正面作用。

俄罗斯在整个崛起过程中都存在借助我国的战略需求。为确保顺利崛起，俄必须努力营造一个和平稳定的国际环境和周边环境，深化对最大邻国的睦邻友好合作关系是其重大战略需要。

另外，由于俄罗斯与美欧存在战略空间争夺，意识形态、价值观差距拉大，俄罗斯崛起的矛头可能主要指向西方国家。特别是在美等西方国家极力遏制俄的发展、强力挤压俄的战略空间、俄西部安全环境持续恶化的情况下，俄必须以东部方向作为战略纵深、战略后方。在此情况下，对华关系在俄战略全局中的地位有望进一步上升。

因此，俄的崛起对我安全环境总体上是种积极因素。

二、俄罗斯的崛起可能会给我带来某些挑战

我在大国关系运筹上可能面临难题。特别是对美关系的运筹可能面临新的困难。作为战略协作伙伴，我不能不考虑俄罗斯在我对美关系问题上的感受，继续那种“一切服从对美关系”的做法，很可能导致中俄关系的下滑。

我与俄打交道的难度可能增大。俄罗斯民族一向大国主义强烈，傲视其他国家和民族。一旦发展强大起来，其大国主义可能会有新的发展，更加难以平等待人。在双边关系中、国际和地区事务中，可能更加“以己为中心”，甚至表现出某种霸气。

俄在中亚和上合问题上可能对我更加排斥。近年来我进入中亚比较顺利，地区影响力不断扩大，上海合作组织得以建立与发展，既与我国实力迅速增强、国际战略运筹务实灵活、地区国家普遍欢迎有关，也与俄罗斯在实力不济的情况下，存在借助中国拉住中亚国家、抵御美等扩张的战略需要，因而对我进入中亚采取相对包容的政策有关。俄实力强大后，对我在中亚地区扩大影响可能更加排斥，在上合组织建设问题上可能更难合作，在中亚能源开发与外输问题上可能给我设置更多的障碍。

两国各领域交往增多可能带来更多的利益摩擦。交往愈多，发生利益摩擦的几率愈高。俄罗斯人缺少互利共赢意识和自我反省意识，遇到意见分歧总是习惯从对方找原因。一旦俄实力强大起来，在两国发生具体利益争端时，俄方很可能更加苛求于我方，更加难以对我做出妥协。

俄罗斯某些极端民族主义势力可能指向我国。由于俄罗斯存在“中国领土要求论”、“中国移民扩张论”、“中国环境威胁论”等俄版“中国威胁论”，一旦处置不当，不排除俄极端民族主义势力把矛头指向我国，从而引发摩擦甚至局

部冲突。

因此，我在看到俄罗斯崛起对我安全环境总体有利的同时，必须对俄崛起可能给我带来的问题和挑战保持警惕，采取必要防范措施。

三、我对俄罗斯的崛起应表示欢迎、充分利用

首先，对俄罗斯的崛起应持欢迎姿态。这是因为：和平发展、富裕强大是所有民族国家的权利；俄罗斯的发展有利于我国经济的快速发展；我对自身发展前景和战略运筹能力应有充分信心。

其次，要积极引导俄走和平发展之路。要引导俄强化“共同安全”、“共同发展”的理念，抛弃“邻国强大就是威胁”的传统安全思维。要促使俄明白真正的威胁来自何方，推动俄的对外政策向着于我更加有利的方向发展。要抑制俄霸权心态的膨胀，促使其明白谋求势力范围、控制他国是不明智的选择。要引导俄平等待人，推动俄的对外政策向着更少冲突的方向发展。要鼓励俄更加坚定地融入经济全球化的大潮，帮助俄平稳融入世界经济体系。

其三，要紧紧抓住、充分利用俄崛起所带来的机遇。要战略协作与务实合作并举，不断以新的内容充实两国的战略关系，不断拓展两国在各领域的互利合作。要及时抓住俄罗斯崛起过程中一切可能的机遇，服务于我国的和平发展。例如，紧紧抓住俄急欲调整严重畸形的产业结构的机遇，充分利用我制造业的比较优势，在助俄优化投资环境的同时推动我有实力的企业进军俄罗斯；紧紧抓住俄急欲实现能源出口多元化的机遇，扩大对俄能源合作，努力变俄东部地区为我稳定可靠的能源供应基地；紧紧抓住俄急欲扩大军品出口的机遇，从强化战略协作的高度推动两国军技合作进一步深化。

其四，要下大力化解中俄关系中存在的问题。要利用俄罗斯崛起的机遇，必须努力化解两国关系中存在的问题。一要相互确信对方和平发展意图，为此要落实胡主席提出的对俄“五个伙伴关系”的指导方针，更加深入细致地对俄解释我“和平发展”、“和谐世界”理念及“与邻为善、以邻为伴”的周边外交方针，以及中俄“世代友好、永不为敌”的思想，并且利用两国发展模式的趋同性，增大亲近感。二要努力解决外交上的非协调性问题，特别是在对美关系上，要改变对俄关系服从对美关系的模式化做法，从战略高度强化对俄关系，使俄真正放心，消除俄有关“中国与美做有损俄利益交易”的担忧，同时警惕别有用心

者挑拨离间。三要努力消除俄对我在其传统势力范围的影响扩大的疑虑，特别是在中亚，我所追求的目标应是“求睦邻、促稳定、谋发展、树形象”，而不是与俄争夺地区事务的主导权。其他还有贸易结构失衡问题、俄对我经济依存度较低问题等，都必须下大力解决。

总之，我应正确看待俄罗斯的重新崛起，既不必担心俄罗斯对我构成安全威胁，又必须妥善应对俄罗斯崛起可能带来的挑战。同时要充分利用俄罗斯崛起的一切有利因素，服务于我国的和平发展，包括我国防实力的增强。我所应争取的前景应是，两国紧密协作、相互支撑，共同安全，共同发展。

中国和平发展中的俄罗斯因素*

今后十几年是中国和平发展的机遇期、关键期。中国和平发展需要一个良好的国际和周边环境，为此必须充分调动国际关系中的各种积极因素。俄罗斯作为一个复兴中的大国、大邻国、战略协作伙伴国，对中国和平发展的外部环境具有举足轻重的影响。**研究中国和平发展中的俄罗斯因素，制定正确的对俄战略，充分调动俄罗斯因素的积极方面而抑制其消极方面，是中国整个和平发展过程中始终应予高度关注的战略性课题**。

一

总体看，在今后十几、几十年中国和平发展过程中，俄罗斯有望发挥重大积极作用。

首先，俄罗斯是中国的最大邻国，对中国和平发展的周边环境影响重大。大国比邻而居的地缘政治现实决定了俄罗斯过去、现在、将来都是影响中国周边环境的最重大因素。回顾历史，在与中国直接相邻的国家中，惟有俄罗斯，要么成为我战略盟友，要么成为我战略强敌。北部战略方向对我整个周边具有全局性影响，只有北部稳定，中国方能集中力量应对来自其他方向尤其是海洋方向的挑战。另外，俄罗斯对我西北战略方向的中亚国家具有重大影响力和带动作用，用活俄罗斯因素，对中国经营上海合作组织、变西北周边为我安全屏障和西部开发依托，同样具有重大意义。随着两国战略协作伙伴关系的不断深化，俄罗斯在中国周边外交中的正面作用有望进一步突显。

* 本文发表于中国国际战略学会《国际战略研究》2008 年第 1 期。

其次，俄罗斯是具有国际影响力的政治与与军事大国，对中国和平发展的国际环境影响重大。俄罗斯是联合国安理会常任理事、G8成员、独联体“领头羊”。俄罗斯国力虽然已无法与苏联相提并论，但是在国际事务中仍占据举足轻重的地位。俄罗斯已经走上稳定发展的道路，再次发生政治动荡、经济衰退的可能性不大，更极小可能如西方地缘战略家所愿分裂成为若干个中小国家。只要不陷入动乱、不发生分裂，俄罗斯就具有不容置疑的重大国际影响力。俄罗斯很难再重温“超级大国”之梦，但是巨大的发展潜力决定了俄罗斯仍有望重新跻身于“全球大国”的行列，成为未来多极化世界中的重要一极，在未来国际格局中扮演重要角色。与俄为伴、联手行动，对推进世界多极化进程、抵制霸权主义和单边主义、营造和平稳定的国际环境、形成中国和平发展所需的国际秩序、抵御美日对中国发展的遏制，具有极其重要的作用。一定意义上讲，俄罗斯是中国和平发展过程中运筹大国关系不可或缺的重要因素。

其三，俄罗斯是资源和市场大国，对中国和平发展的外部经济环境影响重大。俄罗斯拥有极为丰富的能源和多种原材料蕴藏，是世界少有的资源大国。俄罗斯产业结构畸形、制造业相对滞后，“资源兴国”将是今后相当长时间里其发展战略的重要组成部分，而中国恰是一不可多得、稳定可靠的资源大买家，两国经济的互补性显而易见。尽管俄罗斯不甘居于“原材料输出国”地位，但是为实现复兴积累资金、搭乘中国经济快车、融入亚太经济的战略需求，将促使俄在努力开发中国制成品市场的同时加强与中国的资源合作。从中国经济发展的需要看，俄多种原材料对弥补中国快速发展中的资源短缺很有价值。特别是引进其丰富的能源，对于中国实现能源进口的多元化、提高能源输送的安全性、减少能源问题对中国经济发展和军事安全的制约，更是具有重大战略价值。俄罗斯还是一个有待开发的大市场，且对独联体市场具有巨大辐射作用，在西方市场日益饱和、贸易摩擦不断的情况下，俄罗斯市场不失为一大进取方向。俄罗斯丰富的资源和庞大的市场，对中国西部大开发战略和振兴东北老工业基地战略的实施，亦可起到外部依托的重要作用。

其四，俄罗斯是军事科技大国，对中国和平发展、增强国防实力价值巨大。中国要和平发展，仅有经济的高速增长远远不够。缺少相对强大的国防实力，难以将经济实力转化为战略优势，难以营造和平稳定的发展环境，难以有效维护国家利益，更难以确立大国地位。俄罗斯军事科技在许多领域的水平与美国不相上下，更可贵的是俄有顶住美国压力与中国发展军技合作的意愿。在我国防科技水平短时间难有大幅提升的情况下，利用对外军技合作发展国防实力，是难以回避的明智选择。鉴于武器装备体系存在兼容性问题，即使将来欧盟解除对华武器禁运，俄罗斯仍将是中国引进先进军事装备的主渠道。随着政治互信的增强，两国军技合作有望在联合研制、联合生产方面取得重要进展，俄罗斯军事科技对我国防实力的增强可望发挥更大作用。另外，中国是濒海大国，必须陆海兼顾，中俄在军事安全领域加强合作还可互为依托、互为后方，对中国改善军事安全态势，特别是应对海洋方向的安全挑战意义重大。

上述多个角度的分析表明，在中国整个发展过程中，俄罗斯存在发挥积极作用的巨大潜力。

二

俄罗斯因素对中国既有重大战略价值，又存在为中国所用的广泛基础。

首先，中俄两国战略利益的广泛一致性，为中国调动俄罗斯因素提供了重要前提。俄罗斯与中国都面临美国霸权主义的巨大压力，都遭遇到美国的战略挤压与遏制，都致力于世界的多极化、希望成为未来多极化世界中的重要一极，都以快速发展综合国力作为今后十几、几十年的根本任务，为此都迫切需要一个和平稳定的国际与周边环境以及一个公正、合理、民主的国际秩序。两国战略处境、战略利益、战略需求如此广泛一致，在任何双边关系特别是大国关系中都十分难寻，从而为中国从战略层面上运筹俄罗斯因素提供了重要前提。

其次，中俄战略协作关系的确立与深化，为中国调动俄罗斯因素奠定了重要基础。中俄关系是我与各大国关系中最稳定、最成熟、最具活力的双边关系。中俄战略协作伙伴关系不同于两国与其他任何国家建立的战略伙伴关系，增加“协作(互动)”一词有其深远考虑。尽管目前两国关系的水平远未达到在各个方面“互动”的要求，但是为今后两国关系的发展指明了方向。两国间边界问题的彻底解决、《睦邻友好合作条约》的签订、多种合作机制的建立、政治互信的加深、经济合作的发展，为两国战略协作的不断深化开辟了广阔的前景，为在中国和平发展中运筹俄罗斯因素创造了重要条件。

再次，俄罗斯外交战略重心东移，为中国调动俄罗斯因素展现出新的前

景。如果说俄罗斯自90年代中期实行至今的"东西方相对平衡多极化外交战略"的重心一直位于西方,那么最近一两年这一重心发生明显东移。大力拓展与中国、印度、东盟的合作关系是其突出表现。虽然尚不能说东方外交已经成为俄罗斯外交的最优先方向,但是其分量无疑较前增大。其主要动因,一是美等西方出于冷战思维和地缘政治传统,不愿看到俄罗斯重新强大,更不能容忍俄罗斯走有自身特色的民主政治和市场经济道路。而俄罗斯大国主义的传统思维、横跨欧亚的地缘政治现实及东西方交融的民族文化,使其无法真正融入西方,难以与美国结成真正意义上的"战略伙伴"、"战略盟友"。这种结构性矛盾以及对美国平等待俄、助俄发展幻想的破灭,使得俄罗斯"双头鹰"越来越多地关注东方。二是俄罗斯西部、南部战略方向受到以美国为首的西方势力的恶性挤压,需要以稳定的东方作为其战略依托,以改善日趋严峻的安全环境。三是俄西伯利亚和远东地区成为国家振兴的希望,俄国家发展的重心有所东移。而东亚经济蓬勃发展,有望成为21世纪世界经济中心,俄欲搭乘东亚经济的顺风车,大力振兴东部经济,进而带动整个经济的腾飞。在与东方关系中,与蓬勃发展的中国加强合作是"重中之重"。这主要与中国综合实力和国际影响迅速增大、坚持不懈地奉行对俄友好合作方针直接相关。俄罗斯要扩大战略回旋空间、平衡西方压力,要为快速发展创造良好周边与国际环境,也不能不借重快速发展、友好待俄的最大邻邦。正是在这种背景下,近一两年俄罗斯发展对华关系的热情明显增高、实质性合作明显增多,在考虑中国的利益与关切方面姿态明显趋于积极。从趋势看,今后相当长时间内,促使俄罗斯重视对华关系的基本因素极小可能发生重大变化,俄罗斯大力开拓对华合作的努力也极小可能发生逆转。中俄战略合作有望长时间保持不断深化的势头,俄罗斯因素在中国战略全局中有望长时间发挥积极作用。

可以预料,今后二三十年,只要国际战略格局不发生根本性变化,只要双方不出现重大战略判断和战略决策失误,建立在广泛共同战略利益基础之上的中俄战略协作伙伴关系就有望持续发展。俄罗斯完全可能成为中国整个和平崛起过程中最重要而积极的外部因素。

三

尽管俄罗斯因素总体上看是种积极因素,但是能否充分加以调动,同时抑

制其消极方面，很大程度上还取决于中国对俄关系的正确运筹。为此，需进行大量艰苦细致的工作。

努力增强政治互信。两国政治互信近年不断加深，但是相互猜疑仍然甚多。这里既有俄罗斯战略文化方面的原因，也有外部势力干扰及中国工作尚不到位方面的原因。俄罗斯的地缘战略理论一向视强邻为威胁，要改变这种数百年形成的民族心理相当困难。加之外部势力极力挑拨，俄罗斯国内亲西方势力与极端民族主义势力至今仍在散布诸如"力量对比失衡"、"移民威胁"、"领土要求"、"经济扩张"之类的"中国威胁论"，对两国的政治互信造成严重负面影响。两国在外交运筹上的非协调性情况仍时常发生，特别是在对美关系问题上两国都力避美国锋芒、都存在"对美关系优先"的主张，也直接影响到两国政治互信的加深。另外，俄罗斯外交的动摇性、两面性和利己性对两国增强政治互信亦造成困难。政治互信不足，成为调动俄罗斯因素服务于我和平发展的最主要障碍。为此必须开展坦诚深入的高层战略对话，加强相互沟通、相互了解，增进对对方战略价值的认识和战略思维的理解。要使俄罗斯相信，我以俄为主要战略伙伴、发展对俄友好合作的方针是种长期性战略方针。要使俄罗斯明白，只有以诚相待、相互支撑，两国战略协作才能长时间持续，才能有效维护两国战略利益、增强各自战略地位。要努力营造有利于关系深化的舆论环境，打好两国关系的民意基础，包括大力开展民间交往、学术交流、媒体合作，积极主动地开展对俄政治精英的工作，特别注意做好俄远东地区的民心争取工作。要稳妥处理某些具体问题上可能发生的分歧、日常交往中可能出现的摩擦，不使其影响两国关系的氛围。特别要防止误读、误判对方企图，防止因外部挑拨、诱压而相互疏远。

切实做到平等互利共赢。中国的外交理念是"平等互利共赢"，在对俄关系上贯彻这一理念尤其重要。贯彻"平等互利共赢"理念，是中国与俄罗斯交往中时刻应予高度重视的原则性问题。俄罗斯民众大国主义心态强烈，不能容忍别国小视。例如，俄罗斯虽然实力不济、国际影响锐减，但是仍自诩为"全球大国"，不愿别国视其为"二流国家"、"地区大国"。俄罗斯制造业虽然落后，但是不愿别国说其产品技术水平低，更反感将其视为"原材料输出国"。中国在与俄交往中切不可傲视俄罗斯、忽视俄罗斯人的感受，必须真诚地将俄罗斯作为平等伙伴、尊重俄罗斯的大国地位。俄罗斯人"共赢"意识淡薄，应通过建立必要机制确保互利共赢。要调动俄罗斯因素，只能以利益做交换、有取有予，不要指望俄罗斯“为朋友两肋插刀”。

正确处理中俄美大三角关系。国际关系史上极少有后起大国不遭遇现有大国遏制的先例。美国霸权心态极强，难容中国顺利发展，更何况中美意识形态严重对立，指望美国放过中国不予遏制只能是一厢情愿。美国内在对华政策上的确有不同意见的争论，但是不论是强硬派还是温和派，都不愿看到社会主义中国的强大，不同之处仅在于是以“硬遏制”为主还是以“软遏制”为主，是以中国作为战略对手还是将中国纳入其战略轨道。对于“在中国整个发展过程中美国将始终是主要战略威胁”的判断，不应再有任何怀疑。中国虽应尽最大努力稳定对美关系，但是切不可为了迁就主要战略对手而冷待主要战略伙伴。一旦对俄对美关系处置不当，导致中俄战略协作伙伴关系倒退，美国对中国的遏制将会更加肆无忌惮，中国国际处境将会进一步恶化。应根据事情的轻重缓急、全局影响，动态地考虑应将何者置于优先位置，切不可使一对关系服从另一对关系成为固定模式。

推动两国关系向“准盟友”发展。考虑到国际环境的复杂多变，特别是出现非常事态的可能性，基于中俄关系存在广泛战略基础，从今后几十年中国和平发展的战略需求出发，应为中俄关系确定更高的努力目标——“准盟友”关系。所谓“准盟友”关系，就是不搞形式上的结盟，不组建军事同盟，但是进行广泛战略协作，在重大问题上特别在军事安全问题上协调一致、互为依托。与俄发展“准盟友”关系，与中国一向奉行的“不结盟”政策不存在冲突，对世界震动较小，既有利于调动俄罗斯因素，又可为将来一旦需要时结盟奠定基础。由于“战略协作伙伴关系”尚存较大发展空间，今后一段时间内，中国工作重点仍应是充实其内容、发掘其潜力，在各个领域真正实现“协作（互动）”的要求。但是在中国的战略思维中，现在就应确立发展“准盟友”关系的目标，并且有步骤地予以推动，待“战略协作伙伴关系”达到更高水平，适时地将两国关系推向“准盟友”的高度。

综上所述，中俄关系是大国关系中于我最具价值的一对双边关系。为充分调动俄罗斯因素服务于中国和平发展的大业，中国须尽最大努力确保中俄战略合作只进不退，持续发展、日益加深。

俄罗斯立国17年治国模式变化对中俄关系的影响*

1991年苏联解体、新俄罗斯立国，迄今已走过将近17个年头。在这些年里，俄罗斯经历了叶利钦时代的混乱与衰落，普京第一任期“从乱到治”的过渡和第二任期的快速复兴。出现如此强烈的反差，重要原因之一即是治国模式选择不同。考察俄罗斯治国模式的变化，不仅可为理解新俄罗斯的历史、预测俄罗斯的政策走向提供重要视角，而且对于观察中俄关系的发展走向具有现实意义。

一、“西式民主”不符合俄罗斯国情，“主权民主”有利于俄罗斯的政治稳定

叶利钦照搬西式“民主”，进行脱离国情的政治改革，导致社会动荡、信念丧失，民族失去凝聚力、国家失去前进方向，民族分裂主义和地方分离主义猖獗。其中最重要的驱动因素是，执政的亲西方民主派强烈的“西化”情结及其对苏联制度的极端否定。

普京出任总统之前就已看到问题的严重性，其在《千年之交的俄罗斯》一文中即已提出重建“俄罗斯思想”的重大课题。经过“可控民主”的探索，普京创立了“主权民主”政治模式，引领国家恢复了政治稳定，振奋了民族精神，唤起了崛起的热情。

“主权民主”的核心理念是，根据国情自主选择民主发展模式。普京在此

* 本文发表于中国中俄关系史研究会2008年研讨会论文集(2008年5月)。

领域相继采取的主要举措是：加强垂直权力体系，强化中央对地方的控制，确保政令畅通、法律统一；加强对媒体的管理，掌控主要舆论工具，同时保障公民的言论自由；加强对非政府组织的管理，遏制外部势力的渗透与干预，防范其在俄策动"颜色革命"；反击西方国家对俄罗斯"民主人权倒退"的指责，揭露其在此问题上的"双重标准"和道德虚伪性，着力构建具有本国特色的民主观和人权观；宣传"强国"意识，增强民族凝聚力和自豪感。

"主权民主"政治模式的实质是：既考虑民主的"普世价值"，又强调民主的自主选择；既借鉴西方的"三权分立"，又强化以总统制为核心的中央集权；既实行"多党政治"，又推动事实上的"政权党执政"。

"主权民主"不仅符合俄罗斯的传统文化，而且适应转轨时期俄罗斯社会发展的需要。尽管这一模式遭到西方国家的抨击，俄罗斯国内也存在批评声音，但是其可行性已为俄罗斯的社会实践所证明，确实为俄罗斯带来了政治稳定，并且得到了精英层和民众的普遍认同。有充分理由认为，"主权民主"政治模式比较符合俄罗斯的国情，因而具有较强的延续性。尽管新任总统梅德韦杰夫据称具有某些"自由主义色彩"，但是事实上新老总统在政治理念上并不存在原则性分歧，更何况新的高层权力结构仍将是以普京团队为基础、由普京亲自掌舵的权力体系，因而在"梅普组合"权力架构下现行政治模式极小可能发生实质性改变。

二、美式"自由市场经济"导致俄罗斯经济衰退，俄式"可控市场经济"更适合转轨时期的需要

叶利钦按照美国顾问的设计，启用无任何经济管理经验的亲西方民主派，以激进的"休克疗法"方式进行"自由市场经济"改革。叶利钦的激进改革导致严重后果：经济秩序陷入混乱，经济形势急剧恶化，到 90 年代末 GDP 下降至立国初期的 50%，内外债总额超过 GDP 的 1/2；社会严重两极分化、动荡失稳，产业结构更加畸形，生产力遭受严重破坏；"寡头经济"泛起，寡头干政猖獗，政治权力与资本权力融为一体、腐败盛行，政权成为寡头牟利的工具和玩偶。可以说，90 年代末期的俄罗斯经济已经濒临崩溃的边缘。用普京的话讲，"近二三百年俄罗斯首次面临沦为世界二流或者三流国家的危险"。

叶利钦"自由市场经济"改革遭到失败具有历史的必然性：俄罗斯历来商

品经济不发达，又经历了70余年僵化的“计划经济”，缺少“自由市场经济”的土壤；俄罗斯国土辽阔，各地区经济发展很不平衡，离不开强有力的国家调控；俄产业结构严重畸形，制造业和农业离不开国家的政策扶持。而叶利钦却要在一夕之间全面实行私有制、全面放开商品价格、全面放开进出口，急剧弱化国家调控，必然导致经济的全面衰退、社会的剧烈动荡。

普京总统一上台即着手调整经济发展模式，重点是稳定经济、加强社会保障，同时把打击“干政寡头”作为重大战略任务，后来逐渐发展到加强对战略资源和命脉产业的国家控制。到其第二任期，基本形成了以“加强国家调控和社会保障”为中心的“可控市场经济”发展模式。

“可控市场经济”发展模式的实质是：国家调控与市场竞争相结合；社会公平与经济效益相结合；推行私有化、实行对外开放与加强国家对战略资源和命脉产业的掌控相结合；积极推动产业结构的调整和创新经济的发展。

尽管俄罗斯高层仍有不少“自由市场经济”的鼓吹者，某些高官仍在宣称俄罗斯实行的是种“自由市场经济”，但是就政府主要举措来看，普京时代的俄罗斯经济发展模式与美式“自由市场经济”相去甚远，“可控市场经济”或曰“社会市场经济”的表述更能反映普京经济发展模式的特点。

“可控市场经济”发展模式的推行取得很大成功：俄罗斯摆脱了经济衰退，迎来了全面复苏和振兴，实现了连续8年GDP以6%以上的增幅快速发展，2007年增长率更是高达8.1%。国家不仅恢复了元气，而且出现了重新崛起的前景。美国高盛公司将俄罗斯与中国、印度、巴西并列，誉为“金砖四国”。俄罗斯从上到下踌躇满志，急欲在短时间内成为世界经济强国。

应当指出，普京的经济成功是多种有利因素共同促成的，例如政局稳定、国际市场能源价格高企等等。但是，经济发展模式选择正确无疑起到了关键性作用。

三、“一边倒”的亲西方外交战略有损俄罗斯的国家利益，“独立自主东西方相对平衡的多极化外交战略”有利于强化俄罗斯的大国地位

叶利钦在其执政初期实行的是“一边倒”的亲西方外交战略。其特点是：积极主动地向西方靠拢，企图快速融入西方世界；认同美国的领导地位，甘当

美国的“小兄弟”、“二流伙伴”，外交上失去独立性；疏远独联体国家（实行“甩包袱”政策）和发展中国家，与东方国家拉开距离。

叶利钦实行“一边倒”的亲西方外交战略有其深刻的历史背景：俄罗斯历来存在“走向西方”的强烈冲动，苏联解体使俄罗斯在国家定位问题上出现混乱，陷入“融入西方”的迷思，忘记俄罗斯是一个横跨欧亚的多民族大国；新俄罗斯希冀以对西方的顺从换取经济和技术援助，缓解经济危机，维护社会稳定；斯大林“社会主义”模式的失败使俄罗斯上下弥漫着对美国模式的崇拜和迷信，以为只要采用美国模式就可以在短时间内实现经济振兴；对以美国为首的西方国家充满幻想，对其“遏俄弱俄”战略缺少清醒的认识。

“一边倒”亲西方外交战略的实施带来惨重后果，导致俄罗斯国际地位急剧下降，战略空间遭受挤压，安全环境急剧恶化，国家分裂危险增大，民族自豪感荡然无存。

叶利钦骨子里是个大国主义者，对西方国家的图谋很快就有所觉察，1992年底即提出“双头鹰”外交构想，对“一边倒”外交进行局部调整，但是由于受亲西方势力的制约，在外交实践中缺少具体行动。在北约决定东扩、西方国家对俄罗斯援助“口惠而实不至”、挤压俄罗斯战略空间日甚一日的情况下，1996年叶利钦启用普里马科夫取代以亲西方著称的科济列夫担任外长，转而实行“独立自主东西方相对平衡的多极化外交战略”。但是由于国家实力不济、内部亲西方势力依然强大，新战略的实施成效不够显著，俄罗斯的国际地位仍在继续下降。事实上，叶利钦虽然改变了“一边倒”的做法，但是俄罗斯外交“亲西方”色彩依然浓重。在“东西方相对平衡”中，西方特别是美国仍是俄罗斯外交的“重中之重”，“走向西方”仍是俄罗斯外交的基本取向，东方国家更多地被作为平衡、制衡西方的因素看待，外交投入比较有限。

普京对叶利钦政治、经济路线的否定远多于继承，唯有对其外交战略的继承多于否定。普京外交也曾一度表现出“亲西方”倾向，“9·11”事件之后一两年的俄美关系被国际舆论称为“俄美蜜月期”。随着国家综合实力的增强、西方对俄挤压的加重，普京的大国主义外交战略近年有了新的发展。最主要的改变是：抛弃对西方的幻想，更加坚决地应对其战略遏制；更加强调独立自主、务实灵活，外交风格甚至显得强硬、张扬；日益重视“近邻外交”，欧亚经济共同体、集体安全条约组织及上合组织成为其重振大国地位的战略依托；外交重点有所东移，更加主动地参与亚太事务，更加注重借助中国、印度。特别是2006 年慕尼黑国际安全会议以来，俄罗斯与美等西方国家的关系急剧下滑，在反导、北约东扩、独联体势力范围、民主和人权等关系俄罗斯重大利益的问题上双方唇枪舌剑，在伊朗核危机、科索沃独立、能源安全等重大国际问题上双方争吵不休。这显然与俄罗斯经济发展、军事实力增强、政府有强大民意支持，而美国深陷伊拉克泥潭、对俄无可奈何，俄因而自感有了底气密切有关；也与俄罗斯长期遭受美等恶性挤压遏制，忍无可忍、退无可退，因而产生极大怨气和怒气、不得不奋起反击紧密相联；同时也有着俄罗斯高层国际战略思维更加清晰的重要背景。

这一外交战略比较符合俄罗斯的国家利益，有利于俄罗斯的快速崛起，但是同时可能带来某些摩擦甚至冲突。做出这种判断的主要依据是：俄罗斯的崛起势头强劲，综合国力日益强大，其实行“独立自主”外交的实力基础有望进一步增强，维护国家利益的意志有可能更趋坚定；俄罗斯拥有成为世界强国的巨大潜力和强大动力，而美国等西方国家绝不愿看到一个强大的俄罗斯重新立于世界之林，其“遏俄弱俄”战略必将进一步强化，双方的结构性矛盾难以化解；俄罗斯是世界大国，崛起中的俄罗斯必将按照自身战略需要重塑国际秩序，可能改变美国“一超独霸”的国际格局，引起俄美矛盾加剧；随着国力的增强，俄罗斯将以更大力度恢复独联体势力范围，其与美等在后苏联空间的地缘战略博弈可能会有新的发展；俄罗斯的崛起与欧盟、北约的“双东扩”迎头相撞，双方围绕中东欧战略缓冲带的争斗有可能进一步激化；由于战略利益和战略理念严重相悖，俄罗斯与西方大国围绕国际热点问题的争吵可能更趋激烈。在上述因素的共同作用下，争吵不睦很可能成为俄罗斯与美等西方国家关系的常态，遏制与反遏制、挤压与反挤压、干预与反干预、渗透与反渗透之间的争斗很可能长时间延续。尽管发生新冷战的可能性基本可以排除，但是俄美之间有可能形成互为主要战略对手的“冷和平”局面。在此情况下，俄罗斯必然更加重视借助东方，外交着力点有可能进一步东移，尽管其外交重心仍将位于欧洲。

国家战略利益和国际战略环境，决定了俄罗斯“独立自主东西方相对平衡的大国外交战略”具有较强的延续性。尽管随着大选落下帷幕、新的高层班子组成，俄罗斯对美等西方国家的斗争策略很可能会有新的调整，不再一味地强硬碰撞，某些问题上可能做出一定妥协，某些领域的合作也可能取得一定进展，但是，俄罗斯外交战略极小可能因为最高权力的更替而发生逆转。

总之，从对新俄罗斯治国模式变化及其成败的分析可以看出：国家对政治模式、经济模式、外交战略的选择必须适合基本国情，符合国家发展任务的要求，经得起实践的检验。否则就可能导致政局动荡、经济衰退、安全环境恶化、国际地位下降。在新俄罗斯的历史中，叶利钦治国模式的选择严重脱离俄罗斯的实际，而普京治国模式的选择则比较贴近俄罗斯的现实。这正是导致两个时代、两种局面的深层原因。当然，叶利钦的选择并非一无是处，普京的选择也不是无可挑剔。而且任何事物都有一个认识和实践过程，普京的正确一定意义上是建立在对叶利钦错误反思的基础之上的。要紧的是，必须清醒地认识、正确地把握治国模式选择的基本规律，与时俱进地进行修正和调整。

四、俄罗斯治国模式选择的变化，可望拓宽中俄关系的战略基础

之所以得出这一结论，主要是因为中俄两国治国模式出现越来越明显的趋同性。

在政治发展模式方面，俄罗斯的"主权民主"与中国的"社会主义民主"相通之处颇多：均强调民主的自主选择，抵制外部输入、强加，反对以民主、人权为由干涉他国内政；均强调民主的多样性，不承认西式民主优越论；均反对美等制造"文明冲突"，主张不同文明和谐共处；均强调民主需要逐步推进，拒绝导致混乱的激进政治改革。在美等西方国家坚持以意识形态划线，推动建立"价值观同盟"的情况下，俄罗斯的这种选择必然导致其与西方国家意识形态矛盾的加深，在"民主"、"人权"问题上的矛盾加剧。与此同时，俄罗斯与中国在政治模式选择问题上的共同语言可能增多、亲近感可能增大。

在经济发展模式方面，俄罗斯的"可控市场经济"与中国的"社会主义市场经济"也有不少相近之处：均强调改革的渐进性和可控性、国家调控和社会保障的重要性；均强调改革必须有利于经济的发展和社会的稳定，必须有利于维护国家的经济主权。这种相近性有利于减少两国在发展模式问题上的竞争，促使两国在经济社会发展领域相互借鉴，推动两国在维护发展模式自主选择权利问题上相互支持。中国与俄罗斯在经济发展方面的成功，还可能为其他转轨国家和发展中国家提供有别于西方国家的新的发展道路选择，因而可能

加深西方大国对中俄的疑虑甚至排斥，这必然促使中俄更加接近。

在外交战略方面，俄罗斯外交独立自主、走向东方趋势的增强，必将推动中俄战略协作伙伴关系进一步深化。中俄不仅有望在维护各自国家利益方面加强合作，而且有望在维护以联合国安理会为中心的国际安全机制、以不干涉主权国家内政为核心的国际安全准则，以及推动世界多极化进程及建立新的国际秩序方面进一步联手。中俄两个大国的同时崛起及相互接近，必将引起国际格局新的变动、国际关系新的调整、世界多极化进程的加快、维护世界和平与稳定力量的增强。

从以上分析可以看出，尽管中俄两国在政治发展模式、经济发展模式以及外交战略方面存在不少差异，但是两国治国模式出现某些趋同性已是不争的事实。美等西方国家把中俄归为同类意识形态国家，一定意义上说明中俄治国模式存在某些相近性。

一国治国模式的选择，是该国意识形态取向的集中反映，而意识形态是国家关系的重要基础。在冷战后的新世纪，摈弃意识形态分歧是国际关系发展的大趋势。正是基于对时代大趋势的共同认识，中国与俄罗斯都反对国际关系的意识形态化，主张不同社会制度、不同发展模式的国家相互尊重、共同发展。但是，美国及部分西方国家并不会因此而放弃对中俄两国的遏制和围堵。面对来自西方国家的意识形态打压，中俄在此领域的共同利益必将进一步增多，联手捍卫治国模式的客观需求必将进一步增大，从而可望拓宽两国战略协作的空间，推动两国战略协作伙伴关系进一步深化。

中俄治国模式改革比较及两国在此领域的战略协作*

中国与俄罗斯治国模式改革的起点和历程具有一定的相近性，都是从集权政治和计划经济中走出来的，都经历了史无前例的社会转型。虽然两国走过的改革道路有所不同，但是相互靠拢的趋势日益明显。这反映出转型国家治国模式改革的共同规律，即治国模式必须适合本国的基本国情。**中俄在治国模式改革领域开展战略协作，不仅利于两国战略协作伙伴关系的进一步深化，而且有望产生十分深远的国际影响**。

一、中俄治国模式改革比较

（一）政治改革模式比较

俄罗斯立国初期，以叶利钦为代表的亲西方民主派照搬美国政治模式，以激进方式进行全盘西化的政治制度改革，导致思想混乱、信念丧失，政局陷入动荡，社会陷入不稳。其中最重要的驱动因素是，执政的亲西方民主派强烈的“西化”情结及其对苏联制度的极端否定。这种改革不符合俄罗斯有着几百年专制制度，民众普遍崇拜权威、崇尚集体主义，国土辽阔、民族众多、地区差异巨大的特有国情，必然给国家带来灾难，自然也就难以长时间持续。

2000 年普京出任总统前已经看到问题的严重性，其在《千年之交的俄罗斯》一文中即已提出重建“俄罗斯思想”的重大课题。普京接任总统后，立即着手调整国家的政治发展模式，经过“可控民主”的探索，创立了“主权民主”政治

---

* 本文系作者 2008 年 8 月在国内研讨会上的发言。

发展模式，引领国家恢复了政治稳定，振奋了民族精神。

"主权民主"的核心是：既承认民主的"普世价值"，又强调民主的自主选择；既借鉴西方的"三权分立"，又强化以总统制为核心的中央集权，确保政令畅通、法律统一；既实行"多党政治"，又推动事实上的"一党执政"；既加强对舆论工具的管理掌控，确保民主的"可控性"，又努力保障、不断扩大公民的政治权利。

"主权民主"不仅符合俄罗斯的传统文化，而且适应转轨时期俄罗斯社会稳定的需要。尽管这一模式备受西方国家指责，俄罗斯国内也存在批评声音，但其可行性已为俄罗斯的实践所证明。"主权民主"与"可控民主"本质相同，"主权民主"的提出具有反击西方大国意识形态霸权的背景。由于"主权民主"比较符合俄罗斯的国情，并且得到了精英层和民众的广泛认同，因而这一模式具有较强的生命力和延续性，不会因为西方的反对而出现方向性变化。

中国在政治体制改革领域走过的道路与俄罗斯有所不同。中国提出的"社会主义民主"，是社会主义制度框架内的民主，而不是资本主义民主。中国拒绝激进政治体制改革，实行渐进式改革，既坚定政治民主的改革方向，以适应不断变化的经济基础，又考虑社会的承受能力，正确处理改革与稳定的关系。中国拒绝西方的"三权分立"，坚持共产党的领导，同时不断改善党的领导，强调立党为公、执政为民，充分反映民意、广泛集中民智，加大民权保障，建设服务型政府。

中国的"社会主义民主"与俄罗斯的"主权民主"本质上的相通之处十分广泛：均认同民主的共同价值，同时强调民主的多样性，不承认西式民主"优越论"；均反对西方国家在民主和人权问题上的"双重标准"和道德虚伪性，着力构建具有本国特色的民主观和人权观；均坚持民主、人权发展模式的自主选择，抵制外部输入、强加，反对以民主人权为由干涉他国内政、策动"颜色革命"；均主张不同文明和平共处、不同意识形态和谐共生，反对美等制造"文明冲突"；均强调依法治国、依法施政，以制度安排和法律规定保障人民民主得以实现；均强调民主需要逐步推进，摈弃导致社会混乱的激进政治改革；既保证公民权利不断扩大，又保证社会稳定和经济发展。

从最近一两年两国政治改革的发展看，这种相互认同、相互靠拢趋势日益明显。特别是在民主人权领域，两国的共同语言日益增多。

（二）经济改革模式比较

叶利钦启用无任何经济管理经验的亲西方民主派，按照美国顾问的设计，以激进的“休克疗法”进行美式“自由市场经济”改革。其突出特点是：全面实行私有化，全面放开商品价格，全面开放进出口，将各种经济主体全面推向市场；削弱国家对经济的宏观调控，淡化政府的社会保障责任。这种一步到位的激进改革导致了严重后果：经济秩序陷入混乱，经济形势急剧恶化，在不到10年的时间里，GDP下降50%，内外债总额超过GDP的1/2；社会严重两极分化、动荡失稳，“寡头经济”泛起、寡头干政猖獗，政权成为寡头牟利的工具和玩偶；产业结构更加畸形，生产力遭受严重破坏。

普京总统一上台即着手调整经济发展模式，重点是加强国家对经济的宏观调控，加强社会保障，稳定经济社会形势。同时把打击“干政寡头”作为重大战略任务，而后逐渐发展为加强国家对战略资源和命脉产业的控制。到其第二任期，基本形成了以“加强国家调控和社会保障”为中心的“可控市场经济”发展模式。

“可控市场经济”发展模式的实质是：国家调控与市场竞争相结合；社会公平与经济效益相结合；推行私有化、实行对外开放与加强国家对命脉产业的掌控相结合；积极推动产业结构的调整和创新经济的发展。

“可控市场经济”发展模式的推行取得很大成功：俄罗斯摆脱了经济衰退，迎来了全面复兴，GDP连续8年以6%以上的增幅快速增长，2007年的增长率更是高达8.1%。国家不仅恢复了元气，而且出现了快速崛起的势头。

中国的经济改革走过了一个逐步深化的过程，且较少反复和挫折。中国社会主义市场经济的突出特点是：经济体制从计划经济转向市场经济，经济结构从二元经济转向现代化工业经济，增长方式从粗放型转向集约型，特别是转向以科学发展观为基础的可持续发展型，走制度创新之路；国家宏观调控与市场的配置作用相结合，政府在经济发展与改革中发挥主导作用；以公有制为主体，多种所有制经济共同发展；加强社会保障，不断提高人民群众的物质文化生活水平。

可以看出，在经济发展模式方面，俄罗斯的“可控市场经济”与中国的“社会主义市场经济”也有不少相近之处：均强调改革的可控性和渐进性；均强调国家调控和社会保障的重要性；均强调改革必须有利于经济的发展和社会的

稳定;均强调维护国家的经济主权;均努力推动创新经济的发展。

西方评论家认为,中俄在治国模式问题上的最大共同点是,“政治上的集权与经济上的自由相结合”。一定意义上讲,这种评论有其道理。但是必须指出,**“集权”不等于“专制”,更不等于“独裁”,而且中俄今天的“集权”是在民主基础上的“集权”,并非“绝对集权”。“经济自由”也不等于任由市场力量横冲直撞、放弃政府对经济运行的主导作用,中俄的努力方向正是在这两者之间寻求结合点与平衡点**。因而,西方某些人攻击中俄“搞独裁、反市场”,是违背事实的。还应指出,美式民主和自由市场经济模式并非最好的治国模式,更不是什么“普世标准”。以一种模式否定另一种模式,本身就是不民主。

二、中俄在治国模式领域开展战略协作的意义

中俄在治国模式改革方面的相近性和趋同性,使两国在此领域的共同语言增多、亲近感增大、竞争性减少,从而为两国深化战略协作提供了新的基础。这一战略协作不仅符合两国的战略利益,而且有利于世界的和平与发展。其重要意义至少有以下几点:

拓展两国战略协作的领域。中俄是战略协作伙伴,国际环境的变化及两国和平发展的需求要求两国不断拓宽战略协作的领域,丰富战略协作的内涵。美等将两国同时打入“另类”,对中俄进行意识形态打压,正在逼使两国进入同一条战壕。在此情况下,中俄联手捍卫本国治国模式选择权的客观需求增大。

促进两国的共同繁荣。中俄现行治国模式都是在总结正反两方面经验教训基础上逐步形成的,都比较适合本国的基本国情。为了保证经济社会的可持续发展,两国必须顶住外部压力、坚持这种成功有效的治国模式,并且相互借鉴、相互警示,确保在此问题上不发生重大失误。可以说,在治国模式上的共同坚持、相互借鉴,是促进两国共同繁荣的客观需要。

增强两国的国际地位。捍卫治国模式自主选择权,是捍卫国家主权的重要组成部分。在某些西方国家不断诋毁中俄治国模式,并且以此为由粗暴干涉两国内政的情况下,两国相互协作、相互支持,不仅可以实质性增强两国的国际地位,而且可以促使同样面临西方大国打压的广大发展中国家更加团结,共同抵制在此领域的霸权主义。可以说,在治国模式领域开展战略协作,是中俄扩大国际影响的有效途径。

带动发展中国家的振兴。实践证明，西方大国极力推崇、强力输出的西式治国模式并不适合广大发展中国家的国情，往往导致政局混乱、经济衰退。由于中俄与发展中国家国情比较接近，中俄在经济社会发展方面取得巨大成功，可以对发展中国家产生重要示范作用，为发展中国家提供有别于西方国家的另一种发展道路和治国模式选择。广大发展中国家的国情各异，不可能也不应当照搬中国或者俄罗斯的治国模式，但是完全可以从中俄治国模式的选择和坚持中得到有益的启示和借鉴。两大国在此领域的国际责任是：既捍卫本国对治国模式的自主选择，也为广大发展中国家治国模式的自主选择提供强有力的支撑。

减少西方制造的文明冲突。某些西方国家极力宣扬“西方文明优越论”，制造“文明冲突”，导致国家间在“民主”、“人权”问题上的争吵加剧，是国际形势动荡不定的重要原因之一。中俄两大国有责任共同抑制国际关系中的这种危险趋势。中俄加强治国模式领域的战略协作，对于减少文明冲突，推动不同文明的和谐共处，可望起到积极作用。中俄在治国模式领域的协作还有利于团结广大发展中国家，特别是两国的周边国家、伊斯兰国家，共同反对“美欧文明优越论”，抑制西方煽动的文明冲突。

推动公正合理的国际秩序形成。以美国为首的西方国家大搞意识形态领域的霸权主义，坚持以意识形态决定亲疏，推动建立所谓“价值观同盟”，不断对中俄发难。其主要目的是，挤压中俄的战略空间、遏制中俄的快速发展，控制广大发展中国家、维护单极霸权。中俄加强治国模式领域的战略协作，共同抵御意识形态领域的霸权主义和新干涉主义，不仅有利于捍卫“不干涉主权国家内政”的国际安全准则，推动公正合理的国际秩序的建立，而且有利于新兴国家的成长、多极世界的形成。

三、中俄在治国模式领域开展战略协作的原则

求同存异，避免竞争。中俄治国模式既有共同之处，也有明显差异，必须坚持求同存异。坚持求同存异是两国关于民主多样性、发展模式自主选择共同主张的本质要求，更是两国在此领域开展战略协作的重要前提。贯彻求同存异精神还有利于避免两国在此领域相互竞争，因为这种竞争必然损害两国的国际形象，并且可能为外部势力所利用，破坏两国和平发展的国际环境。

相互借鉴，相互促进。由于两国治国模式改革的基础存在许多相近之处，在改革中所遇到的问题也非常相似，相互借鉴、相互促进是保证航向正确、举措有效的重要途径，因而应是两国在此问题上开展战略协作的重要内涵。

相互维护，相互支持。在美等西方国家不断诋毁中俄治国模式，以所谓“民主”、“人权”问题打压中俄的严峻国际环境中，中俄作为战略协作伙伴国不能不相互维护、相互支持。这就要求两国互为对方仗义执言，批驳西方势力对中国或者俄罗斯的恶意攻击。

多样文明，和谐共生。治国模式是文明的载体，一国治国模式的选择是该国意识形态取向的集中反映，而意识形态是国家关系的重要基础。中俄治国模式的选择均基于本国的文明，中俄均主张不同文明、不同社会制度、不同发展模式的国家相互尊重、共同发展。促进不同文明的和平共处、和谐共生，应是中俄在治国模式领域开展战略协作的深层目的和重要努力方向。

中俄治国模式改革都还处在不断探索之中。基本方向都是基于本国政治、经济、社会发展的需要，朝着进一步扩大政治民主、进一步发挥市场作用的方向稳步前行。只要中俄坚持治国模式改革举措与本国国情相适应，充分借鉴人类文明发展的共同成果，加强两国在此领域的战略协作，两国就一定能够为国家的进步与繁荣、世界的稳定与发展做出大国应有的贡献。

中俄关系的战略基础与发展趋势*

中俄互为最大邻国、主要战略伙伴国。中俄关系在两国战略全局中均具有重大战略价值,深化中俄关系符合两国的战略利益。中俄关系发展势头良好,同时也存在这样那样的障碍性因素。面对国际战略格局的剧烈变动、深刻调整,中俄必须不断强化两国关系的战略基础,以新的思维、有力举措推动两国战略协作伙伴关系迈上新的台阶。

一、中俄关系的战略基础

中俄关系具有广泛的战略基础。其中最主要的是国家利益、保障机制和既有发展三大基础。

(一) 国家利益

国家利益是影响国家关系最具关键性的因素。中俄战略协作伙伴关系的建立与发展,正是以两国共同利益作为基础和支撑的。

两国互为最大邻国,需要睦邻友好。互为最大邻国是最重要的地缘政治现实。长达 4 300 公里的共同边界对两国安全环境、发展环境影响重大。俄罗斯是我北部安全环境的"半边天",是影响我北疆安全的最重大因素。考虑到 21 世纪我主要经济活动、主要安全威胁可能集中于海洋方向,我地缘战略中的国家定位也应由陆上大国转向陆海大国,因而存在以俄罗斯作为战略纵深的客观需求。同样,俄罗斯为了集中力量应对日益严峻的西部和南部安全威胁,也必须以睦邻友好的中国作为其战略纵深、战略依托。邻居不能选择,

* 本文系作者 2008 年 10 月在国内研讨会上的发言。

远亲不如近邻。睦邻友好合作最符合两国的战略利益。《中俄睦邻友好合作条约》提出做"好邻居、好朋友、好伙伴"，深意即在于此。

两国拥有共同周边，需要共同经营。两国同处中亚、东北亚地区，在周边地区安全与发展问题上有着诸多共同利益。其中，俄视中亚地区为必须确保的传统势力范围，对其他大国的进入十分敏感，但是为了拉住中亚国家、抵御美等西方势力的战略挤压，需要借助中国。中国则希望将中亚地区建设成为睦邻友好带、战略稳定带、西部开发的直接外部依托、重要经贸与能源合作区，实现与近邻国家的共同发展、共同安全。两国在中亚地区相互都是难以绕开的重大因素。上合组织得以建立与发展，中俄在中亚地区存在共同利益与共同需求是其重要基础。两国在东北亚地区也是共同利益远多于潜在竞争。两国在朝核问题六方会谈和东北亚安全稳定问题上紧密协作即是证明。考虑到美日同盟与北约实现对接的企图，中俄在共同周边的战略协作对于两国的国家安全意义更为深远。

两国的战略处境和战略需求相近，需要相互支持。两国都是现行国际体系的后到者，均面临严重失衡的国际战略格局及不公正不合理的国际政治经济秩序，均遭遇某些大国的战略遏制和战略挤压，互为战略伙伴是符合两国战略利益的历史性选择。面对国际格局、国际秩序的大变动、大调整，两个战略利益、战略理念相近的世界大国，两个快速发展中的新兴大国，必须加强协作、联手互动。俄罗斯的战略目标是建设"强大的俄罗斯"，成为未来多极化世界中具有重大影响力的一极。中国的战略目标是实现中华民族的伟大复兴，成为具有广泛影响力的世界强国。快速提升综合国力是今后几十年两国最具根本性的战略任务，而实现这一任务的重要前提是和平稳定的外部环境。为营造这种环境，两国也必须相互支持。

两国的战略理念与历史责任相近，需要共同努力。在世界多极化、文明多元化、民主多样性问题上，在维护国际战略格局平衡与稳定、建立公正合理的国际政治经济秩序问题上，在反对霸权主义与单边主义、维护以联合国为中心的国际安全机制和以不干涉主权国家内政为核心的国际安全准则问题上，在抵制反恐、"人权"、核能利用等问题上的双重标准，以及其他重大国际与地区问题上，两国都有着广泛的共识与近似的理念。作为世界大国和安理会常任理事国，两国在全人类面前肩负着维护世界和平、确保地区安全与稳定等共同历史责任。战略理念和历史责任的相近性，既是战略协作的基础，也是联手合作的动力。

两国基本国情与发展模式相近，需要相互借鉴。中俄均是历史文化悠久、幅员辽阔的世界大国，同时又是经济发展相对滞后、处在由计划经济向市场经济转轨过程中的新兴大国，两国面对的问题有着许多相似之处。俄罗斯的“主权民主”和“可控市场经济”与中国的“社会主义民主”及“有中国特色的社会主义市场经济”有着许多相通之处。这不仅有利于增进两国的亲近感、减少发展模式的竞争性，而且有利于相互借鉴、少走弯路。美等在国际关系中坚持以意识形态作为确定国家关系亲疏的标准，并且以此为借口干涉主权国家内政、大搞“民主输出”，矛头直指中俄，两国在坚持发展模式自主选择、坚持符合本国国情的价值观问题上不能不相互支持。

两国在经济上互补性强，需要相互合作。俄罗斯拥有丰富的自然资源特别是能源资源，但是面临日益加剧的人口危机；中国拥有丰富的人力资源，但是自然资源相对匮乏。俄罗斯军工、航天、航空、材料技术比较发达；中国轻工、电子、通信技术比较先进。中国有西部开发和振兴东北老工业基地战略，俄罗斯有东部开发战略，可以相互接轨。中俄都是构建欧亚路桥的关键国家，两国在此领域加强合作利于发挥各自过境优势、增强各自地缘经济地位。俄罗斯要实现经济转型和调整经济结构、实施东部开发战略，亦离不开与中国的合作。在能源领域，俄罗斯要摆脱对欧洲的过度依赖，绕不开稳定可靠的中国能源大市场。在军技合作领域，中国也是俄罗斯必须确保的“战略买家”。这种互补优势的充分利用，对两国的经济发展可望起到重要助推作用。

两国都在快速崛起，需要相互支撑。两国都将处在快速崛起的关键期，对对方的崛起是欢迎还是遏制，关系到两国战略协作的基础。中国欢迎俄罗斯和平崛起，与西方大国对俄罗斯崛起的遏制形成鲜明对比。俄罗斯对中国的快速发展虽然存在某些疑虑，但是总体上不存在遏制中国和平发展的意图。俄极端民族主义势力和亲西方势力鼓吹的“中国威胁论”，也在逐步为理智、积极地看待中国的“中国机遇论”所压倒。相互对对方崛起性质的积极判断，可望为两国的和平崛起提供重要支撑。

上述共同利益的客观存在，为两国战略协作伙伴关系的稳定发展奠定了最为重要的基础。展望未来，只要国际战略格局不发生根本性变化，两国高层不发生战略性误判，支撑两国关系发展的利益基础即有望长时间存在。

（二）保障机制

国家关系不仅要靠战略利益来支撑，而且要靠必要机制来保障。中俄间各种保障机制的不断完善，对两国关系的平稳发展正在发挥日益重要的作用。

边界协定和睦邻友好合作条约。两个文件的签订消除了两国历史上的最大遗留问题，以法律形式为两国关系长期稳定奠定了最为重要的政治基础。"世代友好、永不为敌"基本方针的确立，对消除相互疑虑、加强睦邻合作意义深远。《中俄睦邻友好条约实施纲要（2009—2012）》的签署，对今后几年两国各领域合作的深化有望起到重要指引作用。

相互协调机制与避免冲突机制。例如，国家元首和政府首脑定期会晤机制、政府各部门间的混委会机制、高层战略磋商机制、深化各领域合作的相关机制，以及在关系两国核心利益问题上相互支持机制、在重大国际与地区热点问题相互沟通机制等等。这些机制为两国扩大共识、协调行动，预防和避免误解与冲突，推动两国关系始终沿着正确的方向前进，提供了重要保障。

新型国家关系准则。一是平等尊重。今天的两国关系不同于沙俄与满清之间侵略与被侵略的关系，不同于中苏结盟时期"小兄弟"与"老大哥"的不平等关系，也不同于某些国家间领导与被领导的关系，而是建立在两个主权国家完全平等、相互尊重基础上的合作伙伴关系。二是互信协商。在大国关系中，中国与俄罗斯相互疑虑最少，战略性疑虑更少。通过协商、磋商解决问题，是中俄关系不断深化的重要经验。三是互利共赢。互利共赢是我国对外开放战略和新型国家关系准则的核心理念，也是我运筹国家关系的基本方针，在对俄关系上更是如此。俄罗斯也越来越认同"互利共赢"理念。中俄各领域的合作之所以不断扩展，"互利共赢"理念起到重大作用。四是坚持"三不"。"不结盟、不对抗、不针对第三国"，是中俄关系长期遵循的基本方针及平稳发展的重要保证。"三不"方针符合 21 世纪的时代潮流，是对以"集团对抗"、"绝对安全"、"零和游戏"为特征的冷战思维的有力抵制。上述新型国家关系准则的确立，既为两国关系长期稳定提供了根本性保证，也为新型国际关系的形成树立起一面旗帜。

（三）既有发展

1996年建立的“战略协作伙伴关系”是对21世纪中俄关系的基本定位。主要包括两层意涵：在国际战略层面开展广泛协作；在双边关系层面进行务实合作。近年来这两大合作均取得积极进展，为两国战略协作伙伴关系的深化奠定了重要基础。

战略协作不断深化。两国高层领导互访不断，安全和战略磋商实现机制化，战略共识不断增多，政治互信不断增强。在国际战略格局问题上，两国为改变严重失衡的国际战略力量对比、推动世界多极化进程而共同努力。在国际秩序问题上，两国联手抵制以强凌弱、以大欺小的霸权主义，抵制一家说了算、为所欲为的单边主义，共同致力于建设一种公正、合理、民主的国际政治经济新秩序，一个民主化、多样性、和谐共处的世界。在国际安全问题上，两国共同反对动辄武力相向及实施制裁的强权政治，共同维护联合国安理会权威和不干涉主权国家内政准则，共同推动以外交手段解决国际争端。不论在伊拉克战争、朝鲜核问题、伊朗核问题上，还是在反恐、国际军控、核不扩散问题上，两国都保持着紧密的协作。在国际经济问题上，两国都主张缩小南北差距、建立新的国际金融秩序、改变发达国家剥削发展中国家的现状，既维护本国的经济利益又维护广大发展中国家的权益，并且以本国经济的快速发展带动世界经济特别是发展中国家经济的振兴。

务实合作日益扩展。经济关系方面，两国贸易额大幅增长，贸易结构逐步改善。两国签署《中俄石油领域合作政府间协议》，实现了油气合作的突破性进展。人文关系方面，两国文化团体、学术机构、政党和工青妇组织、旅游团组往来不断，民间交往日趋活跃，两国关系的民意基础日趋坚实。两国相互举办“国家年”取得显著成果，“俄语年”系列活动已经启动。军事安全关系方面，两国不仅在军事技术领域互为主要伙伴，而且在人员培训、情报共享等方面相互帮助。两国军队成功举行了两次大规模的联合军事演习，第三次联合反恐演习正在积极筹备之中。自然灾害救助、重大国际活动安保等领域的合作，也取得了实实在在的成效。在上海合作组织框架内各领域合作中，两国则共同发挥着“发动机”的作用。

二、中俄关系的发展趋势

从总体趋势看，在可以预见的时间里，中俄战略协作有望更加紧密，务实合作有望进一步深化。

俄罗斯深化对我战略借重的紧迫感增大。俄格冲突导致俄与西方关系总体趋冷。俄罗斯“张扬”式崛起导致美等西方国家对俄战略疑虑增大。俄美间虽然不至发生新的冷战，但是双方力避对抗的时代成为过去，两国关系进入冲突多发期。为应对美等西方国家的战略挑战，确保国家的快速崛起，俄罗斯借助中国的需求明显增大。俄罗斯在政治经济发展模式上与西方距离拉大，亦需要与在意识形态领域同样遭受西方打压的中国联手。正是在此背景下，近来俄罗斯深化对华关系的热情持续增高。

俄罗斯深化对华务实合作的动力增强。我经济快速发展，综合国力不断提升，国际影响大幅扩展，中俄形成了300年历史上首次强强并列的态势。俄罗斯更加看重、看好中国的和平发展，期望利用中国发展的机遇、搭乘中国经济的快车、加快与东亚经济的接轨。因此，互利合作、共同发展越来越成为俄罗斯发展战略的迫切需要。正是在此背景下，俄罗斯发展对华合作的姿态日趋积极。

俄罗斯在应对金融危机问题上对我需求增多。世界金融危机与油价暴跌，不仅使俄罗斯陷入金融困境，而且波及到实体经济，多个大型国有企业发生资金短缺危机。俄罗斯经济形势严峻，危机局面初步形成，急需世界其他经济体施以援手。中国外汇储备庞大，应对危机的能力相对较强，加强对华经济合作成为俄应对危机、稳定经济的重要选择。在改造美国所主导的国际金融秩序问题上，俄罗斯也迫切需要与中国联手合作。上述情况促使俄罗斯对华合作姿态明显较前主动。中俄能源合作取得突破性进展、军技合作重新启动，与俄罗斯陷入经济困境显然存在某种关联。

与此同时必须看到，影响两国关系发展的障碍因素仍然较多。由于大国、邻国相处存在特有的复杂性，加之相互沟通不够及时、相互了解不够深入、具体利益上存在差异，两国关系的发展仍然存在某些障碍。尽管这些障碍基本上属于前进中的问题、支流性的问题，但是对两国关系的消极影响不容小觑，必须采取积极措施予以消除。

综上所述，**中俄关系的发展基础坚实、潜力巨大、前景看好。两国战略利益有望长时间广泛一致，两国相互借助有望进一步增多，两国关系的民意基础有望进一步夯实，两国战略协作伙伴关系有望持续深化。对中俄关系，我们既要充满信心，又要悉心经营**。要切实贯彻胡锦涛主席提出的“五个伙伴关系”对俄工作方针，保证两国关系始终沿着正确的轨道前进。中俄关系不仅要造福于两国人民，而且要为世界的安全与发展做出应有的贡献。

中俄战略协作与国际政治经济新秩序*

很高兴出席中国国际友好联络会与俄罗斯“东方视角”国际社会运动联合举办的“第三届中俄友好战略对话”，并愿以“中俄战略协作与国际政治经济新秩序”为题谈谈个人的所思所想。

我认为，中俄在建立新的国际政治经济秩序领域的战略协作具有坚实的基础，近年来两国在此领域的战略协作富有成效。目前建设新的国际政治经济秩序出现重要历史机遇，中俄应当抓住机遇，进一步密切在此领域的战略协作。

一、中俄在建立新的国际政治经济秩序领域的战略协作具有坚实的基础

推动新的国际政治经济秩序的形成符合中俄的共同战略需求，构成了两国在此领域开展战略协作最为重要的基础。目前的国际政治经济秩序是由以美国为首的西方发达国家主导的不公正不合理的国际秩序。两极体制终结后，国际战略格局严重失衡，美国一超独大、为所欲为，导致国际政治经济秩序更加不公正、不合理。这种国际秩序不利于中俄两个新兴大国的和平发展与国际利益的扩展，也不符合广大发展中国家的利益，更不利于世界的和平与稳定。因此，建立新的国际政治经济秩序成为中俄两国的共同战略诉求，成为两国战略协作的核心领域。

中俄在建立新的国际政治经济秩序问题上不仅战略利益与共，而且战略

---

* 本文系作者 2009 年 11 月在第三届中俄友好战略对话会议上的发言。

理念相通,对于两国在此领域的战略协作同样具有基础性作用。例如,在反对单极霸权、推动世界多极化问题上,在反对单边主义、推动多边治理问题上,在维护以联合国安理会为中心的国际安全机制与以不干涉主权国家内政为核心的国际安全准则问题上,在反对动辄动力相向、制裁施压的强权政治问题上,在推动国际热点特别是朝核、伊核危机的政治解决问题上,在倡导新型区域合作模式与新型国家关系准则、维护地区稳定问题上,在建立公正透明、利于世界经济发展的国际金融秩序问题上,中俄两国都有着十分相近的主张。

因此可以说,中俄在推动建立新的国际政治经济秩序领域开展战略协作是维护两国战略利益、推行两国战略理念的客观需要,具有坚实的利益基础与理念基础,同时也反映出两国高层的远见卓识。

二、近年中俄在建立新的国际政治经济秩序领域的战略协作卓有成效

自 1996 年中俄建立战略协作伙伴关系以来,两国即在建立新的国际政治经济秩序问题上展开战略协作。**回顾十几年来两国在此领域的战略协作,可以用四个字来评价——卓有成效**。

首先是有效地维护了两国的战略利益,特别是两国的国际地位与主权安全,以及两国和平发展所必需的相对稳定的国际与周边环境。

其次是较好地维护了世界的和平稳定,特别是共同维护了联合国权威,避免了国际格局进一步失衡,抑制了霸权主义、单边主义与强权政治的猖獗。

其三是共同倡导了以"反对冷战思维、摈弃集团对抗、加强国际合作、实行'三不'原则"为主要内容的新型国际关系准则,以此为指导思想所建立的上合组织的示范作用日益扩大。

其四是共同维护了广大发展中国家特别是新兴国家的权益,为其赢得了必要的发展空间,促进了新兴国家的群体式崛起及其对新型国际秩序的呼唤。

其五是共同推动了两国关系的不断深化。建立新的国际政治经济秩序领域的战略协作已经成为两国战略协作的核心领域,成为两国深化各领域合作的重大推动因素。

与此同时必须看到,两国在建立新的国际政治经济秩序领域的战略协作仍然存在不尽如人意之处。例如,两国对新干涉主义的抵制有时同调不同步;

在对美关系问题上，两国不少人仍在担心对方拿己方利益与美国人做交易；俄罗斯仍然存在“中国威胁论”，中国也在一定程度上存在“俄罗斯不可靠论”。

究其原因，首先是中俄间战略互信仍嫌不足，战略疑虑仍然存在。可以说，这是影响两国战略协作最主要的深层原因。

其次是两国历史文化、行为风格不同，具体举措自然有所不同。这种情况在任何国家间的合作中都会遇到。但是由于相互沟通不够及时坦率，往往引起一方对另一方诚意的误解。

其三是两国具体利益存在差异，处理问题的轻重缓急有所不同。对此，两国应当相互理解、相互体谅。但是由于相互沟通不够及时坦率，一些利益差异往往引起一方对另一方的疑虑。

其四是两国战略协作的民意基础仍然薄弱。加之某些媒体不负责任的炒作误导，部分民众特别是网民、“愤青”发表不负责任的言论，影响到两国战略协作的舆论氛围。两国国内不同程度地存在极端民族主义势力、亲西方势力，他们不愿看到中俄关系的深化，不时进行这样那样的干扰，也直接或间接地影响到两国民众对两国战略协作的认同。

其五，也是最为重要的因素，那就是以美国为首的西方国家不愿看到中俄两国大国走到一起，不愿看到中俄开展针对现行国际政治经济秩序的战略协作，必然千方百计地离间破坏。“中国威胁论”与“俄罗斯不可靠论”很大程度上就是他们制造与散布的。

三、中俄应当抓住新的历史机遇进一步密切在此领域的战略协作

既然中俄在建立新的国际政治经济秩序方面的战略协作符合两国的战略利益，符合时代的大趋势、大潮流，符合世界绝大多数国家的根本利益与愿望，两国在此问题上就应有更大的作为。中俄作为联合国安理会两大常任理事国，作为蓬勃发展的两个世界大国，肩负着维护世界和平、国际公正的历史使命，有责任、有义务为新的国际政治经济秩序的建立做出更大的贡献。

美国走向衰落、新兴国家群体式崛起、世界金融危机严重冲击，引发国际格局的大变动、国际秩序的大调整，国际战略形势进入新的发展阶段，给国际秩序的调整带来了新的机遇。

美国奥巴马政府上台以来陆续推出一系列与中俄主张相近的国际政治经济秩序理念，这虽然很大程度上是美国在实力下降情况下重振其世界领导地位的策略性举措，但也反映出美国人对小布什政府推行新保守主义令世界生厌的反思，带有一定的真实性。这就有可能大大减少中俄推动新的国际政治经济秩序建立的阻力。

金融危机引发世界多国对自由资本主义和西方民主模式的批评，而中俄的价值观与发展模式受到越来越多国家的肯定，这也有利于中俄所主张的国际秩序的形成。因此可以说，新的国际政治经济秩序的建立面临重要历史机遇。

四、几点建议

为了两国的和平崛起，为了履行负责任大国的历史责任，中俄应当抓住目前难得的历史机遇，深化战略协作，推动新的国际政治经济秩序早日成型。建议从以下几个方面着力：

一是努力消除战略疑虑，夯实战略协作的认知基础。要进行更加深入、更加坦诚的理念沟通，扩大利益认同。这种沟通应当是多层次、多渠道的，不仅两国高层、政府部门、立法机构之间加强沟通，而且两国主要政党、学术机构、非政府组织、媒体之间也应加强沟通。两国的汉学家与俄学家在此问题上尤其应当发挥骨干作用。要重视影响舆论取向，夯实民意基础，改变“官热民冷”的局面。要敏锐地发现、冷静地处理易于引起误解、疑虑的问题，理性地对待偶发事件及具体利益分歧，不因枝节问题影响两国战略协作的大局。

二是加强两国在国际秩序领域行动方针的协调。推动新的国际政治经济秩序的建立是一个长期复杂的过程，为了减少阻力、求得实效，中俄对现行国际秩序宜采取“融入、利用与改造相结合”的方针，在融入的同时利用、在利用的同时改造，积极而又稳妥地推动新的国际秩序的形成。“融入”即加入其中，与其融为一体。这在任何国际机制中都是后到者、势弱者不得已而又相对明智的选择。更何况现行国际秩序中仍然存在某些合理成分，例如联合国及其安理会的设置、联合国宪章关于国家主权与领土完整的强调等等。“利用”是融入的目的，是现阶段我们争取“有所作为”的主要着力方向。“改造”是长期任务，只有从根本上改造现行国际秩序，我们的国家利益才能得到保证，世界和平与发展才能得到保证。

三是以推动多边共治、建立新的国际金融秩序作为当前努力的重点。多极世界正在加速形成。未来的多极世界不应是"无序世界",而应是各大力量中心既相互合作又相互制衡的"和谐世界"。为此必须建立具有较大代表性和较强行动能力的世界治理机制。目前看,最具可行性的治理机制当属由主要发达国家与主要新兴国家共同组成的G20机制。世界治理机制还应是种多层次结构,"金砖四国"、上合组织等机制均应得到发挥作用的空间。因此,中俄在此领域的战略协作应以强化联合国作用与G20机制、活跃"金砖四国"等机制作为重点努力方向。另外,国际金融秩序是国际政治经济秩序的重要组成部分,金融危机引发国际社会对现行世界金融秩序的质疑,从而给建立新的金融秩序带来了重要机遇。中俄推动新的国际金融秩序的建立正逢其时。

四是团结广大发展中国家共同致力于新的国际政治经济秩序的建立。在建立新的国际政治经济秩序问题上,广大发展中国家与中俄有着相近的诉求,发展中国家是推动新秩序形成的基本力量。中俄要在此领域有所作为,就必须团结依靠广大发展中国家,首先是新兴国家。上合组织所倡导的以"互信、互利、平等、协商,尊重多样文明,谋求共同发展"为核心的"上海精神"体现了中俄建立新的国际秩序的核心理念,并且产生了越来越广泛的世界影响。中俄应与其他成员国共同努力,进一步增强上合组织的凝聚力,更好地发挥上合组织的示范作用。

俄罗斯对华战略的新变化及深化两国关系的思路*

在一系列重大因素的促动下，俄罗斯对华战略出现重要调整。俄高层及精英层在一系列涉华重大问题上达成新的战略共识，构成了深化对华关系的认知基础。俄在多个领域对中国的战略借重都在增大，构成了俄积极发展对华关系的利益基础。与此同时俄对华战略疑虑的存在，突出表现为几个“不放心”、“不适应”。我宜紧紧抓住机遇、化解挑战，促俄新的战略选择更具稳定性、长期性，将两国关系推向一个新的高度。

最近一两年，在世界金融危机冲击、国际格局变动、国际秩序调整，以及中国加速崛起、俄罗斯陷入经济停滞和国际孤立等一系列重大因素的促动下，以梅德韦杰夫5月“伯力讲话”和普京10月访华为标志，俄罗斯对华战略出现重要调整：外交领域，尽管独联体、欧洲仍是俄罗斯外交的重点，但是东方外交首先是对华关系的地位明显上升；发展领域，俄决定充分利用与中国互为最大邻国、互为主要战略伙伴的有利条件，通过深化对华经济合作，既有效利用中国快速发展的机遇，又夯实两国战略关系的经济基础；安全领域，俄希望进一步提升俄中安全合作水平，将中国构筑成为俄应对西部方向安全威胁的战略纵深。

一

俄对华战略调整的突出表现是，发展对华关系的热情明显增高，开展各领

* 本文发表于中国国际战略学会《国际战略研究》2009年第4期。

域合作的姿态更趋积极。

俄高层及主要智库对俄中战略协作伙伴关系在俄战略全局中重要性的评价明显提升，批驳“中国威胁论”、强调“中国机遇论”的声音明显增大。俄精英层正在展开关于“俄罗斯外交面向东方还是西方”的大辩论，在稳定对西方关系的同时更加重视东方外交的主张渐成主流。

梅德韦杰夫总统去年 5 月在伯力发表讲话，提出实现两国地区发展战略接轨互动的倡议。两国元首并于去年 9 月签署了包括 200 多个合作项目的两国相邻地区“配对发展”的规划纲要。[①] 考虑到此前俄罗斯在此问题上一贯的消极做法，国内俄罗斯问题专家大多认为，梅德韦杰夫倡议对深化两国关系的意义重大。

近一年多来，俄接连主动推出多项重大经济合作举措，其中能源合作项目及快速铁路建设项目尤其引人瞩目。两国不仅达成了总金额高达 250 亿美元的“贷款换石油”协议，实现了输油管道建设及上中游石油合作零的突破，而且在天然气、核能、水电等领域的合作都酝酿着重大进展。即将展开的快铁技术合作，反映出俄对“中国制造”技术水平新的认识。

俄空前重视两国人文合作特别是文化交流和媒体合作，积极促进两国民众相互了解，其夯实两国关系长期发展的民意基础的意图十分明显。俄对“中国模式”兴趣浓厚，事实上的“执政党”统一俄罗斯党高度重视研究借鉴中共执政治国的经验[②]，俄精英层在价值观方面对中国的认同感普遍增大。

俄还积极推动中俄达成战略导弹发射相互通报协议。该协议的签署被国际舆论视为两国战略互信水平的重大提升。

有关事例还可以列举很多。这些事例十分清晰地反映出俄罗斯希望快速拉近对华关系的战略意图。

二

俄对华战略出现重要调整的原因，首先是俄高层及精英层在一系列涉华重大问题上达成新的战略共识，构成了深化对华关系的认知基础。

---

① 俄罗斯驻华大使拉佐夫：《俄中关系 60 年的经验教训》，俄罗斯驻华使馆网站，2009 年 10 月 2 日。
② 俄新社 2009 年 10 月 9 日电：《统俄党主席认为统俄党对中共经验感兴趣》。

对世界战略格局的判断。俄高层与精英层普遍认为，未来世界将是由俄、美、中、欧几大力量中心共同构成的多极世界。在新的世界格局中，俄美战略利益严重相悖，美国不可能放弃"遏俄弱俄"战略，两国互为战略对手的格局难以根本改变；俄对欧盟关系也面临种种难以克服的障碍，"全欧伙伴关系"不可能真正建立；而俄中两国战略利益、战略理念十分相近，中国发展对俄关系姿态积极而且始终如一，中国是俄可以合作、借重的主要战略伙伴，俄中联手协作有利于新的国际政治经济秩序的形成。

对中国崛起性质与前景的判断。关于中国崛起的性质，俄高层与精英层主流观点认为，中国的崛起将是和平的，"中国不像美国那样愿意充当世界宪兵"，中国不会成为霸权国家，甚至不可能谋求"世界领导权"；①"中国的快速发展对俄的发展是重要机遇"，中国适当强大有利于俄应对美等西方国家的战略挤压、营造必要的发展环境；中国模式亦可为俄的复兴提供重要借鉴，②俄中联手可以更好地抵御西方的意识形态压力。关于中国崛起的前景，俄舆论普遍认为中国的崛起不可阻挡，"金融危机使中国经济赶上美国的时间提前了"，中国将成为具有重大国际影响力的世界主要大国、主要力量中心③；世界各国争相发展对华关系，俄对中国影响力的上升必须有充分的估计，必须积极利用。

对主要安全威胁方向的判断。不久前出台的新版《俄罗斯国家安全构想》明确认定，俄罗斯面临的安全威胁主要来自以美国为首的北约。认为中国需要和平稳定的发展环境，珍惜对俄友好合作关系，不希望与俄发生冲突，在可预见的将来不会对俄构成安全威胁，"中国有足够的生存空间，不存在觊觎远东的官方政策"。就连一向以对华强硬著称的哈巴罗夫斯克边疆区原行政长官、现远东联邦区总统代表伊沙耶夫不久前也公开声明："远东不存在中国劳动移民扩张问题"。④边界条约的签订、睦邻友好合作条约关于相互不提领土要求的确认，更是以法律形式表明"中国无意对俄进行领土扩张"。互为最大

① （俄）《全球政治中的俄罗斯》杂志主编费·卢季扬诺夫：《中国不希望成为超级大国》，俄新社 2009 年 11 月 2 日。

② （俄）雅·别尔戈尔：《中国模式是人类财富》，俄罗斯《新闻时报》2009 年 9 月 30 日。

③ （俄）雅·别尔戈尔：《到 2039 年中国经济规模将超过美国》，俄《莫斯科共青团报》2009 年 10 月 1 日。

④ 《俄总统远东全权代表证实远东地区不存在中国移民扩张》，俄新社 2009 年 5 月 21 日电。

邻国是无法改变的地缘战略现实，不成主要伙伴即成主要对手。与中国这样一个大国、大邻国只能友好相处，“俄罗斯不应自我实现中国威胁的预言”。

对驾驭俄中关系能力的判断。尽管目前经济形势相当困难，但是俄对自身发展前景仍然充满信心，仍然认为俄有条件发展成为具有重大影响力的世界力量中心，俄不可能在俄中关系中沦为中国的“小伙伴”。

上述最新判断的突出特点是，俄更加看重中国，更少怀疑中国对俄的战略意图。

三

俄对华战略出现重要调整的另一原因是，俄在多个领域对中国的战略借重都在增大，构成了俄积极发展对华关系的利益基础。

外交战略需求。俄融入欧洲、建设“欧洲大厦”、成为“西方世界平等一员”的努力接连受挫，并且被西方国家重新划为“东方国家”，迫使俄对自身的“欧亚属性”有了更为清醒的认知。中国是俄罗斯推动世界多极化、营造新的国际政治经济秩序、制衡美国霸权的主要战略伙伴。为了抵御以美国为首的西方国家的战略挤压、增强俄的大国地位、维护俄的国家利益，俄罗斯必须用好中国因素。这种情况促使俄罗斯外交不能不更多地面向东方，首先是面向蓬勃发展、坚持对俄睦邻友好合作、平等待俄的大邻国中国。

发展战略需求。认为 21 世纪将是亚太世纪，俄罗斯必须扩大与亚太经济的一体化，为此必须借助中国这一亚太主要经济体。中国是世界经济的主要发动机，只有搭乘中国经济的快车，俄才能实现自身的快速发展。俄经济陷入始料未及的严重危机，寄希望中国成为其抵御金融危机冲击的重要抓手。用梅德韦杰夫的话讲，中国是俄“最重要、经济前景最好的合作伙伴”、“工业品的巨大市场”、“投资的重要来源”。实施产业结构调整、进行东部开发，是俄今后相当长时间里的两大战略任务。为完成这两大战略任务，俄需要利用中国的资金、技术及素质大大提高了的劳动力。俄大国复兴的基本思路是以能源资源作为基本依托尽快实现创新发展，而要谋求更大能源利益、用活“能源武器”，俄必须尽快实现能源出口多元化，尽快深化与中国这一“战略买家”的能源关系。在创新发展领域，中国也有许多值得俄借鉴与利用之处。

安全战略需求。在反导、北约东扩、防核扩散问题上，在抵御美欧向中亚扩展势力范围问题上，在朝核、东北亚安全机制、应对美日同盟问题上，在打击“三股势力”问题上，在维护国家主权统一问题上，在坚持政治经济发展模式自主选择问题上，中国都是俄罗斯利益与共、理念相近的重要战略伙伴，两国必须联手合作。俄西部安全环境恶化、安全挑战严峻，为了避免两面受敌，俄也需要以友好、有分量的中国作为战略依托。①

几大战略需求的增大，激发了俄罗斯发展对华关系的动力。正是在此背景下，俄对华战略出现新的重要调整。

四

在看到俄对华战略更趋积极的同时，必须正视俄对华战略疑虑的存在。这种疑虑有可能影响到俄对华战略调整的稳定性、长期性。突出表现为几个“不放心”、“不适应”。

其中，“不放心”大多属于战略层面的问题：担心中俄力量对比进一步失衡，中国可能强势对待俄罗斯；担心中国觊觎俄远东领土，对远东进行“静悄悄的人口扩张”；担心中国强大后重算历史旧账，重提“领土要求”；担心中国对俄搞“经济扩张”，变俄为中国的经济附庸②；担心中美共治世界，贬损俄的大国地位，致使俄在未来多极世界中被边缘化；担心中国为了发展对美关系而牺牲对俄关系，拿俄的利益做交易；担心中国扩大在中亚的存在，挤占俄的传统势力范围。特别是移民问题、对美关系问题、势力范围问题，成为影响两国关系深化的三大阴影。尽管上述“不放心”不再是高层、精英层的主流意识，但是在俄部分政治势力中及相当一些民众中情况依然突出。

与此同时，俄各阶层在对华关系上普遍存在着“不适应”：中国的国际地位快速上升，更受世界瞩目，更具国际影响力，俄部分精英深感失落；中俄实力对比差距拉大，俄民族优越感受到挫伤；中俄贸易结构失衡，俄成为中国的“原材料供应国”，俄感到难以接受，尽管这与俄的整个对外贸易结构并无二致。此外，俄对全球化、市场经济的态度与我也有很大差异，在经济合作中要求我给予不合市场经济原则的特殊优惠，以及第三方因素的干扰，也是中俄关系必

---

① 《普京称俄中合作是维护世界稳定最重要的基石之一》，新华社 2009 年 10 月 13 日。

② （俄）亚·赫拉姆奇欣：《把许多矿产交给一个国家令人奇怪》，俄罗斯独立记者网 2009 年 10 月 14 日。

须面对的挑战。

五

俄罗斯对华战略的调整为两国关系的深化提供了重要契机。我宜紧紧抓住机遇、化解挑战，促俄新的战略选择更具稳定性、长期性，将两国关系推向一个新的高度。

要紧紧抓住俄对华战略调整的机遇。俄罗斯对华战略的调整主要基于高层、精英层战略认知的变化，而民意基础、利益集团基础仍然比较薄弱。俄高层及精英层中亲西方势力、极端民族主义势力、疑华反华势力仍然比较强大。西方遏华势力不会放弃对中俄关系的挑拨。美国奥巴马政府向俄示好，有可能唤起俄部分势力再次倒向西方、“与西方结盟”的冲动。因此，对于俄发展对华关系的积极姿态，我必须予以积极回应，采取与俄相向而行的重大举措，鼓励俄进行面向我国的战略调整，否则很难排俄对华战略倒退的危险。

要充分认识中俄关系的复杂性。虽然中俄共同利益广泛存在，但是导致摩擦的因素依然众多。大国、邻国相处易于产生利益纠葛。两国历史上存在恩恩怨怨，文化上存在巨大差异。俄地缘环境十分复杂，在大国地位下降、国际处境恶化的情况下，安全忧虑感上升，易于发生情绪性误判。俄民族优越感强烈，要适应中国的崛起、适应中俄在世界上角色的转换，需要一段较长时间。俄对任何大国都不完全放心，对中国的“不放心”可能长时间存在。中国内部也存在“俄罗斯不可靠论”，要改变这种认识同样不易。因此，不能因为俄罗斯是我战略协作伙伴，就对其抱持过高的期待，国家间不存在“为朋友两肋插刀”之说，发生利益分歧是正常现象，更何况中俄并非盟友关系。

要制定具有前瞻性的对俄战略。应从世界格局大变动、国际秩序大调整的高度，从我外交战略、发展战略、安全战略乃至整个地缘战略的高度，从运筹大国关系与周边外交的高度，从今后几十年国家和平发展、和平崛起大局的高度，认识俄的战略价值、定位对俄关系。在制定系统明确的对俄战略的基础上，还应逐步形成各领域发展对俄关系的方略，以统一各方思想、协调各方行动。

要下大力消除俄对我的战略疑虑。不要再泛泛谈论“政治互信不足”，要害是战略疑虑犹存。要多层次、多渠道地开展对俄高层及精英的战略沟通，强化其对两国共同战略利益的认知。特别要针对俄疑虑较深的重大战略问题进行深入坦诚的对话,务必使俄"放心"。要有理有据地批驳"中国威胁论",特别是"人口扩张论"、"领土要求论"、"力量对比失衡论"、"中美瓜分世界论"、"中国挤占俄传统势力范围论"。要处理好中美俄三角关系,力求对美、对俄关系相互拉动。在对美关系上中俄要达成充分的谅解和默契,避免相互猜疑。中国不能为了发展与主要战略对手的关系而牺牲与主要战略伙伴的关系。很难设想,一旦失去俄罗斯这一战略伙伴,中国的国际战略环境将是什么样子。要谨慎妥善地处置敏感问题,特别是关系对方民众感情的问题;要敏锐地发现、及时地解决可能引起误解、疑虑的问题;要分清战略问题与战术问题,理性地处理具体利益分歧,不因枝节性问题而影响两国关系的大局。

要夯实两国战略关系的物质基础与民意基础。必须扩大两国经济利益的相互依存度,实现经济利益上的相互捆绑。努力促使两国地区发展战略相互接轨,推动两国相邻地区的经济逐步走向一体化,实现共同发展。有步骤地开展国际金融领域的合作,包括相互投资、货币互换、本币结算、大企业在对方挂牌上市。落实、扩展能源与科技领域的大型项目合作,使之成为两国关系的纽带。军事合作是国家关系中最具实质意义的合作领域,必须探讨加强军事合作特别是军技合作的新思路,尽快改变军技合作停滞不前的状况。要加强两国在中亚地区和东北亚地区的安全协作,特别要共同推动上合组织各领域合作的深化。加强人文交流,开展对俄媒体的工作,改变"上热下冷"、"官热民冷"的局面。研究中俄关系面临的现实与潜在挑战,采取规避、化解的有效措施,确保两国关系始终保持积极发展的势头。

世界金融危机条件下的中俄战略协作*

发端于美国的世界金融危机肆虐全球，对世界各国的经济发展造成了数十年不遇的严重冲击，同时也引发了冷战后最为剧烈的国际政治经济秩序调整和国际战略格局变动。中俄作为两个世界大国、两个快速崛起的新兴大国，在世界金融危机条件下，既面临共同挑战亦面临共同机遇。新形势、新条件要求中俄以新的思路、新的举措进一步深化战略协作，共同维护两国和平发展的国际环境，共同营造新的世界经济秩序，共同致力于“准多极时代”的世界治理。

一、世界金融危机给中俄和平发展带来共同挑战与共同机遇

（一）金融危机对中俄经济造成严重冲击，两国均面临“保增长”与“调结构”的艰巨任务

由于全球化时代世界各国的经济联系紧密，加之美国凭借世界金融霸主地位极力转嫁危机，包括中俄在内的世界各国几乎无一例外地受到了金融危机的冲击。

在世界金融危机的冲击下，中国出口市场大幅萎缩，大批工厂倒闭、大量工人失业。得益于“保增长”刺激政策的正确实施及外汇储备的充足，中国充分调动了“投资”与“内需”两大增长潜力，短时间内即实现了经济的止跌回升，2009 年 GDP 增长 8.7％。虽然在世界主要经济体普遍陷入衰退情况下中国的经济增长被誉为“一枝独秀”，但是也暴露出过于依赖出口拉动的经济增长

* 本文系作者 2010 年 4 月在中俄双边研讨会上的发言要点.

方式的不可持续性。在美欧发达国家贸易保护主义抬头、无端指责中国操纵人民币汇率等多重压力之下,2010 年中国经济发展面临的形势相当严峻。加之气候变化问题日益尖锐,中国必须改变高耗能、高污染产业比例过大的经济结构,亦给经济发展带来巨大挑战。今后若干年,中国既要"保增长"又要"调结构",压力之大、任务之艰巨,是任何发达国家在实行工业化、城市化阶段未曾有过的。

俄罗斯遭受世界金融危机的冲击更为严重,持续 8 年的经济增长掉头向下,金融系统陷入流动性短缺困境,众多企业生产难以为继。尽管俄罗斯政府采取了坚决的应对措施,取得了超出预期的成绩,但是 2009 年 GDP 仍然下滑 7.9%。俄罗斯过于依赖油气等原材料出口、过于依赖欧洲市场的经济结构和发展模式,在金融风暴面前显得相当脆弱。俄罗斯企业与金融系统大量借贷西方银行短期债务,也是在金融危机中被动吃亏的重要原因。因此,俄罗斯也面临着在"保增长"的同时调整经济结构和发展模式、实现"创新发展"的艰巨任务。

（二）金融危机对世界经济秩序造成严重冲击,中俄均面临营造新的世界经济秩序的艰巨任务

世界金融危机实质上是自由资本主义制度的危机。以美国为代表的自由资本主义发展到今天,已经成为生产力进步的桎梏。国家放松宏观调控,任凭市场力量横冲直撞;虚拟经济无序扩张,实体经济严重萎缩;金融机构失去监管,投机掠夺贪婪无度;生活方式挥霍奢侈,借贷消费寅吃卯粮。美国之所以富有,人民具有创新精神、制度具有一定的纠错能力固然是其重要原因。同时必须看到,美国人的富有很大程度上是建立在不公正不合理的世界经济秩序基础之上的。凭借强大的政治、经济、军事实力,廉价利用整个世界的自然资源、智力资源与金融资源,是美国聚敛财富的主要途径。美国利用美元的霸主地位,通过金融投机与市场操纵牟取暴利,甚至无节制地开动印钞机,更是一种巧取豪夺。

但是物极必反,这种经济秩序的恶性发展终于伤害到美国自身,导致百年不遇的金融危机,进而发展成为空前严重的经济危机。

正因为此,金融危机发生后,世界各国包括欧洲国家均强烈呼吁改变现行世界经济秩序特别是金融秩序。这种情况给处于这种秩序低端的中国和俄罗斯提供了争取自身及广大发展中国家权益的重要机遇。

（三）金融危机对国际战略格局造成严重冲击，中俄均面临维护“准多极世界”和平稳定的艰巨任务

深陷伊拉克战争和阿富汗战争泥潭的美国，如今又遭遇自身制造的金融危机，可谓“雪上加霜”。美国硬软实力同时遭受严重削弱，陷入前所未有的战略困境，开始从世界霸主的巅峰向下滑落。尽管在今后相当长时间里美国仍将是世界最强大的国家，而且不可能放弃追求单极霸权的全球战略目标，但是美国为所欲为的时代将一去不返。美国的相对衰落，很可能成为引发国际战略格局剧烈变动的最重大因素。

与此同时，多个发展中国家利用经济全球化的有利时机实现了快速发展，世界出现新兴国家群体式崛起的新气象。这些新兴国家不仅对世界经济增长的贡献越来越突出，而且对世界政治的影响越来越大。可以说，离开以中俄印为代表的新兴大国，世界的各种问题都难以解决。正是在此背景下，G20机制应运而生，“金砖四国”机制登上世界舞台，“基础四国”机制在哥本哈根气候变化大会上崭露头角。

多种情况表明，冷战后形成的持续十几年的美国单极称霸时代即将结束。但是，真正的多极时代并未随着美国霸权的衰落而同步到来。这不仅是因为美国实力依然超强，而且是因为世界各大力量中心尚处在发育凝聚过程之中，比较稳定的国际战略格局、新的世界政治经济安全秩序、能够得到各国广泛认同的世界治理模式远未形成。因此，目前的世界尚不是严格意义上的多极世界。准确地说，世界正在进入由单极格局向多极格局过渡的新时代，即“准多极时代”。

“准多极时代”具有以下突出特征：世界格局的变动具有剧烈性；建立新的世界秩序的斗争具有尖锐性；各大力量中心的消长及其相互关系的发展具有不确定性；各国对国家定位的选择具有困难性。总之，世界矛盾空前复杂，不排除出现群龙无首、混乱无序局面的可能性。

为了避免这种危险局面的出现，中俄及各大国必须在世界治理模式问题上尽快达成共识，形成具有广泛代表性的有效治理机制。这既对两国构成了严峻挑战，同时也给中俄国际战略运筹提供了重要机遇。

二、世界金融危机条件下中俄加强战略协作的思路与举措

面对共同挑战与机遇，基于共同利益与责任，中俄两个大国必须强化战略

协作，既维护自身战略利益，又促进世界的共同安全与共同发展。

共同维护两国和平发展的势头。中俄首先要确保自身持续发展，为此必须共同维护国际环境和周边环境的和平稳定。中俄和平发展的另一重要前提是确保自身稳定，为此必须共同抵御内外部各种安全威胁，并且在关系国家主权与领土完整、关系各自核心利益的问题上相互支持。中俄要实现快速发展，必须相互依托、相互借重，为此必须不断深化各领域的务实合作，特别是能源合作与高科技合作。中俄还应相互支持对方成为未来多极世界具有重大影响力的力量中心，为此必须联手运筹大国关系，协调应对各种重大国际问题。

共同营造新的世界经济秩序。金融危机使世界多数国家认识到，必须改变现行不公正、不合理、不可持续的世界经济秩序，建立公平正义、互利共赢的世界经济新秩序。而建立新的世界经济秩序必然遇到旧秩序营造者、主导者、受益者的强烈抵制，因而需要经过长期而艰苦的斗争。中俄作为两个新兴大国，在建立新的世界经济秩序问题上拥有十分广泛的共同利益，必须联手合作。首先要建立新的国际金融秩序：打破美元的霸主地位，创建新的国际储备货币，更多地实行本币结算和货币互换；改造以国际货币基金组织为代表的国际金融机构，扩大发展中国家的话语权和表决权；加强对国际金融秩序的监管，制止过度金融投机；抑制虚拟经济的泛滥，推动实体经济的发展。另外，还要保证世界自然资源的合理共享，打破少数大国对重要资源产地和运输通道的控制；加强发展中资源国对本国资源的掌控权，改变某些发达国家掠夺发展中国家的现状。中俄还要共同致力于上合组织经济合作的深化，联手将其打造成为新型区域合作的样板、新的世界经济秩序的重要支柱。必须指出，在建立新的世界经济秩序问题上，中国无意向他国输出“中国模式”，中国坚定不移地主张各国自主选择适合本国国情的发展模式。

共同推动“准多极时代”的世界治理。鉴于世界进入“准多极时代”，而且这个时代很可能要持续相当长的时间，中俄必须在增强战略互信的基础上以超强的智慧制定适应“准多极时代”的国际战略。要特别注意防止美国“衰落综合症”的发作，促进“准多极时代”的世界和平与稳定。目前来看，治理“准多极世界”最具可行性的模式应是“多边共治”。“多边共治”的主要内涵是：以联合国为核心，以G20、“金砖四国”及其他国际和地区合作机制为支撑，世界各主要力量中心共同参与、共负责任、共同治理。这种模式顺应世界经济全球化与区域经济一体化的大趋势，体现国际关系民主化的迫切要求，适应世界文明多样性的现实及和谐共处的理念，利于稳定有序的多极世界的形成，符合世界多数力量中心的愿望。在现有各种机制中，G8 缺少代表性，而且越来越徒有其名，显然不可能成为全球治理的主要机制；G2 既不符合当今世界的现实，也有悖于中国的战略利益与战略理念，同样不可取、不可行；只有 G20，既包括主要发达国家，也包括主要发展中国家，具有广泛代表性，有望成为全球治理的基本平台。因此，中俄应在强化 G20 机制上加强协作，使之成为稳定的全球治理结构。中俄还应携手加强“金砖四国”、上合组织等新型合作机制的建设，使之成为维护新兴国家和广大发展中国家利益的有效机制。在对美关系问题上，中俄也应当加强战略协作，共同抑制美国的霸权主义，共同推动美国的对外政策少一些对抗、多一些合作。

中俄应成为“全球与地区负责任的玩家”*

在美国单极霸权衰落、新兴国家群体式崛起等多种因素的作用下，以世界金融危机爆发为标志，国际格局、国际秩序进入新的变动期，中俄崛起的国际环境随之发生重大变化。深入分析新环境的新特点，深刻认识中俄战略利益的广泛一致性，努力深化两国间的战略协作与务实合作，不仅对于两国和平崛起的前途，而且对于两国成为“全球与地区负责任的玩家”（俄方会议主办者的提法），均具有重大意义。

一、新时期中俄面临的国际环境

世界进入“准多极时代”。目前的世界已不再是“美国一家说了算”的单极世界，同时也不是真正意义上的多极世界，而是由单极霸权向多极制衡过渡的“准多极世界”。在“准多极世界”里，一方面，由于美国“相对霸权”仍将继续，世界各力量中心尚处在凝聚发育之中，其相互关系具有很大的不确定性，建立新的国际秩序的斗争相对尖锐，能够得到广泛认同的全球治理模式的形成也较为困难，因而各种矛盾空前复杂，存在出现群龙无首、混乱无序局面的现实危险。另一方面，和平与发展仍然是时代的主题，在可以预见的时间内，针对中俄或者中俄被迫卷入的较大规模战争的危险基本可以排除；美国短时间内难以走出战略困境，要同时应对多个新兴国家崛起与伊斯兰世界反美两大战略性挑战困难重重，全面遏制中俄崛起力不从心；随着中俄及其他新兴大国的发展、国际地位的增强，国际秩序有望向着更加符合中俄崛起需要的方向变

* 本文系作者 2010 年 11 月在华师大“瓦尔代国际辩论俱乐部论坛”的发言。

化；随着中俄综合国力、国际运筹能力、国际动员能力的增强，两国抵御外部挤压与遏制的能力、应对各种挑战的能力有望进一步提高。因此，中俄对“准多极世界”的国际关系演变总体上应持乐观期待，同时必须共同做出加倍努力。

世界进入“后金融危机时期”。发端于美国的世界金融危机对世界各国经济造成严重冲击，中俄亦受到不同程度的影响。目前世界经济进入缓慢恢复期，但是复苏的前景很不确定。世界金融危机暴露出金融垄断资本主义经济与政治模式的不可持续性，显示出一些新兴国家基于本国国情的发展模式之生命力，不仅将促进发展模式的多样化、国际关系的民主化，而且将对国际经济秩序产生重要影响。多个新兴大国特别是中俄率先走出金融危机，在国际关系中的影响力必将进一步增强。世界金融危机催生了由多个新兴大国参与组成的新的全球经济治理机制 G20，这对于国际经济秩序的变革具有重要意义。经济全球化的大潮并未因金融危机发生而出现逆转，有望继续给新兴国家的崛起提供重要助力。世界金融秩序酝酿重大改革、新的产业革命蓬勃兴起，亦将对世界经济秩序产生深远的影响。因此，后金融危机时期，中俄经济的发展可能面临新的机遇。

中俄进入“崛起关键期”。中俄的快速崛起符合冷战后的世界潮流。中俄崛起的基础已经奠定，发展战略切实可行。中国进入工业化、城镇化、现代化快速发展的新时期，俄罗斯进入“再工业化”、现代化发展的重要历史阶段。从经济发展规律看，相当长时间里两国社会经济的发展仍将处在快车道上。只要中俄不出现重大战略失误，内部不出现全局性混乱、外部不出现全局性对抗，两国崛起的战略机遇期即有望较长时间延续。可以说，今后十几、几十年将是两国的“崛起关键期”。

二、新的国际环境下中俄的共同战略利益

在新的国际环境下，中俄战略利益广泛一致。突出表现在以下几个方面：

中俄战略需求相近。中俄都处在崛起的关键期，对和平稳定的国际与周边环境的需求广泛一致。中俄都面临某些大国的挤压与遏制，需要相互依托、联手抵御。中俄基本国情与发展模式相近，需要相互借鉴，共同维护发展模式的自主选择权，共同抵制某些西方国家的意识形态打压。

中俄战略理念相近。两国都是新兴大国，对“准多极世界”的治理有着广

泛的共识，不仅对世界走向多极化的理念一致、对公正合理的国际政治经济秩序的追求一致，而且都主张国际关系民主化、全球治理多边化，在抵制霸权主义与单边主义、维护世界和地区和平稳定问题上是“天然伙伴”。

中俄历史责任相近。中俄都是联合国安理会常任理事国，都是世界级新兴大国，并且都有希望成为正在形成的多极世界的力量中心，因而在全球治理上、在维护世界与地区的和平稳定上、在新的世界政治经济秩序的构建上，均负有重大历史责任，必须担负起“负责任玩家”的责任，具有更多的“大国作为”。

此外，中俄互为最大邻国，相互都是安全环境与发展环境的“半边天”；中俄拥有共同的周边，需要共同致力于地区的稳定与发展；中俄经济上互补性很强，需要相互利用对方快速发展的机遇。

可以说，中俄战略利益的一致性比两国与任何大国之间都要广泛得多。正因为此，中国坚定地把俄罗斯作为“主要战略伙伴”。

三、中俄作为“负责任玩家”的合作方向

为了应对国际环境变化、维护共同战略利益、确保国家的和平崛起，作为“全球与地区负责任的玩家”，中俄应进一步深化战略协作与务实合作。当前特别需要从以下几个方面做出更大努力：

一是增强战略互信。中俄战略利益广泛一致，但是两国对此的认知仍嫌不足。应强化战略对话机制，确保战略意图相互透明。应努力消除“中国威胁论”、“俄罗斯不可靠论”对两国关系的消极影响。俄罗斯应相信中国和平发展的真诚性，中国也应消除部分民众对俄重走扩张道路的担忧。世界之大，完全具有中俄两国同时崛起的战略空间。

二是携手参与全球治理。联合国安理会仍是维护世界安全的核心机制，任何其他机制都不能代替，中俄必须共同维护联合国的权威。G20 作为世界经济的多边治理机制已经显示出较强的适应性，中俄应共同致力于该机制的充实与完善。“金砖四国”机制有利于维护新兴国家的权益、推动世界政治经济秩序的改造，中俄应努力发挥其作用。在对美关系上中俄要相互信任、相互支持，一方面彻底抛弃美国不再遏制中俄崛起的幻想，另一方面尽力避免与美发生全面对抗，谨防美国策动针对中俄的新冷战。

三是共同经营好上合组织。上合组织是中俄建设“周边睦邻友好合作带”的重要战略依托，理所当然应成为中俄战略协作的重要领域。要共同增强上合组织的凝聚力与活力，使其在维护地区稳定、促进地区发展中发挥更大的作用。中俄应认识到，在中亚地区彼此都是绕不开的重大因素，相互都是实现自身地区利益的可靠伙伴，两国战略利益的共同性远远大于竞争性。中国不会与俄争夺地区主导地位，俄亦应摒弃势力范围思维。

四是切实加强务实合作。务实合作是中俄战略协作的物质基础，必须从战略高度予以深化。要珍视能源合作的良好势头，进一步扩大其领域与规模。两国相邻地区发展战略接轨互动，是促进两国地区发展的战略性举措，必须做出切实努力，避免合作纲要流于形式。中国有着与俄罗斯共同发展的真诚愿望，在资金、技术方面的某些优势可以弥补俄经济发展的“短板”，对俄实施“现代化发展战略”的助益更为实在，中国现代化建设中的经验教训也值得俄罗斯借鉴，因此两国有必要结成“现代化伙伴关系”。

新世纪前10年中俄战略协作伙伴关系回顾与展望*

新世纪前10年，中俄战略协作伙伴关系的发展取得了丰硕成果，成为各自大国关系中最具建设性的一对双边关系。新的10年，中俄战略协作伙伴关系必将进一步深化，在保障两国经济社会的快速发展、“中华民族的伟大复兴”和“建设强大俄罗斯”的同时，为世界的和平、稳定与发展做出更大的历史性贡献。

1996年4月，中国国家主席江泽民与俄罗斯总统叶利钦在北京签署联合声明，宣布将两国关系由“睦邻友好、互利合作的建设性伙伴关系”提升为“平等信任、面向21世纪的战略协作伙伴关系”，开启了两国关系的新时代[①]。2001年7月，作为确保两国关系长期稳定、不断深化的重大举措，江泽民主席与普京总统签署了《中俄睦邻友好合作条约》，“两国关系进入全面、快速、深入发展的轨道”[②]。回顾新世纪前10年中俄战略协作伙伴关系的发展历程，可以说“取得了极为丰硕的成果”。目前的两国关系已经发展成为各自大国关系中最具建设性的一对双边关系。用杨洁篪外长2010年3月在第十一届全国人大第三次会议上答记者问时的话说，目前的中俄关系“是成熟、稳定、健康和充满生气的战略协作伙伴关系，是大国关系的典范”[③]。展望新世纪第二个10

---

* 本文发表于中国国际战略学会会刊《国际战略研究》2011年第1期。

① 引自《中俄联合声明》，新华网1996年4月25日。

② 李辉：《中俄关系的现状与发展前景》，外交部网站，2010年4月30日。

③ 杨洁篪：《现在的中俄关系是大国关系的典范》，俄国际文传电讯社，2010年3月7日。

年，中俄战略协作伙伴关系完全有希望进一步深化，在造福于两国人民的同时为“准多极时代”的全球治理做出更加突出的“大国贡献”。

一、10年来中俄战略协作伙伴关系的巨大成就

过去的10年，对于中俄关系来说是积极进取、极富成效的10年。10年中，两国政府和人民为夯实中俄关系的战略基础、深化各领域的互利合作，做出了巨大的努力，取得了巨大的成就。

（一）确立了两国关系长期稳定的政治基础

从战略高度确立能够统揽两国关系全局、保证两国关系长期稳定的政治基础，对于中俄战略协作伙伴关系的持续发展具有极其重要的意义。正是基于这种远见卓识，中俄两国领导人高度重视对两国关系政治基础的构建。这突出表现在两国元首发表的关于建立战略协作伙伴关系的联合声明、《中俄睦邻友好合作条约》以及多次就重大国际、地区和双边关系问题发表的联合声明及其他重要文件中，例如关于21世纪国际秩序的联合声明（2005年7月1日）以及在核心利益上相互支持、共同维护二战历史结论的联合声明（2010年9月28日）等等。

中俄就两国关系的政治基础达成的原则性共识主要集中在以下两个方面：

其一是“世代友好，永不为敌”。这是《中俄睦邻友好合作条约》的核心理念，集中体现了中俄两国坚持走和平发展道路、相互不威胁对方主权领土安全、全面深化各领域的务实合作、成为“好邻居、好朋友、好伙伴”的强烈意愿，体现了摒弃“零和”冷战思维、共同推动世界和地区的和平与稳定的坚定决心和庄严承诺。中俄关系10年来的平稳发展得益于此，中俄关系未来10年的持续深化也将得益于此。两个世界大国、大邻国、安理会常任理事国，明确宣示这种符合时代要求的国家关系理念，并且以国家间条约的形式加以固定，无疑将对世界各国起到极为重要的示范作用。

其二是新型国家关系准则。主要包括以下四点：

平等尊重。今天的中俄关系不同于沙俄与满清之间侵略与被侵略的关系，不同于中苏结盟时期“小兄弟”与“老大哥”的不平等关系，也不同于某些国家间领导与被领导的关系，而是建立在两个主权国家完全平等、相互尊重基础

上的合作伙伴关系。

互信协商。通过沟通增强互信、通过协商消除分歧,是中俄关系不断深化的重要经验。在大国关系中,中国与俄罗斯之间的相互疑虑最少、相互合作最紧密,除了两国战略利益、战略理念广泛相近外,重要原因即在于此。

互利共赢。互利共赢是中国对外开放战略的核心理念,也是中国运筹国际关系的基本方针,在对俄关系上更是如此。中俄各领域的合作之所以不断扩展,"互利共赢"理念起到了重大作用。

坚持"三不"。"不结盟、不对抗、不针对第三国",是中俄关系长期遵循的基本方针,也是其健康发展的重要保证。"三不"方针符合 21 世纪的时代潮流,是对以"集团对抗"、"绝对安全"、"零和游戏"为特征的冷战思维的有力抵制。

上述新型国家关系准则的确立,既为两国关系长期稳定提供了根本性保证,也为新型国际关系的形成树立起一面旗帜。

(二) 健全了两国关系持续发展的保障机制

国家关系不仅要靠战略利益、战略认知来支撑,而且要靠必要的机制来保障。各种保障机制的不断完善,对中俄关系的平稳发展起到了十分重要的作用。

战略协作机制。主要包括国家元首和政府首脑定期会晤机制、两国外长经常性磋商机制、就重大国际问题与地区热点问题的沟通对话机制、在联合国及其他多边舞台上协调立场的机制,以及在关系两国重大利益问题上相互支持机制等等。这些机制为两国扩大共识、开展战略协作,提供了重要支撑。

安全磋商机制。集中表现为高层战略安全磋商机制、总参谋部战略磋商机制等。这些安全磋商机制,对于减少相互疑虑、增进相互信任,消除分歧、避免冲突,减少偶发事件的干扰、推动两国关系始终沿着正确的方向前进,起到了十分重要的作用。另外,边界协定的签订及睦邻友好合作条约对两国"相互没有领土要求"的再确认①,消除了两国历史上的最大遗留问题,以法律形式为两国关系长期稳定奠定了重要的政治基础。再加上先前签订的军事领域相

① 引自《中俄睦邻友好合作条约》第 6 条,2001 年 7 月 16 日。

互信任协定和边境地区相互减少军事力量协定的执行，极大地增进了安全领域的战略互信，减少了发生摩擦、冲突的可能。

务实合作机制。集中表现为政府各部门间的混委会和分委会机制。这些机制几乎涵盖了政府各个部门，对于深化两国各领域的合作发挥了十分积极的作用。例如，近年两国能源合作取得突破性进展，很大程度上即得益于由两国主管副总理挂帅的能源合作谈判机制的建立。在军事安全领域，依照相关机制，两国强力部门领导人和高层代表频繁会晤、互通情报、定期举行联合军演、展开军事技术和人员培训合作，不仅极大地促进了两国的战略互信，而且对于两国联手应对安全挑战发挥了重要作用。

（三）深化了两国在国际事务中的战略协作

在两国战略协作基本原则的指引下，在重大国际问题上，在地区稳定与发展问题上，在相互维护核心利益问题上，中俄两国都展开了紧密的战略协作。

在国际战略层面上，例如在共同推动稳定有序的多极世界的形成、共同应对霸权主义和单边主义的猖獗、共同抵御坚持冷战思维国家的战略挤压、共同营造更加公正合理的国际政治经济秩序等问题上，中俄战略协作都产生了广泛而深远的国际影响。

在地区战略层面上，2001 年中俄与中亚国家共同发起建立了新型区域合作组织——上合组织，并且成为该组织各领域合作的主要推动者，对于中亚地区的总体稳定和经济发展起到了关键性作用。在维护东北亚地区安全稳定问题上，特别是推动朝鲜核问题六方会谈、缓解朝鲜半岛紧张局势中，中俄战略协作所发挥的积极作用也得到了国际社会的充分肯定。

在相互维护核心利益层面上，10 年来中俄都做到了旗帜鲜明、及时有力。中国坚定地支持俄罗斯在北高加索地区反恐问题上的原则立场和坚决行动，俄罗斯坚定地支持中国在涉台、涉藏及维护新疆稳定问题上的原则立场和果断行动。另外，在反对外部势力以民主、人权为由干涉两国内政的问题上，在维护发展模式和政治制度自主选择权利的问题上，中俄间的战略协作也都起到了极为重要的相互支撑作用。

（四）拓展了两国各领域的务实合作

在过去 10 年中，中俄各领域的务实合作不断深化，有力地促进了两国的经济发展。两国贸易规模由 2000 年的 80 亿美元扩大到 2010 年的 550 亿～

570 亿美元[1]，在遭受世界金融危机严重冲击情况下，仍然基本实现了两国总理 2004 年提出的 2010 年双边贸易额达到 600 亿～800 亿美元的目标。两国间的相互投资日益活跃，高新技术合作发展势头日益强劲。两国相邻地区经济社会发展战略接轨互动合作纲要的签署和实施，可望有力地促进俄罗斯东部地区的开发和中国东北老工业基地的振兴。

特别是在应对金融危机合作中，两国充分发挥了各自的优势，相互支持、相互帮助，率先实现了经济复苏和快速发展。两国货币互换及相互在对方挂牌上市，对于减少美元霸权带来的金融风险、推动新的国际金融秩序的建立，亦具有重要意义。

在能源领域，两国间的务实合作已经结出丰硕的果实：年输油量 1 500 万吨的原油管道正式开通，年输气量达 680 亿立方米的天然气管道谈判全面展开，煤炭、核能、水电、可再生能源以及能源技术合作也取得重要进展。这对于俄罗斯摆脱严重依赖欧洲能源市场的被动局面，对于中国规避海上油气运输的风险，对于增强两国能源发展的可持续性，都具有不可估量的重要意义。

在军事安全领域，两国进行了多次"和平使命"联合军演，开展了卓有成效的军事技术合作和人员培训合作，将两国军事安全关系推上了前所未有的高度。

（五）强化了两国世代友好的民意基础

中俄两国领导人高度重视两国关系的民意基础，在人文合作领域不断采取新的重要举措。2007 年和 2008 年中俄相继举办了"国家年"活动，2009 年和 2010 年举办了"语言年"活动，均取得巨大成功。两国业已商定，将共同举办"旅游年"活动，进一步扩大两国民众间的交流。

两国间的公共外交也日趋活跃。议会、政党、地方间的互访日益频繁，学术机构、民间社团、媒体间的对话交流日益增多，各种形式、各个领域的论坛、研讨会、展览会接连举办。

这些人文合作与公共外交的开展，不仅促进了两国民众的相互关注、相互了解，而且拉近了两国民众彼此间感情，夯实了两国关系的民意基础，为两国政府采取深化国家关系的重大举措提供了舆论支持。"中国威胁论"在俄罗斯

---

① 引自俄驻华使馆商务代表齐普拉科夫的谈话，北京财经网，2010 年 12 月 9 日。

降温,“俄罗斯不可靠论”在中国减少,中俄民众相互好感度增大,互视对方为友好国家的人数增多,很大程度上与两国间人文合作的开展密不可分。

二、新 10 年中俄战略协作伙伴关系面临的重大任务

新的 10 年,中俄都面临着维护世界和平与地区稳定、实现经济社会现代化发展的艰巨任务,两国间的战略协作和务实合作必须为遂行这些重大任务做出更大的贡献。

(一) 在新时期的全球治理中发挥大国作用

在美国单极霸权衰落、新兴国家群体式崛起等多种因素的共同作用下,以世界金融危机爆发为标志,国际格局、国际秩序进入新的变动期。目前的世界已不再是“美国一家说了算”的单极世界,同时也不是真正意义上的多极世界,而是由单极霸权向多极制衡过渡的“准多极世界”。在“准多极世界”里,美国“相对霸权”仍将继续,必然极力遏制新兴大国的崛起;世界各力量中心尚处在凝聚发育之中,其相互关系具有很大的不确定性;建立新的国际秩序的斗争十分尖锐,能够得到广泛认同的全球治理模式的形成具有困难性;各种矛盾空前复杂,存在出现群龙无首、混乱无序局面的现实危险。在此情况下,中俄作为联合国安理会两大常任理事国、两个快速发展的新兴大国,必须在“准多极时代”的全球治理中扮演“负责任玩家”的重要角色,承担起维护世界的和平与稳定、建立新的国际战略平衡、构建新的公正合理的国际政治经济秩序的历史使命。中俄战略利益、战略理念、战略需求广泛相近,存在深化此领域战略协作的坚实基础。中俄都在蓬勃发展,综合国力和国际运筹能力都在不断增强,有条件承担起这一历史责任。和平与发展仍然是时代的主题,在可以预见的时间内针对中俄或者中俄被迫卷入的较大规模战争的危险基本可以排除,两国完全有希望在避免与传统大国全面对抗的条件下与世界各国共同构建一个稳定有序的多极世界。

发端于美国的世界金融危机对世界各国经济造成严重冲击。世界金融危机的爆发及西方发达国家经济复苏的缓慢,暴露出金融垄断资本主义经济模式与政治模式的不可持续性。中俄及多个新兴大国率先走出金融危机,显示出这些国家基于本国国情的发展模式的生命力。这种情况不仅将促进发展模式的多样化、国际关系的民主化,而且将对国际经济秩序产生重要影响。世界

金融危机历史性地将中俄及其他新兴大国推向了世界经济治理的前列,新的全球经济治理机制 G20 的出现为中俄参与世界经济治理提供了重要舞台。中俄应当充分利用 G20 机制,推动该机制进一步完善,同时激发“金砖四国”、上合组织等新兴国家合作机制的活力,共同致力于国际经济秩序的变革特别是世界金融秩序的改革。世界已经进入“后金融危机时期”,主要经济体进入缓慢恢复期,但是世界相当多国家经济复苏的前景仍然很不确定。中俄应当而且能够成为“后金融危机时期”世界经济增长的主要“引擎”,为世界各国的共同发展做出历史性贡献。

(二) 为两国快速崛起共同应对“麻烦多发”

中俄的快速崛起符合 21 世纪的世界潮流。中俄崛起的基础已经奠定,发展战略切实可行,相当长时间里两国经济社会的发展仍将处在快车道上。只要中俄不出现重大战略失误,内部不出现全局性混乱,外部不出现全面性对抗,两国崛起的战略机遇期均有望较长时间延续。可以说,今后十几、几十年将是两国“崛起的关键期”。

与此同时,中俄均在一定程度上进入“崛起的麻烦多发期”。美国高调“重返亚洲”,在中国周边加紧军事力量部署,煽动疑华、恐华、反华情绪,遏制中国崛起的动作明显增多、实施战略围堵的力度明显加大。日本诬称中国崛起对其构成战略威胁,企图通过强化日美同盟联手遏制中国崛起。周边某些中小国家引进区外大国制衡中国的倾向亦有所抬头。虽然从国际大环境、时代大潮流看,上述烦扰基本上都是战术性的而不是战略性的,仅能称得上“麻烦”而称不上“威胁”,但是中国崛起的确进入了一个“麻烦多发期”。由于世界对中国的崛起需要一个接受过程,中国对扮演新的世界角色也需要一个适应过程,这个“麻烦多发期”短时间内可能难以结束。

俄罗斯的国际环境与周边环境虽然较前些年有所改善,但是从战略角度看,其崛起的麻烦并未实质性减少。金融危机爆发后,俄罗斯高调崛起的做法有所改变,俄美关系的氛围有所缓和,相互指责、激烈争吵有所减少,在地区热点问题及某些非传统安全问题上相向而行的动作有所增多。但是,俄罗斯的块头太大,潜力太大,企图太大,对外扩张的历史印痕太深,美国永远不可能对俄罗斯完全放心,不可能从根本上放弃“遏俄弱俄”战略。俄罗斯实行以“主权民主”为核心的政治模式,被美国视为“专制政体”,美国西化俄罗斯的战略企图难以改变。俄美间的多重结构性矛盾至今一个也未解决，在可以预见的未来也不可能真正解决。俄美关系很难得到实质性改善，互为战略对手的格局很难根本性改变，所谓“战略伙伴关系”很难真正形成。一个“弱而不乱”的俄罗斯，最符合美国的战略需要，美国及某些西方国家对俄罗斯崛起制造的麻烦仍会接连不断。

为了营造和平发展所必须的国际环境和周边环境，中俄必须在应对“麻烦多发”问题上联手合作、相互支撑。这也是两国战略协作的应有之义。

（三）为两国的现代化发展建立“现代化伙伴关系”

中国经济正在由规模性扩张转向“包容性增长”，进入科学发展的新阶段。俄罗斯推出新时期的国家发展战略——“全面现代化战略”，发展模式正在从原材料依赖型转向创新发展型。这就是说，中俄都将现代化发展作为今后相当长时期内的重大战略任务，置于国家发展战略的最优先位置，全力予以推动。

由于西方发达国家在技术创新和现代化管理方面处于领先地位，俄罗斯把获取现代化发展所必需的资金、技术、人才和先进管理经验的希望主要寄托于欧盟大国及美国，认为“俄罗斯现代化所需要的资金、技术和管理经验只能来自西方”，“没有西方的支持，俄的现代化很难推动”①。尽管俄罗斯与欧美关系的缓和有可能带来经济发展合作的增多，但是美国不会真心实意地帮助俄罗斯实现现代化发展，不会扶持俄罗斯再次崛起为自己的强大战略对手。即使奥巴马政府真的如其所言愿意与俄罗斯建立“现代化伙伴关系”，在美国新保守主义依然强大的情况下，其承诺恐怕也难以兑现，很大可能仍会像上世纪90年代那样“口惠而实不至”。欧洲大国同样不会真心实意地助俄罗斯发展强大，不会把先进技术轻易送俄，而且遭受欧元区主权债务危机严重冲击的欧洲大国在相当长的时间内也缺少大规模援助俄罗斯的财力。

因此，俄罗斯现代化发展的希望首先应当寄托于自身，同时也有理由寄托于有着与俄实现共同发展之真诚愿望的中国。中国不仅在30年的改革开放、快速发展中积累了丰富的经验教训可供俄借鉴，而且在资金和制造业技术方面有优势可以弥补俄的“短板”，对俄现代化战略实施的助益更为实在。俄罗

① 梅德韦杰夫：《前进，俄罗斯》，2009年9月10日。

斯也有条件为中国的现代化发展提供重要帮助。因此,中俄完全有必要、有条件结成紧密的"现代化伙伴关系",携手实现现代化发展的跨越。

三、新 10 年进一步深化中俄关系的思路

新的 10 年,为了应对国际环境的新变化、维护两国的共同战略利益、确保两国的和平崛起,中俄必须进一步深化战略协作与务实合作。当前特别需要从以下方面做出更大努力:

强化战略基础。必须坚持《中俄睦邻友好合作条约》"世代友好,永不为敌"的精神,坚持两国多次联合声明中关于发展新型国家关系的准则,进一步强化战略协作与务实合作的战略基础。特别要在消除战略疑虑、扩大共同利益与共同理念上下大力气。为此,必须进一步加强高层互访及多渠道、多层次的交往;必须进一步加强各领域的务实合作,在互利共赢中增进互信;必须进一步夯实两国关系的民意基础,将共同安全、共同发展、平等尊重、互利共赢的理念植根于两国广大民众的心中;必须正确看待两国国际地位的变化,解决两国发展不平衡所带来的"不适应"问题。

排除外部干扰。由于中俄都是具有巨大发展潜力的新兴大国,在战略理念与意识形态上与西方大国存在重大差异,某些抱持冷战思维不放的西方大国十分害怕中俄走到一起,不断在中俄之间挑拨离间、制造分歧。俄罗斯广泛流传的"中国威胁论"很大程度上就是他们散布的,前些年中俄在能源领域的合作波折不断也与他们故意搅局有关。中俄两国对此必须十分清醒,努力排除外部势力对两国关系发展的干扰。特别要运筹好中俄美三角关系,避免对美关系成为中俄、俄中关系的牵制因素。中俄对对方坚持走和平发展的道路都应充满信心,不为别有用心者的不实之词所迷惑。正如普京总理所说,"不要用'中国威胁论'来吓唬俄罗斯"[①]。同样,也不要用"俄罗斯扩张论"来吓唬中国。

加强务实合作。战略协作的深化离不开坚实的经济基础。要确保中俄战略协作伙伴关系的持续发展,必须扩大两国经济的相互依存度、夯实两国关系的经济基础。中俄两国经济具有很强的互补性,发挥这一优势是密切经济合

① 普京:在远东地区接受俄罗斯电视台采访时的谈话,2010 年 8 月 30 日。

作的关键。中俄都在致力于现代化建设,两国在与发达国家加强经济技术合作的同时,应当尽快结成具有实质内容的"现代化伙伴关系"。同时还要进一步健全各领域的合作机制。

实现共同崛起。这是中俄战略协作伙伴关系最具根本性的目标。中俄共同崛起不仅是两国人民的强烈愿望,而且符合世界和平与发展的时代潮流。中俄应互视对方为促进自身崛起的重大积极因素,坚持"共同发展"的理念,充分利用对方快速发展的机遇,加速本国和平崛起的进程。

综上所述,新世纪前 10 年中俄之间这种建立在共同战略利益、共同战略理念基础之上的战略协作伙伴关系,给两国人民带来了实实在在的利益。有充分理由相信,未来 10 年中俄战略协作伙伴关系必将进一步深化,在保障两国经济社会的快速发展、"中华民族的伟大复兴"和"建设强大俄罗斯"的同时,为世界的和平、稳定与发展做出更大的历史性贡献。

中俄战略利益、战略理念、战略认知广泛相近*

国家间的战略关系仅凭共同战略利益和战略理念的客观存在远远不够，还必须形成对共同战略利益和战略理念的战略认知。

胡锦涛主席将于本月 15 日对俄罗斯进行国事访问。此次访俄重要议题之一，即是共同回顾建立战略协作伙伴关系 15 年来两国关系取得的重大进展。在笔者看来，不论从哪个角度讲，目前的中俄关系都处于历史最好时期。战略利益、战略理念的广泛相近性及对这种相近性的战略认知，对于两国关系的发展起到最具关键性的作用。

战略利益广泛相近

战略利益是影响国家关系最具关键性的因素。中俄战略协作伙伴关系的建立与发展，正是以两国共同战略利益作为基础和支撑的。

互为最大邻国，需要相互依托。互为最大邻国是最重要的地缘政治现实。邻居不能选择，远亲不如近邻，睦邻友好合作最符合两国的战略利益。长达 4 300 公里的共同边界，对两国安全环境和发展环境的影响十分重大。

拥有共同周边，需要共同经营。两国同处中亚、东北亚地区，在周边安全与发展问题上有着广泛的共同利益。在中亚地区，中俄的战略目标都是将该地区建设成为睦邻友好带、战略稳定带、经济合作带。两国的联手合作更是上

* 本文发表于《东方早报》2011 年 6 月 13 日。

合组织存在与发展的基础。考虑到美国“重返亚洲”及建立“亚洲版北约”的企图，中俄在东北亚地区的战略协作意义亦十分深远。

战略需求相近，需要相互支持。今后十几年、几十年，两国均处在快速崛起的关键期，都迫切需要一个和平稳定的国际环境与周边环境，在维护世界与地区的和平稳定问题上两国利益与共。中俄同为新兴大国，在建立新的国际战略平衡和营造新的国际秩序问题上存在着共同的战略诉求。

经济上互补性强，需要相互合作。俄罗斯拥有丰富的自然资源，军工、航天、航空、材料技术比较发达，中国是稳定可靠的能源、资源大市场，轻工、电子、通信技术比较先进，两国可以相互补充。尽管俄罗斯不少人将实现经济现代化的希望主要寄托于欧美，但是睦邻友好、蓬勃发展的中国对俄现代化发展的支持更具价值。

基本国情与发展模式相近，需要相互借鉴。中俄均是历史文化悠久、幅员辽阔的世界大国，同时又都是处在由计划经济向市场经济转轨过程中的新兴国家，两国面对的问题有着许多相似之处。

战略理念广泛相通

战略理念既基于战略利益，也基于战略文化。中俄战略理念的广泛相通性在两国与各大国关系中绝无仅有。

首先，在建立新型国家关系上理念广泛相通。一是平等尊重。今天的两国关系不同于中苏结盟时期“小兄弟”与“老大哥”的不平等关系，而是建立在两个主权国家完全平等、相互尊重基础上的伙伴关系。二是互信协商。通过协商消除分歧、增进信任、深化合作，是中俄关系不断深化的重要经验。三是互利共赢。中俄各领域的合作之所以不断扩展，“互利共赢”理念起到重大作用。四是坚持“三不”。“不结盟、不对抗、不针对第三国”的方针，既为两国关系长期稳定提供了根本性保证，也为新型国际关系的形成树立起一面旗帜。

其次，在发展道路问题上理念广泛相通。俄罗斯的“主权民主”和“可控市场经济”与中国的“社会主义民主”及“有中国特色的社会主义市场经济”有着许多相通之处。特别是在民主选择的自主性、民主模式的多样性、民主发展的阶段性、民主与稳定的关系等问题上，两国有着几乎完全一致的主张。

其三，在重大国际问题上理念广泛相通。例如，在世界格局多极化、国际关系民主化、人类文明多样性问题上，在建立公正合理的国际政治经济秩序问题上，在反对霸权主义与单边主义、维护以联合国为中心的国际安全机制和以不干涉主权国家内政为核心的国际安全准则问题上，在维护国家主权统一、反对动辄制裁和滥用武力问题上，在抵制反恐、“人权”、核能利用等领域上的双重标准问题上，在维护二战历史严肃性问题上，中俄都是战略理念十分相近的伙伴。

战略认知不断深化

国家间的战略关系仅凭共同利益的客观存在远远不够，还必须形成对共同利益的战略认知。

从中国方面看，从上到下普遍认识到俄罗斯的重大战略价值。俄罗斯是中国的最大邻国，对中国和平发展的周边环境影响重大。俄罗斯是世界大国，对中国的国际战略运筹影响重大。俄罗斯还是资源与市场大国，对中国和平发展的经济环境影响重大。中国外交战略强调“周边是首要、大国是关键、发展中国家是基础、多边是重要舞台”，决定了俄罗斯必然是中国外交战略的重点。

从俄罗斯方面看，主流民意对两国共同战略利益的认知也在不断增强。近年来，俄高层及主要智库对中国崛起性质与前景的判断日趋积极，对俄中战略协作伙伴关系在俄战略全局中重要价值的评价明显提升，批驳“中国威胁论”、强调“中国机遇论”的声音明显增大，搭乘中国经济的快车、借助中国加快与亚太经济接轨的愿望也日趋强烈。

中俄共同战略利益和战略理念如此广泛，在两国与各大国关系中独一无二。两国对共同战略利益和战略理念的战略认知不断强化，必将为战略协作奠定坚实的基础，为务实合作注入更加强大的动力。

中俄应在东北亚地区展开全面战略协作*

这里所说的“全面战略协作”，不仅包括经济合作、人文合作，而且包括政治合作、安全合作。

一、中俄在东北亚展开全面战略协作的必要性

中俄互为最大邻国，漫长的边界线将近99%处于东北亚地区，加强在东北亚地区的战略协作，是贯彻睦邻友好合作精神、成为“好邻居、好伙伴、好朋友”的客观要求。

中俄互为主要战略协作伙伴，加强在东北亚地区各领域的战略协作，是两国“全面战略协作伙伴关系”的应有之义。2011年中俄两国元首峰会决定，将两国关系提升为“全面战略协作伙伴关系”，意味着中俄两国不仅要在各个领域展开战略协作，而且要在包括东北亚地区在内的各个地区展开战略协作。

中俄相邻地区都面临着艰巨的发展任务，只有接轨互动、发挥互补优势，才能够实现这些地区经济社会的快速发展，并且有力地支撑两国的快速崛起。俄罗斯东部开发战略、中国振兴东北老工业基地战略的实施，离不开两国紧密的战略协作。2009年两国签署的《中国东部地区与俄罗斯远东和东西伯利亚地区合作规划纲要(2009～2018)》，集中体现了两国加强相邻地区合作的强烈意愿。而相关计划也只有放到两国在东北亚地区战略协作总体框架中，才有望得到更加有力的落实。

中国与俄罗斯都是快速崛起中的新兴大国，和平稳定的周边环境是两国

---

* 本文系作者2011年10月在“中俄东北亚合作与中俄关系”上的发言要点。

持续快速崛起不可或缺的重要条件。东北亚是中俄的共同周边，两国在东北亚地区展开全面战略协作，对于保证两国共同周边地区的安全稳定至关紧要。

中国的东北地区及部分北部地区、俄罗斯的远东地区及后贝加尔地区所在的东北亚地区局势不稳、安全隐患突出，可能成为中俄两国的主要安全威胁方向。美国遏制中俄崛起，东北亚是其重要着力点。美国"重返亚洲"，东北亚是其加强亚洲战略部署的重点。美日强化军事同盟关系，日本推翻二战历史结论，矛头亦直指中俄。面对东北亚地缘战略态势的新变化，中俄必须联手合作，而不能单打独斗。中俄在东北亚地区还面临朝鲜核问题、日本激化与中俄的领土争端等安全挑战，同样需要共同应对。

21 世纪的世界经济中心向亚太地区转移，东北亚是亚太地区中最具活力的地区。中俄作为蓬勃发展的新兴大国，要在正在形成的新的世界经济格局中占据有利地位，在实现本国快速发展的同时带动东北亚、亚太乃至世界经济的发展，也必须加强在东北亚地区各领域的战略协作。

二、中俄在东北亚展开全面战略协作的可行性

中俄拥有在东北亚地区展开全面战略协作的良好民意基础。两国人民相互怀有深厚的邻里感情，拥有友好合作的历史传统。两国人民曾经共同抗击过日本法西斯的侵略，也曾经在朝鲜战争中共同打败不可一世的美国帝国主义。

中俄拥有在东北亚地区展开全面战略协作的良好政治关系基础。两国通过友好协商，妥善地解决了历史遗留的复杂边界问题。近年来两国各领域合作的不断深化，战略互信不断增强，充分反映了两国良好政治关系的巨大推动作用。

中俄国际战略利益广泛相近，为两国加强在东北亚地区的战略协作奠定了坚实的利益基础。互为最大邻国，需要相互依托；拥有共同周边，需要共同经营；战略需求相近，需要相互支持；基本国情与发展模式相近，需要相互借鉴。

中俄国际战略理念广泛相通，为两国加强在东北亚地区的战略协作明确了共同的努力方向。

中俄在经济领域具有很强的互补优势，为两国加强在东北亚地区的战略

协作提供了重要支撑。

因此可以说，中俄两国在东北亚地区展开全面战略协作具有很强的可行性。

三、中俄在东北亚展开全面战略协作的思路

一要调动中央与地方两个积极性。中俄中央政府与相邻地区政府均应强化对两国在东北亚地区加强全面战略协作重大战略价值的认识。只有中央与地方协调一致、共同努力，这种战略协作才能落到实处。

二要大力强化两国的战略互信。必须努力消除“中国威胁论”与“俄罗斯不可靠论”的恶劣影响，否则两国战略协作将会遭遇重重障碍。中国坚信俄罗斯的崛起将是和平的，欢迎俄罗斯发挥大国作用，强化在东北亚地区的大国地位。同时也希望俄罗斯朋友拒绝西方别有用心者散布的“中国不可能和平崛起”、“中国觊觎俄罗斯远东和西伯利亚”等蛊惑宣传。

三要继续坚持“三不”原则，即“不结盟、不对抗、不针对第三国”。只有坚持“三不”原则，中俄才能赢得必要的安全环境与发展环境。与此同时，面对国际不友好势力的联手遏制、打压，中俄战略协作有必要向着“准盟友”方向共同努力。

四要坚持市场经济原则与互利共赢理念。中俄两国都是市场经济国家，只有坚持市场经济原则，经济合作才能够不断深化。互利共赢是合作伙伴相处之道，只有坚持互利共赢理念，各领域合作才能持久。

五要同时推进各领域合作。政治领域，要联手推行共同战略理念的落实，营造公正合理的国际新秩序；反对日本篡改二战历史，可考虑联合韩国共同编写二战东方战场史。经济领域，要切实落实相邻地区合作纲要，发挥资源、资金、技术、劳动力的互补优势，深化大项目合作。安全领域，要共同抵制美日强化军事同盟，防止朝核等热点问题升温，在与日本领土争端问题上相互支持，共同维护东北亚地区的和平稳定；中国欢迎俄罗斯加强在东北亚地区的军事部署，可考虑在加强联合演习的同时研究军事部署上相互协调的问题。人文领域，强化公共外交，扩大教育合作和人员培训，共同开发两国相邻地区的旅游资源，推动两国民间往来和相互了解。

我相信，只要中俄两国，特别是相邻地区的精英层和广大民众充分认识到加强两国在东北亚地区全面战略协作的必要性与可行性，共同探讨加强协作的最佳路径，这一协作就一定能够不断深化，一定能够达到预期的目的。

俄罗斯进军亚太与中俄战略协作*

最近一个时期,俄罗斯进军亚太的动作越来越多,力度越来越大。多种情况表明,进军亚太已经成为新时期俄全球战略的重要取向。俄罗斯进军亚太对中俄关系将会产生何种影响?如何使之成为两国深化战略协作的契机?值得中俄关系问题专家深入研讨。

一、进军亚太符合俄全球战略的需要

俄进军亚太主要基于其快速崛起的战略需要。亚太地区成为21世纪的“世界经济中心”,俄要实现快速发展,必须融入亚太经济一体化进程。俄地缘战略目标是成为“未来多极世界中具有重大影响力的独立一极”,为此必须强化其“亚太大国”地位、成为“亚太玩家”。俄“融入欧洲”严重受挫,“欧洲文明全面危机的征兆尽显”,不再是俄罗斯“理想的典范”,将国家定位调整为“欧亚大国”可使俄在新的国际战略格局中占据更加有利的地位,为此必须加大亚太外交的分量。俄快速崛起需以其东部地区的开发作为战略支撑,为此必须加强与亚太国家的经济合作。美国“重返亚洲”,俄东部战略方向可能成为多事之地,为此俄需要加大对亚太方向的安全投入。上述战略需要决定了进军亚太将是新时期俄全球战略长期稳定的取向。

二、俄进军亚太符合中国的地缘战略利益

中俄互为最大邻国,俄强化与东方国家的合作,有利于两国深化各领域的

* 本文系作者2011年12月在华师大“瓦尔代国际辩论俱乐部论坛”上的发言要点。

合作，实现共同发展。中俄均面临复杂严峻的国际环境与周边环境，俄以更加积极的姿态参与亚太事务，有利于两国相互借助，实现共同安全。中俄互为主要战略伙伴，俄扩大在亚太的存在，有利于相互依托、相互支撑，共同致力于亚太地区的治理。俄进军亚太是对美国“重返亚太”的有力对冲。可以说，俄扩大在亚太的存在，有利于中国亚太战略的运筹。因此，中国真诚地欢迎俄进军亚太的努力，明确承认俄的“亚太大国”地位，愿意积极协助俄在亚太发挥大国作用。

三、中俄应在亚太治理中深化战略协作

中俄在亚太治理中加强战略协作既有客观条件，亦有迫切需求。

从客观条件看，中俄同为新兴大国，战略利益、战略理念广泛一致，可为两国在亚太地区的战略协作提供坚实的基础；中俄建立有成熟的战略协作伙伴关系，签订有《睦邻友好合作条约》，两国可在亚太事务中开展战略协作；中国在亚太的影响力远大于俄，有条件、有意愿为俄进军亚太提供可靠的战略依托，助俄更快、更平稳地融入亚太一体化进程。

从战略需求看，中俄在亚太地区均面临某些大国的战略遏制，必须共同应对。美国正在加紧拼凑主要针对中俄的“亚洲版北约”，中俄在亚太面临的安全形势有可能进一步复杂化，两国强化安全领域战略协作的需求也必然随之增大。

为深化在亚太治理中战略协作，中俄应从以下方面做出切实努力：

——强化战略互信，消除战略疑虑。相互确信对方和平崛起的真诚性，消除“中国威胁论”及“俄罗斯不可靠论”的恶劣影响。

——力避两国地缘战略竞争。亚太之大，完全可以容纳下中俄两个大国的同时崛起。大国相处具有复杂性，中俄应以友好包容的姿态及时化解矛盾与分歧。

——认清美国的霸权本质和日本的军国主义本性，丢掉对美的幻想，防止日本搅局。今后相当长时间里，美日将是中俄的主要“麻烦制造者”。

——清醒认识中俄美大三角关系的复杂性，谨防美国挑拨离间。中俄特别要防止利用美国制衡对方而令美国“渔翁得利”的不智之举。

——高度关注美国拼凑“亚洲版北约”的重要动向，从战略高度谋划防范

措施。似可考虑在2012年俄罗斯岛亚太经合组织峰会上联合倡议“新型东亚安全机制”。

总之，中俄应在亚太治理上联手合作、相互支撑，联合亚太各国共同构建亚太政治、经济、安全新秩序，确保地区的和平稳定。在应对美日同盟威胁问题上，中俄应构成犄角之势，甚至可以考虑形成心照不宣的“准同盟关系”。

新时期俄罗斯外交战略走向及中俄关系深化*

普京王者归来，誓言建设一个“强大的俄罗斯”。面对新的国际战略环境、新的经济社会发展任务、新的机遇与挑战，“新普京”加紧对外交战略进行重大调整。**俄罗斯是有能力撬动国际关系的世界大国，其外交战略调整必然牵动国际格局和国际秩序。中俄都是有影响力的世界大国、快速崛起的新兴大国，并且互为最大邻国、主要战略协作伙伴，两国宜从营造和平稳定的安全环境和发展环境的战略高度，强化对战略利益相近性的战略认知，进一步深化两国战略协作和务实合作，携手实现共同崛起。**

一、俄罗斯外交战略运筹重点出现重要调整

基于外交传统、战略思维及维护大国地位、实现快速崛起的战略需要，受地缘战略条件、国家综合实力的制约，普京在新的任期内将会坚持自 90 年代中期以来所实行的“独立自主东西方相对平衡的多极化大国外交战略”。与此同时，为了适应国际战略形势的新变化及对国家利益的新认知，加紧对外交战略的运筹重点进行重要调整。

（一）整合前苏联地区，打造成为多极世界中独立一极的战略依托

建设一个“强大的俄罗斯”是普京所有战略决策的根本出发点。俄罗斯人大国意识强烈，成为未来多极世界中有重大影响力的独立一极是俄罗斯举国上下的民族宿愿。随着新兴大国的群体式崛起，世界进入由单极霸权向多极

---

* 本文发表于黑龙江大学《俄罗斯学刊》2012 年第 4 期。

制衡过渡的"准多极时代"，俄罗斯成为未来多极世界中独立一极的愿望更趋强烈。而要成为多极世界中的独立一极，在俄罗斯精英看来，必须整合前苏联地区，使之成为重新崛起的战略依托。受到两场战争的拖累及金融危机的冲击，美国霸权相对衰落、西方大国深陷危机，其挤压俄罗斯战略空间的力度有所减小，从而给予普京重新整合前苏联空间以重要机遇。

正是在此背景下，俄罗斯推动前苏联地区一体化进程的力度空前加大。俄白哈关税同盟成功启动，拖延多年的独联体自贸区协定得以签署，深化欧亚经济共同体各领域合作的系列文件酝酿推出，集体安全条约组织也在加速向着更具联合行动能力的军事同盟方向发展。

更为重要的是，普京在竞选纲领中推出了建立欧亚联盟的宏伟计划。这是普京为新的任期设定的一项重大战略性任务，是普京重新整合后苏联空间的重大地缘战略布局，同时也是俄罗斯"欧亚大国"国家定位的回归与发展。

欧亚联盟计划符合俄罗斯的根本利益，关系到俄罗斯强国战略的实施，普京定将坚持不懈地予以推进。基于历史的联系和现实的需要，前苏联地区国家也大多有着深化对俄关系的热情。尽管存在某些不利因素，例如前苏联地区部分国家与俄矛盾甚多、对被俄重新控制的忧虑仍在，乌克兰加入欧盟的取向强烈，哈白等国也各有自己的盘算，而且俄罗斯向前苏"小兄弟""输血"的能力有限，要做到真正平等对待这些国家更是不易，因而有可能掣肘欧亚联盟的建设进程。但是鉴于有利因素较多、普京意志坚定，其打造欧亚联盟的计划有希望取得某些积极进展。

（二）加快融入亚太一体化的步伐，为国家快速崛起创造有利条件

俄罗斯精英层越来越清楚地认识到，亚太地区特别是东亚地区正在成为21世纪世界经济的中心，世界政治、安全中心也将随之向亚太地区转移。俄罗斯要想快速崛起为世界强国，必须融入亚太经济一体化的进程，利用亚太经济高速发展的机遇，搭乘中国经济蓬勃发展的快车。俄罗斯资源丰富、潜力巨大的东部地区属于亚洲地区，可为俄融入亚太一体化进程提供重要依托，东部地区的开发更是必须与亚太特别是东亚国家的发展接轨互动。为了应对美国"重返亚洲"所带来的安全挑战，俄罗斯也必须强化东部战略方向的军事力量部署。

正是基于以上重大判断，普京定下了"面向东方"的战略决心。俄罗斯双

头鹰面向东方的一只头正在昂起，欧亚主义在与大西洋主义的长时间较量中逐渐占据上风。俄罗斯进军亚太的步伐明显加快，一系列战略性举措酝酿推出。俄罗斯正在加紧制定“亚洲战略”，明确提出俄罗斯必须成为真正的“亚洲国家”、“太平洋国家”，成为亚太大国博弈的真正玩家。有专家甚至建议在海参崴建立“第二首都”。俄罗斯已将促进东部地区经济社会的快速发展作为重大战略性工程进行系统规划。东部地区开发被赋予了新的内涵和新的使命，不仅要借助亚太经济蓬勃发展的机遇实现俄罗斯经济的整体提升，而且要为俄罗斯成为亚太强国提供地缘战略支撑。

越来越多的情况表明，俄罗斯外交战略的重心正在部分向亚太地区转移。俄罗斯正在以前所未有的积极姿态参与亚太地区事务，扎扎实实地扩大其在亚太地区的经济、政治、军事存在。作为亚太经合组织海参崴峰会的主办国，俄罗斯正在全力以赴地加紧筹办，计划推出一系列促进亚太地区稳定与发展的重要倡议。俄罗斯已经成为东亚峰会的成员国，对发展与东盟的合作关系也给予了越来越多的重视。俄罗斯与中国、韩国、日本、印度、越南等亚洲国家的经济合作特别是能源合作、金融合作正在广泛展开。在东北亚安全机制建设上，俄罗斯也有意扮演“主要塑造者”的角色，正在以前所未有的力度扩大其在亚太方向的军事政治影响，公开声明现代化武器将优先装备到太平洋舰队和东部军区，其对东亚国家的军事合作日趋活跃。

普京进军亚太的战略决策得到了俄罗斯多数政治力量的热情支持。俄罗斯拥有进入亚太的政治、经济和外交资源，并且可望得到主要战略协作伙伴国中国的支持与配合。尽管美国、日本不会欢迎俄罗斯扩大其在亚太地区的影响，但是尚未将之视为重大挑战，较小可能公开阻击。因此，俄罗斯进军亚太的努力有望取得积极的进展，从而为俄罗斯的振兴找到一条可能的便捷通道。有俄罗斯专家认为，彼得大帝开辟了通往欧洲的道路，造就了一个强大的俄罗斯帝国；普京打开通往亚洲的大门，必将为俄罗斯的重新崛起建立丰功伟绩。

（三）努力稳定与改善对欧洲关系，加强对美国的战略防范

俄罗斯双头鹰不会因为重视亚洲而忽视欧洲。在俄罗斯人的深层意识中，俄罗斯文化是欧洲文化，俄罗斯人是欧洲人，俄罗斯理所当然应当成为举足轻重的欧洲国家。欧盟是俄罗斯的最大贸易伙伴、最重要的油气市场，对欧关系于俄罗斯的经济现代化发展影响重大，俄罗斯不能不重视对欧关系。从

安全战略考虑，北约与欧盟虽然暂时停止东扩，但是并未放弃将俄罗斯西部邻国纳入其势力范围的企图。美国加紧部署欧洲反导系统，更是对俄构成实质性安全威胁。俄罗斯西部战略方向的安全忧虑依然严重，稳定对欧关系符合俄稳定西部安全环境的战略需要。在对欧关系中，俄罗斯特别重视发展与德国、意大利、法国等欧洲大国的“现代化伙伴关系”，甚至有意与其结成某种意义上的地缘战略伙伴。

但是，“老欧洲”大国既希望与俄罗斯发展经贸关系特别是能源关系，又不愿看到俄罗斯发展强大，更担心俄罗斯“融入欧洲”可能稀释其影响力，因而对俄“融入欧洲”的努力口头上表示欢迎，实则不断设置障碍。“新欧洲”相当部分国家对俄罗斯的疑虑甚至仇恨至今难消，高度警惕俄罗斯再次扩张，其抵制俄罗斯“融入欧洲”的情绪更为强烈。新老欧洲配合美国推动北约东扩、部署反导系统，更是威胁到俄罗斯的国家安全，成为俄欧关系的重大破坏性因素。20 多年来俄罗斯“融入欧洲”的努力接连受挫，不敢再对成为“欧洲大家庭的平等一员”抱有过高的奢望。欧洲债务危机可能较长时间持续，俄罗斯也难以指望欧洲大国帮助俄“全面现代化发展战略”的实施。因此，在新普京时代，俄欧关系免不了磕磕碰碰。但是总体来看，俄欧关系仍将可控，某些领域特别是经济领域的互惠合作仍有望取得某些积极进展。

俄罗斯对美国的关系较之对欧关系更加复杂困难。美国是搞垮前苏联的最主要外部因素，一些怀念苏联大国地位的俄罗斯人对此耿耿于怀。美国是以北约东扩挤压俄罗斯战略空间、以反导系统破坏俄罗斯战略威慑能力的主要推动者，是支持俄国内分裂势力、破坏俄罗斯国家统一的主要外部势力，是以“民主、人权”为由诋毁普京政治模式、在俄罗斯制造混乱的罪魁，是以“颜色革命”、“民主动乱”破坏独联体地区稳定的祸首。美国不能平等待俄，更是极大地刺痛了俄罗斯人的大国自尊心。在此情况下，俄罗斯人发展对美关系的信心与热情几乎降到了“冰点”。

从美国方面讲，俄罗斯块头太大，企图太大，行为风格过于张扬，而且军事力量超强，是“唯一能在半个小时消灭美国的国家(普京语)”，因而绝对不会轻易放过俄罗斯，不会放弃以“西化、分化、弱化”为核心的对俄遏制战略。

普京收复传统势力范围的努力必然会引起美国的反弹。尽管受到两场战争的拖累、金融危机的打击，加之急于“重返亚洲”，美国不得不暂时放缓推动北约东扩的步伐，但是绝对不会听任俄罗斯恢复前苏联地区势力范围，必然千方百计阻止俄罗斯对前苏联地区一体化进程的推进，牵制普京欧亚联盟计划的实施。俄美在此问题上的明争暗斗很可能趋于激烈。

美国重返亚太、强化美日同盟，也对俄罗斯东部战略方向安全构成潜在威胁。美国不仅不会成为俄融入亚太的支持者，而且可能成为最大障碍。美国在利比亚、叙利亚危机中大肆推行新干涉主义更是给俄罗斯敲响了警钟。普京说过，"狼同志要吃谁就吃谁"，俄罗斯不应对美国再抱有任何幻想。普京以64％的高票当选总统，反映了俄罗斯民众对美等西方国家的强烈不满。

可以预料，在普京总统新的任期内，俄美在地缘战略与军事战略方面的结构性矛盾难以得到实质性缓解，俄美间遏制与反遏制、挤压与反挤压、分化与反分化的争斗将时急时缓。但是，鉴于俄罗斯相对实力较弱，美国是影响俄安全环境的最重大因素且已经把中国作为主要战略对手，俄美矛盾激化为全面对抗的可能性相对降低。俄罗斯很可能在加大对华战略协作、借助中国制衡美国的同时，力避卷入中美可能发生的对抗，并且尽可能利用中美矛盾减轻来自美国的霸权压力，不排除俄在大国关系运筹中对美战术性借助的可能性。

二、俄罗斯外交战略调整将给中俄关系的深化带来重要机遇

中俄战略利益、战略理念广泛相近，两国关系的发展具有坚实的战略基础。自 2006 年建立战略协作伙伴关系以来，中俄间的战略协作与务实合作取得了丰硕成果。中俄均高度评价两国关系的发展，均认为目前的两国关系"处于历史最好时期"。两国已经确立"世代友好，永不为敌"的国家关系方针，建立起了保障睦邻友好合作关系长时间持续的多种机制，进一步提升两国关系的基础已经奠定。

中俄对对方崛起的战略判断都比较积极。中国视俄罗斯的发展强大为当代国际关系中的重大积极因素，诚心诚意地欢迎俄罗斯的和平崛起，推动中俄战略协作伙伴关系的不断深化已经成为中国从最高领导层到普通百姓的共同意志。俄罗斯发展对华关系的热情也在日益增高，基调空前积极。普京在总统竞选纲领中明确提出，"俄罗斯需要一个繁荣、稳定的中国，中国也需要一个强大、成功的俄罗斯"，"中国经济的增长绝对不是威胁"，而是"俄经济之船借力中国风的机遇"，"俄罗斯对中国在国际舞台上越来越自信表示欢迎"。至于

两国间存在的某些利益差异和意见不一，普京强调必须“按照亲密朋友的方式去解决”。普京回归伊始即批准同中国举行大规模海上联合军演，并且很快决定对中国进行国事访问、出席上合组织北京峰会，标志着中俄战略协作与务实合作出现新的发展势头。大量事实表明，中俄两国越来越相互看重，越来越相互信任，两国关系正在迎来新的发展机遇期。

普京整合前苏联地区、打造独立一极的努力对中国总体有利。俄罗斯收复前苏联地区传统势力范围的举措虽然具有一定的排他性和控制性，但是中国在前苏联地区包括在中亚地区的战略目标并非追求势力范围，而是致力于建设睦邻友好带、战略稳定带和经济合作带，两国在此问题上不应也不可能发生大的冲突。欧亚联盟计划的推进虽然有可能对上合组织建设造成一定冲击，但是鉴于上合组织建设符合包括俄罗斯在内的所有成员国的根本利益、上合组织的发展势头不可阻遏，欧亚联盟的建立较小可能成为上合组织建设的掣肘因素。普京重任总统以来对上合组织各领域合作所采取的积极主动姿态很能说明问题。俄罗斯的发展强大、自成一极也是一件好事，不仅有利于抑制美国的霸权行径，而且有利于国际战略格局的平衡，有利于多极世界的形成，有利于新世纪的全球治理。同样，中国发展成为未来多极世界的独立一极，也有利于增强俄罗斯在国际战略格局中的主动地位。只有中俄同时成为多极世界中的独立一极，真正的多极世界才有望建成。中俄在此问题上应当相互支持、紧密协同。

俄罗斯进军亚太、成为太平洋大国，有利于中俄战略协作的深化。俄罗斯进军亚太是对美国“重返亚太”的对冲。俄罗斯扩大在亚太地区的政治、经济、军事存在，有利于实现亚太地区的战略平衡，有利于抵御美日同盟的安全威胁，有利于东亚地区的安全稳定，并且有望为中俄加强在该地区的军事安全协作提供新的可能。俄罗斯进入亚太离不开中国的支持与配合，中国舆论普遍欢迎俄罗斯“面向东方”的外交战略调整，并且有着助俄一臂之力的真诚意愿。俄罗斯进入亚太，完全可能成为中俄扩大战略协作的重要契机。

俄罗斯加大东部地区开发力度，有利于中俄两国互补优势的发挥。俄罗斯东部地区发展提速将为中国东北地区的振兴提供新的助力，中国振兴东北老工业基地战略的实施可为俄加速东部地区开发提供直接外部依托，两国相邻地区在发展问题上接轨互动完全可能成为各自发展的“加速器”。两国已经签署相邻地区发展合作规划纲要，目前正在加紧制定具体落实措施。只要中俄加强战略沟通，消除俄罗斯对中国“移民威胁”和成为中国“原材料附庸”的担忧，两国完全有希望将资金、技术、资源、劳动力方面的互补优势转化为巨大的合作潜力。俄罗斯东部开发强调水资源的开发、耗水农业与耗水工业的发展，这对于中国应对水资源危机、保障粮食安全也有望起到重要作用。从能源外交角度看，俄罗斯东部开发的起点和重点只能是能源开发，包括石油、天然气、煤炭、水电资源的开发，而中国恰是稳定可靠的能源大市场，而且中俄陆路相连、输送便利，俄罗斯要扩大东部地区能源开发绕不开中国这个“战略买家”，中国要保障国家能源安全、规避海上油气运输风险也必须大力发展对俄能源合作。中俄能源关系的发展有望实现新的突破，从而为两国战略协作伙伴关系的深化营造更加积极的氛围、奠定更加坚实的物质基础。

俄罗斯对欧美关系的取向也有利于中俄战略协作的深化。俄罗斯识破美国遏制俄罗斯崛起的战略图谋，不再抱有成为美国“战略伙伴”的奢望。普京对美国遏制俄罗斯的崛起有着切肤的感受、清醒的认识，其在对美关系上借助中国的决心更加坚定。中国面临美国的战略围堵，也特别需要加强与有着重大世界影响力的俄罗斯的战略协作。因此可以说，普京重返克宫可能促使中俄在对美关系上进一步提升战略协作的水平。

总体看来，普京大幅调整外交战略运筹重点，有望成为中俄进一步深化战略协作伙伴关系的重要机遇。这一判断必将为越来越多的事实所证明。

三、中俄应共同努力将两国关系提升至新的高度

（一）充分认识对方战略价值，把深化两国关系作为共同的战略任务

中俄互为最大邻国，互为国家安全的“半边天”，只有睦邻友好合作才能够为两国的和平发展营造一个稳定有利的国际环境。中俄同处东亚和中亚地区，只有共同努力，才能够维护共同周边地区的安全稳定、促进共同周边地区的经济社会发展。中俄都是转轨型国家，面对的问题有着许多相似之处，只有在发展问题上相互配合、相互借鉴，才能够实现经济社会的快速发展。中俄都是新兴大国，只有在国际事务中联手合作，才能更加有力地推动国际战略平衡的建立、国际政治经济秩序的改造、新的全球治理模式的形成。中俄均面临美国及其他不友好势力的战略遏制与挤压，只有相互支持、互为纵深，才能够更

好地维护国家安全、保障国家发展。

上述各点充分反映出中俄两国在对方战略全局中的重大价值。中俄必须为进一步深化两国战略协作与务实合作做出新的努力。两国业已形成的高水平国家关系,则可望为两国战略协作与务实合作的进一步扩展提供重要基础。

（二）增进战略互信,夯实两国关系的认知基础

影响中俄关系进一步深化的最突出因素是战略互疑的存在。必须切实消除对中国影响最大的"俄罗斯很难改变扩张传统"、"俄罗斯不可信任"等负面议论,切实消除对俄罗斯影响最大的"势力范围挤压论"、"原材料附庸论"、"中国人口扩张论"的消极影响。两国必须坦诚地开展战略沟通,努力消除相互疑虑,夯实战略协作的民意基础。必须促使俄罗斯民众特别是精英层确信中国和平发展的坚定性、对俄战略协作的真诚性,同时促使中国上上下下认识到俄罗斯在新的历史条件下确确实实在致力于和平崛起、互利共赢。还要谨防霸权国家及别有用心的日本挑拨中俄关系,抑制两国国内某些势力利用对方与他国矛盾进行战略投机的冲动。要相互尊重对方在第三国的重大利益,减少不必要的利益竞争。例如,中国要尊重俄罗斯在前苏联地区的特殊利益,俄罗斯要尊重中国与前苏联国家发展互利合作关系的权利。在欧亚联盟与上合组织关系问题上,两国要努力促使两组织紧密协作、共同发展。

为了增进战略互信,中俄必须强化对战略利益与战略理念相近性的战略认知。因为只有共同战略利益与战略理念的客观存在而缺少相应的战略认知,仍然不可能转化为正确的战略决策和战略举措。

（三）强化全方位战略协作,变战略伙伴为"准盟友"

中俄强化全方位战略协作的重点是,在全球治理和地区治理、建立国际政治经济安全新秩序问题上紧密配合,在上海合作组织和欧亚联盟建设问题上形成合力,在建立东亚安全机制问题上相互联手,在应对美国建立亚洲反导系统问题上携手合作,在两国核心利益问题上相互支持,在各种关系两国重大利益的问题上紧密联动。当前特别重要的是,共同维护国际法基本准则,共同构建新型国际秩序,在制止美等西方国家新干涉主义肆虐、维护不干涉主权国家内政准则等问题上展现出大国作为。军事安全领域的合作是两国战略协作必不可少的重要组成部分,必须努力予以强化。特别是军事技术领域,两国必须从战略互信的高度排除各种消极因素的干扰,争取尽快在联合研制、联合生产

方面取得积极进展。

为了使两国战略协作更加紧密，中俄有必要变“战略伙伴”为“准盟友”，并且以上合组织为基础构建“准同盟体系”，打造两国和平崛起的地缘战略依托。在美国拉帮结伙、肆无忌惮地遏制、围堵中国和俄罗斯的情况下，中俄决不应单打独斗，必须以合纵破解连横，必须携手应对美国在国际关系中的霸权行径。中俄要成为未来多极世界中的力量中心，也必须共同构建“紧密朋友圈”。这也是“全面战略协作伙伴关系”的应有之义，是实现真正意义上的“全面战略协作伙伴关系”的必要举措。两国战略研究界应就此问题展开前瞻性论证，两国政府高层应就此问题展开积极磋商。两国都必须改变对美关系是本国外交“重中之重”的僵化思维，在力避同美发生全面对抗的同时大幅提升相互关系。要灵活地运筹中俄美大三角关系，特别要在联合国、G20、金砖国家、中俄印等各种多边机制中加强协同，共同致力于国际战略的平衡及新的全球治理模式的形成。

（四）努力深化各领域务实合作，携手致力于共同崛起

深化各领域务实合作，是中俄实现共同崛起的客观需要。中俄在务实合作领域具有巨大的互补潜力，必须予以充分利用，使之造福于两国人民。中俄应主动考虑对方现代化发展的需要，积极寻求两国务实合作新的增长点。特别要努力强化能源合作、科技合作、金融合作、大项目合作以及相邻地区发展合作。在俄的“再工业化”和中国的工业化、现代化进程中，两国要相互支持，争取建立紧密型“现代化伙伴关系”。目前中俄正在磋商能源领域上中下游一体化全方位合作，两国“能源联盟”呼之欲出，这不仅有利于破解天然气价格难题、维护两国能源安全，而且对于其他经济领域的合作也定会产生巨大的带动作用。此外，中俄还应在执法合作、政党合作、人文合作、媒体合作以及水资源合作、粮食安全合作、生态安全合作等领域采取相向而行的合作举措。

加强各领域务实合作的根本目的在于实现中俄两国的共同崛起。中俄致力于共同崛起，是对传统地缘政治观念和冷战思维的摒弃，符合时代发展的潮流。中俄致力于共同崛起，不仅在两国国内有着坚实的民意基础，而且能够得到广大发展中国家特别是新兴大国的广泛支持。中俄致力于共同崛起，可望对新型国家关系、新型合作模式的形成产生积极的示范效应，为国际社会做出“负责任大国”的贡献。中俄只有致力于共同崛起，才能够充分发挥各方面的

互补优势、实现互利共赢，才能够充分利用对方快速发展的机遇、实现共同发展，才能够更好地维护两国的战略利益、抵御霸权国家及其他不友好势力的遏制和挤压，才能够加速各自和平崛起的进程。

中俄能否致力于共同崛起，考验着两国领导人和精英层的政治智慧。两国有识之士既应满怀期待，又应积极推动。

中国与俄罗斯应致力于共同崛起*

俄罗斯总统普京在竞选纲领中明确指出,“俄罗斯需要一个繁荣稳定的中国,中国也需要一个强大成功的俄罗斯”。普京就任总统伊始,即批准同中国举行大规模海上联合军演,很快决定对中国进行国事访问并出席6月初在北京举行的上合组织成员国元首峰会。中国与俄罗斯舆论普遍认为,“新普京时代”中俄“全面战略协作伙伴关系”正在迎来进一步深化的重要机遇。而要抓住这一机遇,关键在于两国携手实现共同崛起。

一、中俄致力于共同崛起有着坚实的战略基础

中俄战略利益、战略理念广泛相近,为两国共同崛起奠定了坚实的战略基础。

中国与俄罗斯都是世界大国,都以成为世界强国、未来多极世界中的独立一极作为战略目标。与此同时,两国又都面临着霸权国家的战略挤压和战略遏制。中俄只有致力于共同崛起,在关系两国核心利益与重大利益问题上相互维护、相互支持,才能够有效地捍卫国家的主权和尊严、争取平等的大国地位、促进国际战略格局的平衡,才能够突破霸权国家的阻遏、发展成为有重大影响力的世界力量中心。否则,在对方崛起问题上疑虑重重,甚至在霸权国家挑拨下相互牵制,两国崛起的进程都会不可避免地受到迟滞。

中国与俄罗斯都是新兴大国,都以实现经济社会的快速发展作为根本性国家任务。而且两国又都处在转轨过程中,面对的问题有着许多相似之处。

* 本文系作者2012年6月在清华大学研讨会上的发言,发表于《解放军报》2012年6月5日。

中俄只有致力于共同崛起，在发展问题上相互配合、相互借鉴，并且联手参与全球治理特别是新型国际政治经济安全秩序的构建，才能够为两国的和平发展营造一个稳定有利的国际环境，才能够有效地维护两国发展的战略机遇期。否则，在营造发展环境问题上各自打拼，两国都难以做到“一心一意谋发展，聚精会神搞建设”。

中国与俄罗斯互为最大邻国，互为国家安全的“半边天”。冷战期间中俄相互对抗，两国都为此付出了沉重的代价。冷战后两国睦邻友好、互为战略伙伴，对两国国家安全都起到了十分重要的作用。两国拥有共同的周边，促进共同周边地区的稳定关系到两国的重大安全利益。中俄只有致力于共同崛起，真正践行“世代友好，永不为敌”的庄严承诺，做到互为纵深、互为后方，并且联手维护共同周边的和平稳定，才能够从容应对“准多极时代”复杂多变的国际风云，才能够为两国的崛起营造良好的地缘战略环境，实现两国的共同安全。

中国与俄罗斯是经济发展互补优势最为明显的大国。中国拥有相对先进的制造业，俄罗斯拥有相对雄厚的科研基础，两国可以结成“现代化伙伴关系”。中国拥有稳定可靠的能源市场，俄罗斯拥有储量丰富的能源资源，两国可以结成“紧密型能源合作伙伴”。中国外汇资金和人力资源充裕，俄罗斯在这两方面恰恰严重匮乏，中国可以助俄一臂之力。中国军事实力相对落后，俄罗斯军工技术相对先进，俄罗斯在支持中国军事建设上可以大有作为。中国大力推进东北老工业基地振兴，俄罗斯将东部地区开发作为发展战略的重点，两者可以接轨互动。中俄只有致力于共同崛起，才能够有效发挥各方面的互补优势、实现互利共赢，才能够充分利用对方快速发展的机遇、实现共同发展。

中俄致力于共同崛起具有相近的战略理念作支撑。中俄不仅战略利益广泛一致，而且战略理念广泛相近，这在两国与各大国关系中绝无仅有。特别是在世界格局多极化、国际关系民主化、人类文明多样性问题上，在维护国际战略平衡、建立公正合理的国际秩序问题上，在反对霸权主义与单边主义、维护以联合国为中心的国际安全机制和以不干涉主权国家内政为核心的国际安全准则问题上，在维护国家主权统一、反对动辄制裁和滥用武力问题上，在反导、北约东扩、防核扩散问题上，在朝核、东北亚安全机制问题上，在二战历史评价及维护二战历史严肃性问题上，在发展模式和发展道路的自主选择以及民主和人权问题上，中俄都是战略理念广泛相近的战略伙伴。

中俄致力于共同崛起有望赢得两国国内及国际社会的广泛支持。中俄致力于共同崛起，旨在构建紧密型合作关系，而不是建立对抗性军事集团，因而是对传统地缘政治观念和冷战思维的摒弃，符合时代发展的潮流。中俄致力于共同崛起，可望对新型国家关系、新型合作模式的形成产生积极的示范效应，为国际社会做出"负责任大国"的贡献。中俄致力于共同崛起，不仅在两国国内有着坚实的民意基础，而且能够得到广大发展中国家特别是新兴大国的广泛支持。

此外，两国关系处于历史最好时期。两国边界问题已经彻底解决，两国间不存在任何有碍进一步提升两国关系的历史问题。两国已经确立"世代友好，永不为敌"的国家关系方针，建立起保障睦邻友好合作关系长时间持续的多种机制，各领域的合作得到了两国民意的广泛支持。

二、中俄要实现共同崛起必须采取一系列战略性举措

首先，必须增进战略互信、强化战略认知。要切实消除对中国影响最大的"俄罗斯很难改变扩张传统"、"俄罗斯不可信任"等负面议论，切实消除对俄罗斯影响最大的"势力范围挤压论"、"原材料附庸论"、"中国人口扩张论"的消极影响。要坦诚地开展战略沟通，努力消除相互疑虑，夯实战略协作的民意基础。要促使俄罗斯民众特别是精英层确信中国和平发展的坚定性、对俄战略协作的真诚性，促使中国上上下下认识到俄罗斯在新的历史条件下确确实实在致力于和平崛起、互利共赢。另外，还要谨防霸权国家及别有用心的日本挑拨中俄关系，抑制两国国内某些势力利用对方与他国矛盾进行战略投机的冲动。要相互尊重对方在第三国的重大利益，减少不必要的利益竞争。在欧亚联盟与上合组织关系问题上，两国要努力促使两组织紧密协作、共同发展。为了增进战略互信，中俄还必须强化对战略利益与战略理念相近性的战略认知。因为只有共同战略利益与战略理念客观存在而缺少相应的战略认知，仍然不可能转化为正确的战略决策和战略举措。

其次，必须强化全方位战略协作。中俄强化全方位战略协作的重点是，在全球治理和地区治理、建立国际政治经济安全新秩序问题上紧密配合，在上海合作组织和欧亚联盟建设问题上形成合力，在建立东亚安全机制问题上相互联手，在应对美国建立亚洲反导系统问题上携手合作，在两国核心利益问题上

相互支持，在各种关系两国重大利益的问题上紧密联动。当前特别重要的是，共同维护国际法基本准则，共同构建新型国际秩序，在制止美等西方国家新干涉主义肆虐、维护不干涉主权国家内政准则等问题上展现出大国作为。军事安全领域的合作是两国战略协作必不可少的重要组成部分，必须努力予以强化。特别是军事技术领域，两国必须从战略互信的高度排除各种消极因素的干扰，争取尽快在联合研制、联合生产方面取得积极进展。在美国拉帮结伙、肆无忌惮地遏制、围堵中国和俄罗斯的情况下，中俄决不应单打独斗，必须以合纵破解连横，必须携手应对美国在国际关系中的霸权行径。中俄要成为未来多极世界中的力量中心，也必须共同构建"紧密朋友圈"。这也是"全面战略协作伙伴关系"的应有之义，是实现真正意义上的"全面战略协作伙伴关系"的必要举措。两国战略研究界应就此问题展开前瞻性论证，两国政府高层应就此问题展开积极磋商。两国都必须改变对美关系是本国外交"重中之重"的僵化思维，在力避同美发生全面对抗的同时大幅提升相互关系。要灵活地运筹中俄美大三角关系。特别要在联合国、G20、"金砖国家"、中俄印等各种多边机制中加强协同，共同致力于国际战略的平衡及新的全球治理模式的形成。

其三，必须深化各领域务实合作。中俄在务实合作领域具有巨大的互补潜力，必须予以充分利用，使之造福于两国人民。中俄应主动考虑对方现代化发展的需要，积极寻求两国务实合作新的增长点。特别要努力强化能源合作、科技合作、金融合作、大项目合作以及相邻地区发展合作。在俄的"再工业化"和中国的工业化、现代化进程中，两国要相互支持，争取建立紧密型"现代化伙伴关系"。目前中俄正在磋商能源领域上中下游一体化全方位合作，两国"能源联盟"呼之欲出，这不仅有利于破解天然气价格难题、维护两国能源安全，而且对于其他经济领域的合作也会产生巨大的带动作用。此外，中俄还应在执法合作、政党合作、人文合作、媒体合作以及水资源合作、粮食安全合作、生态安全合作等领域采取相向而行的合作举措。

中俄应在稳定东北亚安全秩序上加强战略协作*

东北亚是大国最为集中、冷战尚未完全结束甚至二战交战状态法理上仍在、政治和安全矛盾最为复杂的地区；东北亚是经济快速发展、在“世界经济重心向亚太转移”进程中表现耀眼、对全球经济发展具有重大影响的地区；东北亚又是与中国经济捆绑紧密、对中国经济影响突出的地区，是俄罗斯实施进军亚太、东部开发战略的重点前出地区。中俄同为东北亚大国，在维护东北亚地区安全稳定问题上利益与共、责任与共。中俄作为“全面战略协作伙伴”，必须在稳定东北亚安全秩序上加强战略协作。

一、中俄在东北亚面临共同安全挑战

中国与俄罗斯在东北亚地区既面临重要机遇，也面临重大挑战。机遇主要是可以利用“世界经济重心向亚太转移”的契机，加快本国经济发展，实现民族伟大复兴。但是，能否有效利用这种机遇，很大程度上取决于能否有效应对日益严峻的安全挑战。

（一）美国“重返亚洲”，同时遏制中俄崛起

美国“重返亚洲”、实施“亚太再平衡”战略，重点着力方向便是东北亚。这主要是因为：东北亚集中有中国和俄罗斯两个战略利益和战略理念与美国广泛相悖，同时又最有能力挑战美国霸权的新兴大国。东北亚地区有美日同盟、美韩同盟存在，加之有朝鲜半岛局势紧张作为借口，因此成为美国围堵中国、

* 本文发表于黑龙江大学《俄罗斯学刊》2013 年第 1 期。

遏制俄罗斯最便于着力的地区。

美国“重返亚洲”战略的实施方略是：加强针对中俄的军事部署，强化对中俄的军事威慑；拉帮结伙，扩大针对中俄的联盟体系（在强化美日、美韩同盟的同时，拼凑更加广泛的联盟体系）；煽风点火，制造地区紧张局势，刺激地区军备竞赛，恶化中俄的发展环境。

美国在东北亚地区的军事基地最多、最庞大，武器装备最先进，并且仍在不断加强。美国在东北亚地区单独或者与他国联合举行的军事演习规模最大、最频繁，针对中国与俄罗斯的意图十分明显。所谓“针对朝鲜威胁”不过是种借口，因为对付弱小的朝鲜无需部署如此庞大的兵力，无需频繁举行如此大规模的联合军演。

必须指出，美国“重返亚洲”、加强西太平洋军事部署，绝对不是仅仅为了威慑中国，同时也有着牵制俄罗斯、为俄“亚洲战略”的实施设置障碍的明确意图。尽管美国已把中国作为主要战略对手、俄面临的霸权压力有所减轻，但是可以肯定地说，出于冷战思维及地缘政治谋划，美国绝不可能将俄罗斯从其战略对手名单中抹去，除非俄罗斯甘当美国的“二流伙伴”。

（二）日本右翼势力坐大，地区霸权野心膨胀

二战后，美国出于冷战需要，对日实行绥靖主义政策。日本侵略罪行未能得到彻底清算，同盟国关于惩治日本法西斯的国际法安排未能得到认真执行，日本军国主义复活的土壤得以保留。今天的日本，右翼势力已经坐大，健康力量则陷入孤立、萎缩，几乎完全“失声”，遏制军国主义复活的能力严重下降。日本政坛总体右倾化，企图通过推翻二战历史、抛弃“和平宪法”、扩展军备，成为“政治大国”、“军事大国”，恢复昔日帝国的地区霸权地位。日本在钓鱼岛、南千群岛和独岛问题上同时向中俄韩发难，实质是要推翻二战历史结论，对遭受其侵略祸害的东北亚战胜国进行反攻倒算。日本实际上正在走上帝国扩张的老路。

日本认定美国“重返亚洲”是其实现地区霸权野心的重大战略机遇，傍定美国、借机坐大的战略决心已定。日本对中俄崛起的焦虑甚于美国，围堵中国、遏制俄罗斯的欲望比美国还要强烈。日本主动协助美国在东亚地区挑动事端，带头拼凑“价值观同盟”、“民主繁荣之弧”，动作连连。日本已经成为美国围堵中国的急先锋、阻遏俄罗斯进军亚太的“拦路虎”。

日本在美国的包庇纵容下，悄悄加强军备建设，不仅拥有了雄厚的军事技术潜力，而且发展起实力强大的海空军，其先进性不仅超过中国，在不少方面甚至超过俄罗斯。日本右翼势力正在肆无忌惮地推动“自卫队”升格为“国防军”，谋求“集体自卫权”，抛弃“武器出口三原则”甚至是“无核”原则。事实上，日本军队已经装备大批进攻性武器，例如攻击性潜艇、直升机航母，并且积极发展与菲律宾、印度、澳大利亚的军事关系，早已突破了“专守防卫”的限制。如果国际社会放松对日本发展军备的制约，日本完全有能力在较短时间内发展成为“军事强国”，重新对东亚国家构成安全威胁。

日本经过数百年的“皇国史观”灌输，相当部分国民民族劣根性根深蒂固：自视“优等民族”、蔑视邻国，觊觎大陆、扩张成性，崇尚武力、逞强好胜，傍大欺弱、狐假虎威，惯于抵赖、决不认错。日本与中俄近在咫尺，又以中俄为战略对手，对两国构成的安全威胁直接而重大。日本已经成为中俄的危险战略对手。对此，中俄必须有清醒的认识，不可抱有不切实际的幻想。

（三）朝核危机随时可能升温，半岛局势随时可能失稳

朝鲜内外政策走向具有很大的不确定性。朝鲜既依赖中俄的经济援助、安全保障，又对中俄三心二意、我行我素。朝鲜既可能成为中俄的战略盟友，也可能成为中俄的“战略麻烦”。朝鲜政权的稳固性也值得担忧，政局失稳、动乱发生的危险性很难排除。

朝鲜信奉核武是其抵御美韩日安全威胁的可靠盾牌，发展核武是朝鲜的既定方针，“弃核”、“无核化”仅是其在国际压力下的应付策略。朝鲜既以美国为主要战略威胁，又以美国为主要争取对象。如果美国调整对朝策略、改打为拉，不排除朝鲜对中俄构成战略挑战的危险。

韩国奉行倚美求安、吞并朝鲜的战略。韩国以朝鲜威胁为由积极加强军备，突破导弹射程限制，频繁与美国举行联合军演，积极强化韩美军事同盟。韩国对朝强硬派不时挑动事端、刺激朝鲜，是半岛局势持续紧张的一大重要原因。

朝鲜半岛南北双方相互对峙、相互强硬，摩擦、冲突不断。朝韩关系随时可能出现危机，半岛局势随时可能出现混乱。而某些大国不是促谈劝和，而是火上浇油，其长期保持半岛局势紧张的意图明显。

朝核六方会谈各方在促朝弃核、稳定半岛局势问题上形不成合力，会谈拖

沓多年不见实质性进展。朝核问题已成为美日强化东北亚军事部署的主要抓手,不排除美日通过激化半岛紧张局势牵制中俄和平发展的危险性。

朝鲜、韩国是中国与俄罗斯的近邻,半岛局势持续紧张势必对中俄构成长期安全挑战。

二、中俄应在稳定东北亚安全秩序上加强战略协作

东北亚的安全稳定关系到中国和平崛起的周边环境与国际环境,关系到俄罗斯进军亚太和东部开发战略实施的成败,关系到亚洲能否真正成为21世纪世界经济的中心和发展引擎,关系到未来几十年国际格局和国际秩序的变化。一个稳定的东北亚是中俄重新崛起的必要条件,也是地区各国的普遍愿望。中俄都是安理会常任理事国、亚太大国、东北亚大国,对于东北亚的安全稳定负有大国责任。中俄都是二战同盟国、战胜国,对于维护二战历史的严肃性、捍卫流血牺牲换来的胜利成果,负有重大历史责任。中俄互为主要战略协作伙伴国,在东北亚安全稳定问题上战略利益与共,在此问题上做出共同努力是深化"全面战略协作伙伴关系"的应有之义。鉴此建议:

(一)共同应对美日军事同盟的强化

中俄应联手应对美日强化军事同盟,揭露其遏制中俄崛起的真实企图及对东北亚和平稳定的严重危害,遏止美日加强东北亚军事部署的势头。中俄在东北亚军事力量部署方面也必须加强协调,争取在共同威胁面前形成互为犄角之势。必须强调,和平、发展、合作是21世纪时代的潮流,在东北亚强化美日军事同盟与在欧洲强化北约联盟一样都是冷战思维、对抗思维的典型表现。东北亚经济发展引擎如因美日挑起的军备竞赛而陷入低迷,对世界各国都是祸而不是福。

美日在东北亚部署反导系统,应对数量有限、质量落后的所谓朝鲜"导弹威胁"仅仅是幌子,根本目的是要削弱中俄的战略威慑能力,打破中俄美脆弱的战略力量平衡,结果只能是破坏地区的和平与稳定。对于来自美日的这种战略威胁,中俄决不能无动于衷,必须动员国际社会共同予以抵制。如果经过努力仍不能制止美日部署反导系统的进程,中俄则应联合研发、协同部署能够应对美日威胁的新一代"杀手锏"。

中俄暂无结成军事同盟的必要性与可能性,但是中俄可以结成"准同盟"

关系,即"不是盟友的盟友"、重大问题上的"盟友"。这也是践行"全面战略协作伙伴关系"内涵的必行之举。中俄不能各自为战,更不能存有利用对方与美日矛盾牟利的心理。否则,不仅可能破坏中俄战略协作伙伴关系的大局,而且可能为美日各个击破、令美日野心得逞,东北亚安全稳定定会陷入极大危险之中。

(二)中国应积极协助俄罗斯进军亚太战略的实施

俄罗斯实施进军亚太战略,有利于扩大中俄战略协作的空间,有利于共同应对美日在东北亚的安全挑战,有利于实现共同发展、共同繁荣。中俄互为主要战略伙伴,中国理应助俄一臂之力。具体举措可为:对俄进军亚太公开表示欢迎;协助俄加入亚太地区各种合作机制;支持俄在地区合作机制中发挥作用的愿望;支持俄关于建立东北亚集体安全机制的倡议。

中俄还应大力推动两国相邻地区加强合作,促进俄东部地区与中国东北地区经济的共同发展。应切实贯彻"互利共赢"的理念,遵循市场经济原则,充分考虑对方的需求和关切,充分利用两国在资金、技术、资源、劳动力等方面的互补优势,不仅推动贸易增长而且推动相互投资,将经济合作推向新的高度。大项目合作应首先考虑对中俄双方均具有战略意义的粮食安全合作、耗水产业合作、能源开发与深加工合作、高新技术合作、物流通道建设合作。

为此,应共同消除俄某些精英对成为中国所谓"原材料附庸"、"经济附庸"以及"中国人口扩张"的忧虑,消除中国某些人士所谓"俄罗斯不可靠"、"俄罗斯企图利用中国与美日矛盾"的忧虑。

(三)共同维护二战历史结论的严肃性

日益右倾的日本已经成为中俄的重大安全威胁、东北亚局势不稳的主要"祸源"。在日本真正改弦更张、成为真正的"和平国家"、放弃傍美坐大战略之前,中俄均不应对对日友好抱有不切实际的幻想。对日友好绝不是无条件、无原则的友好,更不是与日本右翼政府的友好,而应是与成为和平国家的日本的友好、与日本健康力量的友好。中俄在日本突破"和平宪法"、"专守防卫"、"无核三原则"等重大问题上不能沉默不语,必须共同采取坚决措施,强力予以遏制,包括对美晓以利害、制止美国对日绥靖主义。在日本未能像德国那样彻底反省侵略历史、真正洗心革面之前,必须旗帜鲜明地反对日本入常。

日本同时对中俄韩挑起岛屿争端,目的不仅仅是攫取邻国领土、牟取资源利益，更主要的是推翻二战历史、谋求地区霸权、破坏东北亚安全秩序。中俄在对方与日本岛争问题上保持所谓的“中立”是不合逻辑、非理性的。两国必须联手合作，相互支持维护领土完整和国家尊严，坚决揭露日本右翼势力的邪恶目的，共同维护二战历史结论的严肃性、维护地区的安全稳定。这也是双方履行“在关系两国核心利益问题上相互支持”的庄严承诺必须尽到的义务。

今后一个时期，有必要实行“压制右翼、孤立日本”的战略方针。只有彻底揭露日本侵略罪行和地区霸权野心、孤立日本右翼势力，才能唤起东亚人民及同盟国有识之士的警觉，抑制日本破坏东北亚秩序的冲动。

建议借今年“开罗宣言”签署 70 周年之机，以中俄为主导、联手韩国与朝鲜，发动一场“彻底清算日本百年侵略罪行、维护二战历史结论严肃性”的“战略性战役”。这是铲除日本滋生军国主义土壤、压制日本地区霸权野心、维护东北亚地区稳定的“治本之策”；是从根本上解决中日、俄日、韩日岛争而又超越岛争，既着眼当前战略需要而又放眼更长远、更重大战略利益的战略布局；是投入最小、风险最低、抓手最多、最能占据道义制高点的和平手段运用。

打好彻底清算日本侵略罪行的战略性战役具有多重重大战略意义，并且具有诸多有利条件和较强的可行性。日本软肋突出、“七寸”暴露，抓住软肋、猛打“七寸”，起码可以达到震慑日本右翼、促使日本内部变化的目的。中俄应以大国的魄力、大国的责任感联手行动，努力达成既定战略目的。

要打好这一战役，必须将清算日本侵略罪行作为战役突破口，广泛动员国际舆论，充分利用各种国际平台，展开声势浩大的国际法理斗争。必须将履行战胜国惩治日本的安排作为主攻方向，大张旗鼓地重温《开罗宣言》《波茨坦公告》《雅尔塔协定》，就执行对日惩治条款召开专门国际会议，切实落实三大国际法文件的各项安排，促使日本向受害国做出真诚的反省和道歉，推倒靖国神社之类美化战争罪犯的设施和标志，将侵占邻国的领土完完全全地交还，进行必要的战争赔款，无条件地遵守和平宪法。必须将组织统一阵线作为战役谋划的关键，尽快达成共识，共同谋划实施方略；同时要动员韩朝为了维护国家根本利益共同参与对日本法西斯的讨伐行动；还要大力开展对美国朝野的工作，唤起美国民众对日本发动太平洋战争及同盟国并肩作战的记忆，促使美国政府认识到养虎遗患、被日本拖下水的巨大危险。必须将改变日本国内政治生态作为战役的重要目标，通过清算帮助不了解历史真相的日本民众特别是年轻一代彻底醒悟，促使日本健康力量大幅增强，帮助日本走上和平发展的轨道。

美国在落实二战国际法安排问题上不仁不义，欠下东北亚人民特别是中俄韩朝人民一笔大债。通过对日清算，必将陷美国冷战势力于极大战略被动，震慑其他某些依仗美国狐假虎威的非理性国家。

（四）共同稳定朝鲜半岛局势

中俄应共同展开对朝工作，促其以实际行动真正弃核，致力于经济发展和民生改善，成为“正常国家”，而不再是东北亚的安全麻烦及美日加强军备的借口。

可考虑在朝鲜确保弃核、不生事端的前提下，中俄联手给其提供可靠的安全保障，协助其发展经济、改善民生；说服朝鲜不再幻想通过戏剧性地改善对美关系摆脱安全困境，而应重点发展对中俄的安全合作关系，走和平发展之路。有充分理由认为，只要能够消除朝鲜的安全忧虑，促其进行这种战略调整是完全可能的。

与此同时，中俄必须共同促使韩国放弃对朝强硬路线，改行和平和解政策，走和平统一之路。在朝鲜“安全威胁”实质性减小的情况下，韩国有希望与美国拉开距离，对日斗争更趋坚定。

如此，半岛局势可望实现较长时间的稳定，美日将因此而失去围堵中国、遏制俄罗斯的桥头堡。

（五）共同架构新型东北亚安全机制

在采取上述举措并且取得实质性进展的基础上，可将建立新型东北亚安全机制问题提上日程，以保证这一战略区的长治久安。中俄应就建立新型东北亚安全机制的重要性、迫切性尽快形成共识，共同向地区各国发出倡议，共同推出有关举措。在此进程中，中俄必须团结东亚国家，争取日本健康力量，同时不排除美国的建设性参与。

建构新型东北亚安全机制必须贯彻“共同安全”理念，坚决反对美日谋求“绝对安全”、损害他国安全的企图。这一机制应包括促使日本成为“和平国家”的安排，完全结束朝鲜战争、缓和南北对立及实现半岛无核化的安排，减少美日同盟、美韩同盟军事化、对抗性的安排，确保东北亚长时间作为全球经济发展引擎的安全保障安排等。应将政治谈判、和平解决各种争端作为地区各国必须共同遵守的行为准则。非争端当事国只能劝谈促和，不能煽风点火、背后怂恿、借机牟利。

在新型安全机制尚未建立之前，必须坚持《开罗宣言》《波茨坦公告》关于远东和平安排的有效性，即确保二战战胜国的合法权益、防止日本军国主义复活、推动东北亚各国和平共处，以维护东北亚现行安全秩序的稳定。

今后十几甚至几十年，是中俄复兴崛起的关键历史时期。在应对东北亚安全挑战问题上加强战略协作，已成为确保两国和平崛起不因外部安全挑战而中断必须直面的重大且紧迫的战略任务。笔者强烈呼吁两国政府和有识之士尽快行动起来，尽快推出积极有力的地区维稳举措。

当前中俄深化战略协作的重点着力方向[*]

全球金融危机发生后，世界进入由单极霸权向多极制衡过渡的新时期，国际格局出现大变动、国际关系出现大调整。中俄互为主要战略协作伙伴，在新的形势下必须进一步加强战略协作。重点着力方向应是，维护两国和平发展的国际与周边环境，为世界与地区的和平稳定做出大国贡献。

一、共同促进国际战略格局平衡

伊拉克战争和阿富汗战争的失败，使美国深陷泥潭、难以自拔，加之受到自身引发的金融危机冲击，综合国力大幅下降，开始从单极霸权的巅峰向下滑落。欧洲陷入主权债务危机，短时间内难以自拔。与此同时，世界出现新兴国家群体式崛起新气象。在上述因素影响下，国际战略格局严重失衡的局面有所改善。但是，美国仍是世界唯一超级大国，其在国际事务中依旧霸气十足。冷战产物北约联盟依然存在，美日同盟仍在强化。虽然发展中国家也在加强联合，新兴大国也在加强合作，但是总体看其弱势地位未见明显改善，国际战略格局依旧严重失衡。这种失衡状态，不利于世界的和平稳定，对新兴大国的和平崛起及新型国际秩序的形成亦构成重大制约。中俄作为两个最具影响力的新兴大国，必须在促进国际战略平衡问题上展开富有成效的战略协作。

一是要共同打造新兴力量战略协作平台。新兴国家必须共同致力于新型国际秩序的构建。美国实力超强犹在拉帮结伙，新兴国家绝不应单打独斗。在新兴力量战略协作问题上，中俄必须发挥引领作用和核心作用。为此，两国

---

* 本文系作者 2013 年 8 月在国际研讨会上的发言要点。

必须强化对共同战略利益的认知，联手竖起新型国家关系准则、新型安全观、新型发展观、新型文明观的大旗，并且以“金砖国家”等机制为基础打造新兴国家战略协作的平台，争取在国际和地区事务中发出更加有力的声音，采取更加协调一致的行动。

二是要共同维护战略核力量的相对平衡。战略核力量平衡是国际战略平衡的一大关键，是维护世界和平不可或缺的因素。近年来美国大力发展反导系统及高精度远距离打击系统，存在战略核力量对比进一步失衡的危险。因此，中俄在抵制美国部署反导系统问题上必须形成合力，在发展战略核打击能力问题上必须相互支持。中国的战略核力量仍然弱小，但是不仅对维护本国国家安全，而且对维护俄罗斯及其他发展中国家的安全均具有重大价值。俄罗斯某些亲西方精英无端指责中国的核力量可能对俄构成安全威胁，模仿美国的腔调要求中国增大所谓“核透明度”、参加美俄核裁军谈判，实为不智之举。鉴此，两国必须加强核战略领域的相互沟通，共同维护世界战略核力量的相对平衡。

二、共同维护东亚地区的安全秩序

美国“重返亚洲”或曰“亚太再平衡”，重点着力方向即是东亚地区。美国不仅拉帮结伙、强化冷战结构美日同盟以及恢复美菲、美澳同盟，而且利用地区各种矛盾，制造地区紧张局势。日本则企图傍美坐大、实现地区霸权野心，不仅赤裸裸地为其法西斯侵略罪行翻案，而且要公然推倒“和平宪法”和“专守防卫”原则、重走“军事强国”的老路。日本同时向中俄韩发起岛争，其目的亦是企图推翻二战战胜国惩治日本法西斯的国际法安排、改绘东亚安全版图。朝鲜半岛局势持续紧张，成为地区安全的重大隐患，美日以此为借口强化东亚军事部署，进一步扩大了半岛危机对地区稳定的负面影响。美日还煽风点火，挑动东亚国家间的岛礁主权和海洋权益争端。

美日的非理性行为如果得不到制止，必然会搅乱东亚和平秩序，破坏中俄及地区国家的发展环境，甚至导致世界经济增长的主要发动机熄火。如是，中国的和平发展、俄罗斯转向亚太战略的实施，都会遭遇严峻挑战。特别是日本复活军国主义恶行，已经成为地区和平的主要威胁。面对东亚特别是东北亚成为“火药桶”的巨大危险，中俄两大国决不能无所作为。中俄必须联合地区各国，共同维护《开罗宣言》、《波茨坦公告》所确立的东亚和平秩序，并且在此基础上联合地区国家共同构建东亚新型安全秩序，实现地区国家的共同安全、共同发展。中日钓鱼岛争端与俄日南千岛群岛争端的本质，都是日本企图否定二战国际法安排、向受其侵略的国家反攻倒算，两国绝不应在此问题上保持所谓“中立”，而应相互支持。

三、共同推动上合组织的全面建设

上合组织是以“上海精神”为核心理念的新型区域合作组织，是新兴国家战略协作和务实合作的一面旗帜。上合组织是中俄战略协作的产物，在两国国际战略全局中均具有重大价值。中俄是上合组织建设的两大引擎，缺一不可。中俄必须加强在上合组织建设问题上的战略协作。

首先要进一步明确上合组织的建设目标。上合组织各成员国一致认同的组织建设目标是，实现成员国的共同安全、促进成员国的共同发展。为了实现这种目标，上合组织不仅要打造睦邻友好带、战略稳定带、经济合作带，而且要构建新兴国家战略协作平台，以上合组织为中心集结起一支有别于西方世界的地缘战略力量。目前，上合组织框架内各领域合作均取得重要进展，但是大多边经济合作进展受阻，战略协作少有作为。重要原因之一是，中俄在这些领域未能形成高度共识。因此，中俄在上合组织建设目标问题上必须加强沟通，尽快形成共识，进而共同推进各项目标的实现。

其次要处理好上合组织与欧亚联盟的关系。建设欧亚联盟是普京推出的重大地缘战略举措，目标是推动后苏联空间的一体化建设、为俄罗斯成为多极世界中有重大影响力的一极提供战略依托。欧亚联盟的发展有利于多极世界的形成，有利于国际战略平衡，中国并不认为其必然会与上合组织构成竞争。问题在于，俄罗斯某些人仍在坚持势力范围思维，存在以欧亚联盟边缘化上合组织、抑制中国在中亚扩大影响力的考虑。希望俄罗斯朋友认识到，具有排他性、控制性的势力范围思维不符合时代的潮流，也不利于俄与有关国家关系的发展，对欧亚联盟建设有害无益。不论从中俄两国战略利益考虑还是从两组织建设考虑，欧亚联盟与上合组织均应当成为“合作谋发展”的战略伙伴，而不应以一个排斥另一个。从避免两组织发生竞争及将上合组织打造成为新兴国家战略协作平台这一更高目标考虑，上合组织有必要突破前苏联地区的局限，依规则、按标准、积极稳妥地向南亚、西亚扩展。

四、共同制止新干涉主义肆虐

美欧大国出于推行西方“民主价值观”、建立亲西方政权的战略需要，近年来先是在中亚策动“颜色革命”，后又在西亚北非策动“民主动乱”。他们坚持西方制度优越论，坚持以意识形态决定国家关系亲疏。他们以“人道主义”、“民主、人权”之名，行扩大势力范围之实，把一些国家搞得狼烟四起、民不聊生，令另一些国家心生畏惧、不得不向其靠拢。如果任由新干涉主义肆虐，世界将永无宁日，中俄和平发展的国际环境和周边环境将严重恶化。

中俄在此问题上已经展开战略协作，但是行动仍不够坚决、配合仍不够紧密。为了共同的战略利益及世界的和平安宁，中俄加强此领域的战略协作势在必行。特别要努力维护“不干涉主权国家内政”的国际法基本原则，坚持世界各国自主选择适合本国国情的政治制度和发展模式的平等权利。为了维护两国的特有文明、减少两国和平发展的外部干扰，两国也必须加强在反对新干涉主义领域的战略协作。

第三专题

中俄经济合作

深化中俄油气合作是一项重大战略任务*

经济合作是中俄战略协作伙伴关系的重要物质基础。俄罗斯已转向以经济建设为中心，确立了外交为经济服务的方针，为经济建设创造良好外部环境、加强对外经济合作已成为俄外交工作的"重中之重"。因此，要深化中俄关系，也必须把经济合作作为"重中之重"。

油气合作和军事技术合作是中俄经济合作的两大支柱。这是由两国的现实条件和发展任务决定的。油气和军品是俄的两大强项产业、创汇产业。目前，俄经济仍处于恢复性增长阶段，必须依靠这两大产业来支撑财政、发展经济、稳定社会。因而这两大领域的对外合作在相当长时间内将呈扩张态势。这不仅可以为我国实现能源来源多元化和军队装备现代化提供重要机遇，而且可以为深化两国战略合作创造重要条件。可以说，深化两大领域的合作符合双方战略需要，存在发展空间，我不应因为俄方抬高要价等商业性行为而动摇加深两国油气合作的信心。

中俄油气合作在军事安全方面对我亦具有要意义。首先，石油是重要战略物资、战争物资，没有石油飞机不能上天、坦克不能开动，而我国油气资源相对匮乏，不得不大量依赖进口。一旦台海发生战事，我海上石油运输线遭到封锁的危险极大，而中俄石油管道则不然。中俄管道关系俄重大经济利益，美国欲破袭这一管道不能不顾忌俄罗斯的反应。如美国为所欲为，则可能从战略上进一步将俄罗斯推向中国。俄与我陆路相连，石油管道相对安全可靠。因此，中俄石油管道建设对我打赢台海之战，具有重要战略意义。其次，尽管俄

---

* 本文系作者 2002 年 8 月在国内研讨会上的发言要点。

不再讲“军品贸易与民品贸易挂钩”，但是在实际运作中并未放弃这种思维。油气管道作为民品大项目的实施，必将对军品贸易产生重要推动力，两大贸易有望产生互动效应。其三，油气管道项目对俄远东、西伯利亚地方政府和民众将产生积极影响，有利于中俄边境的安定与合作，对进一步改善我北部安全环境具有重要意义。北部安定，可为我军事力量进一步南移东出创造更加有利的条件。

中俄油气合作有利条件多于不利条件。除俄高度重视对外油气合作外，主要有利条件还有：两国战略协作伙伴关系具有可持续发展性质，可为两国油气合作提供国家关系保证；两国具有比邻而居的地理优势，可以降低输送成本；俄有关联邦主体出于经济需要将会予以积极支持；俄经济趋稳，市场机制不断完善，且正在积极争取加入世贸，其按国际规则运作的能力正在增强。当然，不利因素也有不少，例如俄企业普遍缺少共赢意识、谋求利益最大化；俄市场经济尚处发育阶段，市场机制不健全，市场意识淡薄，履约能力较差；与欧洲的油气合作发展较快，与美国的油气合作也在起步，可能对我构成竞争。因此，存在俄对我进一步抬高要价的可能性。

总之，必须把中俄油气合作放到关系我安全战略包括外交战略、军事战略和发展战略全局的高度来认识，充分利用目前的有利时机，以大的魄力、大的力度积极加以推进，争取尽早见到实效，从而为深化两国战略协作伙伴关系做出重要贡献。

关于中俄民间贸易问题的几点思考*

民贸在中俄经贸关系中占有不可替代的重要地位。中俄民贸对推动两国经贸关系发展，解决我商品积压与就业压力及俄商品短缺与社会稳定做出了重要贡献。因俄投资环境恶劣，今后几年国有大中型商贸企业难以大举进入俄市场，而经过10年磨难站稳脚跟的一大批有实力、有经验的华商在中俄经贸合作中占据举足轻重的地位。贬低民贸、挤压民贸的意见不可取，不符合我国家利益。应坚持"两条腿走路"，在大力支持大中型企业进军俄市场的同时，努力规范民贸活动。

华商在俄的生存与发展面临严峻挑战。在俄经济困难时期，华商输俄商品对俄解决供给困难、缓解社会不稳形势、增加地方财政收入曾发挥重要作用，今后一段时间内对于满足俄罗斯中低收入阶层的需求仍不可或缺。但是，华商灰色经营、偷税漏税、非法居留、社会犯罪等问题突出，特别是非法居留问题触动俄敏感神经，加之俄居民对中低档商品的需求下降，俄政府决心整顿华商经营秩序。俄官员、警察野蛮执法、腐败贪婪、敲诈勒索，华商在俄的生存与发展面临严峻挑战。

引导华商探索新的经营模式是协助其摆脱困境的根本出路。基本思路是：

(1) 树立新形象。改变着装邋遢、举止粗俗的倒爷形象，树立讲文明、有教养的商家形象；改变质次假冒、包装简陋的低档商品形象，树立质量高、包装美的精品形象；改变店铺脏乱、摆放无序的地摊形象，树立整洁、美观的店堂

---

* 本文系作者2003年8月所写备忘录。

形象。

(2) 探索新模式。引导华商逐步从集装箱市场和批货楼转入管理规范的大型室内市场。由小公司各自进行全程经营(购货发货、报关提货、销售送货、汇款纳税、寻求保护)转向联合分段经营(商户只管购、销,其他环节由集团公司提供保障)。吸引国内厂家在大型规范市场开店直销。

(3) 解决合法性。"灰色清关"是导致华商权益受损而我国政府难以保护的重要原因,应推动俄政府尽早规范清关秩序。在此问题未解决前,我有关部门应加大与俄海关、莫斯科市政府和警方的交涉力度,寻求保护华商商品免被查抄的变通办法。教育华商合法居留、合法经营,同时努力协助华商解决居留权、打工权问题。对俄警方动辄拦查勒索中国人问题,应予高度重视,通过各种渠道同俄政府交涉,并从两国关系、人权保护高度施加必要压力。严厉打击与俄腐败警察勾结侵犯华商合法利益的"汉奸",为此宜尽快解决我公安部警官小组来俄办案问题。

抓住机遇扎实推进中俄油气合作*

在刚刚过去的3月份，俄罗斯总统普京正式访华、中俄签署29个文件、"俄罗斯年"在中国隆重开幕、胡锦涛主席与普京总统共同出席中俄经济工商界高峰论坛，这一件件大事为中俄关系注入了新的内容和活力。舆论界高度关注中俄关系的新发展，普遍将目光投向了两国油气合作。不少人因普京总统和俄政府高官一再表示将"大力推动俄中能源合作"、"泰纳石油管道将如期开工"、"通往中国的支线将率先开通"而深受鼓舞，也有人因此次高访在油气合作方面仅仅签订了几个"原则性协议"而有些失望。笔者认为，看问题应当看大势、看大局，注重战略分析。从这个角度观察，**有充分理由认为，加强对华能源合作包括建设通往中国的原油运输管道支线，是普京总统的一项战略性决策，俄政府及其各主管部门定会予以积极推进**。

从外交战略看，俄罗斯与中国战略利益广泛一致，加强对华战略协作不仅有利于俄强化国际地位，而且有利于俄营造良好的发展环境。正因为此，俄在加强对华关系方面表现出空前的热情，把举办"俄罗斯年"作为推动俄中关系深入发展的一项重要举措。经济关系是政治关系的基础，而能源合作又是两国在经济领域最具互补性、最具前景的合作。普京此访带上那么多主管能源事务的高官和能源企业巨头，很能说明问题。各方面情况表明，俄罗斯政府对能源合作在两国关系中的重要性是有深刻认识的。显然，加强对华能源合作是俄罗斯外交战略的规定性要求。

从发展战略看，振兴占其国土3/4的东部地区的经济是俄罗斯的重大战

* 本文发表于《国际石油经济》杂志2006年第4期(卷首文)。

略问题。发展东部,不仅可以为俄整个经济发展提速提供能源、积累资金,而且对消除地方分离主义、确保国家统一具有重大意义。而要加速东部地区经济的发展,不能不大力开发东西伯利亚的油气资源,不能不依托蓬勃发展的亚太市场,不能不搭乘中国经济发展的快车。也就是说,东部开发的战略需要对发展对华经济合作提出了强烈的需求,利用东部地区的能源资源优势带动对华经济合作是俄发展战略最现实、最有利的选择。

从能源安全战略看,解决油气出口多元化问题已经成为俄的紧迫任务。普京总统前不久说过,"能源出口途径多样化是个需要优先考虑的问题"。俄油气出口不能仅仅依靠欧洲,不能对任何国家形成依赖,不能受制于任何人,这是俄高层和能源界的普遍共识,因此必须尽快解决向亚太地区输送油气的问题。通往太平洋沿岸的泰纳线走向贴近俄中边境,向中国输油有地缘便利和成本优势,而且中国是个能源消费大国、稳定可靠的油气大市场。这就决定了泰纳线及其通往中国的支线非修不可,绕开中国匪夷所思。可以说,俄罗斯的能源安全战略对泰纳线及其通往中国支线的修建具有决定性影响,更何况中国对修建这条管道同样充满着热情。

很显然,俄加强对华能源合作具有强大的战略动因。而且,先前存在的一些障碍性因素,例如某些利益集团和地方势力的干扰、某些外部势力的搅局,大部分已经消除。最近俄高层和能源主管部门接连传递的信息也相当积极。所以,我们对中俄能源合作包括管道修建应当充满信心。

与此同时也应当清醒地意识到,艰苦的"技术性谈判"还在后面,中俄能源合作既面临收获也面临攻坚,坚持"互利双赢"是能源合作成功的钥匙。

俄罗斯外交讲究"务实灵活"。一定意义上讲,"务实灵活"就是要在合作中最大限度地谋取国家利益,同时尽可能地理解、照顾对方的合理关切。有理由设想,在管道修建投资问题上,在输油价格问题上,少不了讨价还价。俄方还可能提出:我卖给你原油,你应当在我提高炼化能力方面给予支持,中国的成品油市场我也应当有些份额;我们不能仅在油气领域开展合作,我的核能、水电技术也很先进,这方面的合作也一定要搞;我们的合作不能仅局限于能源,中国还应当进口我的机电产品,不然贸易结构就不合理……这些假设可能有些过分,但是从俄的行事风格看却完全可能。既然是务实谈判,总要提出于己有利的条件,我们用不着不快。

普京总统指出，“我们不能小看两国合作的成就，但是也必须坦率承认还存在一些问题，其中最主要的是双边贸易结构不合理和俄对华出口以原料为主”、“目前两国经贸关系的发展在很大程度上还取决于能源市场的行情，这有可能造成双边贸易的不稳定。为了消除这个威胁，我们必须提高贸易水平，发展技术合作和生产合作”。从普京总统这番讲话中，我们应当体察到俄方的一些考虑。

一个牵动多方利益的大型合作项目，自然需要充分论证、仔细权衡、精心做好各项准备。**对中方来说，当务之急是加紧研究各种可能出现的情况，放宽眼界和思路，从上游和下游、油气和其他能源等方面进行综合调研，拟制对案、搞好协调。同时，对再次发生技术性波折也应有必要的思想准备。**

中俄关系已进入战略协作与务实合作并举的新阶段。俄罗斯工商界把在中国举办“俄罗斯年”看作俄罗斯的“机遇之年”、“大项目合作之年”、“俄罗斯形象之年”。我们相信，只要两国企业本着“务实合作”、“互利双赢”的原则，抓住“俄罗斯年”的机遇，扎实工作、积极推进，就一定能够将中俄油气合作推向一个新的阶段。

在《俄罗斯能源外交》中文版首发式上的讲话*

今天是俄罗斯能源外交理论家日兹宁先生2006年新著《俄罗斯能源外交》中文版首发式。请允许我代表中文版编委会，向出席首发式的各位来宾表示热烈的欢迎，并借此机会向日兹宁先生，向参与本书翻译、校对、审定的同志们，向负责本书出版和发行的人民出版社的领导和责任编辑，向赞助本书翻译出版的中国石油化工集团总公司，向关心、支持本书翻译出版的朋友们，表示祝贺和感谢。

《俄罗斯能源外交》中文版的出版发行，正值中国的“俄罗斯年”。俄罗斯外交部第一副部长杰尼索夫和中国驻俄罗斯大使刘古昌分别为本书的出版撰写了“致读者”感言。这从一个侧面说明本书中文版的出版具有非同寻常的意义。

俄罗斯不仅是世界“能源超级大国”，而且有着十分丰富的能源外交实践。更为可贵的是，俄罗斯能源学术界高度重视能源外交经验的总结，近年来关于能源外交的理论著述大量涌现，日兹宁的《俄罗斯能源外交》就是其中颇具权威性的代表作。中国的能源外交尚处于起步阶段，理论研究相对滞后。另一方面，中国经济蓬勃发展、能源需求旺盛，同时又是国际能源市场的后到者。因此，开展能源外交对于中国具有特殊的意义，能源外交理论研究对于中国具有特殊的紧迫性。中国必须尽快建立适合本国国情的能源外交理论体系，制定与能源发展战略相配套的能源外交战略。“他山之石可以攻玉”，借鉴俄罗

* 本文系作者2006年11月30日在《俄罗斯能源外交》中文版首发式上的致辞。

斯的能源外交经验和理论.对于中国能源外交战略的形成大有裨益。这就是我们决定推出日兹宁新著的主要考虑。

中国与俄罗斯互为战略协作伙伴,两国战略利益广泛一致。中俄关系处于历史最好时期,中俄关系正在进入战略协作与务实合作并举的新阶段。俄罗斯是世界重要能源出口国,俄罗斯能源安全战略要求解决能源出口多元化问题,其东部发展战略要求解决面向东方的问题。而中国是需求旺盛、稳定可靠的能源大市场,中国能源安全战略要求解决能源供应多元化问题,解决陆上输送问题。中俄在能源领域有着很强的互补性,能源合作是两国全方位务实合作的重要领域,加强能源合作符合两国的能源安全利益、国家发展利益,具有广阔的发展前景。希望日兹宁《俄罗斯能源外交》中文版的出版对两国能源合作的深化起到积极的促进作用。

摆在大家面前的是一部六十几万字的理论巨著。这部著作的突出特点是,既翔实地介绍了俄罗斯的国家能源外交政策和理论,又无保留地提供了俄罗斯政府和企业的能源外交经验和教训;对国际能源外交形势进行了宏观分析,对世界主要产油国、进口国、国际组织、跨国公司的能源外交进行了客观评介;不仅具有很强的理论性,而且具有突出的资料性。相信本书的出版能够受到我国从事国际能源合作、能源发展和能源外交研究的人士的欢迎。

本书在翻译出版过程中得到了各方面的关注和帮助。在此一并表示诚挚的感谢。由于译者和编者水平有限,加之翻译出版仓促,本书译文难免有不足和疏漏,编委会诚恳欢迎大家批评指正。谢谢大家。

中俄能源合作的宏观环境及应对之策*

谈论两国能源合作，必须关注其宏观环境。具体到中俄能源合作，总的讲，既有有利因素也有不利因素，有利因素大于不利因素；既面临重要机遇也面临严峻挑战，机遇大于挑战；对于推进两国能源合作，既要充满信心，也要准备攻坚。

首先谈谈有利于中俄能源合作的积极因素。

有充分依据认为，加强能源合作已成为两国的共同战略选择。中俄战略利益广泛一致，加强能源合作符合各自战略利益。中俄关系持续发展，为进一步深化能源合作奠定了坚实的国家关系基础。基于发展国家关系的需要，两国政府都在积极推动能源企业间的合作。因此，我国能源企业开展对俄能源合作不会受到国家关系不稳的拖累；相反，良好的国家关系必然成为两国企业加强能源合作的重要保证。

从俄罗斯方面看，加强对华能源合作的战略决策已定。

外交战略。近年来俄东西方相对平衡的多极化外交战略重心有所东移。俄更加看重、借重中国，迫切希望深化两国关系、加强两国战略协作，为重新崛起创造有利的国际环境。俄安全环境恶化，为了应对来自西部、南部的安全威胁，迫切需要保证东部方向的安全稳定，在东部方向建立战略纵深。中俄关系进入战略协作与务实合作并举的新阶段，油气合作是两国经济合作中最具互补性、最有潜力的领域，同时也是中国十分看重的领域，俄外交战略不能不予以高度重视。

---

* 本文摘自作者 2007 年 1 月 12 日在中石油的讲课稿。

发展战略。今后几十年俄罗斯的根本性国家任务是快速发展综合国力，迫切需要营造良好的发展环境，包括国际环境和周边环境，为此必须加强与最大邻国中国的睦邻友好合作关系。俄欲重新崛起为世界强国，强烈希望利用中国高速发展的机遇，搭乘中国经济的快车。开发占国土面积3/4的东部地区是关系到俄国家复兴的重大战略任务，开发东部离不开与中国的经济合作，东部各地区更是期待加强对华经济合作。东部地区最大的优势是其丰富的油气资源，利用东部地区的能源优势带动对华经济合作，是俄发展战略最现实、最有利的选择。

能源战略。俄确保能源安全的关键是减少对欧洲市场的依赖，实现油气出口多元化，为此必须开辟亚太市场。强化对东方的能源关系，有利于俄在东西两个方向、多个买家的竞争中获取更大能源利益。另外，东西伯利亚、萨哈林油气便于东输南送，中俄又陆路相连，可以提高俄对外能源合作的经济效益。中国是东亚地区需求最旺盛、最稳定、最可靠的大市场，而韩日是增量有限的成熟市场。因此，俄在东方能源合作中首先面向中国是其不可回避的战略性选择。

三大战略决定了俄加强对华能源合作在国家战略全局中的重要性。**俄已从国家战略高度作出对华能源合作的决策，不可能轻易改变**。**可以说，俄加强对华能源合作具有强大的战略动力，对华油气管线非修不可，非快修不可**。

从中国方面看，加强对俄能源合作也是一项重大战略性任务。

加强对俄战略协作伙伴关系是我抵御霸权挤压遏制、确保和平稳定的安全环境和发展环境的战略需要，俄罗斯因素对此具有重大战略价值。要深化对俄战略协作必须夯实经济基础，能源合作在我对俄经济合作中占有重要地位。

能源安全是确保我经济快速发展的关键，加强对俄能源关系有利于满足我迅速增长的能源需求。确保能源安全的关键是实现油气来源的多元化，减少从动荡地区、增加从周边地区购油的数量。在这方面，俄是我不可多得的重要选择。

考虑到非常情况下的能源安全，我有必要逐步减少通过马六甲海峡的石油运输量，增强陆上输送能力。因此，俄罗斯在我能源战略布局调整中具有重要地位。

也就是说,加强对俄能源合作同样是我国安全战略、发展战略、能源战略的迫切要求,是极小可能改变的战略方针。

其次谈谈不利于中俄能源合作的消极因素。

就两国关系而言,虽然处于历史最好时期,但是影响两国深化能源合作的消极因素依然存在。两国政治互信仍然不足,"中国威胁论"在俄仍有较大市场,俄在看重、借重中国的同时对我疑虑仍然较深、防范仍然较多。两国在外交上存在一些非协调性问题,特别是在对美关系问题上互有戒心。俄处于资源国的优势地位,选择较多,习惯于强势对待合作伙伴。俄追求本国利益最大化,在对外能源合作中热衷于进行多种"捆绑"、"挂钩",在价格问题上总是斤斤计较,并且可能会对我提出一些非市场规则性的要求。

就俄国内环境而言,对中俄能源合作则有利因素与不利因素并存。

俄国内环境总体上有利于两国能源合作。俄政局稳定,普京治国理念、政治经济发展模式得到多数民众和社会精英赞同,政治力量格局有利于普京路线的延续,2008 年大选极小可能引发政治动荡和政策转向,中俄油气合作因受俄国内政治因素冲击而发生逆转的危险性基本可以排除。俄"资源兴国"战略至少持续到 2020 年,扩大油气出口将是其长期选择,相当长时间里较小可能出现油气"惜售"问题。俄将油气问题政治化,更加注重国家政治利益和地缘政治需要,对于与其国家关系良好的中国来说未必不是好事。俄加强对油气资源的国家控制,有利于减少各种利益集团对两国油气合作的牵制。两国政治、经济发展模式趋同,意识形态领域的竞争基本消除,也有利于两国能源关系的发展。

与此同时必须看到,俄国内环境不利于两国能源合作的消极因素依然不少。俄大国主义心态浓重,"经济民族主义"强烈,不少人至今仍然居高临下地看待中国,极不情愿成为中国的"资源输出国"。俄排外情绪严重,有组织犯罪活动猖獗,安全环境比较严峻,我对俄投资的社会成本可能增高。俄各部门、各地区、各公司、各利益集团在发展对华能源合作问题上主张不一,对高层决策可能构成一定干扰。俄市场发育滞后,法律法规不健全,政策多变,对外企限制较多。俄罗斯人市场经济意识淡薄,普遍缺少互利共赢理念,履约能力较差。俄油气基础设施落后,探明储量增长缓慢,开采、运输条件恶劣。

可以说,中俄能源合作的宏观环境总体有利,同时存在诸多困难。两国加

强能源合作的战略决策已定，现已进入务实运作阶段。因此，我既要看到前景、充满信心，又要正视困难、准备攻坚，不能因为某些具体问题上的分歧或者一时的挫折而动摇深化两国能源合作的信心。

具体到对俄能源合作第一线的能源企业，建议从以下方面推动项目落实：

——从战略高度看待两国能源合作。牢牢抓住俄对华能源合作热情增高的有利时机，坚定不移地予以推进。不宜继续停留在对俄合作诚意的猜测上，而应只争朝夕地落实两国领导人达成的深化能源合作的共识，扎扎实实地做好合同谈判的具体准备工作。

——加强有关情况的深入调研。特别应关注俄对华政策及其取向，政治和经济形势、社会环境和民族文化、思维方式和行为习惯、高层权力结构和决策机制，以及各利益集团的利益异同及其对高层决策的影响；俄国家能源战略和对外能源政策走向；国际规则对其对华能源合作的影响。当前尤其要努力掌握俄方的谈判策略和战术，准确判断俄方的谈判底线。

——加强与政府有关部门的协调。争取政府提供政策支持，以政治关系促进能源关系。善于运筹其他能源关系，例如对哈、土的能源关系，促使俄方降低要价。特别要处理好各部门、各企业的利益关系，解决好所涉产业、企业的利益平衡问题。

——争取在谈判中保持主动。充分论证、仔细权衡，制定多套具有可行性、可操作性的应对预案。具体利益上该坚持的一定要坚持，不必过于担心合作破局。该妥协的要适时妥协，争取以我方之妥协换取俄方更大妥协。充分考虑国际行情，在保证我方基本利益的前提下尽可能照顾俄方的合理关切。充分利用国际规则、市场规范，有理有据地驳回俄方的过高要求。以平常心看待俄方“挂钩、捆绑”要求，协同应对、有取有予，可能时搞反向“捆绑”。此外还要广交朋友，包括情况信息类朋友、关系运作类朋友、决策影响类朋友和舆论营造类朋友。特别要加强与油气产地和管道沿线地方政府的沟通，调动地方利益集团推进两国能源合作的进展。

俄罗斯总统大选对中俄油气合作的影响*

在新一届俄罗斯总统大选中，普京推荐的总统候选人梅德韦杰夫顺利当选。我国能源业界关心的问题是，梅德韦杰夫上台对正在积极推进中的中俄能源合作可能产生何种影响。我认为，俄罗斯总统大选较小可能对中俄能源合作决策产生消极影响，但是俄方有可能依据新的情况、新的需要，在具体做法上做出某些调整。

一、总统大选后普京路线可望得到较好延续

以“主权民主”政治模式、“可控市场经济”发展模式、“独立自主、东西方相对平衡的多极化外交战略”为核心的普京路线，得到了俄民众和精英层的广泛拥护，具有较为深厚的国情基础，其可行性已为近年俄罗斯的实践所证明。杜马选举具有对普京路线“准全民公决”的性质，普京扶持的总统候选人梅德韦杰夫顺利当选更被认为是选民对普京路线的支持。任何人要撼动普京路线，都将面对民意障碍，在法理上也会遭遇巨大困难。

梅德韦杰夫是普京的门生、普京亲手扶持的接班人。梅竞选总统的纲领就是“普京计划”，普京的支持是其顺利当选的最重要保证。梅虽然有些自由主义色彩，性格特点不似普京那么强硬，但是骨子里与普京一样也是大国主义者、强国主义者，两人的战略理念有许多相通之处。因此，梅德韦杰夫不大可能对普京路线进行重大修正，西方国家对梅的期望可能落空。

普京团队控制着各级政权的关键岗位。大选后的俄罗斯高层权力结构仍

* 本文系作者在中石油座谈会上的发言要点(2008 年 4 月)。

将是以普京团队为基础、由普京亲自掌舵的垂直权力体系，梅很难建立与普对立的“权力中心”，起码在相当长时间里只能唯普京之命是从。这种权力结构为普京路线的延续提供了重要的组织保证。

普京担任主席的“统一俄罗斯党”在去年12月杜马选举中获得近三分之二的议席，成为事实上的“执政党”，“亲普京政党”掌握了杜马绝对多数议席。这种政治力量格局为保证普京的“领袖地位”、延续其路线提供了重要政治依托。

普京的控权布局十分周密，握有继续左右俄政策走向的重要权柄。普京亲任总理，其亲信遍布各级政权关键岗位、强力部门，掌控主要政党、媒体舆论、经济命脉。

因此，普京路线有望得到较好的延续，起码几年内不会发生实质性改变。俄即将出台的“2020年前发展战略”和新的“国家安全构想”，主要是对现行路线的强化、细化，而不是对普京路线的修正。

普京路线的延续是其对华政策延续的重要基础，普京继续留在高层权力中心是其对华政策延续的重要保证。普京一再承诺“将确保现行对华政策得到延续”，“将致力于加强俄中战略协作”，任何人要改变对华政策，他都将“亲自干预”。普京透露，在与各大国的关系中，由其直接掌管的只有对华关系，足见其对对华关系的高度重视。

梅德韦杰夫也是俄中关系的积极推动者。梅先后担任普京的总统办公厅主任、第一副总理，直接参与了普京总统对华政策的几乎所有重大决策，由其担任俄方组委会主席的两国“国家年”活动取得显著成效。有充分理由相信，梅也是对华关系的积极推动者，其出任总统对两国关系的深化是积极的。

更为重要的是，普京对华政策具有坚实的国家利益基础，两国关系具有比较健全的机制保证，双方都存在进一步强化战略协作和务实合作的需要。因此，中俄战略协作伙伴关系有望进一步深化。俄对外油气合作方针是普京能源战略的重要组成部分，普京路线的延续是其延续的基础。

二、总统大选后俄将延续普京能源战略

一是努力打造“能源超级大国”。俄将凭借资源优势，积极参与国际能源合作，改造国际能源秩序。以能源为依托争取快速崛起，以能源为武器强化大

国地位。加强对环里海油气开发和输送网络的"双控制"、扩大海外油气资源开发、努力进入他国下游领域，也将是其不变的方针。这就决定了俄不会改变扩大对外油气合作的政策取向。

二是加强对能源资源的国家控制。这是由俄奉行"可控市场经济"发展模式决定的，也与俄经济民族主义抬头有关。为防止外资控制其国民经济命脉，俄将采取新的举措。俄在进一步吸引外国投资加强基础设施建设的同时，可能更加排斥外资进入其上游开发领域，对外资质量的要求可能更高，外资要在俄拿区块、控股将更加困难。

三是寻求多重利益最大化。俄将以"实行市场原则"为名，利用欧洲对俄天然气的依赖和国际市场缺少天然气统一定价机制的条件，不断提升天然气价格。为此，可能推动"天然气欧佩克"的建立。俄还可能更多地提出上下游置换、油气合作与其他能源合作捆绑、资源合作与其他产业合作挂钩、能源利益与政治利益相联等要求。

与此同时，基于发展创新经济、优化产业结构、满足国内消费的需要，俄可能局部调整对外油气合作的具体做法。不排除逐步放缓新油气田开发的可能。随着经济的发展和国内需求的增大，几年后可能减少油气出口。

三、我对深化中俄能源合作既要充满信心又要准备攻坚

加强对华能源合作符合俄能源战略的需要。俄强调"能源出口途径多样化是个需要优先考虑的问题"，必须开辟亚洲市场，摆脱对欧洲市场的严重依赖。而中国是个能源消费大国和稳定可靠的油气大市场，俄没有理由绕过。俄要振兴东部地区，需要搭乘中国经济发展快车，必须强化最具互补优势的能源合作。很显然，加强对华能源合作包括建设通往中国的原油运输管道支线，是一项战略性决策。这种战略需要决定了，新时期俄罗斯新政权必然继续深化对华能源合作的基本方针。

两国能源合作已经取得重要进展，为进一步深化两国能源合作奠定了重要基础。仅"俄石油"每年就向中国供应 600 万吨原油及 200 万吨成品油，而且下游合作逐步展开，天津炼油厂到 2020 年产能可望达到 5 000 万吨，技术合作也取得了一定进展。因此，对俄罗斯总统大选后中俄能源合作的前景，总体上应有乐观的期待。

与此同时需要认识到，两国能源合作已经进入技术攻坚阶段。

要从战略高度认识对俄油气合作的意义，坚定不移地予以推进。要从我几大战略的需要来看待加强对俄能源合作的重要性和紧迫性。对俄能源合作，关系到我能源安全与发展，关系我经济社会的可持续发展，关系到中俄战略协作伙伴关系的深化，关系到我打破马六甲瓶颈。因此只能积极推进，不能消极等待。

要正确判断中俄能源合作形势，务实灵活地予以推进。世界进入高油价时代，不断涨价是难以改变的大趋势。拖得越久，价格越高，损失越大。在天然气管道建设问题上的价格分歧基本属于具体利益之争。俄供独联体“小兄弟”的天然气价格不断上涨，国内市场加快与国际接轨，中亚供俄天然气涨价，都会对我与俄谈判造成影响，我追求过于优惠的价格不太现实。不能再重复90年代在中俄、中哈能源合作问题上的失误。不能仅看国内价格承受能力，要切实贯彻“互利共赢”原则。在拿大区块、控股问题上，要有新的思维。可考虑争取更多地参股。

要加强内部协调，加大对俄能源合作的政策支持力度。俄坚持多种“挂钩”要求，企业甚至行业都难以独自应对，政府必须加强协调。在国内市场价格与国际市场价格严重脱节的情况下，价格压力不能全部让企业承担，政府必须承担部分亏损，给企业必要补偿。应在确保社会稳定的前提下，推动国内市场与国际市场接轨，这是必走之路，并且有利于节能减排。同时要加强对俄能源外交，通过高层、民间渠道，积极开展对普京团队和新总统团队的工作，做俄主要利益集团的工作。要灵活地运筹与中亚国家的能源关系，强化我在对俄能源合作中的地位。

关于推进中俄能源合作的建议*

近几年来中俄能源合作取得了多方面重要进展，但是远未达到我方预期。两国能源合作进展缓慢的主要原因并非俄方政治决断出现变化，而是双方在具体利益上存在较大分歧。尽管中俄能源合作存在着诸多困难，但是合作前景仍应看好。

一、充分认识中俄能源合作对我战略全局的重大意义

我对外能源依存度持续增大，扩大境外油气供给是我能源战略与发展战略的紧迫要求。我能源运输安全面临马六甲瓶颈，必须尽快解决陆上周边油气来源问题。考虑到非常情况下海上运输存在被切断的危险，修建陆上油气管道更具特殊意义。从运筹多极制衡、建立地缘战略纵深考量，亦必须深化中俄战略协作伙伴关系，扩大两国能源依存度对此具有重大意义。中俄能源合作特别是油气管道建设事关我经济安全和国际战略全局，非快搞不可，不能再出现 90 年代错失良机的战略失误，而应千方百计地予以推动。不论遇到多少困难，都不应产生丝毫犹疑。

要增强对俄能源合作的信心。必须全面客观地看待中俄能源合作形势，不应将局部性困难看成为全局性困境，不应片面否定我政府主管部门和能源企业艰苦努力的成果，更不应把对俄能源合作的前景看得过于黯淡。两国能源合作已经取得一定进展，进一步深化能源合作的基础已经初步奠定。出于国家战略的需要，俄加强对华能源合作的政治决断不可能改变。修建远东管

* 本文节选自作者为中国油气公司撰写的研究报告(2008 年 7 月)。

道是俄的战略性决策，且已投入巨额资金，不可能半途而废。中国是战略买家，能源需求旺盛，能源市场稳定可靠，对俄具有巨大吸引力。日、韩作为成熟市场需求增长不可能太大，难以取代中国在俄开拓东方市场中的地位。两国即将启动副总理级能源谈判机制，必将对深化能源合作产生重要推动作用。两国关系呈进一步深化趋势，必将对能源合作产生重要拉动。我政府部门和能源企业已经积累与俄打交道的经验，涉俄智囊机构对俄研究不断加深，应能找到克服困难的有效途径。

二、深刻认识国际能源的大趋势

国际能源价格持续走高，低价油气时代一去不返，能源资源国在国际能源秩序中日益强势，国际能源市场已转变为卖方市场。今后几十年，这种大趋势极小可能发生大的逆转。我必须适应这种大环境，以新的思维运筹对俄能源关系，以新的方式推进对俄能源合作。要在统揽国内经济发展和能源安全需要及国际能源市场总趋势的前提下，果断决策、及时行动。久拖不决不符合我国家利益，拖得愈久损失可能愈大。同时，对两国能源合作的期望又不能太高、要求不能太急。

要深入开展对俄罗斯问题的研究。正确的决策建立在充分的调研基础之上。必须准确了解俄的政治环境、法律环境、经济环境、社会环境、人文环境，了解俄对外能源合作的决策机制、各利益集团对其能源决策的影响，了解俄能源战略、对外能源政策以及谈判心理，了解俄“能源武器”的运用规律以及在对华能源合作中的政治考虑。为此必须加强政府决策部门、能源企业及学术机构之间有关俄问题研究的协同，加强信息和研究成果的交流。企业要重视与智囊的结合，充分发挥智囊的顾问和参谋作用。可借鉴国际经验，借助俄专家研究俄能源问题。要从西方公司投资俄能源领域的案例中汲取经验教训。要尽快打造出一大批既懂得能源业务又懂得国际政治，既了解俄能源问题又能够与俄罗斯人沟通交流的国际化人才队伍。

三、对俄能源合作要统一布局，突出重点

必须制定对俄能源合作方略，以统一多个企业、多个产业、多个政府部门的认识，协调其行动。新成立的国家能源委和国家能源局应真正担当起内部

协调的职能。要强化“大能源”观，油气、煤炭、核能、电力合作需统筹考虑。要以非能源合作推动能源合作，以煤炭、核电、电力合作推动油气合作，以下游合作推动上游合作。大型装备的采购也要考虑推动能源合作的需要。为避免我企业相互竞争、损害国家利益，建议在几大油气企业中明确一家对俄。在双边层面上，要充分利用两国良好的政治关系，在战略协作伙伴关系框架下推动对俄能源合作。要设计好副总理级中俄能源谈判机制，充分发挥其作用。

要实事求是地确定当前对俄能源合作的重点。尽快续签中俄长期油气贸易政府间协定，加快实施现有项目，特别要力促中国支线如期建成并确定管输费标准，尽快完成天然气管道的谈判和政府间协定的签订。在管道合作推进困难的情况下，可将推动工程技术服务作为一段时间的重点。在油气合作推进困难的情况下，可将煤炭合作作为新的合作增长点。油气价格分歧已成为中俄能源合作的最大瓶颈，确定我在价格谈判中的底线和策略已成当务之急。可考虑由政府给能源企业适当补偿，免征或者即征即免天然气进口增值税，以提高企业的价格承受能力。扩大中俄企业在非洲和拉美的能源合作亦是重要努力方向。要更加灵活地运筹我与中亚国家的能源关系，以利调动俄对华能源合作的积极性。

四、切实贯彻市场原则，谋求互利共赢

不要指望俄以低于对其他国家甚至低于俄国内市场的价格售我油气。要转变思维方式，不要过于追求“拿区块”，更不宜不切实际地追求“控股”。由于俄法律多变、市场不规范，我即使能够规模性进入俄上游开发领域，也会面临巨大风险。我国内市场与国际市场能源价格脱节，对我能源企业与俄谈判构成刚性制约，有必要在确保经济社会稳定的条件下尽快解决国内能源价格与国际市场接轨问题，以增强我企业的国际竞争能力，同时推动节能减排。

推进两国能源合作的关键是找到双方利益的契合点。既要坚定地维护自身利益，又要充分考虑对方的利益与关切。要学会为大局而让小利。“利益置换”也是一种互利共赢，不要一提“挂钩”就反感，而应学会“反挂钩”，充分利用这种合作方式谋求我多重利益。可适当考虑以我下游市场准入换取俄上游市场准入。

关于中俄能源合作形势的判断及推进思路*

中国国际问题研究基金会能源外交研究中心近日举办"中俄能源合作问题内部研讨会"。发改委、外交部、商务部、国家能源局、国土资源部、中央外办等政府部门主管司局领导，三大油气公司及中煤、中化等企业高管，能源经济、能源外交及俄罗斯问题研究机构专家，基金会和中心领导、专家共50余人与会。与会者就中俄能源合作的形势、中俄能源合作进展缓慢的原因、推进中俄能源合作的思路等问题各抒己见、深入探讨，形成了广泛共识。

一、关于对中俄能源合作形势的判断

与会同志指出，近年中俄能源合作取得了多方面的重要进展。

在原油贸易领域，我方提供60亿美元贷款、俄方提供4 840万吨原油的长期贸易合同执行情况总体良好。2006年和2007年我自俄进口石油分别达到1 596万吨和1 453万吨，俄已成为我第四大原油供应国。

在上游开发领域，"东方能源"、"乌德摩尔特"等合资项目取得较大进展，俄卢克石油公司与中石油签订了关于开展战略协作的协议。

在下游炼化领域，"东方石化"项目谈判进展顺利，俄石油与中石化正在对石家庄和曹妃甸两个石油加工厂合资项目加紧进行经济技术论证。

在技术服务领域，我油气公司为俄远东石油管线铺设管道150公里，在萨哈林陆架"韦宁地段"成功打出第一口富含油气的探井。

在煤炭、核能、电力等领域，合作也取得一定成绩。2007年我自俄进口煤

---

* 本文系作者2008年7月撰写的能源外交研究中心研讨会纪要。

炭 2 060 万吨，俄计划吸引我公司参与俄东部地区的煤炭开发。

与此同时，与会同志普遍认为中俄能源合作远未达到我方预期。

首先，远东管道中国支线建设一波三折、进展缓慢。中方已于 2007 年 10 月向俄方提交了支线建设政府间协议草案，俄方至今未予答复。俄方放风称，是否及何时签署该协议还要看俄石油与中石油的价格谈判结果。

其次，两条天然气管道谈判未取得实质性进展。俄方不断抬高天然气要价，甚至提出以高于供应欧洲的价格对华供气。西部天然气管道的生态问题、东部天然气管道的气源地问题，也是影响谈判进展的重要原因。目前双方企业对天然气管道项目的信心都明显下降。

其三，两国对能源合作的期望值存在错位。我方期望高峰期每年进口俄油气一亿吨，而俄最多只能供给 3 000 吨石油、380 亿立方米天然气，且按其规划要到 2015～2016 年才能达到对我出口高峰。我方看重油气上游开发和规模性贸易，而俄方更看重油气市场下游准入及核电、水电合作。

上述情况与几年前双方特别是中方的乐观预期形成较大反差，致使我方不少同志对俄方的诚意产生怀疑，无形中将对管道合作的悲观看法放大到对两国能源合作总体形势的判断上，将局部性困难看成为全局性困境。但俄国家石油公司驻亚太区首席代表冈恰洛夫认为，俄对华能源合作的进展比对日韩合作要快得多、成果要大得多。这一评价不能说没有根据。

此次会议上，尽管有部分与会者坚持认为中俄能源合作陷入了严重困境，但多数同志强调，必须全面客观地看待中俄能源合作形势，而不应把对俄能源合作形势看得过于黯淡，片面否定我国政府主管部门和能源企业艰苦努力的成果。

二、关于中俄能源合作进展缓慢的原因

多数同志认为，主要原因并非俄方政治决断出现变化。

从战略层面分析，俄方确有意愿加强对华能源合作。能源战略方面，俄需要通过开辟东方市场实现能源出口的多元化，摆脱对欧洲市场的过度依赖，增强其在国际能源格局中的地位，而中国是需求旺盛的东方能源大市场，俄没有理由存心绕过。发展战略方面，俄东部开发战略关系到其崛起的可持续性，而要推进东部开发战略的实施不能不利用中国快速发展的机遇、搭乘中国经济

的快车，加强能源合作恰是实现两国发展战略对接的有效途径。外交战略方面，为应对美欧的战略挤压、增强国际地位，俄迫切需要深化对华关系、加大对华借助力度，为此必须夯实两国关系的经济基础，在能源合作问题上故意怠慢中国不符合两国关系发展的这种大趋势。安全战略方面，俄虽然仍存对华防范心态，但远未达到要遏制中国的程度。相反，俄需要确保东部战略方向稳定，作为其应对西部和南部威胁的战略纵深，为此也必须进一步深化对华关系，包括对华能源关系。

俄高层领导的言论及表现亦可说明俄对两国能源合作的重视。普京对两国能源合作一向持比较积极的姿态，多次提到“2015 年前东方市场应占到俄石油出口总量的 30%”，承诺加强对华能源合作，并且倡议建立上合组织能源俱乐部。今年 2 月梅德韦杰夫责令政府有关部门查明远东管道建设拖延的原因，6 月作为新任总统明令俄石油管道运输公司不要在远东管道项目上“节外生枝”。梅 5 月访华时主动提议将中俄能源合作协调机制升格为副总理级。

当然，不能完全排除政治因素的影响。例如，俄大国意识强烈、不愿被我视为“资源输出国”，我欲开展以获取俄战略资源为目的的合作必然遇到障碍；两国间政治互信不足，双方对对方合作诚意互有猜疑；“中国威胁论”的影响仍在，俄少数人认为修建通往中国的油气管道会使中国如虎添翼，导致两国力量对比进一步失衡。这些都会不同程度地影响到两国能源合作的氛围。

与会多数同志认为，比较而言具体利益分歧更具关键性影响。

首先是国际因素。国际油气价格持续走高，高油价时代到来，国际市场成为卖方市场，能源资源国在国际能源格局中占据越来越强势的地位。在国际能源关系大趋势的作用下，俄油气出口待价而沽，供我油气报价水涨船高。

其次是俄国内因素。俄经济形势好转，决心改变“无节制的能源出口政策”。在俄对外能源合作战略布局中，主要方向是欧洲而不是亚洲。俄“东轻西重”的能源开发格局短时间内不可能有实质性改变。俄调整资源依赖型经济结构，加大对能源开发的国家控制，收紧外国投资者开发其地下资源的准入，扩大本国对能源资源的深加工。俄各利益集团纷争不断，极力说服政府采取于己有利的能源政策。俄一些精英认为，将管道全部修在俄境，可避免受制于人，并可获取更多的管输利润、找到更多的石油用户，“增强俄对整个亚太地区的影响”。远东地方势力出于本地区经济利益考虑，极力推动石油管道直接通往纳霍德卡。可以看出，俄国内多种因素都在干扰中俄能源合作，特别是管道铺设和上游开发。

其三是双边关系因素。两个大国同时崛起不可避免地会发生某些利益竞争。能源资源国与能源消费国之间存在固有的利益差异。两国在能源合作中所处地位不同，急切程度不同，中方甚至显得有些过于急切。俄谋求利益最大化，不断提出各种利益“捆绑”、“置换”要求。两国贸易结构失衡，不可能不影响到能源合作的氛围。俄对我在核电站部分机组采购上没能给俄政策“倾斜”、让订单落入德国手中感到不快，对我与中亚油气资源国合作与俄构成利益竞争表示不满。因此，不排除俄借放慢管道合作对我施压的可能。

其四是第三方因素。日本从中作梗，使本来就对远东管道建设犹豫不决的俄高层更加举棋不定。俄试图把能源因素引入对美关系，也给中俄能源合作造成一定干扰。

其五是技术因素。近年俄油气勘探投入不足、资源探明滞后、产能增长乏力，加之对欧出口压力增大、国内需求增长，影响到俄通过修建管道扩大对我油气出口的动力。俄东部地区油气基础设施几乎全部需要新建、投资巨大，管道所经地区自然条件恶劣、建设成本增高，致使俄在价格问题上对我妥协的空间缩小。俄管道工程承包公司管理混乱，则是工期拖延的直接原因。

三、关于推进中俄能源合作的思路

（一）立足大局，增强信心

要充分认识中俄能源合作对我战略全局的重大意义。我对外能源依存度持续增大，扩大境外油气供给是我能源战略与发展战略的紧迫要求。我能源安全面临马六甲瓶颈，必须尽快解决陆上周边油气来源问题。考虑到非常情况下海上运输存在被切断的危险，修建陆上油气管道更具特殊意义。从运筹多极制衡战略、建立地缘战略纵深考量，亦必须深化中俄战略协作伙伴关系，为此必须扩大两国能源依存度。可以说，中俄能源合作特别是油气管道建设关系我战略全局，非快搞不可，不应再出现90年代错失良机的战略失误。我国有企业对国家战略的实施负有重大责任，应从国家战略利益出发，千方百计地推动中俄能源合作。不论遇到多少困难，都不应产生丝毫犹疑。

要增强推进对俄能源合作的信心。两国能源合作已经取得一定进展，进一步深化能源合作的基础已经初步奠定。出于几大战略的需要，俄加强对华能源合作的政治决断难以改变。修建远东管道是俄的战略性决策，且已投入巨额资金，不可能半途而废。中国是战略买家，能源需求旺盛，能源市场稳定可靠，对俄具有巨大吸引力。日、韩作为成熟市场需求增长不可能太大，难以取代中国在俄开拓东方市场中的地位。两国即将启动副总理级能源谈判机制，必将对深化能源合作产生重要推动作用。两国关系呈进一步深化趋势，必将对能源合作产生重要拉动。我政府部门和能源企业已经积累比较丰富的与俄打交道的经验，涉俄智囊对俄研究不断加深，应能找到克服困难的有效途径。从上述角度看问题，尽管必须承认两国能源合作存在多种困难，但是前景仍应看好、信心仍应坚定。

（二）认清形势，加强调研

要认清国际能源的大趋势。今后几十年，国际能源价格持续走高、能源资源国在国际能源秩序中日益强势的大趋势极小可能发生大的逆转。我必须适应这种大环境，以新的思维运筹对俄能源关系，以新的方式推进对俄能源合作。不应再停留在俄方是否具有诚意的议论上，而应集中力量谋划技术攻坚。久拖不决不符合我国家利益，拖得愈久损失可能愈大。同时，对两国能源合作的期望又不能太高、要求不能太急。

要深入开展对俄罗斯问题的研究。正确的决策建立在充分的调研基础之上。必须准确了解俄罗斯的政治环境、法律环境、经济环境、社会环境、人文环境，了解俄罗斯对外能源合作的决策机制、各种利益集团对其能源决策的影响，了解俄罗斯能源战略、对外能源政策以及谈判心理，了解俄“能源武器”的运用规律及对华能源合作的政治考虑。为此必须加强政府决策部门、能源企业及学术机构之间有关俄罗斯问题研究的协同，加强信息和研究成果的交流。企业要重视与智囊的结合，充分发挥智囊的顾问和参谋作用。可借鉴国际经验，借助俄罗斯专家研究俄罗斯能源问题。要从西方公司投资俄能源领域的案例中汲取经验教训。要尽快打造出一大批既懂得能源业务又懂得国际政治，既了解俄罗斯能源问题又能够与俄罗斯人沟通交流的国际化人才队伍。

（三）统一布局，突出重点

要统一部署对俄能源合作工作。必须制定对俄能源合作方略，以统一各行为主体的认识，协调各行为主体的行动。“利益置换”关系到多个企业、多个产业、多个政府部门，必须高层协调、统一布局、综合平衡。新成立的国家能源委和国家能源局应真正担当起内部协调的职能。要强化“大能源”观，油气、煤炭、核能、电力合作统筹考虑。要以非能源合作推动能源合作，以煤、核、电合作推动油气合作，以下游合作推动上游合作。大型装备的采购也要考虑推动能源合作的需要。为避免我企业相互竞争、损害国家利益，建议在几大能源企业中明确一家对俄。要充分利用两国良好的政治关系，在战略协作伙伴关系框架下推动对俄能源合作。要设计好副总理级中俄能源谈判机制，充分发挥其作用。普京总理即将访华，不应错过这一做俄工作的时机。

要实事求是地确定当前对俄能源合作的重点。尽快续签中俄长期石油贸易政府间协定。加快实施现有项目，特别要力促中国支线如期建成并合理确定管输费标准，尽快完成天然气管道的谈判和政府间协定的签订。在管道合作推进困难的情况下，可将推动工程技术服务作为一段时间的合作重点。在油气合作推进困难的情况下，可将煤炭合作作为新的合作增长点。油气价格分歧已成为中俄能源合作的最大瓶颈，确定我方在价格谈判中的底线和策略已成当务之急。可考虑由政府给能源企业适当补偿，免征或者即征即免天然气进口增值税，以提高企业的价格承受能力。扩大中俄企业在非洲和拉美的能源合作亦是重要努力方向。要更加灵活地运筹与中亚国家的能源关系，以利调动俄对华能源合作的积极性。

（四）市场原则，互利共赢

对俄能源合作要切实贯彻市场原则，尊重市场规律。俄不可能无条件地给我方优惠，不要指望俄以低于对其他国家甚至低于俄国内市场的价格售我油气。要转变思维方式，不要过于追求“拿区块”，更不宜不切实际地追求“控股”。由于俄法律多变、市场不规范，我方即使能够规模性进入俄上游开发领域，也会面临巨大风险。我国国内市场与国际市场能源价格脱节，对我国能源企业与俄谈判构成刚性制约，有必要在确保经济社会稳定的条件下尽快解决国内能源价格与国际市场接轨问题，以增强我国企业的国际竞争能力，同时推动节能减排。

互利共赢是推进中俄能源合作的必由之路。推进两国能源合作的关键是找到双方利益的契合点。既要坚定地维护自身利益，又要充分考虑对方的利益与关切。要学会为大局而让小利。“利益置换”也是一种“互利共赢”，不要一提“挂钩”就反感，而应学会“反挂钩”，充分利用这种合作方式谋求我方多重利益。

在中俄能源合作研讨会上的总结讲话*

今天的研讨会顺利圆满召开，每个同志的发言都很有质量。看得出，大家都是做了充分准备的。各位的发言，对中俄能源合作既有战略思考，又有具体政策建议，相信一定会对推进中俄能源合作产生积极的作用。会上出现不同的思考、不同的观点，这不仅是正常的，而且是有益的。这种交流、碰撞对决策部门做出正确的判断、形成正确的决策，往往产生积极的作用。

借此机会谈谈个人对中俄能源合作的几点看法。

第一，如何判断中俄能源合作形势。

在此问题上，与会同志观点差异较大，有的比较乐观，有的相当悲观。我的看法是，已经取得一定进展，但是远远没有达到预期，双方都没有达到预期。进展方面，在原油贸易领域，每年有上千万吨的原油贸易，通过其他渠道还获得了不少的成品油。在上游开发领域，“东方能源公司”、“乌德摩尔特油田”等项目都取得较大成功。在下游炼化领域，“东方石化”项目谈判进展总体顺利。技术服务领域的合作也取得不少进展，例如在“萨哈林”项目中我们的钻井公司打出了第一口富含油气的探井。在煤炭、核能、电力合作等方面也取得了一定的成绩。中俄双方正在酝酿新的合作项目，俄方表现出积极姿态。这些进展都是实实在在的，不能说没有取得进展，不能否定我们的石油企业、主管部门这些年的工作，对所取得的成绩应该给予积极的评价。所以，把形势看得过于悲观，我觉得不够客观。另一方面，的确远没有达到预期。特别是在管道建设上一波三折、进展缓慢。同时，未达预期与我们对中俄能源合作的预期值比

* 本文系作者在能源外交研究中心研讨会上的总结讲话（2008 年 8 月）。

较高直接相关。作为两个资源互补的大邻国，政治关系又如此好，在能源合作上应该是一拍即合，但是却没能如愿推动起来，许多事情都不尽如人意。期望值越高，失落感就越大，因此许多人认为两国能源合作陷入停滞、陷入困境。这些提法不能说没有道理，但是绝不是全局性的困局。对形势的判断应当更全面些、更科学些。

第二，如何看待中俄能源合作遇到的困难。

这是个政治决断问题，还是技术性问题、具体利益问题？我的看法是，不能说没有政治因素，但更主要的还是具体利益分歧。从战略上讲，无论从哪方面看俄罗斯都没有故意刁难中国的必要。从能源战略讲，俄方需要开辟东方市场，摆脱对欧洲的过度依赖，在东西方之间建立起某种平衡，从而获取更大的战略利益。普京多次讲到，东方市场要占到30%。从发展战略讲，东部发展关系到俄罗斯整个国家的振兴，东部发展首先是要开发东部资源。而且在地缘上我们两国又如此的接近。俄方还希望搭乘中国经济发展的快车，希望借助中国发展的机遇，需要加强同中国的合作。双方明明互补优势巨大，俄罗斯却偏偏要绕过中国，这从哪个方面讲都是讲不通的。从外交战略讲，两国是战略协作伙伴国。俄罗斯的西部安全环境、南部安全环境明显恶化：西部方向欧盟、北约东扩，不断挤压俄罗斯的战略空间；南部方向国际恐怖主义、伊斯兰宗教极端主义猖獗，高加索地区局势动荡，一些独联体国家背俄西靠，美国在中亚保持军事存在等等。环顾四周，只有东部方向与中国友好，安全无虞。俄罗斯要改善其安全环境，必须以东部作为其战略纵深。既然如此，不同中国搞好关系，中国需要油气偏偏不给，这从哪方面讲也都解释不通。因此，恐怕不能认为两国政治关系出了问题。

当然，俄对中国信任不够，担心中国将来强大之后对其构成威胁，这个因素不能排除。我认为，俄对中国仍然存在防范心态。俄罗斯历来认为邻国强大就是威胁，必然要有所防范，但是远没有达到要遏制中国的地步。俄罗斯对华战略究竟有没有遏制的成分，是个大问题，是关系到今后两国关系发展的战略性问题。对此问题的判断必须格外谨慎，不能轻易把能源合作进展不顺特别是把一些具体利益分歧归结为战略性问题。另外还要看到，俄罗斯国内一些因素也在影响中俄能源合作，包括其利益集团的争夺以及决策机制方面的问题。还有资源问题和技术问题，比如东西伯利亚基础设施不发达，自然条件恶劣，要开发当地的资源需要大量的资金投入，成本大大提高。俄国内需求也在不断增加，对俄发展对华能源关系构成牵制，使其开辟中国市场的紧迫感有所下降。这些都是现实存在的问题，但是能否归结成政治性问题、归结为战略决断问题，我认为值得怀疑。

第三，如何看待中俄能源合作的前景。

应当说总体还是看好的。可能会遇到很多困难，但是从长远看中俄能源合作有望取得积极进展，甚至是较大进展。不应停留在俄罗斯有没有对华能源合作诚意的争论上。今天说俄罗斯在要我们，明天说俄罗斯要搞什么名堂，媒体不停地炒作，不仅对中俄战略协作伙伴关系的氛围不好，而且解决不了问题。现在应当集中思考如何解决具体问题，如何进行技术攻坚。例如价格问题，我们的油气价格水平低，企业承受能力低，与俄谈判的回旋空间小。快速同国际接轨我们办不到，这关系到社会的稳定问题。那么该怎么办？政府能否给予企业一些政策支持，甚至是补偿？能否通过其他方面的利益置换、利益挂钩来解决价格错位问题。对利益置换问题需要有新的认识、新的思维。一提到利益置换，一提到"捆绑"、"挂钩"，很多同志就非常反感。最早涉及利益挂钩问题是在叶利钦时代，当时俄方提出军技合作要与经济合作挂钩，两个备忘录要同时签，我方不少同志反对，但是最后还是不得不做出让步。现在俄方提出油气合作要和其他能源合作挂钩、能源合作要和其他经济合作挂钩、经济利益要和政治安全利益挂钩……种种挂钩，越搞越多。一句话，就是要争取利益最大化。任何国家都追求本国最大利益，提出利益置换是可以理解的。利益置换实际上也是一种特殊形式的互利共赢。同时这也是资源国强势地位的表现。如果我们对此仅仅停留在反感、抵触上，那就无法谈下去，无法真正实现互利共赢。互利共赢不能仅仅挂在口头上，而应贯穿在行动中。双方都应真正照顾对方的关切，照顾对方的利益，这样合作才能长久。俄罗斯人不会做亏本的生意，为了获取能源，我们恐怕不得不拿出一部分其他利益作为补偿。这就需要我们有一个强有力的高层协调机制，仅靠油气公司很难做到这一点。而缺少强有力的高层协调机构，是我们必须尽快解决的一大瓶颈性问题。

第四，如何在中俄能源合作中立足大局。

一是要认清加强中俄能源合作对我国战略全局的重要性。我国能源需求越来越旺盛，对国外能源的依存度越来越高，能源能否持续供给是关系到我们能否持续发展的大问题，关系到国家安全的大问题。陆上油气管道建设对我国能源安全具有特殊意义，非搞不可。我们的国有企业负有实现国家战略的重大责任，既要考虑自身经济利益，同时也要考虑国家战略利益。为实现国家战略利益，我们对俄谈判必须有耐心，要锲而不舍。

二是要认清国际能源合作的大趋势、大环境。这个大趋势就是能源价格不断上涨，高油价时代到来，能源资源国越来越占据主动地位。如果考虑大环境、大趋势，久拖不决恐怕不是解决问题的办法。拖得越久可能损失越大。但是目前让我们接受对方的条件又很难，需要找到一个平衡点。

三是要认清能源问题的政治特性及俄内部关系的复杂性。能源的政治特性表现在，它既是能源资源，又是战略资源、政治资源、外交资源，某种意义上讲还是军事资源。因此，需要在国家的总体外交布局中运筹能源关系。这关系到我们如何开展对俄高层工作问题。特别要做好普京团队、梅德韦杰夫身边人的工作。还有如何增强我们两国的经济依存度问题，现在两国经济相互依存度很低。这些问题，都需要从政治层面考虑。

四是要认清贯彻互利共赢理念的重要性。互利共赢是我国开放战略的核心理念，也是推进中俄能源合作的必由之路。必须真诚地贯彻互利共赢理念，这在对俄能源合作中尤为重要。

最后，还有树立"大能源"观念问题。油气固然重要，今后若干年油气仍将是我们的主要能源，因此要抓住不放。但是我们在考虑油气的同时，还要考虑对其他能源的需求。如果油气合作推不动，是否可以首先争取在煤炭、水电合作等方面有所突破。煤炭合作也很有前景。要强化协调机制，加强内部协调。国家能源委员会、能源局已经建立，我们对此寄予很高的期望。

本次研讨会是能源外交研究中心成立以来所组织的一次较大型的会议。由于缺少经验，在组织、保障等方面肯定会有考虑欠妥的地方，恳请大家谅解。

正如许多同志发言中所说，能源外交研究中心是个很好的交流平台。希望能源外交研究中心今后与政府有关部门、能源企业、学研机构能有更多更好的交流，也希望得到大家更多的支持。

中俄能源合作协议：具有里程碑意义的重大进展*

近日温家宝总理访问俄罗斯，中俄签订了一揽子能源合作协议，被国际舆论普遍视为两国能源关系中具有“里程碑”意义的重大进展。从两国能源安全、战略协作伙伴关系深化、共同应对西方金融危机冲击等多个角度分析，这一评价比较恰切。

首先，协议的签订对两国能源安全具有重大意义。

中国能源需求增长旺盛，急需开辟新的境外油气供应来源。此次两国签订长期石油贸易协议，对于扩大中国的石油供给、确保经济的稳定发展，无疑具有重大意义。中国的能源安全，不仅需要大幅增加能源供应量，而且需要实现能源来源多元化。中俄能源协议的签订，在实现这一目标方面是一重大进展。考虑到中国80%的石油进口需要经过安全风险巨大的马六甲海峡，解决近距离陆上管道供油问题，已成为增强国家能源安全的当务之急。远东管道中国支线协议的签订，可以视为继中哈管道建成之后朝此方向迈出的又一关键性步伐。

对于俄罗斯能源安全来说，加强与中国的能源合作亦具有重大意义。俄罗斯作为主要能源生产国，其能源战略要求实现能源出口多元化，摆脱对欧洲能源市场的严重依赖，而开辟东方能源市场是其中的关键环节。中国是稳定可靠的能源大市场，加强与中国的能源合作是实现上述目标的战略性步骤。通过加强与中国的能源合作，俄罗斯还可以强化其在对欧能源合作中的地位，

* 本文发表于《东方早报》2008年10月30日。

并且可以从多个买家相互竞争中获取更大的经济利益。在俄格冲突后俄罗斯陷入国际孤立、国际安全环境进一步恶化的情况下，加强与中国的能源合作，对于强化俄罗斯的国际战略地位，增强其抗衡外部势力遏制挤压的底气，也会起到重要作用。

其次，协议的签订对于深化两国战略协作有望产生重要推动。

中俄战略协作伙伴关系固然离不开战略利益的广泛一致性，同时也必须以坚实的经济关系作为支撑，而强化能源合作对于夯实两国关系的经济基础至关重要。此次两国签订的一揽子能源合作协议，覆盖了从油气贸易合作到油气管道建设合作，从上中游合作到下游合作，从油气合作到核能合作，从金融合作到技术服务合作等方方面面，足见两国加强能源合作，进而推动两国战略协作的决心与魄力。随着能源协议的实施，两国经济上的相互依存必然进一步加深，这对于两国关系的长期稳定也具有重要意义。

特别是管道合作酝酿多年迟迟未见成效，已经引起中国民众对俄罗斯加强对华战略协作诚意的质疑。此次能源合作协议的签订，对于消除民众的这一误解，改善两国关系的舆论氛围，强固两国战略协作的民意基础，其积极作用是显而易见的。在受到西方金融危机严重冲击的困难时刻，中国大手笔资金投入，对于俄罗斯能源企业无异于雪中送炭，显然也会增进俄罗斯民众对两国加强战略协作的认同。

其三，协议的签订有助于两国共同应对西方金融危机的冲击。

西方世界的金融危机已对俄罗斯金融稳定产生重大冲击，不仅外资大量撤离、股市大幅下挫，而且多个大型企业陷入资金短缺困境，国家财政预算也面临必须大幅紧缩的难题。特别是几大能源公司，由于近年急剧扩张，大量借贷西方银行短期贷款，目前已陷入严重债务危机，要解决油气储量探明滞后、油气生产增长乏力的难题更是力不从心。中国资金的注入，对于稳定俄罗斯金融形势、帮助其能源企业摆脱危机，无疑可以起到重要作用。

对于中国来说，将大量外汇投向境外能源资产，则是降低金融风险的明智选择，有可能成为中国改变外汇储备结构的重要一步，并且可能成为中俄联手应对金融危机的重要起点。

从以上分析可以看出，中俄此次签订一揽子能源合作协议，具有互利共赢的典型特点，对于两国关系特别是能源关系的深化，的确是具有里程碑意义的

重大进展。

协议的签订受到我国民众的普遍欢迎,同时也出现某些怀疑声音,主要是担心俄罗斯履行协议的诚意与能力。

鉴于两国能源合作谈判反反复复、进展缓慢,出现某些担忧是可以理解的。但是客观分析两国关系的现实及能源合作的潜力,这些担忧其实大可不必。

在由单极世界向多极世界过渡、国际格局与国际秩序剧烈变动的国际大环境下,具有广泛共同利益的两个大国必须相互借助、联手合作,在任何重大问题上双方都不能不认真考虑对方的利益与关切,因此基本不存在俄罗斯毁约的可能性。而且应当相信,在关系到国家形象与信誉问题上,正在努力树立大国形象的俄罗斯不会不谨慎行事。

至于供应能力,国际能源界对俄罗斯东西伯利亚的石油探明储量确实有着不同的评估,认为仅靠东西伯利亚的区块难以满足远东管道需要的议论确实存在。但是关于东西伯利亚巨大的石油资源储量,各国专家都少有怀疑。事实上,对本国油气储量的真实数据,世界多数资源国都不会和盘托出。俄罗斯敢于投入巨资修建远东管道,敢于签订两国石油供应长期协议和管道建设协议,显然不可能建立在无力履约的基础之上。而且俄罗斯还有西西伯利亚的石油可以作为供应远东管道的后备资源。如果仅仅是探明储量滞后,而资源量实实在在,说不定还会给中国能源企业带来扩大对俄勘探开发合作的契机。

贷款换石油：中俄能源合作的突破性进展*

2009 年 2 月 17 日，持续近 4 个月的中俄“贷款换石油”谈判终于落下帷幕。中国石油天然气集团公司（以下简称“中石油”）、中国国家开发银行（以下简称“国开行”）分别与俄罗斯石油公司（以下简称“俄石油”）、俄罗斯管道运输公司（以下简称“俄管道”），签署了以贷款、石油贸易、管道修建为主要内容的多份商业协议。根据协议，“国开行”将分别向“俄石油”和“俄管道”提供 150 亿美元和 100 亿美元的长期贷款，采取与伦敦银行同业拆借利率（LIBOR）相挂钩的浮动利率；“俄石油”与“俄管道”将在今后 20 年里每年通过管道向中国输送 1 500 万吨原油，“俄管道”将于 2009 年底前完成“太平洋管道”一期工程及自俄边城斯科沃罗季诺至中国边境 64 公里中国支线的修建。供油价格以俄油运抵纳霍特卡的价格为基准随行就市。由于此次签署的“一揽子石油合作协议”以中方提供贷款、俄方提供石油为基本特征，因此被媒体称为“贷款换石油”协议。

中俄“贷款换石油”协议的签署，标志着两国油气合作取得了突破性进展，迈出了实质性步伐。在世界金融危机肆虐、国际形势复杂多变的情况下，中俄“一揽子石油合作协议”的签署，不仅对两国能源安全、经济稳定具有重大意义，而且必将有力地推动两国各领域务实合作乃至战略协作的进一步深化。

“贷款换石油”协议践行了“互利共赢”理念，符合中俄双方的能源利益和战略利益。

* 本文发表于《远东经济导报》2009 年 2 月 25 日。

从中国方面讲，通过“贷款换石油”协议，可以获得长期稳定的陆上周边大宗石油供给，对国家能源安全可望起到重要作用。

中国经济快速发展、能源需求增长旺盛，对外石油依存度持续增大，拓宽境外石油资源供给渠道是一项重大战略任务。每年 1 500 万吨的俄油在中国年石油进口量中虽然所占份额不大，但其对中国能源安全的意义不可低估。更为重要的是，陆上周边一条大口径输油管道的修建，对于中国“突破马六甲瓶颈”、减少对中东非洲石油的过度依赖、实现石油进口多元化，具有实质性意义。中俄石油管道项目从 1994 年提出至今已经 14 年有余，期间一波三折、反反复复，现在终于尘埃落定，不能不说是“突破性进展”。在石油管道谈判成功的带动下，两国间天然气管道谈判也在酝酿重新启动，两国油气合作积极扩展的态势正在形成。而且，以此次合作为起点，俄罗斯油气开发与出口重点很可能进一步东移，更多地面向东方市场。有理由认为，“贷款换石油”协议的签署与实施对中国能源安全的意义，很可能远远超出协议本身。

从俄罗斯方面讲，“贷款换石油”协议不仅有利于俄油气企业缓解空前严重的资金短缺危机，而且有利于俄油气出口多元化战略的实施。

近年来俄罗斯经济持续发展，但是产业结构畸形、资源依赖过重。去年下半年以来，随着金融危机影响的扩大、世界经济发展的减速，加之投机资金从石油期货市场大批撤离，国际油价急剧下跌，从 7 月每桶 147 美元的历史高位滑落至最近几个月每桶 35～45 美元的低谷。石油出口收入锐减，对严重依赖石油出口的俄罗斯经济造成沉重打击。不仅金融系统陷入混乱，而且实体经济危机四伏，2009 年可能成为近 10 年来“俄经济最为艰难的一年(梅德韦杰夫语)”。特别是油气产业，首先是几大国家油气公司，由于近年扩张过度，大量借用西方银行的短期高息贷款，因此受金融危机、国际油价下跌的伤害更为严重。不仅股值大幅缩水，而且债务危机深重，近千亿美元的短期债务急需归还，新年度勘探开发投资无处筹措，资金链面临断裂的危险。虽然政府全力救助，但是所能提供的资金支持仅是杯水车薪。在此危机形势下，来自中国的巨额贷款无疑是“雪中送炭”。

另外还应看到，“贷款换石油”协议的实施，对于俄罗斯开辟东方市场将会产生重要拉动力，而开辟东方油气市场是俄罗斯能源战略的重要环节。俄罗斯油气长时间集中输往欧洲，出口方向过于单一。东方市场的开辟与扩大，不仅有利于俄在多个进口国相互竞争中占据更大主动、谋取更大利益，而且可以大大提高俄“油气武器”运用的灵活性与有效性。中国是国际油气市场的“战略买家”，中国油气市场稳定可靠，开发中国油气市场是俄罗斯实现油气出口多元化战略的有利选择。多年来，俄罗斯油气公司对进入中国下游油气市场梦寐以求，“贷款换石油”协议的签署有望助其“圆梦”。“贷款换石油”协议的实施还有利于提振国际油价，对俄罗斯亦是利好消息。

从更深层次看，由于亚太地区被普遍视为21世纪世界经济的中心，俄罗斯要搭乘亚太经济的快车、实现快速崛起，必须以东部开发作为战略依托。而要推进东部开发，在制造业、高科技产业发展滞后的情况下，唯有大力开发东部地区丰富的自然资源首先是油气资源。东部地区自然条件恶劣、开发投资巨大，俄罗斯必须更多地吸引国际投资，特别是来自近邻伙伴中国的投资。“贷款换石油”协议的签署，对此有望起到重要带动作用。

以上情况说明，“贷款换石油”协议是充分照顾到双方利益与关切的“互利共赢”协议。在遭受金融危机冲击、经济发展减速的严峻形势下，中方以优惠利率给予俄方大笔长期贷款，的确付出了一定的代价。但是，代价是战术性的，而获益是战略性的。俄方在深陷资金短缺危机、油气生产难以为继的困难形势下，得到“俄历史上最大一笔贷款”，对其油气企业缓解危机、维持生存之意义更为突出。石油合作协议的签署与俄方期待的其他能源合作，例如核能、水电、煤炭合作，有着一定的“捆绑”关系，更是利于俄方实现多重利益。因此可以说，俄方的利益在协议中得到了充分的体现。俄罗斯某些媒体炒作俄“落入中国圈套”、“吃了大亏”，显然与事实严重相悖。

从两国关系看，“贷款换石油”协议的签署与实施对两国战略协作与务实合作必将产生重要推动作用。中俄建立战略协作伙伴关系已近13个年头。尽管目前的两国关系处于历史最好时期，在两国与各大国关系中是一对最稳定、最成熟、最具建设性的双边关系，但是就总体水平而言，与两国战略处境相似、战略利益相近、战略理念相通的现实所提供的发展潜力依然存在明显差距。其原因，除政治上互信不足之外，更重要的是经济基础薄弱、相互依存度较低。在国际战略格局失衡、国际战略形势失稳的当今世界，两国关系在中俄战略全局中均具有重大价值，进一步深化两国关系符合双方的战略需要。而要深化两国关系，必须夯实经济基础。油气领域在两国经济关系中最具互补优势，理应成为两国经济合作的“重中之重”。此次250亿美元贷款换取3亿吨石油及修建直通中国的石油管道协议的签署，仅是两国油气合作新的起点。从双方需求看，这种合作可望不断扩展，并且可望带动其他能源合作乃至整个经贸合作进一步深化，推动两国战略协作与务实合作迈上新的台阶。

协议业已签署，双方期待很大，关键在于落实。在长达20年的协议执行过程中，很难指望一帆风顺，不排除出现预想不到的困难的可能性。一是石油输出国与石油消费国存在固有的利益差异，难免出现这样那样的利益纠纷。尽管协议满足了俄方的多数要求，石油价格也是按照纳霍特卡离岸价随行就市，并非固定价格，但是不能说所有可能出现的问题都已想到、都已解决。二是俄罗斯市场经济意识淡薄，法律法规多变，不排除发生履约不力的情况。三是俄罗斯大国意识强烈，羞于成为“资源输出国”，一向将向别国输出资源视为“施恩”。这种心态对协议的执行不是好事。四是俄罗斯作为石油输出国拥有强势地位，为其利用油气关系谋取政治、安全及其他经济利益提供了有利条件。俄罗斯会否对中国使用“油气武器”，亦难以逆料。

尽管存在以上担忧，对协议的执行仍应充满信心。这主要是因为：协议本身真正贯彻了“互利共赢”的理念，充分考虑了双方的利益关切；中俄间已经建立起有效运作的能源谈判机制，可以为消除分歧、化解矛盾提供机制保证；中俄关系总体呈持续深化趋势，良好的国家关系可以给油气合作协议的执行提供政治保证；俄罗斯越来越多地融入经济全球化进程，俄罗斯人市场经济意识逐步增强；俄罗斯急欲树立负责任大国形象，越来越注意尊重、遵守国际经济规则。

因此，对于“贷款换石油”协议的落实，既应看好前景，又应持续攻坚。要进行前瞻性研究，提前考虑到可能出现的各种问题，将争端消除在未发之时。要扎扎实实地推进每一个步骤，“确保所有项目都能够按照双方商定的路线图和时间表顺利实施”。要积极推进石油产业上中下游全链条合作，包括欢迎俄石油企业以适当方式投资我下游市场，以增大两国能源利益的相互依存度。同时要积极谋划天然气管道合作及其他能源合作，争取俄气早日进入我境。

影响俄在东部油气开发中对华合作的基本因素*

世界金融危机爆发、国际油价暴跌、与西方国家关系恶化以及世界经济中心向亚太地区转移的大趋势，推动着俄罗斯在国际合作中越来越多地关注东方。在此背景下，今年4月中俄签署"贷款换石油"政府间协议，两国油气合作取得了突破性进展，为两国深化在俄东部地区的油气合作奠定了新的基础。**大力推动对俄油气合作符合中国能源安全的客观要求及其他重大战略利益，而要达成这一目标，则必须深入分析影响中俄油气开发合作的基本因素，并且在此基础上谋划系统的战略举措。**

（一）资源及其开发条件：俄罗斯东部地区油气资源丰富，但是勘探开发条件恶劣。

俄东部地区油气资源相当丰富。据俄权威能源专家日兹宁《俄罗斯能源外交》一书所引用的数据，俄石油探明储量占世界的6.1%，天然气探明储量占世界的26.7%，其中绝大多数剩余储量集中在东西伯利亚盆地、萨哈林及其边缘海。丰富的资源储量，为俄在东部地区油气开发中扩大对外合作提供了基础性条件。

俄东部地区油气勘探开发的自然条件十分恶劣，开发难度大、成本高，劳动力匮乏。例如，由于交通线漫长，货物运输费用占到商品价格的55%～70%，而全俄平均数值仅为25%。企业的动力基建费用更是比欧洲要高出近2倍。恶劣的自然条件、落后的基础设施，对该地区的油气开发形成严重掣

* 本文系作者在吉林大学研讨会上的发言，2009年5月。

肘,可能成为影响俄对外油气合作的障碍性因素。

世界金融危机、国际油气价格暴跌对俄油气产业造成严重冲击。俄油气企业普遍陷入资金短缺危机。如无外部资金注入,东部地区油气开发、剩余产能增长势必放缓。这种情况很可能影响到俄对东亚国家开展油气合作的实际能力,同时也增大了俄借助他国资金、技术和劳动力的需求。

俄东部地区油气资源产地与我东北石油基地及正在重新崛起的东北工业基地比邻,输送便捷、输送成本降低,有利于提高俄油气的价格竞争力。

可以看出,就资源及其开发条件而言,我发展与俄东部地区的能源关系,有利因素与不利因素同时存在。

(二)对华油气合作取向:俄罗斯发展战略和能源战略均要求加强与东方国家首先是与中国的油气合作。

俄发展战略要求今后几十年集中力量增强综合国力。而俄畸形产业结构短时间内难有根本性改善,只能以资源开发首先是油气开发作为振兴经济的支撑和基础。这种情况有利于中俄经济互补性的长期保持。

俄发展战略必须服务于国家的统一与稳定,东部地区开发已成为俄的重大战略问题。而要实施东部发展战略,不能不走与我振兴东北老工业基地战略互动之路,以充分借助中国快速发展的机遇。这种情况很可能促使俄在选择东亚油气合作伙伴时,更多地向中国倾斜。

俄能源战略的目标是成为"能源超级大国",并且以油气为武器改变国际秩序,进而影响单极世界后的国际战略格局。为此,俄必须继续保持油气资源开发与出口大国地位,必须加快东西伯利亚地区的油气开发进程。这对我深化与俄东部地区油气合作亦是有利因素。

俄油气出口过度依赖欧洲市场的战略布局严重影响到俄的能源安全,对俄的外交运筹亦构成较大制约。俄格冲突后,俄能源战略布局的重点较原计划提前向亚太地区偏移。西西伯利亚主要油气田产能不断下降,也在促使俄将油气开发的重点部分移向东部地区。尽管一段时间内俄对外油气合作的重点仍将位于欧洲,但是亚太地区特别是东亚地区在俄能源战略布局中的地位可能会有较大提高。这种趋势对中俄加强油气合作也是一种积极因素。

（三）宏观环境条件：俄罗斯政治、经济、法律、安全、人文环境特殊，对两国油气合作影响复杂。

政治环境。今后几十年俄政治局势有望保持相对稳定，普京所确立的“主权民主”与“可控市场经济”模式较小可能发生大的变化，政局问题不大可能影响到对外油气合作。但是贪污腐败、官僚主义、极端民族主义、地方主义等可能对外资经营环境产生不利影响。

经济环境。俄经济崛起潜力巨大，但是崛起道路可能漫长曲折。相当长时间里，油气开发出口仍将是俄经济发展的支柱。尽管俄不情愿成为“资源供应国”，正在努力调整产业结构，但是难以从根本上改变对油气开发与出口的依赖。这种情况为俄在较长时间里作为我国的油气资源地提供了可能。

法律环境。一方面，俄法律法规多变，想方设法挤压外资利益，外资进入俄油气开发领域遭遇重大障碍；另一方面，俄不久可能加入世贸组织，必须遵守有关规则，外资在对俄油气合作中的法律地位有望增强。

安全环境。今后几十年，基本可以排除俄因发生内乱而严重影响其对外油气合作的可能性。恐怖主义活动对俄东部地区油气开发较小可能构成重大威胁。俄东部地区地广人稀，不大可能成为“光头党”、黑社会猖狂活动的地区。

人文环境。在俄罗斯战略文化中，大国主义强烈、傲视他国，追求利益最大化、缺少共赢理念、履约信誉较差。在俄罗斯人战略思维中，一向害怕成为他国“经济附庸”，不少人把他国在俄的正常经济活动视为“经济扩张”。安全利益高于一切，十分担忧邻国“人口扩张”。这种复杂的人文特点，对其对华油气合作可能产生直接或者间接的影响。

（四）国际市场走势：高油价时代到来，新能源开发短时间内难以动摇油气资源国的强势地位。

不可再生的化石能源不论储量如何丰富，总有穷尽之时。“峰值”理论虽然存在不少缺陷，但是指明了世界化石能源日益短缺的大趋势。虽然受到世界金融危机的严重影响，国际油气价格持续在低谷徘徊，但是随着世界主要经济体陆续走出衰退，几年之后国际油气价格完全可能重归高位。

油气资源的金融属性日益突出，国际油气市场与金融市场的捆绑日趋紧密，金融投机对油价的影响远远超出供需关系。近年来国际石油价格的主导权已为美国等金融大国所掌握,包括俄罗斯、欧佩克在内的石油输出国的定价权大部旁落。尽管国际社会强烈呼吁加强对国际金融秩序的监管,但是很难指望油气市场不再受到金融因素的冲击(与资本的逐利本性有关),资源国的强势地位受到削弱可能成为一种趋势。

世界金融危机及国际油价暴跌,令多数油气资源国受到严重冲击,多个大型油气企业陷入资金短缺危机,俄罗斯尤甚。许多石油勘探开发项目被迫取消或者推迟,可能导致金融危机过后国际石油市场供需失衡、油价再次冲高。这种情况则可能增强俄罗斯在对外油气合作中的地位。

奥巴马的"能源新政"如能顺利实施,十几年后发达国家对传统能源的需求可能会有较大幅度下降。但是多个新兴国家正在群体式崛起,受发展阶段、技术水平和产业结构的影响,其对油气的消耗将有增无减。据国家能源局估计,中国油气消费增长至少要持续到 2030 年。这意味着,在相当长时间里,世界对化石能源的需求仍将保持增长态势。资源短缺与需求增长构成的结构性矛盾短时间内难以根本消除。这种情况显然有利于资源国。

总体上看,高油价时代已经到来,或者说廉价能源时代已经结束。能源资源国的强势地位虽然因金融等因素的介入可能受到一定削弱,但是在相当长时间里不可能发生根本性动摇。这种情况必然影响到俄对外油气合作的政策与姿态。

(五) 中俄关系走向:战略协作伙伴关系有望长时间持续,务实合作有望进一步深化。

世界金融危机对世界秩序的影响很可能远远超过"9·11 事件"。尽管今后相当长时间里美国仍将是世界最强大的国家,但是其为所欲为的单极时代已经结束,世界正在步入由单极向多极过渡的新时代。面对国际战略格局正在发生的大调整、大变动,与美国互为战略对手的俄罗斯不能不更多地与战略利益、战略理念广泛一致的中国加强战略协作。

俄西部、南部安全环境不断恶化,且相当长时间里不可能有根本性改善。要抵御西部、南部安全威胁,俄不能不以睦邻友好的东方大国作为战略纵深和战略依托。为此,必须加强与中国的务实合作。

俄致力于国家的快速崛起,强烈需要一个安全稳定的周边环境。为此,必须与有着 4 300 公里共同边界的大邻国搞好关系。前苏联与中国交恶对其经济发展造成严重拖累的教训，俄不可能忘记。

中国可能率先走出危机，后金融危机时期和金融危机后时期，中国面临“跨越式”发展的重大历史机遇。中国日益强大，一方面可能使俄对中国潜在威胁的担忧增大、防范趋紧，对其在东部地区油气开发中发展与中国的合作可能形成掣肘；另一方面也可能使俄更加看重中国，更加希望搭乘中国经济的快车，因而不得不更加主动地发展与中国的务实合作。

俄要强化与中国的战略协作，离不开坚实的经济关系基础。而要夯实两国关系的经济基础，在俄除资源以外产业大多发展滞后、中国又十分看重油气合作的情况下，油气合作成为俄难以回避的战略选择。如果能够部分消除中国威胁论在俄东部地区的影响，两国油气合作有望拥有更大发展空间。

（六）外部力量博弈：外部力量对俄油气资源的争夺趋于激烈，中国有希望占据较为主动的地位。

可能参与俄油气资源争夺的外部力量主要是：东亚国家、欧盟、美国以及印度等国。

东亚国家的日本、韩国是与我争夺俄东部地区油气资源的主要竞争对手。特别是日本，由于其经济技术实力较强，又存在遏制中国发展的企图，不可避免地会对中俄油气合作设置障碍。日本在俄远东石油管线问题上的“搅局”做法可能重演。

欧盟是影响中俄油气合作的又一重要因素。其关键性影响集中在俄油气输往东方还是西方问题上，在俄油气开发资金与技术投入方面也可能与我构成竞争。但是，俄实现油气出口多元化是其战略选择，不大可能为了改善与欧盟的关系而放缓向东方市场的进军。

美国虽然强调实现“能源独立”，但是也在觊觎俄丰富的能源资源，加之出于遏制中国发展的战略需要，必然对中俄油气合作进行牵制。俄罗斯为了改善对美关系，可能主动加强对美油气合作，而对美油气合作的主要资源地很可能是萨哈林及远东近海油气，这在一定程度上也会影响到俄对华油气合作的需求。

国家关系因素、油气地缘因素及中国的“互利共赢”理念和对俄油气合作的大力推动，则可能使中国在各方对俄油气资源的争夺中占据较为主动的地位。

基于以上对影响俄在东部油气开发中对华合作基本因素的多角度分析，我对深化对俄东部地区的油气合作的前景应予看好，同时亦应看到诸多消极因素的存在。**加强对俄油气合作在我国能源战略、发展战略、外交战略、安全战略中具有重大价值，必须从国家战略高度统筹谋划。要进一步夯实国家战略关系，消除俄对中国的安全疑虑。要加强对俄宏观环境的研究与利用，善于调动积极因素、化解消极因素。要切实贯彻“互利共赢”理念，同时还要努力处理好与其他油气消费国的能源关系。**

“中国移民威胁论”是落实合作纲要的重大障碍*

很高兴出席今天的研讨会。首先想表达对此次研讨会的一点期待。我认为,举办此次“东北亚合作与中俄关系研讨会”非常具有针对性和前瞻性。联系到俄罗斯舆论对所谓“中国人口扩张”的种种担忧,可以说,去年9月《中俄关于中国东北地区与俄罗斯远东和东西伯利亚地区合作规划纲要》的签署,显示了两国高层对进一步深化战略协作与务实合作的巨大政治决心,对于两国21世纪的和平崛起具有深远的战略意义。但是,签署《纲要》仅仅是第一步,落实《纲要》还需要形成更多的共识,以消除一系列障碍。在此背景下召开此次研讨会,意义显然非比寻常。为了开好此次会议,我希望大家能够坦诚相见,敢于面对存在的问题,积极探索解决问题的途径,而不是“你好我好”,回避实质性问题。

正是本着以上想法,我想集中谈谈可能影响纲要实施的一大障碍,即所谓“中国移民威胁”问题。

这个问题在俄罗斯媒体上已经炒作了好多年,成为俄罗斯一直不愿对中国开放远东和东西伯利亚劳务市场的主要障碍,并且影响到两国睦邻友好合作关系的氛围。在启动合作规划纲要的今天,解决这个问题显得更为紧迫。可以说,理顺两国间的人员流动关系,是实施合作规划纲要的必备条件。

据俄罗斯专家估计,要实现俄东部地区开发战略,至少需要吸引400万~500万中国劳动人口。两国相邻地区发展合作规划纲要涵盖了200多个大型

* 本文系作者2010年6月在中俄双边研讨会上的发言要点。

项目,实施过程中很可能出现超过俄专家上述估计的更大规模的人员流动。而在目前俄罗斯的舆论氛围下,这种大规模的人员流动是难以想象的。显然,人员有序流动问题已经成为实施合作规划纲要难以绕过,同时又十分棘手的紧迫问题。这个问题如不妥善解决,纲要的实施根本无从谈起,实施过程中也必然矛盾重重、摩擦不断。

我认为,要解决这个问题,必须消除认识方面的一些误区。应当看到,中国人口众多,仅东北三省就有一亿多人口,而俄东西伯利亚与远东地区仅有1 500万左右人口,的确十分悬殊。从这个意义上讲,俄罗斯人担心"中国人大规模进入俄东部地区寻求生存空间",似乎有些道理。但是,这种认识仅仅是种表面逻辑,与事实相去甚远,经不起严肃的深究。

其一,进入俄东部地区的中国人绝不像某些俄媒体渲染的那么多。近年来,"中国人大规模侵入俄东部地区"成为俄罗斯某些媒体的热炒话题,据称其规模高达几十万、几百万。但是,俄罗斯政府最近一次的人口统计结果表明,当时居留俄罗斯的中国人仅有3.5万。据多位俄权威专家估计,目前在俄中国人较为可靠的数字是25万～40万人。总统办公厅副主任普里霍季科亦曾撰文称,据可靠资料,常住俄罗斯的中国公民不超过15万～20万人。这些数字指的都是全俄罗斯,具体到俄东部地区还要少得多。从与其他国家横向对比看,在俄中国移民的相对系数远远低于加拿大、澳大利亚、美国等西方国家,而且迄未形成像欧美国家那样的华人社区。远东地区的俄罗斯专家也曾多次讲过,在该地区并未见到中国人大量聚集的现象。俄罗斯远东联邦区前总统代表助理、移民问题权威专家克鲁普诺夫断然否认俄远东存在所谓"中国移民威胁"。就连一向以对华强硬、多次宣扬"中国威胁论"的哈巴罗夫边疆区前行政长官伊沙耶夫去年也曾声明,远东地区不存在"中国移民威胁"问题。可见所谓"中国人大规模侵入俄东部地区"纯属炒作,不排除某些亲西方势力与极端民族主义势力故意制造中俄不和的可能性。

其二,在俄罗斯滞留的中国人极少存在移民俄罗斯的倾向。据调查,这些年进入俄罗斯的中国人,绝大多数是经商者、务工者,他们的目的很简单——挣钱养家;另一部分则是旅游者、留学者,真正希望长期留居俄罗斯的中国人仅占其中百分之二三。由于俄罗斯移民法规非常严苛,能够移居俄罗斯的人更是少之又少。事实上,由于气候条件恶劣,俄远东与西伯利亚并未被喜欢温暖气候的中国人视为宜居之地。从几百年的中俄关系史看，中国东北地区的人口密度一直大大高于俄罗斯东部地区，但是从未形成向俄罗斯的移民潮，气候条件是其重要原因。今天中国经济蓬勃发展，居民生活水平持续提高，更不可能出现中国公民大规模移居俄罗斯的问题。另外，到过俄罗斯的中国人都或多或少地感受到部分俄罗斯人的强烈排外情绪，因而普遍存在被排斥感、缺少安全感。这种社会环境不可能吸引大量中国人长期居住。某些俄罗斯媒体将短期滞留在俄的中国旅游者、"倒爷"统统视为"非法移民"或者存在"移民倾向"者，显然是故意制造的一种误区。

其三，中国绝没有对俄罗斯进行"人口扩张"的官方政策。这不仅见诸于中国政府的多次声明，而且可以从熟悉政府决策的所有中国学者那里得到证实。个别中国学者在其文章中确实提到过沙皇俄国通过不平等条约侵占中国大片领土的历史事实，但是并未否认两国间历史条约的合法性。个别网民确实有过通过人口扩张收回领土的言论，但是绝不是中国社会舆论的主流。在政府层面上，中国从来没有提出过归还沙俄通过不平等条约侵占的中国领土的要求，从来不存在改变俄远东民族成分的思维。《中俄国界东段补充协定》的签订、《中俄睦邻友好合作条约》对相互不存在领土要求的再确认，清清楚楚地表达了中国政府在此问题上的原则立场。同时还必须认识到：在经济全球化时代，实现国家利益的根本途径是提升经济实力与科技实力、开展互利共赢的国际合作，而不是移民扩张。推动本国公民移民他国，只会给自己带来无穷的困扰，绝对不是解决就业问题的可行途径，中国不会干那种"损人而不利己"的傻事。请俄罗斯朋友相信，中国走和平发展之路的决心是坚定的，对俄睦邻友好合作的战略是清晰的，无论现在还是将来都不会实行对俄扩张包括"人口扩张"政策。

借今天的研讨会，我呼吁俄罗斯政府组织专门力量，就此问题展开客观公正的调查，得出实事求是的结论，澄清各种不实之说，从而消除影响两国关系的一大障碍。同时也呼吁致力于中俄战略协作伙伴关系的俄罗斯汉学家们，认真研究所谓"中国移民扩张"问题，并且在俄罗斯精英层与民众中广泛展开有根有据的说服工作。希望俄罗斯朋友真正认识到，解决两国间的人口有序流动问题，完全符合俄罗斯的国家利益。这个问题不解决，俄罗斯如何搭乘中国经济发展的快车？不利用中国丰富的、素质较高的人力资源服务于自身的发展，俄罗斯如何进行东部地区开发？拒绝中国工人批量进入，俄罗斯如何吸引中国企业进行规模性投资？从两国关系大局讲，人员流动问题也是必须尽快解决的大问题，否则，睦邻友好、战略协作在两国国内很可能失去必要的民意基础。**建议两国政府组织联合委员会，专题讨论解决两国间人口流动问题，尽快建立起确保人口规范有序流动的相应机制**。在这方面，两国已经积累起不少有益的经验，国际上也有很多可供借鉴的做法。我相信，只要双方有关部门坦诚磋商、切实考虑对方的利益与关切，凭借两国人民的智慧，借助两国良好的政治关系，我们一定能够找到解决这一问题的有效途径。

对中俄天然气合作的前景仍应乐观期待*

中俄天然气合作已经谈论多年,从签署《俄罗斯向中国供应天然气基本条件的框架协议》到现在也已近 2 年。期间两国能源企业和政府主管部门进行了多轮谈判,今年以来这一谈判更是紧锣密鼓。在 5 月下旬中俄副总理级能源代表会晤中,两国政府签署了《关于 2009 年 6 月 24 日"天然气领域合作的谅解备忘录"的议定书》,并且责成两国油气企业于 6 月 10 日前就天然气购销价格达成一致,完成合同谈判,以备 6 月中旬两国元首会晤时正式签署。然而,直到元首会晤结束,两国油气企业仍未能就价格问题达成一致,合同签署被迫推迟。**我国舆论联系到中俄石油管道谈判一波三折的艰难经历,形成了对中俄天然气合作前景的悲观预期。笔者认为,上述议论有失偏颇,是把技术性、局部性困难看成了战略性、全局性困境。比较符合实际的判断应是:前景看好,困难不少。**

做出中俄天然气合作前景看好的判断,主要是基于以下因素:

首先是资源与市场因素。俄罗斯是潜力巨大的天然气资源大国,中国是增长旺盛的天然气消费大国。俄罗斯急欲在中国天然气市场上获得较大份额,中国也强烈希望得到俄罗斯天然气大规模长期稳定的供应。资源与市场的天然互补优势为两国天然气合作提供了重要的基础。

其次是两国能源战略的取向。俄罗斯《2030 年前能源战略》强调,必须实现油气出口市场的多元化,减少对欧洲市场的过度依赖,为此要求积极开辟东方市场。中国能源战略则在积极推动天然气进口来源的多元化,天然气进口

* 本文原载于《能源外交研究》2011 年第 9 期。

战略布局把扩大陆上周边进口作为重点。因此可以说，中俄两国在能源战略上也具有很强的互补性。

其三是俄天然气产业布局调整的趋势。俄罗斯西部地区天然气产能正在逐步衰减，东部地区正在成为天然气勘探开发的主要增长极。天然气市场的区域性特点决定了俄必须大力开辟东方市场。而在东方国家中，日本、韩国油气市场的容量和增量都比较有限，中国市场则具有几乎无限的增长潜力。而且中俄地理上相连，输送便利。因而俄罗斯开辟东方油气市场首先瞄向需求旺盛的中国市场。

其四是俄发展战略转型提出的要求。2010 年俄罗斯总统《国情咨文》提出，必须由能源原材料依赖型发展模式转向以技术创新为中心的现代化发展模式，从而推出了新时期的"全面现代化发展战略"。基于对"21 世纪将是亚太世纪"的战略判断，以及融入亚太经济一体化进程、搭乘亚太经济快车、利用中国快速发展机遇等战略需要，俄罗斯现代化发展战略强调，在重点加强与欧洲大国、美国等发达国家合作的同时，必须重视与亚太国家特别是新兴大国的经济合作。为配合国家发展战略的调整，俄政府决定加速东部地区的开发。而受到多种因素的制约，东部开发必须以油气开发为重点，必须大力发展同中国的油气合作。

其五是两国关系的发展水平。中俄互为主要战略伙伴，两国关系处于历史最好时期。在准多极时代，中俄必须强化相互借助，为此必须夯实经济基础，油气合作首当其冲。可以说，两国的地缘战略利益决定了油气合作非搞不可，非大搞不可。良好的政治关系还可为油气合作提供重要的政治保证和强有力的政治支持。事实上，两国政府都在大力推动油气合作的深化。胡主席今年 6 月访俄时与俄总统发表共同声明，计划大幅扩展两国贸易额，其中就考虑到了天然气合作的因素。俄副总理谢钦近日谈称，"我们有积极推进天然气合作的授权"，"合作协议具有战略性"。王岐山副总理也多次强调，中俄能源合作是"全面、长期、战略性的合作"。可以看出，中俄天然气合作受到了各自发展战略、外交战略的强力驱动。

其六是两国能源合作的基础。两国能源合作已经取得突破性进展。年输油量 1 500 万吨的石油管道已经开通。煤炭、电力、核能以及新能源和能效技术领域的合作也在全面展开，发展势头迅猛。这是两国具有大力推进能源合作决心的直接佐证,可望对天然气合作产生重要影响。两国间已经建立起高效能源合作机制,特别是副总理级能源谈判代表会晤机制的效率已为实践所证明,其对消除天然气合作障碍的作用可以期待。

以上分析表明,中俄天然气合作具有多方面的基础,两国高层加强天然气合作的战略决策已定。任何战略性决策都是经过反复论证审慎做出的,是不可能轻易改变的。这就决定了这一合作的总体前景乐观。对此,不应再有任何的怀疑。**但是,由于此项合作关系到双方巨大利益,而且受到其他多种因素的影响,在具体合作过程中难免遇到这样那样的困难和障碍**。

从俄罗斯方面讲,其对高要价的坚持与以下因素直接相关:

一是俄在对外天然气合作中拥有强势地位。在化石能源日趋短缺、高价时代到来的新世纪,油气资源国相对于消费国的强势地位可能长时间保持。应对气候变化对清洁发展的要求,大幅提升了天然气这一清洁能源在能源消费结构中的地位。

二是俄的价值取向一向是追求本国利益最大化。表现在对外油气合作中,则是追求高价,缺少"互利共赢"的意识。俄罗斯作为曾经的超级大国,对成为昔日"穷兄弟"中国的"资源附庸"存在心理障碍。俄罗斯某些势力对中国的快速崛起很不适应,担心中国强大后对俄构成安全威胁,因而质疑以宝贵的油气资源帮助中国发展强大是否合理。

三是俄《2030年前能源战略》仍以欧洲作为能源外交的重点。这与俄外交战略的基本取向有关,同时也是因为受到了现有天然气出口基础设施主要面向欧洲的限制。由于俄气在欧洲市场上获利较高,正在修建的"南溪"、"北溪"天然气管道也都是通往欧洲的。俄计划供应中方的西西伯利亚天然气田,同时也要继续供应欧洲。俄的策略是同时让欧中两大买家竞争,以增强其在天然气外交中的地位。这是俄方坚持对华供气必须以欧洲价格为基础的一个重要原因。

四是俄对天然气长期价格存在上涨预期。俄能源界判断,气候变化因素致使清洁能源需求增大,日本核灾难导致核电发展减速,西亚北非动荡可能加大欧洲对俄天然气的依赖,新兴大国的快速发展和能源结构调整也必然拉动其对天然气需求的增长。同时,俄能源界不看好非常规天然气的大规模开发利用,不认为非常规天然气会对常规天然气市场造成重大挤压。因此,俄罗斯能源专家预计，常规天然气价格可能长期保持上涨趋势。

五是俄东部天然气开发成本较高。俄罗斯东西伯利亚和北极地区自然条件恶劣，人烟稀少，劳动力严重匮乏，天然气勘探开发成本远高于其他地区。这些地区基础设施发展严重滞后，不仅输气管道需要全部新建，而且道路、机场、生活设施几乎都是空白，需要大规模投资。在这些地区修筑道路的费用要比在欧洲地区高出2～4倍，建设工业设施的费用高出3～6倍，工人劳务费和安置费也要高出许多。俄方坚持认为，所有增加成本都应在天然气价格上得到体现。

正是上述因素导致俄方在价格问题上难以作出大幅妥协。

从中方来讲，做出更大妥协的空间也十分有限。

国内天然气市场价格较低。仅相当于国内油品价格的30%（国际标准为60%），而大幅涨价可能影响到社会稳定，政治上缺少可行性。不要说352美元/千立方米（俄方最新报价），即使250美元/千立方米（中方最新报价），企业都难以承受。中俄天然气合作是按照长期合同所进行的大规模交易，不能不算经济账。如果按俄方报价签订合同，中方一年就要增加68亿美元的购气款。

俄方报价与中方目前进口价格差距太大。中亚天然气输往中国的到岸价大体是165美元/千立方米。中国自中东、澳大利亚进口LNG的价格与中亚天然气大体相当。俄方坚持350美元/千立方米的报价，在中方看来显然是高要价。俄方讲这是参照对欧供气价格，而欧洲国家也在压俄降价，要求将长期合同价格与现货市场价格挂钩。欧洲正在加大天然气进口多元化及新能源开发的努力，中长期看其对俄气的需求可能出现下降趋势，俄气出口对东方市场的依赖必然增大。而且西线阿尔泰管道与中土、中哈管道平行，在战略布局上不合理；入境地距离东部、东南部消费市场遥远，境内管输成本很高。因此，中方自然不能接受俄方的价格要求。

中国天然气来源多元化战略取得重大进展。已建成的中亚管道供气能力可达400亿立方米/年，未来有望增至600亿～650亿立方米/年。即将动工的中哈第3条天然气管道年输气250亿立方米，2013年即可供气。中缅管道也有望2013年建成通气。中东、澳大利亚的LNG供给渠道畅通。因此，不存在除俄气外别选择的问题。即使中俄天然气管道再推迟几年修建，中国天然气供应缺口也不会太大。就连某些俄专家也认为,2020年前中方对俄气的需求不会十分迫切。

中国天然气开采能力迅速增大。我国常规天然气产能处在快速增长期,页岩气、煤层气等非常规天然气储量丰富,大规模开发利用的中期前景看好。尽管中国天然气需求快速增长,但是消费增量并不需要全部依赖国际市场。

因此,中方在心理上亦不急于求成,目前的报价已是着眼大局的最大让步。

鉴于中俄双方近期就天然气价格达成妥协的可能性不大,普京秋季访华时签署合同的几率不高。对此,我们应有必要的心理准备。**为了推进这一合作取得进展,我们既要有坚定的信心,又要有巨大的耐心;既要积极推进,又不要急于求成;既要坚持市场经济原则,坚持互利共赢理念,又要充分发挥两国政治关系优势,用好副总理级能源合作谈判机制**。**特别要积极探讨能源合作新的增长点:**

——充分发挥我资金优势,利用俄国有能源企业减持国有股契机,扩大我对具有较好前景的俄油气企业的参股深度,迂回进入俄油气产业上游流域。

——充分发挥我资金和技术优势,利用俄推进能源产业现代化改造的契机,参与俄油气处理、油气炼化、技术服务、管道建设等能源产业现代化项目。

——充分发挥我国油气市场广阔的优势,吸引俄方投资我油气中下游领域,以扩大俄方对我的能源资源供给,扩大两国经济的相互依存度,在俄形成对华利益集团。

——充分利用俄实施东部开发战略的有利时机,扩大俄东部经济与我东北经济的相互融合,间接推动两国的能源合作。

中俄能源合作的有利因素与制约因素*

俄罗斯能源资源丰富，是世界主要能源出口国。中国能源需求增长旺盛，是世界稳定可靠的能源“战略买家”。两国能源合作具有很强的互补优势及其他众多有利条件。与此同时，中俄能源合作也存在诸多制约因素。为此，必须从战略高度运筹对俄能源关系，推出更具针对性的举措，使能源合作切实成为两国战略协作与和平发展的战略支撑。

一、中俄能源合作的有利因素

不论从两国总体关系、合作进展，还是从两国发展战略、能源战略的要求看，中俄能源合作都存在多方面的有利因素。

（一）中俄能源合作政治基础坚实

中俄互为最大邻国，保持睦邻友好合作关系最符合双方的地缘战略利益。中俄互为主要战略协作伙伴，中俄关系是两国与各大国关系中最成熟、最具建设性的国家关系。历史遗留的边界问题得到彻底解决，政治互信不断加强，战略协作与务实合作不断深化，国家关系上升到历史最好水平。

中俄高层均已把加强能源合作提高到增强政治互信、深化战略关系的高度。两国政府的积极推动，为两国能源合作提供了不可或缺的外交支持。两国间相继建立的多形式、多渠道的沟通与合作机制，为双方能源合作提供了重要机制保障。温家宝总理指出，中俄在能源领域开展全面、长期、稳定的合作，是两国战略协作伙伴关系的重要内容，是两国政治互信、双边关系稳定发展的

* 本文发表于《俄罗斯学刊》2011 年第 3 期。

必然结果。

从俄罗斯安全与发展的需求看,加强对华能源合作也是其不可回避的战略选择。近年来,随着俄罗斯重新崛起,以美国为首的西方国家不断加大对其遏制力度。北约不断东扩,美国在东欧部署反导系统、在独联体策动“颜色革命”,致使俄罗斯安全环境严重恶化。为应对美欧的战略挤压、增强国际地位、维护国家安全,俄罗斯需要深化同战略处境与战略理念相近、战略任务与战略需求相似、蓬勃发展而又对俄友好的东方大邻国的战略关系,将中国打造成为其应对西部安全威胁的战略纵深、战略依托。加强与中国的能源合作,是俄加强对华关系总体战略的重要组成部分。

(二) 中俄能源合作取得积极进展

中俄建立能源合作关系已有十几年。在两国政府及能源企业的共同努力下,近年来中俄能源合作取得了一系列重要成果。上游合作取得一定进展,下游合作逐步展开,管道项目出现重大突破,原油贸易稳步推进,技术服务初步展开,能源金融合作与其他能源领域的合作陆续跟进。总体上看,中俄能源合作近年取得的进展是积极的,某些领域是突破性的,从而为两国进一步深化能源合作奠定了重要基础。

不可否认,这些进展与两国的合作潜力及期望值仍然相去甚远。特别是管道建设反反复复,曾一度使我不少人对俄方的诚意产生怀疑,无形中将对管道合作的悲观看法放大到对两国能源合作总体形势的判断上,将局部性困难看成为了全局性困境。虽然中俄管道已经顺利开通,但是管道合作一波三折留下的疑虑仍然难以完全消除。

(三) 加强能源合作符合双方发展战略的要求

中俄今后几十年的根本性战略任务是集中力量发展国家的综合实力、实现国家的和平崛起,为此必须营造和平稳定的国际环境特别是周边环境。两国相互都是影响对方发展环境的重大因素,为此必须夯实两国关系的经济基础,而油气合作是最具潜力的合作领域。

俄罗斯精英普遍认为,21 世纪是“亚太世纪”、“中国世纪”,俄必须实现与亚太经济一体化,必须利用中国快速发展的机遇、搭乘中国经济发展的快车。而要搭乘中国快车,则难以回避中国强烈期待的能源合作。中俄经济上具有很强的互补性,中俄已建立起良好的经济合作机制,亦为两国能源合作提供了重要基础。

俄东部开发战略关系到其崛起的可持续性。而东西伯利亚与远东地广人稀、自然条件恶劣、基础设施建设严重滞后,俄要成功实施东部开发战略,很难离开与中国的合作。去年1月普京批准的《远东和贝加尔地区经济社会发展战略》明确提出,"中国东北地区是最为关键的优先合作方向"。俄东部开发必须以能源开发作为基本依托,俄与中国的经济合作不能不把能源开发作为重点领域。

从我国发展战略的要求看,也必须深化与俄罗斯的能源合作。这不仅是因为俄罗斯是我国"北部安全的半边天",两国相邻地区发展存在接轨互动的客观需求,而且是因为两国在能源领域具有很强的互补性。

(四)中俄在能源战略方面具有互补优势

俄罗斯是油气出口大国,需要长期、稳定、广阔的油气消费市场。中国油气需求旺盛,需要长期稳定的供给来源。资源与市场的互补优势,构成了中俄能源合作的重要基础。俄要摆脱对欧洲能源市场的过度依赖,增强其在国际能源格局中的地位,必须尽快实现能源出口的多元化,为此亦须加快开辟东方能源市场的步伐。中国要打破马六甲海峡石油运输瓶颈、确保非常事态下的油气进口安全,则必须大力开辟陆上周边油气进口来源,俄罗斯正是其中现实的选择。

俄罗斯能源外交战略的重点虽然仍在欧洲,但是对亚太市场越来越重视。欧洲国家急于摆脱对俄能源的过分依赖,扩大从北非、中东的油气进口,亦迫使俄加快开辟东方能源市场的进程。日、韩作为成熟市场,需求增加的空间不大,难以替代中国在俄东方市场的地位。俄罗斯石油巨头基础设施老化、生产成本较高,需要引入新的投资和技术以满足生产和出口的需要,亦为两国企业合作提供了新的空间。

俄承诺加强对华能源合作,主动提议将中俄能源合作协调机制升格为副总理级谈判机制,表明俄对开展对华能源合作日趋认真。俄副总理谢钦、能源部长什马特科等高官多次表示,"俄中能源领域的大规模合作势在必行","中国需要多少(天然气),我们就供应多少"。这里虽有以华压欧的考虑,同时也反映出俄加强对华能源关系的急迫心情。俄罗斯为中俄石油管道建设投入了巨额资金,保障其正常运营符合俄的利益。多方面情况表明,俄加强对华能源合作的战略决策已定，极小可能发生重大改变。

上述有利因素大多属于战略层面的，具有较强的稳定性、长期性，因而可望成为中俄深化能源合作的战略基础。

二、中俄能源合作的制约因素

中俄能源合作长时间进展缓慢，与诸多制约因素的存在直接相关。有些制约因素短时间内难以消除，其对今后中俄能源合作的影响不容低估。

（一）中俄能源经济利益存在差异

从世界经济发展和能源供需关系分析，未来十几年国际油气价格高位运行将是常态。在此大势的作用下，能源资源国在国际能源秩序中的相对强势地位可能长时间保持。化石能源的日益短缺、中国能源需求的持续增长，则可能使中国更多地有求于能源资源国。中俄在能源合作中地位"不对称"，油气资源国与油气消费国之间存在固有的利益差异，双方利益分歧难以避免。不友好国家企图遏制中国的和平发展，亦有可能对中俄能源合作"搅局"。

俄罗斯以能源为依托增强国际地位，以能源为手段谋取国家政治、经济与安全利益，对我能源外交运筹能力也是种考验。俄不断对我提出各种利益"捆绑"、"置换"要求，追求非市场优惠，给中俄能源合作增加了不少难题。俄频繁以修改合同、减少油气供应对合作伙伴施加压力，我与俄打交道需要极大的韧性与灵活性。

近年来俄政府不断加大对对外能源合作的政治控制，强化"俄气"、"俄石油"等大型国有企业对油气出口的垄断地位，加强对外国企业投资俄油气田的限制。俄罗斯的上述举动，增大了我与俄能源合作的复杂性。

（二）俄罗斯能源战略重心仍在欧洲

俄外交战略重点的排序依次为独联体、欧洲、美国、亚太，与外交战略相一致，俄罗斯能源战略的重点亦在欧洲。俄石油天然气出口的最主要市场是欧洲，约占其出口总量的 65％和 70％。俄最大的投资来源地也是欧洲。优先保证对欧油气供应是俄能源战略难以改变的选择。俄不可能为了开辟东方市场而大幅缩减对欧洲的油气出口。俄的这种战略取向必然影响到其与亚太地区包括中国的能源合作，可能致使俄对华能源合作的动力不足。

（三）俄罗斯投资环境有待完善

首先是俄罗斯的相关政策缺少稳定性。由于国际原油价格飙升、国内原油产量增速减缓、通货膨胀加剧，近年来俄频繁调整能源政策，提高石油出口关税，通过颁布新的法律法规挤压外资在俄的生存空间，严重挫伤了外企投资俄能源领域的积极性。

其次是俄政府加大对能源产业的国家控制。收紧外国投资者开发其地下资源的准入，扩大本国对油气资源的深加工，致使外国企业以产品分成合同模式进入俄油气开发领域的难度增大。俄形成了几大油气巨头对油气资源的高度垄断。俄还颁布法律，严格限制外国投资者进入俄油气、核能等 42 个具有重要战略意义的领域，致使外方投资门槛增高、风险增大。

其三是俄石油出口税赋沉重。为实现本国利益最大化，俄通过法律手段、修改原合同条款、单方面提高油气价格和原油出口关税，重新确定利益分配关系。俄税费种类繁多、税制复杂。不合理的税制打击了外国公司投资俄油田勘探开发的积极性。

其四，俄罗斯各利益集团之间矛盾复杂。为维护本集团利益，他们使出各种手段游说政府，竞相对政府的能源外交政策施加影响，致使俄政府的对外能源合作决策变数增多。在近年中俄石油管道争议中，俄远东地方利益集团、亲西方势力均曾向俄政府施压，成为管道谈判的重要掣肘因素。

另外，俄部分精英对全球化大潮很不适应，在对外能源合作中存在强烈的“被掠夺感”；俄大国主义严重，极不情愿成为“资源输出国”；俄企业普遍缺少互利共赢意识，履约能力较差；俄政治权力与资本权力融为一体，致使贪污腐败失去制约；俄政府官僚主义严重，办事效率低下。

这些消极因素必然增大外资与俄合作的经济风险和政治风险，对中俄能源合作的负面影响显而易见。

（四）俄罗斯油气勘探前景存在不确定性

近年来，俄油气勘探投入不足，资源探明滞后，产能增长乏力，生产增幅放缓。俄老油田的枯竭速度快于新油田的开发速度，石油产量逐年下降成为中长期趋势。作为俄产业支柱的四大油田开采程度均已超过 75%，原油开采高峰期已经过去。未来俄油气产量增长的主要地区是东西伯利亚和远东，但目前看该地区的发展前景很不确定。这种情况有可能影响到俄发展对华油气合作的潜力。

从油气输送能力看，俄罗斯东部地区石油运输管道、泵站和贮藏库以及运油码头几乎全部需要新建，通向欧洲的油气输送基础设施较为完备，但也面临运力不足、设备老化等问题。而油气基础设施建设投资大、效益低，加之受制于政府政策与规划，难以吸引国内外资金大规模投入，要实现输送畅通的目标难度很大。“贷款换石油”协议执行期长达20年时间，中方在不参与管道运营和管理的情况下能否从俄方得到稳定的石油供应，亦很难完全令人放心。

三、中俄能源合作必须统筹谋划、协调推进

中俄能源合作是一项意义深远、难度颇大的系统工程，两国都需要进行前瞻性统筹谋划，协调一致地予以推进。

（一）必须立足大局、明确目标，突出重点、积极作为

中俄均应将两国能源合作放到外交战略、发展战略与安全战略的大局中去思考、去谋划。中国特别要从俄作为新兴大国，又是周边大国，还是主要战略伙伴的高度，从大国关系、周边外交的高度，谋划对俄能源合作。我国油气对外依存度持续增大，充分利用俄罗斯丰富的油气资源是我实现油气进口多元化、确保供给稳定的战略选择。考虑到非常情况下我海上运输存在被破坏的危险性，开辟周边陆上油气来源、修建陆上油气管道是我必须努力推进的战略性工程。扩大两国能源相互依存度对于夯实两国关系的经济基础作用重大。因此，中俄能源合作非搞不可，非快搞不可。即便不利因素再多，也必须迎难而上。

为推动对俄能源合作快速发展，必须充分考虑各种影响因素，兼顾近期利益和远期利益、局部利益和整体利益，积极稳妥地确定合作目标。我对俄油气合作的总体目标似可表述为：获取长期稳定、价格合理的油气供应；夯实中俄战略协作伙伴关系的经济基础；联手改造现行国际能源秩序，谋求共同能源安全。应在深入调研的基础上确定具有可操作性的阶段性目标，集中力量谋划攻坚。同时要强化“大能源”观，统筹考虑对俄油气、煤炭、核能、电力合作，以煤、核、电合作推动油气合作，以下游合作推动上游合作，以非能源合作推动能源合作。大型装备的采购与销售，金融领域的对外投资，也要考虑推动对俄能源合作的需要。

现阶段对俄油气合作的重点可考虑以下几个方面：抓紧落实已签署的“贷款换石油”长期石油贸易协定，争取从俄方获得更多石油供应；确保俄远东输油管线中国支线稳定输油，推动中俄天然气管线谈判早日取得突破；与俄企共同开发一些因技术、经济等原因而准备废弃的俄中小油气田；利用我方资金优势，尝试与俄共同开发第三国油气区块；在新能源开发和节能减排技术研发领域加强协作。

要推进对俄能源合作，必须切实贯彻“互利共赢”原则，努力找到双方利益的契合点与平衡点。既要坚定地维护自身利益，又要充分考虑对方的利益与关切。价格分歧是中俄天然气合作的现实障碍，尽快确定我方在价格谈判中的可行策略已成当务之急。“利益置换”是“互利共赢”的特殊方式，不要一提“挂钩”就反感，而应充分利用这种合作方式实现我方多重利益。在俄法规尚不健全、政府加强油气资源的控制的背景下，应吸取西方公司在俄遭受挫折的教训，将进取重点由对俄大型油气田的控股权转变为参股权。

（二）经济运筹与政治运筹相结合，双边外交与多边外交相结合

经济运筹与政治运筹的相互结合。油气资源既是俄重要经济支柱，又是俄维护国家安全、实现外交战略的有力工具。因此，必须高度关注俄外交战略和国内政治对俄对外油气合作的影响，利用政治因素推动两国能源合作。对华油气合作对俄罗斯来说具有一定的战略性、政治性，我对俄油气合作时也必须从战略层面、政治层面予以推动。俄重大能源合作决策集中于政府领导层，俄政府力求实现对油气资源的国家控制，因此加强高层磋商对推动两国油气合作有望起到重要作用。做俄政府高层工作的努力方向是，强化其对两国能源合作符合俄国家及其领导人政治利益的认知。还应营造一种对项目实施有利的社会舆论环境，夯实民意基础。要努力化解“中国威胁论”对中俄能源合作的破坏性影响。特别要针对“中国移民威胁论”、“中国领土要求论”、“中国经济扩张论”、“中国资源吞噬论”，开展有根有据的增信释疑工作。

双边外交与多边外交的相互结合。为增强油气大国地位、谋取更大油气利益，近年俄不断加强多边能源外交，试图构建由其主导的新的“国际能源政治中心”。我应在多边外交领域加强与俄的沟通与协调，以多边能源外交促进中俄双边能源合作。应同日、韩等国家共同推进“东亚能源论坛”的建立，减少三国在获取俄油气资源问题上的竞争。俄油气企业在第三国获得不少油气项

目，但是缺少必要资金，我可与俄联手，组建合资公司，共同进行项目开发。

（三）努力完善对俄油气合作的相关机制

宜由国家能源委员会牵头组建一个由政府各相关部门和企业领导参加的对俄油气合作协调小组。其功能是：调动外交、外经、科研、商业、金融等部门的资源，统一各部门对中俄油气合作重要性的认识，形成促进对俄能源合作的整体合力；协调我各能源企业在对俄合作中的不同利益，避免无序竞争；协调油气企业与其他能源企业的利益，应对俄方利益置换的要求。要充分发挥中俄副总理级能源谈判机制的作用，健全该机制的功能，提高该机制的效率。

对俄能源合作既涉及国际关系问题，又涉及俄政治、经济、社会、安全、法律、人文环境等宏观环境问题，既涉及能源经济、能源技术，又涉及双方能源企业利益。因此，参与对俄能源合作的政府官员与企业高管必须是既懂能源专业，又懂国际政治的高水平复合型国际化人才。应充分发挥有关研究机构与高等院校的作用，在政府和能源企业支持下开办各种形式的培训班，培育一支既懂能源专业又懂国际政治的高水平复合型专家队伍。

展望未来，中俄深化能源合作的前景是广阔的，但道路很可能是不平坦的。我们既要坚定信心又要做好攻坚准备，以极大的热情、正确的战略与策略，积极稳妥地予以推进。相信中俄能源合作一定能够迎来快速发展的新局面。

中俄能源谈判的重大进展及其战略基础*

2011年5月31日，中俄副总理级能源谈判代表第7次会晤在莫斯科举行。谈判是在“友好坦诚、充满信任”的气氛中进行的，双方本着平等协商、互利共赢的精神，就两国能源合作中的重大关切问题充分交换了意见，达成了广泛共识，推进了已有合作项目，开拓了新的合作领域。双方重申，两国视能源合作为中俄战略协作伙伴关系的重要领域，决心共同推动能源合作的进一步深化。

一、中俄能源谈判取得的重要进展

此次副总理级能源谈判在能源合作各领域均取得重要进展。

天然气领域。双方签署了《关于2009年6月24日“天然气领域合作的谅解备忘录”的议定书》。双方支持两国能源企业制定和实施天然气领域的全面合作规划，并且责成两国油气公司于6月10日前就天然气购销价格问题按照预付款与天然气价格相关联的原则达成一致，完成今后30年内俄方通过东西两条管道每年向中方供应680亿立方米天然气合同的谈判，以备6月中旬两国元首会晤时正式签署。

石油领域。会晤前一天，双方能源公司妥善解决了管道原油贸易价格方面的争议。双方表示将继续努力，保障斯科沃罗季诺——漠河中俄原油管道的长期、安全和稳定运营。双方积极评价两国合资企业“东方能源公司”和“东方石化公司”，以及在“乌德穆尔特石油公司”和“现代商船公司”框架内的合作

* 本文原载于《能源外交研究》2011年第7期。

进展。双方决定加紧研究俄大陆架“马加丹一号”区块和“维宁”区块开采项目合作的前景。

电力领域。双方强调要抓紧实施500千伏电网输电项目,积极推动两国电力公司在考虑项目收益率和竞争性的互利原则下发展电力贸易合作。

煤炭领域。双方决定充分发挥各自资源、技术、资金和人才等方面的优势,落实好2010年9月27日煤炭领域合作谅解备忘录议定书所确定的合作项目,未来5年俄方每年向中方出口煤炭1 500万吨,并且力争在解决运力不足基础上将出口量提高至每年2 000万吨。

核电领域。双方强调实施核电合作的重要性。中方在经过安全评估确认安全的基础上将继续推进与俄方在田湾核电站二期和示范快堆项目上的合作。俄方对中方在日本福岛核电站事故后为加强国内核电站安全所采取的必要措施表示理解。双方决定加强核能安全领域的合作。

能效与可再生能源领域。双方决定积极推动可再生能源、生态能源、能效、节能和创新领域的合作。双方有关公司将签署可再生能源和能效领域开展项目合作的框架协议,并且建立合资公司。双方有关企业和机构拟在中俄总理定期会晤委员会第15次会议期间签署相关文件。俄方还提出结合中俄总理定期会晤机制,举行中俄能源服务和审计研讨会。

二、中俄谈判取得重要进展的战略基础

此次副总理级能源谈判代表会晤进展顺利、成果丰硕。会晤前不少看似难以解决的问题,均在谈判中得到圆满解决。一方面显示出这一谈判机制的有效性,另一方面也充分说明中俄能源合作具有坚实的战略基础。

从我国战略需要看,对俄能源合作既关系到我国能源战略安全,也关系到我国地缘战略安全。

我国处在工业化、城市化、现代化发展的关键时期,经济持续增长,能源需求旺盛。在核能发展因日本福岛核灾难冲击可能放慢速度、太阳能和风能等新能源大规模利用仍存诸多瓶颈等因素的制约下,在今后相当长的时间里,我国能源安全仍将严重依赖石油天然气和煤炭。受我国资源禀赋的限制,不论是石油天然气还是煤炭,对外依存度均将持续增高。到2020年,我国对外石油依存度很可能由目前的55%升高到65%～70%。为确保国家能源安全,必

须大力拓展境外能源资源来源。

更为重要的是，国家战略谋划不能不考虑非常事态下的能源安全。美国一向以控制全球能源资源和运输通道作为控制资源国、遏制消费国的重要途径。美国的全球战略布局、其所发动的各次战争，都具有以上背景。美国在中亚、西亚北非策动“颜色革命”和“民主暴乱”，也主要基于这种战略考虑。一旦中美关系严重恶化，马六甲海峡很可能被美国用来破坏我国能源安全。从目前国际关系的发展趋势看，尽管我在极力避免中美交恶、冷战特别是热战的发生，美国目前的对华战略也远未走到与中国全面对抗的地步，但是国家战略谋划不能不考虑到非常事态的出现，哪怕只有百分之几的可能性。这就要求我们尽快扩大陆上周边能源来源。

俄罗斯能源资源丰富，中俄间又有战略协作伙伴关系可为能源合作提供政治保证，自然应当成为我们扩大境外能源来源的重要选择。两国地理上相连，俄东部地区油气、煤炭、电力具有向我输送的便利。俄对我还存在资金需求，也有利于我以相对有利的条件扩大自俄能源进口。因此，即使仅从能源经济和商业技术角度考虑，也必须大力发展对俄能源合作。

我国面临复杂严峻的国际环境，加强对俄能源关系对于我国运筹大国关系、营造和谐周边，亦具有重大意义。考虑到非常事态下何者最有希望顶住美国压力、继续保持对我能源供给，一向敢于对美说“不”的大国俄罗斯更是应当成为我深化对外能源合作的首选。可以说，对俄能源合作符合我多方面的战略需要。正因为此，王岐山副总理日前表示，“中俄能源合作是全面、长期、战略性合作，是两国战略协作伙伴关系的重要内容”。

从俄罗斯方面看，基于多重战略考虑，必须将对华能源合作作为重大战略性选择。俄罗斯要实现油气出口多元化，开拓东方油气市场，扩大煤炭和电力出口，加快东部地区开发，利用亚太经济快速发展机遇，搭乘中国经济快车，加强对华能源合作势在必然。中国是需求旺盛、稳定可靠的能源大市场，俄对外能源合作自然不能绕开中国。俄罗斯要推动能源产业的现代化发展，但是既缺少必要的资金又缺少先进技术和高素质的劳动力，而中国不仅具有独一无二的资金优势和大量较高素质的劳动力，而且在油气勘探开发领域及加工炼化领域拥有大量独特、实用的先进技术，比西方技术更适合弥补俄罗斯的技术“短板”。加强能源合作还有利于深化对华战略关系，从而强化俄的国际地位、营造其良好发展环境、构建应对西部安全挑战的战略依托。

各方面情况表明，俄罗斯加强对华能源合作具有强大的战略动因，战略决心不可能轻易动摇。正如此次会晤后俄罗斯副总理谢钦所说，“俄中能源合作具有战略性”，“俄中战略协作伙伴关系已经发展到相当高的水平，允许我们双方解决任何问题”。

与此同时必须认识到，中俄能源合作中仍然存在不少障碍和困难。这主要是因为：在传统化石能源日趋短缺，“低油价时代”成为过去，油气资源国相对于油气消费国的强势地位已经形成；俄已经挺过世界金融危机的冲击，实现了经济的恢复和增长，资金严重困难的局面明显改观；西亚北非动乱的发生与蔓延，削弱了欧盟在对俄能源关系中的地位，欧盟对俄油气需求有所上升；日本福岛核电灾难的发生，导致世界范围内核电发展减速，日本加强对俄油气合作的意愿明显增强；世界油气市场对油气供应的短缺的预期再起，油价重新回归高位。上述新情况给了俄罗斯在多个油气买家中纵横捭阖的更大空间，刺激俄罗斯追逐超高油气利益的欲望更趋强烈，在对外油气合作谈判中的姿态更趋强硬。

另外，两国关系中的某些消极因素也可能影响到能源合作。例如，“中国威胁论”特别是“中国移民威胁论”、“中国经济扩张论”在俄严重存在，俄罗斯部分政治势力担心中国强大后对其构成安全威胁，反对以“宝贵的能源资源”支撑中国的发展强大，以种种借口干扰、阻拦两国能源关系的发展；相当部分俄精英担心其能源企业为中国资本所控制，更惧怕中国劳动力的涌入改变俄东部地区民族成分，“通过静悄悄地人口扩张占领俄的东部地区”，因而千方百计抵制两国能源合作；不少俄罗斯人还担心，两国间“资源换资金和制成品”的经贸合作模式“早晚会把俄变成为中国的经济附庸”；更有一些俄罗斯大国主义者，视向过去的“穷兄弟”中国供应能源原材料为“大国的屈辱”。

从以上分析可以看出，中俄能源合作既具有坚实的战略基础，也存在某些障碍和困难。但是必须指出，障碍和困难大多是局部性的、技术性的，而不是全局性的、战略性的，不应把某些局部性困难当作全局性困境，把技术性分歧视为战略性分歧，进而失去对俄发展能源关系的信心。这就要求我们，充分认识中俄能源合作的战略基础，从而坚定推进合作的决心与信心。同时清醒地看到障碍与困难的存在，做好随时攻坚的准备。

三、对深化中俄能源合作的期待

近年来中俄能源合作接连取得重大进展，十分可喜可贺。我国政府能源主管部门和中石油等能源企业为此做出了巨大努力，付出了艰辛劳动，应当向他们道声"感谢"。

与此同时，我们也满怀着新的期待：

——期待我国政府主管部门和能源企业，积极落实此次副总理级能源谈判代表会晤所达成的各项共识，着眼两国能源合作的战略大局，秉持互利共赢的理念，如期完成天然气合作合同谈判，争取实现对俄天然气合作的重大突破。

——期待我国政府主管部门和能源企业，认真总结此次谈判成功的经验，更好地发挥这一谈判机制的作用，及时消除合作中的困难与障碍，推动对俄能源合作不断深化。

——期待我国政府主管部门和能源企业，积极探索在新的形势下进一步推进对俄能源合作的新思路。例如，如何进一步增进双方战略互信，强化双方对能源合作共同利益的认知；如何充分利用俄能源产业转向现代化发展、拓展东方油气市场、加快东部地区开发的历史性机遇；如何发挥我资金、技术和劳动力优势，探索新的合作增长点。

俄罗斯"四大战略"调整对中俄油气合作的影响*

所谓俄罗斯"四大战略"系指国家发展战略、外交战略、能源战略和东部开发战略。俄罗斯"四大战略"的调整,自 2008 年梅德韦杰夫出任俄罗斯总统之后即已开始。世界金融危机爆发后,在金融危机冲击及其他多种因素的促动下,"四大战略"调整的速度明显加快、力度明显加大。俄罗斯"四大战略"的调整是一次以现代化发展为核心的全面战略调整,不同程度地涉及到俄油气产业的发展方向,因而不可避免地影响到其对外油气合作包括中俄油气合作。

一、国家发展战略调整对中俄油气合作的影响

世界金融危机的爆发,无情地暴露出俄罗斯经济模式的脆弱性及结构性矛盾的大量存在,显示出能源依赖型经济结构与俄大国地位的不协调,从而将调整国家发展战略的任务摆在了俄罗斯的面前。

新俄罗斯立国 20 年来,其经济经历了转轨与危机、调整与增长两个阶段,目前正在进入创新与发展的新阶段。

2008 年春夏,普京在与梅德韦杰夫进行权力交接之前,批准了《2020 年前社会经济长期发展构想》,提出了在 2020 年使俄经济跻身"世界前五强"的战略目标及发展创新型经济的战略构想和实施步骤。但是,随后发生的世界金融危机打乱了俄罗斯的战略部署,迫使其转向以支持银行体系和国有大公司为中心的反危机政策。由于应对举措比较得力,经济下滑在较短时间内得到

---

* 本文节选自作者主持的研究报告《俄罗斯"四大战略"调整对中俄油气合作的影响》,2011 年 7 月。

了遏制，随后出现了较为稳定的复苏。为了推动经济快速发展并且增强抵御外部冲击的能力，俄迫切需要探讨新的发展道路。

在此背景下，梅德韦杰夫总统在 2009 年 11 月 12 日发表的《国情咨文》中对俄经济存在的问题进行了深刻反思。他指出，金融危机对世界各国都造成了沉重打击，唯独俄经济下降的幅度最大。应该承认的是，粗放的经济增长方式和对能源原材料的依赖，是俄经济存在的主要问题。梅提出，21 世纪俄罗斯必须实现全面的现代化，建设"智慧型经济"，以取代能源原材料型经济。由此，俄罗斯拉开了调整国家发展战略的帷幕。

俄罗斯发展战略的调整与其对外油气合作的关联主要在于：为了实现经济结构的现代化，必须逐步改变能源和原材料输出国的地位，减少能源原料出口，提高油气深加工产品的出口份额。为了推动能源产业的现代化改造，必须大力引进外资及先进勘探开发技术、先进炼化加工设备，提升基础设施的现代化水平。

目前来看，俄发展战略的调整对中俄能源合作的影响利弊兼有，很大程度上要看我如何应对。

首先，俄现代化发展必须以能源原材料产业作为依托，因而相当长时间内俄仍然有望作为我国的能源供应国。俄经济虽历经 9 年的快速增长，但在国际分工中仍处在能源原材料供应者的低端地位。鉴此，俄发展战略调整的主要方向即是尽快改变能源原材料依赖型发展模式。然而，古往今来，国家经济发展模式都是在特定条件下形成的，与地理、气候、资源、人口等基础要素紧密相关。俄大部分地区地广人稀、气候条件严酷，但是能源资源丰富，优先发展能源行业不仅是比较优势使然，而且是应对特殊自然环境的客观要求。能源原材料产业还是俄罗斯实现创新发展的资金来源，创新发展只能建立在能源原材料产业稳定发展的基础之上。因此，俄现代化发展必须以能源原材料作为依托，俄罗斯在相当长时间内仍然有望作为中国的能源供应国。

其次，俄经济结构的现代化改造和能源产业的现代化发展存在资金瓶颈，我油气企业可以自身优势参与这一进程。俄创新发展的主要目标是，通过建立创新产业基地，发展高科技制造业，实现经济、科技的全面振兴，摆脱经济对能源原材料的依赖，并且推动能源产业实现现代化发展。但是，俄实现经济结构和能源产业的现代化发展存在突出的资金瓶颈。能源产业的现代化发展需要大量投资，而俄国内资本市场发育滞后，投资来源有限，将不得不面向国际市场筹措资金。在世界经济复苏乏力、欧美国家自顾不暇、日本忙于灾后重建的背景下，我国独一无二的资金优势可望为我油气企业进入俄油气上游领域提供重要支撑。

其三，俄着力提高各经济领域的科技含量，将为我扩大对俄油气技术合作提供契机。科技与生产的脱节是俄经济发展的软肋。俄创新发展战略的根本方向在于提高各经济领域的科技含量，提高其产品的附加值。俄能源产业严重存在技术水平落后、生产效率低下问题。能源领域的创新发展是俄现代化战略的组成部分，同样急需引进创新发展所必需的先进技术、资金和管理经验，提高勘探、开发和储运技术与设备的现代化水平。这对我油气企业来说，很可能是加强对俄合作的契机。近年来，我油气企业坚持科技进步、突出自主创新，取得了一大批高水平、具有自主知识产权的创新成果。因此，技术合作有望成为我对俄油气合作大有前途的领域。

其四，俄国有能源企业减持国有股，为我油气企业进入俄油气上游领域提供了可能。2008 年金融危机爆发后，俄财政状况恶化，联邦预算从平衡有余变为连续两年巨额赤字。为平衡预算、改革国有产权制度，俄启动了新一轮私有化进程。国有股减持是这轮私有化的主要方向之一，俄罗斯石油公司也被纳入国有股减持之列。俄主管能源的副总理谢钦已多次表示，希望中国企业“以股权置换或资产置换方式”参与俄国有能源企业的私有化进程。因此，我油气企业在俄新一轮私有化进程中可望有所斩获。

其五，俄将现代化发展的外部希望主要寄托于欧美发达国家，对中俄油气合作可能产生一定消极影响。囿于对西方发达国家技术先进的盲目崇拜及“走向西方”的盲目冲动，梅德韦杰夫将俄实现现代化发展的外部希望主要寄托于西方国家的资金、技术支持上。尽管这种希望很可能大部落空，但是一段时间内必然以对欧合作作为对外合作的主要努力方向，因而很可能影响到俄与我油气企业开展资金、技术合作的积极性。为鼓励高科技产业和现代制造业的发展，俄政府可能将吸引外资的重点转向非能源产业，鼓励外国资本进入高科技和制造业领域。但是，只要我油气企业在对俄投资合作中更加务实灵活，更加准确地把握对方的需求，依然有希望找到对俄合作的增长点。

二、外交战略调整对中俄油气合作的影响

外交是内政的延续，外交战略必须服从服务于国家发展战略的需要。俄罗斯"全面现代化战略"的实施，必然牵动其外交战略做出适应性调整，而外交战略的调整必然影响到其对外油气合作的方向选择，因而必然对中俄油气合作产生直接或者间接的影响。**总体看，俄外交战略的调整，对中俄油气合作既提出了新挑战，也提供了新机遇**。

其一，俄美关系"重启"对双方能源合作的影响有限，不可能对中俄油气合作构成实质性障碍。长期以来，俄美关系一直随着国际局势及美对俄政策的变化而载沉载浮。从趋势来看，一段时间内俄美关系可能有所缓和、合作可能有所增多，但是双方关系中的结构性矛盾难以消除。迄今为止俄美关系"重启"并未在能源合作领域采取实质性步骤，能源合作仍将是俄美关系中的次要领域。更为重要的是，在金融危机打击下，美国的实力和国际地位相对下降，干预全球事务的能力大打折扣。因此，俄美关系的"重启"不会成为我进入俄油气领域的实质性障碍。

其二，俄欧关系的改善不会改变双方能源合作的多元化取向，俄开拓东方油气市场的努力不会因此而减弱。2010 年 6 月俄欧峰会宣布建立"现代化伙伴关系"，俄格战争后双方关系出现的紧张由此得到缓和。从俄外交战略取向看，俄将继续推动对欧关系的改善，欧洲也存在改善对俄关系的战略需要，从而有望改善俄欧能源关系的氛围。西亚北非持续动荡，增大了欧洲对俄的能源需求，对俄欧能源关系的发展也会产生一定推动作用。但是，欧洲大国不愿看到俄罗斯重新崛起，俄罗斯也高度警惕欧洲大国对俄的战略挤压，俄欧关系改善的幅度不可能太大，很难达到相互信任的水平。俄欧间深刻的战略疑虑，使其难以在油气合作领域取得新的重大进展，难以改变双方都在推行的能源合作多元化战略。基于深化中俄战略协作、确保能源安全和实现能源利益最大化的需要，俄开拓东方油气市场、加强对我油气合作的努力有望进一步加大。因而，俄欧关系的改善较小可能对中俄油气合作产生冲击。

其三，俄加强与中亚国家的能源合作，可能加剧中俄在中亚的能源竞争。俄一直将中亚地区视为其传统势力范围，对其他国家染指中亚心怀戒惧，坚持对环里海国家油气资源和运输网络实行"双控制"。我油气企业进入中亚地区

能源领域，并在油气开发和管道建设方面取得重大进展，引起俄的高度关注，中俄在该地区的竞争关系初步形成。俄新的外交战略强调大力发展与中亚国家的关系，其中深化能源合作占有重要地位，有可能加剧与我在中亚能源领域的竞争。但是出于维护中俄关系大局及保持中亚地区稳定的战略需要，加之中国加强对中亚国家的油气合作符合中亚国家的利益，有利于制约牵制中亚国家绕过俄罗斯扩大对欧油气合作，俄罗斯较小可能在此领域与中国展开恶性竞争。谢钦副总理在 6 月中俄副总理级能源谈判代表会晤期间曾经表示，中国与中亚国家发展能源关系"是正常的市场行为"，"所有公司都会实行多元化"，俄气公司"在这方面完全有竞争力"。这一表态虽说有些言不由衷，但是也表现出一种对华友好姿态及避免与我发生恶性竞争的愿望。

其四，俄要融入亚太经济一体化进程必须发挥能源优势，对中俄油气合作是种"利好"。俄罗斯"双头鹰"历来既看西方也看东方、西方重于东方。"全面现代化战略"牵引下的俄罗斯外交战略依然如此，并未因为重点改善与西方发达国家的关系而冷落东方国家。俄罗斯高层和精英层普遍认识到："21 世纪将是亚太世纪"，俄罗斯要重新崛起，必须融入亚太经济一体化的进程。中国经济蓬勃发展，俄要成功实施东部开发战略必须利用中国经济发展的机遇。因此，俄必须活跃东方外交，深度参与地区经济合作。而深化与东亚国家的经济合作，离不开油气资源优势的发挥。加之出于摆脱对欧洲能源市场的过度依赖、以能源为手段谋取国家战略利益的需要，在可预见的将来，包括中国在内的东亚地区必将是俄对外能源合作新的重点方向。

其五，强化俄中战略协作伙伴关系是俄外交战略的稳定取向，要求进一步深化两国油气合作。在世界由单极霸权向多极制衡过渡的"准多极时代"，要应对复杂多变的国际形势，抵御西方大国的战略遏制和战略挤压，加快重新崛起的进程，俄罗斯必须重点强化与其战略利益与战略理念广泛一致、快速崛起而又能平等待俄的世界大国、大邻国中国的战略协作伙伴关系。为了强化两国战略协作伙伴关系，必须扩大经济合作，夯实战略协作的物质基础。而要加强经济合作，不能不强化能源合作这一支柱。中俄能源合作是互利双赢的合作，既符合两国的能源利益，也符合两国更加广泛的战略利益。能源合作是中俄经济合作的"重中之重"，既是两国关系的试金石，也是深化两国关系的突破口。因此，俄外交战略的调整，不仅不会拖累两国油气合作，反而可能对其提出更高的要求。

其六，中俄战略关系的不断深化，可望进一步强化中俄油气合作的政治保证。目前的中俄关系是两国与各大国关系中最成熟、最具建设性的国家关系。历史遗留的边界问题得到彻底解决，政治互信不断加强，战略协作与务实合作不断深化，国家关系上升到历史最高水平。用杨洁篪外长 2010 年 3 月在第十一届全国人大第三次会议上答记者问时的话说，目前的中俄关系"是成熟、稳定、健康和充满生气的战略协作伙伴关系，是大国关系的典范"①。从中俄两国的外交战略取向看，两国关系有望进一步深化。良好的战略关系为中俄油气合作提供了重要的政治保证。迄今为止两国油气合作领域的一系列重大进展，都是在两国高层领导直接关注和推动下取得的。正是在两国政府的积极推动下，中俄能源合作机制日臻完善，合作领域日渐扩大，合作方式日趋灵活。随着俄罗斯新的外交战略的实施，中俄战略协作伙伴关系有望进一步深化，两国油气合作的政治保证有望进一步强化。

其七，俄对我战略疑虑仍存，可能对两国油气合作形成一定掣肘。俄罗斯外交战略在对华关系上的基本取向是积极的，但是不等于在发展对华关系上毫无保留。重要障碍之一是俄罗斯对华战略疑虑犹存。中国发展太快，很短时间即成长为世界第二大经济体，经济规模已相当于俄罗斯的 4 倍。对此，具有强烈大国主义的俄罗斯很不适应，尤其不甘于成为昔日"穷兄弟"的"能源附庸"。俄罗斯历史上掠走中国 150 万平方公里土地，至今心里仍不踏实，唯恐中国强大后重提领土要求。俄一些人还认为，中国有 13 亿人口，"需要扩展生存空间"，地广人稀的俄东部地区很可能成为"中国人口扩张"的目标。俄"瓦尔代国际辩论俱乐部"最近发表的一份报告提出，中国的崛起是俄美面临的共同挑战，俄应吸引美国投资开发远东和西伯利亚，避免中国掌控这一地区。由此可见，俄对我进入远东和西伯利亚的戒惧很深。上述情况很可能影响到中俄油气合作的氛围，成为我油气企业参与俄东部地区油气勘探开发的障碍。俄罗斯各种对华不友好势力也会利用这些问题大做文章，干扰中俄油气合作的进展。

---

① 杨洁篪：《现在的中俄关系是大国关系的典范》，俄罗斯国际文传电讯社，2010 年 3 月 7 日。

三、能源战略调整对中俄油气合作的影响

苏联解体以来，俄罗斯先后于1994年、2000年、2003年和2009年出台四份“中长期能源发展战略”。这些文件提出了俄能源工业的发展目标、任务和重点，明确了俄对外能源合作的基本原则和政策。其中《俄罗斯2030年前能源战略》是最新一版能源产业发展的纲领性文件，与前一版能源战略对比，在一系列重大问题上均出现重要调整。**俄能源战略的调整对中俄油气合作有着正反两方面的影响**。

首先，俄能源战略调整充分体现了现代化发展的思想，有可能直接作用于中俄油气合作。

根据《2020年前能源发展战略》，能源产业是俄“具有先天优势的工业部门”，是“国家经济的支柱和政府收入的主要来源”，因此应充分发挥其带动和促进经济增长的发动机作用。而《2030年前能源发展战略》则明确提出，“能源产业承担着为国家转向创新型发展的重要使命”。可以看出，根据全面现代化发展战略的要求，能源产业在新的能源战略中的定位发生了重要变化。

俄新能源战略还提出，在全球竞争和能源争夺日益激化的背景下，俄对外能源合作应稳定有序地发展；应消除全球金融危机的不良影响，并使其成为能源行业加快创新发展和技术改造的促进因素；油气产业应加大油气产品的深加工水平，减少原油出口在出口构成中的比重，更多地转向深加工产品的出口，增加油品出口的附加值；增强在能源高技术产品和智力服务市场上的战略性存在，利用新的能源技术，建设国际能源基础设施枢纽；实现能源出口在地理上的多元化和出口产品上的多样化。这说明，根据全面现代化发展战略的要求，新的能源战略已把加快能源产业的现代化发展作为一项新的重大任务。需要指出的是，能源产业的创新发展不可能一蹴而就，能源产业的现代化改造将是一个相当漫长的过程。

俄能源战略的上述调整对中俄油气合作的积极影响在于：能源产业的定位调整、现代化改造，需要借重外部力量，加强与中国的油气合作是难以回避的选择；能源产业的现代化创新发展需要引进国外先进技术、资金和管理，有可能为我油气企业参与俄能源产业的现代化改造提供机遇；扩大对能源加工领域的投资，加大吸引外资和先进技术的力度，有可能成为中俄油气合作新的

增长点。

其消极影响在于：长远看，随着经济中新的支柱产业的出现和发展，俄有可能逐步限制原油出口规模。

其次，俄新能源战略追求"在全球能源市场和国际能源格局中更加有利的地位"，俄在中俄油气关系中的强势地位可能进一步增强。

《2020年前能源战略》强调推动俄与世界能源市场的一体化，为解决21世纪前几十年人类面临的能源问题做出贡献，并且使俄罗斯成为在世界能源市场供应国中处于领先地位的大国、全球能源基础设施的重要枢纽和全球能源市场规则的制定者。《2030年前能源战略》对对外能源合作提出了更高的要求：强调最有效地利用俄能源资源潜力和在能源领域的国际活动潜力，实现与世界能源市场的全面接轨，为本国经济发展赢得最大利益；积极参与国际能源资源开发的国际合作，增强俄能源产业的国际竞争力，巩固俄的能源大国地位，在世界能源贸易体系中占据一定的主导地位，成为欧亚地区国际能源合作的主导国家；保障劳动分工的深化，提高资源和技术的生产和出口效率，强化俄在世界经济体系中的地位。另外，俄新的能源战略还提出要加强与欧佩克的合作，以对世界石油产量和石油定价机制发挥更大影响，不排除在特定情况下与欧佩克联手对国际油气市场进行干预的可能性。

由此可见，在对外能源合作领域，俄新的能源战略所规定的目标是强化俄的能源大国地位，成为"欧亚地区国际能源合作的主导国家"。这种政策取向对中俄油气合作的影响主要在于：俄控制世界能源市场的野心膨胀，与我石油企业"走出去"战略可能构成一定竞争。俄在世界能源秩序中的地位可能更加强势，在对我油气合作中可能更加难以妥协。

其三，俄新能源战略提出大力开拓东方能源市场，可能成为中俄加强油气合作的契机。

多年来，欧洲一直是俄油气出口的主要市场、能源外交的优先方向。俄从对欧油气合作中不仅赚取了可观的利润，而且为稳定双方政治关系提供了重要支撑。与欧洲的油气合作还是俄"走向欧洲"的重要桥梁。

由于俄现代化发展战略的实施主要寄希望于欧洲国家的资金、技术支持，俄外交战略也突出强调发展与欧盟的关系，俄新的能源战略必然仍以欧洲作为其对外油气合作的主要方向。俄以欧洲作为其对外油气合作的主要方向的原因还在于，俄主要油气生产基地大多位于西西伯利亚地区，历史上形成的以西向管道为主的油气输送网络格局短时间内难以改变。

但是，俄能源战略不能不从现在起就为将来国际能源关系的可能变化进行战略布局。欧盟加紧推行油气进口来源多元化战略，力求减少对俄的能源依赖。欧盟对俄以能源为手段谋取国家政治利益耿耿于怀，对俄的能源外交信誉评价很低。欧元区经济已进入成熟发展期，能源需求增量有限。欧盟大力开发新能源，对传统化石能源的需求正在逐步减少。因此，今后若干年，俄对欧油气出口不可能大幅增长。与此同时，俄罗斯西西伯利亚的油气田已接近产量“峰值”，必须加大东西伯利亚和远东油气资源的开发力度。由于距离遥远，将东西伯利亚的油气输往欧洲势必影响俄油气出口的经济效益，因此俄油气开发与出口的重心势必东移。尽管俄将欧洲视为其获得先进油气技术的主要来源，尤其是在大陆架开发方面将加大与北海油气生产国之间的合作，但是不能不尽快着手开辟新的油气市场。亚太经济快速发展，是最有前途的能源市场，加之俄外交战略和东部开发战略提出新的要求，大力开发东方油气市场必然成为新的战略性任务。

在与东亚国家的油气关系中，俄与日、韩政治关系复杂，日、韩又是成熟的油气市场，需求不可能大幅增长。日本大地震可能抬高其对石油天然气的需求，但是增量不会太大，而且不可能仅仅瞄向俄罗斯。而中国市场不仅容量巨大，而且稳定可靠。与中国比邻而居的地缘条件可为双方油气合作提供输送便利，良好的政治关系可为双方油气合作提供政治基础。因此，中国必然成为俄扩展东方市场的主要进军方向。当然，中俄油气合作的进展不仅取决于双方的合作愿望，而且受制于东西伯利亚油气勘探开发的进度与前景。

其四，俄加强对战略资源的控制、谋求能源利益最大化，可能成为中俄油气合作的突出障碍。

虽然中俄油气合作已经取得积极进展，双方对深化油气合作均有着强烈的愿望，但是合作的制约因素仍然大量存在。其中，俄加强对战略资源的控制及利益最大化的思维，可能成为两大突出障碍。

俄新的能源战略继续强调加强国家对油气资源的控制。2008 年国家杜马（议会下院）通过关于限制外资进入俄战略性油气田以及参股战略性企业的法案，明确提出防止外资控制对俄国民经济具有命脉意义的战略资源。俄加强国家对油气资源控制的目的是，通过资源垄断谋取最大经济利益，维护国家经济主权。而中国政府提出的能源企业“走出去”战略，重要思路即是开发境外油气资源，显然与俄加强对油气资源的国家控制存在着难以避免的矛盾。在国际油价持续高涨的背景下，俄罗斯在能源领域实行的资源保护主义不可能减少，我国油气企业以产品分成协议形式进入俄油气开发上游领域可能面临难以克服的障碍。

谋求能源利益最大化，是俄罗斯新老能源战略不变的价值取向。俄罗斯在对外油气合作中很少考虑对方的利益关切，甚至拒绝“互利共赢”理念。这也是俄罗斯所谓“务实外交”在对外能源合作中的突出表现。中俄油气合作中同样存在利益冲突，突出表现为俄方极力谋求不合理高价。几百年形成的战略文化，决定了俄罗斯不可能改变这种思维模式，在两国油气合作中价格分歧很可能始终相伴。

四、东部开发战略对中俄油气合作的影响

2010 年 1 月普京总理批准的《远东和后贝加尔地区 2025 年前社会经济发展战略》，可视为俄罗斯进行大规模东部开发的蓝图。俄罗斯各地区经济社会发展严重不平衡，近年来这一问题更加突出。其中，包括东西伯利亚和后贝加尔在内的东部地区，由于远离国家政治经济中心、自然条件恶劣、国家财政补贴减少，发展更为缓慢，形势更加不容乐观。为了改变东部地区的落后状况，防止地方分离主义抬头，加快与亚太经济的融合，充分利用东部地区丰富的自然资源服务于国家的现代化发展，俄罗斯痛下决心调整东部地区开发战略，振兴东部地区经济。从该战略的内容及随后俄政府相继采取的具体举措特别是从构建全面发展的“区域经济发展极”的要求看，俄此次东部地区开发很可能要“动真格”了。

新的东部开发战略的出台，总体看有可能为中俄油气合作增添新的动力。

首先，自然禀赋和经济基础决定了东部地区开发必须以油气开发作为重点。俄罗斯东部地区自然资源十分丰富，特别是石油天然气储量十分可观。据俄罗斯科学院油气地质研究院的评估，东西伯利亚和远东（含陆地和大陆架）的油气可采储量大约为 850 亿～900 亿吨油当量。据俄罗斯科学院西伯利亚分院石油与天然气地质所的评估，2020 年前俄罗斯东西伯利亚和远东地

区石油和凝析油开采量可望达到 9 000 万吨,天然气开采量达到 515 亿立方米。在西西伯利亚油气产能日渐下降的情况下,俄罗斯要保住油气出口大国的地位,只能由东西伯利亚和远东来接替。东部地区其他产业的发展基础薄弱,加之受到劳动力资源短缺的限制,东部开发只能以油气开发作为重点。在俄政府制定的东部地区开发的各种战略计划中,无一例外都将油气资源开发和油气综合体建设置于重点位置。为了促进油气资源开发,俄政府制定了多项具体措施,包括实行各种税收优惠政策,鼓励投资开发偏远地区油气和难采矿床。目前,俄已对远东、东西伯利亚和萨哈(雅库特)共和国的矿床开采实行宽松制度,包括降低老矿床的税收,对高黏度石油矿床实行税收优惠。

其次,开发难度及实力条件决定了俄东部地区开发必须依靠对外合作。东部地区油气资源开发面临多种难题:一是开发难度大。地区油气资源大多分布在气候恶劣、人烟稀少和基础设施落后的偏远地区,勘探开发成本必然大幅增加。二是基础设施发展严重滞后。不仅油气管网几乎全部需要新建,而且缺少油气开发所必需的公路、铁路和机场,以及住房、供电等基本生活设施。而在这些地区修筑道路的费用要比在欧洲地区高出 2～4 倍,建设工业设施的费用高出 3～6 倍,工人劳务费和安置费也要高出许多。因此,不仅资金投入大增,而且对技术设备和生产工艺的要求严苛,产品竞争力自然会随之下降。三是资金短缺。据估计,在 2000～2020 年间,俄东西伯利亚和远东地区的石油开发项目需要 430 亿～490 亿美元,天然气管道建设项目需要 330 亿～340 亿美元。俄油气企业的开发资金主要来自于自有资金、对外融资。在国际金融危机冲击下,俄油气企业的财务状况普遍困难,主要油气公司均存在程度不同的债务危机,一些公司不得不推迟或搁置某些油气勘探和开采投资计划。主要西方国家在国际金融危机影响下也缩小了对俄投资规模。俄罗斯政府能力有限,地方政府更是无能为力。面对如此众多的困难,俄根本不可能仅以自身力量完成如此浩大的任务。加强对外合作,吸引外资和外劳势在必然。否则,东部开发只能沦为空谈。

其三,地缘条件和国家关系决定了俄东部开发的希望将更多地寄于中国。中俄地理相连,不论机械设备进口、油气管道建设、油气产品运输,都较其他国家更为便利,并且可以大幅减少成本。中国劳动力充足,而且素质较高、成本较低,不论俄罗斯有多少顾虑,为了东部开发战略不至落空,迟早要在制定严格规则的条件下规模性引进中国的技术工人。中国资金实力强大，有能力大手笔地投资俄东部地区油气产业。中俄互为最重要的战略伙伴，中国对油气合作看得很重，俄罗斯在东部地区开发中无论如何难以绕过中国。2009 年 9 月胡锦涛主席与梅德韦杰夫总统共同批准的《中国东北地区与俄远东及东西伯利亚地区合作规划纲要(2009～2018)》，虽然大型油气项目不多，但是已经开了一个好头。随着双方在口岸、科技园区、经贸、旅游、文化、农业种植、劳务输出以及人文合作等众多领域合作的展开，两国毗邻地区的经济合作水平将会有新的提升，对两国油气合作也会起到带动作用。因此，我油气企业完全有希望借助俄东部地区开发战略的实施，在国家外交和资金支持下，发挥独特的技术优势，利用良好的国际信誉，深度参与俄东部地区油气开发。

综上所述，俄罗斯“四大战略”的调整，对中俄油气合作可能产生重大影响。其中既有直接影响也有间接影响，既有积极影响也有消极影响。从目前全球经济发展趋势和国际能源市场格局看，中国作为迅猛发展的经济体，资源需求的刚性与稀缺性之间的矛盾在相当长时期内无法缓解，我对俄油气资源的需求可能长时间持续。因此，必须充分利用俄“四大战略”调整中的有利因素，积极化解不利因素，争取中俄油气合作取得新的进展。

关于中俄能源合作的思考*

近年来中俄能源合作取得重大进展，但是远未达到双方的预期。中俄能源合作潜力巨大，双方高层加强能源合作的战略决心已定，合作前景值得期待。深化中俄能源合作的根本途径是增强政治互信、强化互利共赢理念。

一、中俄能源合作取得重大进展

自20世纪90年代中期，中俄两国开始推进能源合作，并且相继在石油贸易、核电开发等领域取得了某些进展。但是主要由于石油管道项目一波三折，致使两国舆论对前些年能源合作的评价大打折扣。**以2009年中俄签署“贷款换石油”协议为标志，两国能源合作进入快速发展期、全面深化期**。不仅拖延多年的中俄石油管道得以建成输油，而且石油中下游领域，煤炭、核电、水电、节能技术、新能源等领域的合作全面展开，天然气合作也在酝酿突破。

尽管两国能源合作的进展远未达到双方的预期，但是总体上看依然成绩斐然、势头良好。对此应当给予充分肯定，而不应把前进中出现的某些具体问题看成为难以解决的结构性矛盾，把技术性、局部性困难看成为战略性、全局性困境。

二、中俄能源合作潜力巨大

首先，资源与市场具有互补优势。俄罗斯是储量丰富的世界主要能源生产国，中国是稳定可靠、增长旺盛的能源消费市场。俄罗斯急欲在中国能源市

---

* 本文系作者在吉林大学“中俄国际区域合作与发展国际研讨会”上的发言，2011年10月。

场上获得较大份额，中国也强烈希望得到俄罗斯大规模、长期稳定的能源供应。中俄在资源禀赋与市场潜力方面所拥有的这种互补优势，是两国与其他国家之间所没有的、得天独厚的，从而为两国能源合作提供了基础性条件。日本、韩国虽然也是重要能源进口国，但是市场容量难以与中国相提并论，市场增量更是非常有限。

其次，能源战略具有互动优势。俄罗斯《2030 年前能源战略》强调，必须实现油气出口市场的多元化，减少对欧洲市场的过度依赖，为此要求大力拓展东方能源市场。而要拓展东方市场，需求旺盛、睦邻友好的中国显然应是无可替代的战略性选择。中国能源战略则要求积极推动能源进口来源的多元化，并且把扩大陆上周边能源进口作为能源外交战略布局的重点，对俄能源合作因此而被置于特别重要的位置。可以看出，中俄两国在能源战略上具有很强的互动优势。

其三，发展战略具有相互接轨优势。今后一二十年，中俄两国都处在快速发展的机遇期，基于共同崛起的战略需要，两国必须全面深化各领域的合作，能源合作置于首位。国际战略界普遍认为"21 世纪是亚太世纪"，"中国是世界经济增长的主要引擎"，俄罗斯要搭乘亚太经济快车、利用中国快速发展机遇，扩大与中国各领域包括能源领域的合作势在必行。俄罗斯有东部开发战略，而东部开发不能不以油气、水电、煤炭等能源资源的开发作为起点与重点。中国有振兴东北老工业基地战略，该战略的实施也必须以稳定充足的能源供应作为基础与保证。两国相邻地区发展战略完全可以而且应当接轨互动。

其四，地缘战略具有相互支撑优势。中俄互为最大邻国，同为东亚大国，同属新兴大国，在发展环境和安全环境上既有共同需求又具相互影响。中俄均遭遇以美国为首的西方大国的战略挤压与战略遏制，均面对不公正不合理的国际政治经济秩序，均面临美日同盟及其正在打造的"价值观同盟"的安全威胁。中俄战略利益、战略理念广泛一致，两国必须相互借助、相互支撑，互为纵深、互为后方。在各种矛盾错综复杂的"准多极时代"，作为联合国安理会常任理事国、负责任的世界大国，两国还必须携手参与新世纪的全球治理，特别是东亚治理。这对于两国都是最为有利的地缘战略选择。为此，必须进一步夯实两国战略协作的经济基础，能源合作必然成为"重中之重"。

其五，两国能源关系具有政治保证优势。中俄互为主要战略伙伴，两国关系处于历史最好时期。两国间的历史遗留问题彻底解决，以"世代友好、永不为敌"为主旨的《中俄睦邻友好合作条约》为两国能源合作奠定了坚实的法律基础。两国政府都在积极推动能源合作的深化。胡主席 6 月访俄时两国元首发表的共同声明提出大幅扩展两国贸易额，其中就考虑到了能源合作快速发展的因素。俄罗斯副总理谢钦称，俄中能源合作"具有战略性"。王岐山副总理也强调，中俄能源合作是"全面、长期、战略性的合作"。良好的政治关系必将为能源合作提供可靠的政治保证和强有力的政治支持。在能源资源成为战略资源的新世纪，来自国家高层的政治保证与政治支持对于能源合作的深化，重要意义不言而喻。另外，两国能源合作取得突破性进展，可以为深化这一合作提供重要基础。两国间已建立起高效能源合作机制，特别是副总理级能源谈判代表会晤机制，可以为深化这一能源合作提供机制保证。

多方面情况表明，中俄能源合作具有巨大潜力，具有可持续发展的良好前景。两国高层深化能源合作的战略决心已定，能源合作非搞不可，非大搞不可。

三、关于推进中俄能源合作的建议

前面说到"中俄能源合作潜力巨大"，换言之，"中俄能源合作的巨大潜力尚未得到充分发挥"。这里既有客观原因，例如需要磨合、需要时间；也有主观原因，例如对两国能源合作的战略价值认识不到位，政治互信不足，未能切实贯彻互利共赢理念，等等。**为了推进两国能源合作，既要坚定信心又要面对现实，努力消除各种障碍性因素。**

必须消除"中国威胁论"与"俄罗斯不可靠论"的恶劣影响，为能源合作营造良好的舆论氛围和民意基础。俄罗斯有些人担心深化两国能源合作可能导致"中国向人烟稀少的俄东部地区进行人口扩张"。事实是，中国政府从来没有任何鼓励向俄移民的政策，中国百姓从来也不把俄东部地区视为宜居之地，何来"人口扩张"？为什么两国政府不能通过制定劳务人口流动规范，以积极姿态消除这一疑虑？俄罗斯有些人散布"与中国开展能源合作将使俄变成中国的原材料附庸国"，这也是十分荒谬的。为什么向欧洲大量输送油气就不担心成为"欧洲的原材料附庸国"？俄罗斯制造业萎缩，国际竞争力不足，不搞能源合作，拿什么来支撑现代化战略的实施？拿什么来扩大对外经济合作？更有甚者,鼓吹"不能用宝贵的能源资源支持一个具有潜在安全威胁的国家的崛起"。把中国说成是俄的"潜在安全威胁",完全是西方反华政客的诬陷,其目的就是离间中俄关系,这与他们散布的"俄罗斯一旦重新崛起必然要向中国扩张"同样不值一驳。在中国也有人散布"俄罗斯不可靠论",认为俄罗斯政策多变、投资环境问题很多,强调"本国利益最大化"而不顾及合作伙伴的利益。这些议论不能说全无根据,但是明显有些夸大,而且没有看到俄罗斯企业近年来在这些方面取得的进步。

说到互利共赢理念问题,不能不提及中俄石油管输费争议。据我所知,两国能源企业当初商定的价格公式大致是"纳霍特卡离岸价减去未经管道的管输费(或者铁路运输费)及港口装卸费"。而现在俄企业却坚持中方必须按"纳霍特卡离岸价"付费,说是这 2 700 多公里的"运输费为零"。俄企业果真如此讲,岂不荒唐?而且如果按俄企业要求付费,比此前通过铁路运输俄原油的价格还要高,中方企业当然很难接受。现在看,俄企业仍在坚持这种做法,难道他们不担心毁坏企业和国家的声誉,不担心影响中俄能源合作乃至整个经济合作的大局?

还有个天然气合作问题。俄企业坚持首先修建西线管道,而中方已有中亚管道,再平行修建一条在战略布局上显然不合理,俄企业在此问题上与中亚国家发生竞争也不可取。而且入境地与中国东部消费市场距离遥远,境内管输负担沉重。我不明白,俄方为何不接受首先修建中方所需要的东线管道,一定要坚持首先修建可能与欧洲争夺气源的西线管道?天然气价格问题也被炒得沸沸扬扬,对两国能源合作的氛围造成不利影响。要知道,中亚天然气到岸价只有约 170 美元/千立方米,中国企业将其转运到上海,每立方米都要亏损 1 元人民币。俄企业坚持按欧洲市场水平要价,每立方米高达近 400 美元,中方企业根本无力承受。不要说与中亚天然气相比,即使与从澳洲和中东购进液化天然气相比,价格都要成倍的高,中国市场对俄气自然难有兴趣。而俄气运抵中俄边境的成本加上关税只有 140～160 美元/千立方米,即使按中方报价 250 美元/千立方米,利润空间也足够大。中国天然气市场的培育也需要一些时间,中国的消费水平需要多年才有可能赶上欧洲,这是无法回避的现实。建议俄企业正视现实、立足长远,不要一下子追求如此高的利润而不考虑对方的实际困难,否则天然气合作很可能遥遥无期。总之,两国企业都必须坚持互利共赢理念。非如此，合作难以深化、难以持久。

另外，建议用好副总理级能源合作谈判机制，积极探讨两国能源合作新的增长点；建议两国学界为深化能源合作积极提供智力支持，多向企业与政府主管部门提供利于双赢、切实可行的建议。

我相信，**只要中俄不断增强政治互信，切实贯彻互利共赢理念，既坚持市场经济原则又充分发挥政治关系的优势，两国能源合作的巨大潜力就一定能够得到充分释放，就一定能够为两国战略协作伙伴关系的深化，为两国的共同发展、共同崛起做出重大的贡献。**

中俄应共同致力于全球能源治理*

中国与俄罗斯是建立在战略利益、战略理念广泛相近基础上的"全面战略协作伙伴"。中俄作为拥有重大影响力的世界大国,在国际能源格局大变动、国际能源秩序大调整的重要历史时期,应共同致力于全球能源治理,为全球能源共同安全做出大国贡献。

第一,共同倡导新能源安全观。在 2006 年 7 月 G8 集团领导人峰会上,普京总统提出了建立全球与地区"集体能源安全体系"的重要建议,中国国家主席胡锦涛提出了"互利合作、多元发展、协同保障的新能源安全观"。此后两国都在积极倡导"全球能源共同安全"理念。中俄提出的新能源安全观,是对具有控制性和排他性的传统能源安全观的扬弃,有望成为 21 世纪全球能源治理的核心理念。中俄应共同倡导、率先践行。

第二,共同构建新型国际能源秩序。现行国际能源秩序是以美国为首的西方发达国家营造与主导的,广大发展中国家缺少话语权和规则制定权。中国既是能源消费大国也是能源生产大国,但是在现行国际能源秩序中,中国的能源权益得不到应有的保障。俄罗斯虽然是独立能源生产大国,但是其能源权益也时常受制于西方国家。为了两国及广大发展中国家的能源安全,改造不公正、不合理的现行国际能源秩序势在必行,中俄应在这一进程中发挥大国作用。主要努力方向应为:共同确立新型国际能源秩序的构建方向,可考虑以"稳定、共赢、合理、和谐"作为基本诉求;共同推动全球能源多边治理,可考虑在 G20 框架下建立有资源国、消费国、过境国共同组成的新型多边能源合

---

* 本文系作者在中国石油大学国际能源论坛上的发言,2012 年 12 月。

作机制；共同强化新兴大国的团结，为新兴国家争取更大的能源安全空间，可考虑打造“能源金砖”。

第三，共同维护能源资源产地局势稳定。世界主要能源资源产地局势的稳定，是国际能源市场供给稳定的基础。近年来某些大国打着“人道主义”、“保护的责任”等旗号，以改变资源国政权颜色、控制能源资源为目的，先后在中亚地区策动“颜色革命”，在西亚北非策动“民主动乱”，对主权国家内政实行赤裸裸的干涉，不仅严重破坏了国际法基本准则，而且将多个能源资源国推向了动乱和内战的深渊，直接威胁到全球能源安全。其所造成的“战争碳排放”，对全球气候环境的破坏更是触目惊心。为了世界和平与稳定，为了全球能源安全，中俄应团结广大发展中国家，共同制止新干涉主义的肆虐，维护世界主要能源资源产地的局势稳定。

第四，共同抑制国际能源市场的剧烈波动。国际能源价格“过山车式”的畸高畸低，对能源生产国与能源消费国都是祸而不是福。中俄应在维护国际能源市场稳定上做出共同努力。首先要保证供需基本面的平衡。为此应鼓励各方加大对勘探开发的投入，确保产能的持续增长。新兴大国对能源资源国的开发投资、企业并购，所带来的是全球能源供给的“增量”，是对发达国家因经济低迷而投资乏力的有益替代，应当受到肯定而不是诋毁。其次要加强能源金融监管。投机资本对国际油价的恶意炒作，是国际能源市场剧烈波动的重要原因。再次要促进资源国与消费国间的利益平衡。有必要在两者之间建立起价格协调机制。

第五，共同打造上合组织统一能源空间。在上合组织成员国与观察员国中，既有储量丰富的能源资源国，又有市场广阔的能源消费国，互补优势得天独厚，可为深化组织框架内的能源合作提供重要基础。上合组织成员国间的双边与小多边能源合作取得了长足进展，为建立大多边合作机制积累了重要经验。上合组织能源合作应朝着多种合作形式相互结合的“紧密型能源伙伴关系”方向发展，逐步形成“统一能源空间”。正在酝酿建立的“上合组织能源俱乐部”，是由资源国、消费国、过境国共同组成的新型区域能源合作机制，将秉承“平等互信、互利共赢”的“上海精神”，致力于不同类型国家间的优势互补、利益平衡，可望成为具有重大影响力的新型“国际能源政治中心”、“和谐型”能源地缘板块，为“全球能源共同安全”理念的推行树立起一面鲜明的旗帜。

第六，共同致力于两国互利共赢合作。中俄两国间有着得天独厚的能源合作条件。中国能源需求旺盛，是世界独一无二的“战略买家”，俄罗斯能源资源丰富，是位居世界前列的“战略卖家”。中国能源战略的重要取向是实现能源进口的多元化，俄罗斯能源战略的重要取向是实现能源出口的多元化。中国正在实施“向西开放”与“沿海开放”两大战略的互动与对冲，俄罗斯正在实施“向东看”、“转向东方”战略转向。中俄互为最大邻国，陆路相连、运输便利。中俄互为主要战略协作伙伴，需要以务实合作夯实战略协作的物质基础。中俄两国在能源领域是具有巨大互补优势的“天然合作伙伴”。这种互补优势为中俄扩展和深化能源合作提供了十分难得的有利条件，两国必须善加利用。中俄两国共同致力于能源领域的互利共赢合作，不仅对于两国经济的可持续发展，而且对于推动全球能源治理，都具有十分重要的意义。两国既要切切实实地遵循市场经济原则，又要从全球能源治理和两国战略协作的高度不断深化能源合作，特别要在构建资源国与消费国和谐关系方面做出表率。

新的世界能源格局下的中俄能源合作*

世界能源格局正在发生重大变化，新的世界能源格局加速形成。中国能源需求增长旺盛，对外依存度不断增高。为了维护国家能源安全，必须进行新形势下的能源战略布局，其中深化对俄罗斯的能源合作至关重要。

一、世界能源格局正在发生重大变化

在引发世界能源格局发生重大变化的众多因素中，以下因素尤为关键：以中国为代表的新兴国家群体式崛起，将会拉高新兴国家对能源的需求，引起世界能源消费重心局部向新兴大国最为集中的亚太地区转移；发达国家经济长时间陷入低迷，能源消费峰值可能很快到来，可能拉低其对能源需求的增长，引起世界能源消费格局向着东西方相对平衡的方向变化；页岩油气等非常规化石能源开发取得突破性进展，推动页岩革命的领军地区北美地区有望实现“能源独立”，可能引起世界能源生产格局的重要变化；节能技术进步与新能源开发不断提速，虽然对世界能源版图的近期影响比较有限，但是从中长期看，必将引起世界能源结构的重大变化；气候变化压力增大，将推动世界主要经济体大力发展清洁能源，从而成为拉动世界能源结构变化的重要因素。

在上述因素影响下，今后几十年世界能源格局将出现重大变化：世界能源生产格局将由以中东海湾为主的“一超多强”结构逐步转向中东海湾与北美“两强并立、多中心并存”结构；世界能源消费格局将由以欧美发达国家为重心逐步转向东西方相对平衡；世界能源结构将由以石油、煤炭为主逐步转向石

---

* 本文系作者 2013 年 3 月在第一财经“中国能源战略圆桌会议”上的发言提纲.

油、煤炭与天然气、核能、新能源并举结构，并且逐步向清洁能源倾斜。

世界能源格局的重大变化必将产生重大地缘政治影响：美国对中东海湾地区的战略关注度可能下降，有条件更加放手在该地区策动“民主动乱”，该地区可能从美国的主要能源来源地变成为制约他国能源安全的前出地；美国对海上能源运输的依赖度下降，其保障海上运输通道安全的动力可能下降，制约他国海上运输安全的动作可能增多；欧洲国家对俄罗斯的能源依赖下降，俄罗斯开发东方市场的需求增大；中国致力于能源供给多元化，扩大陆上周边能源供给、开辟欧亚“能源丝绸之路”、能源企业“走出去”参与世界能源开发的力度将进一步增大；非常规化石能源及新能源、节能减排技术领域的世界性竞争加剧，领先者对国际能源秩序乃至世界经济政治秩序的影响力增大。

二、新能源格局下中俄深化能源合作的动力

在新的世界能源格局中，中俄能源合作的战略价值进一步增大。

能源战略价值。至少到2035年前，中国的能源需求及对外依存度均将大幅增长。加之遭遇美日战略围堵，扩大陆上周边能源供给势在必行，深化与俄罗斯及环里海国家的能源合作对于确保国家能源安全的战略价值凸显。而对于俄罗斯来说，由于欧洲对俄的能源依赖度不断下降，俄必须大力开发东方市场，其最为有利的选择只能是需求旺盛、比邻而居、关系友好的战略协作伙伴、世界能源战略买家中国。

发展战略价值。中国面临缩小东西部发展差距、确保西部大发展战略与振兴东北老工业基地战略成功实施的艰巨任务，必须加强与最大邻国、战略协作伙伴国俄罗斯的务实合作，能源合作置于首位。俄罗斯要搭乘亚太经济发展的快车、利用中国快速发展的机遇，确保关系到国家21世纪振兴的东部开发战略的成功实施，必须大力深化与中国的能源合作。

外交战略价值。中俄战略协作伙伴关系在两国外交战略全局中均具有重大价值。这既是中国应对战略围堵的需要，也是俄罗斯实施转向东方战略、成为亚太“玩家”的需要。而要加强战略协作，必须夯实其物质基础、大力深化务实合作，互补优势最为突出的能源合作异常关键。

因此，中俄能源合作非大力加强不可。有充分理由认为，两国高层深化能源各领域合作的战略决策已定。与此同时具体利益分歧不可避免，一些大项

目的进展可能因此而难以取得符合双方战略需要的进展。但是这些困难基本上是技术层面的，而非战略性的。

从最近中俄能源关系的发展看，两国深化能源合作的势头引人注目。中俄近日达成扩大原油贸易的共识，两国企业正在加快商务谈判。俄油寻求从中国获得高达300亿美元的贷款，作为交换可能将对中国的石油供应提高一倍，包括通过阿塔苏—阿拉山口石油管道过境哈萨克向中方供油。双方将尽快磋商中俄天津炼厂项目，签署政府间协议文本。中俄两国政府支持企业进行东部管道供气谈判，双方确认每年将通过东线管道对中国供气380亿立方米，同时对西线供气合作加紧研究论证。俄油向中方提议在液化天然气领域开展合作，中方有意购买俄液化天然气。双方商定同步推进核电站、浮动堆、快堆以及在第三国建设核电站等项目上的全方位一揽子合作。双方商定继续推动电力、煤炭、能效与可再生能源等领域的长期合作。双方商定全面扩大包括油气贸易、投资、融资在内的能源金融合作。俄方考虑邀请中国三大油气公司共同开发俄大陆架油气，并就其前景论证设立若干工作组。习主席即将对俄进行的国事访问，必将对中俄能源合作产生巨大推动。

三、新的世界能源格局下中俄加强能源合作的着力方向

充分发挥中俄政治关系的优势。当今世界能源资源的战略属性更加突出，能源关系的建立与发展更加依赖国家间的政治关系。在新的能源格局加速形成的现阶段，加强能源合作成为两国各大战略的迫切需要。中俄既应坚持市场经济原则，又应充分利用两国政治关系良好的有利条件，将能源合作提升到战略合作高度。

切实利用好中俄间资源与市场的互补优势。中俄在能源合作领域拥有资源与市场方面得天独厚的互补优势，为了两国的能源安全与经济发展，必须予以充分发挥。合作应力求全方位、有重点地展开，特别要努力寻求新的合作增长点。例如，能源开发投资合作、开发与供给风险对冲合作（共同设置能源安全风险基金）、建立能源共同体（上下游一体、风险共担、利益共享）、油气产业现代化合作、油气深加工合作、新能源研发合作等。两国能源合作还应尽可能地配合俄亚洲战略的实施，促进两国相邻地区的合作。

下大力消除两国能源合作中的障碍性因素。在俄罗斯颇有市场的“能源

原材料附庸论”是一突出障碍。俄罗斯必须认识到，现阶段能源开发出口是俄经济走向现代化的起点，更是东部开发的重点；中俄能源合作具有互利共赢性质，谈不上谁沦为谁的“能源原材料附庸”；抑制资源民族主义是深化对外能源合作的重要前提。“利益最大化”思维与“互利共赢”理念背道而驰，必然迟滞能源合作的进展，合作中必然磕碰不断。两国应努力改变这种思维，相互尊重对方的合理利益，照顾对方的困难与关切。还有防止第三者搅局问题：某些竞争者特别是不友好势力，不愿看到中俄深化能源合作，必然极力干扰，对此中俄两国都应做到头脑清醒、增强定力。

共同致力于全球能源治理。一是共同倡导、率先践行以“全球能源共同安全”为核心的新型能源安全理念，推动全球与地区不同类型国家间的双边与多边能源互利合作。二是共同构建新型国际能源秩序，以“稳定、共赢、合理、和谐”为诉求，建立发达国家与新兴国家的利益平衡，维护新兴国家与广大发展中国家的利益。三是共同稳定世界能源主产地的局势，坚决制止新干涉主义的肆虐，坚决反对某些大国在中东海湾、中亚地区策动“民主动乱”、“颜色革命”。四是共同稳定国际能源市场，防止油气价格剧烈波动。五是共同制止能源金融炒作。推动国际社会加强能源金融监管，防止发达国家投机资本扰乱国际能源市场。六是共同致力于节能减排和新能源技术的开发，为世界能源的可持续发展做出大国贡献。

北美能源独立对中俄油气合作的影响*

会议组织者给我的发言题目是：北美能源独立对中俄油气合作的影响。时间关系，只谈几个观点。

一、北美存在能源相对独立的前景

美国页岩油气开发取得突破性进展，加拿大油砂展现出开发潜力。再加上北极地区油气开发随着全球气候变暖而不断扩大，北美地区大有希望实现能源自给和出口。也就是说，北美有希望实现能源独立。

不过，北美的能源独立可能是相对的。特别是美国，尽管几年后有可能成为油气净出口国，但是不可能完全停止从世界其他地区的油气进口。这与美国的全球战略有关。

二、北美能源独立对世界能源格局的影响

世界能源生产格局可能由以中东海湾为主的"一强多中心"结构转向"两强并立、多中心并存"结构，北美能源板块的地位将显著增强。

世界能源消费格局可能由以欧美发达国家为重心转向东西方相对平衡，新兴国家最为集中的亚太地区在世界能源消费格局中的地位大幅上升。

世界能源结构可能由以常规化石能源为主转向常规化石能源与非常规化石能源并举结构，并且可能加速向清洁能源倾斜。

这是一种趋势、一个渐变过程，不能说目前新的世界能源格局已经形成。

---

* 本文系作者 2013 年 3 月在"人民大学—牛津大学联合项目研讨会"上的发言。

而且，影响世界能源格局变化的因素有很多，北美能源独立仅是其中一个重要因素。

三、北美能源独立对中国的影响

有利影响之一，北美能源独立对于世界油气市场是种增量贡献。世界油气供需基本面有望因此而更加健康，国际油气价格有望因此而更趋合理。这无疑有利于中国油气供给的稳定，有利于降低中国保障油气安全的成本代价。

有利影响之二，美国页岩革命是对世界非常规油气开发技术进步的重要贡献，对中国非常规油气开发将会产生重要推动，从而有望提高油气自给率、减缓对外依存度持续升高的势头。如果中国因页岩油气开发而降低油气对外依存度，对中国能源安全、经济社会可持续发展，都具有积极意义。页岩油气开发有望成为中美能源合作的新领域。

有利影响之三，美国对中东海湾油气需求大幅减少，可能降低美国对中东海湾油气资源及其运输网络的控制欲望，减少与其他大国在能源领域的博弈。

但是，不利影响与挑战也有不少。主要是：美国将有条件更加放手在世界油气主产区策动“民主动乱”，可能对中国与中东海湾的油气合作造成新的干扰；美国维护海上运输通道安全的动力可能下降，有条件放手利用其对海上运输通道的控制优势，制约中国的油气运输；美国可能借助低油气价格重振制造业，发展新型化工产业，实现“再工业化”、“新工业化”，从而可能增强其在世界经贸关系中的竞争地位；美国页岩革命可能引发新一轮世界产业革命，从而引起世界经济格局的变化；随着美国能源进口减少，中国可能成为世界第一大油气消费国和进口国，能源安全压力进一步增大。

也就是说，北美能源独立对中国的能源安全利弊兼有、利大于弊。

四、北美能源独立对俄罗斯的影响

北美能源独立引起世界能源格局的变化，可能削弱俄在世界能源供给格局中的强势地位，其通过组建“天然气欧佩克”来强化其能源地位的难度进一步增大。

北美能源独立利于国际油气市场增加供给，可能拉低世界油气价格，从而影响到油气开采成本不断升高的俄罗斯的油气出口效益。

美国 LNG 有望对欧出口，加之欧洲加快非常规油气和清洁能源的开发，其对俄油气的依赖可能逐步降低，俄以油气作为地缘政治武器的能力可能下降。

美国 LNG 有望出口到日本、韩国，可能影响到日韩对俄油气合作的需求及双方在合作谈判中的地位。

俄对页岩革命的前景长时间估计不足，可能影响其应对措施的谋划。

总体上看，北美能源独立对俄弊大于利，主要是弊。

五、北美能源独立对中俄油气合作的影响

北美能源独立所引起的世界能源格局变化，对于中俄能源合作来说，推动效应比较明显。

一是俄罗斯在欧洲对其油气依赖下降的情况下，开发东方市场的动力将会进一步增大，可能更加看重中国这一需求巨大、增长旺盛的油气大市场。

二是在美国页岩革命的带动下，中国将会加快页岩油气开发，中长期看，中国对俄油气的需求可能下降，俄开发中国油气市场的紧迫感可能因此增大。

三是世界非常规油气开发的进展及由此引起的供给增多，可能压低世界油气价格，俄在发展与中国油气合作中对高要价的坚持可能因此而有所松动。

四是中东海湾油气供给可能因地区“民主动乱”长时间持续而受到影响。在美国对华实施战略围堵、对海上油气运输依赖下降的情况下，中国的能源战略布局需要进一步向陆上周边倾斜，睦邻友好、资源丰富的俄罗斯有可能成为中国的战略性选择。

五是中国页岩油气储量虽然十分丰富，但是开发难度很大，短期内难以对保障油气供给产生实质性影响。中国面临的气候变化、清洁发展压力不断增大，对俄油气特别是天然气的需求不可能出现实质性减少。

因此总体上看，北美能源独立对中俄油气合作可能产生重要推动作用。

更为重要的是，中俄互为最大邻国、主要战略伙伴国，两国深化油气合作不仅出于能源安全的需要，而且出于外交战略、发展战略、安全战略的需要。要进一步夯实两国战略协作的物质基础，能源合作特别是油气合作首当其冲。因此，中俄必须大力深化全方位能源合作。

北美能源独立虽然对中俄油气合作影响很大，但是并非关键性因素。支

撑中俄能源合作的因素是多方面的，其他战略性因素对中俄能源合作更具决定性影响。加强能源合作是两国的战略决策，不会因北美能源独立而发生动摇。

而且，中俄能源合作不是单一油气合作，而是多方位能源合作，包括水电、煤炭、核能、新能源、节能技术、能源金融、能源产业现代化等多个领域，合作潜力巨大。中俄能源合作不断深化的势头有望长时间保持，最近两国能源合作提速的动向很能说明问题。

中国企业对俄投资经营的宏观环境及风险管控*

很高兴出席首届中国北方国际科技博览会“科技合作与发展国际论坛”，并且作为嘉宾发表演讲。热烈祝贺论坛的举办，祝愿论坛取得圆满成功。

我演讲的题目是“中国企业对俄投资经营的宏观环境及风险管控”。为什么要讲这个问题？因为“宏观环境”是国家间开展经贸合作最具基础性的影响因素，是政府主管部门、企业领导做出投资经营决策时必须首先考虑的战略性问题。“风险管控”则关系到投资经营的成败、国家与企业利益的实现，而风险管控与宏观环境直接相关。

据我所知，我们不少企业高管比较重视投资经营的商业技术环境，而对宏观环境问题则往往关注不够，对风险管控问题也大多从技术层面去考虑，较少针对宏观背景谋划防范举措，因而往往导致投资决策失误、风险管控失败，不仅给企业造成重大损失，而且一定程度上影响到两国经贸合作的大局。因此，宏观环境与风险管控问题必须引起中国对俄投资经营企业的高度关注。

就中国企业赴俄投资经营的宏观环境而言，总体上看有利因素大于不利因素。

其一，经济全球化趋势深入发展，对中俄经贸合作具有重要拉动作用。

在世界金融危机背景下，某些发达国家贸易保护主义抬头，但是经济全球化的大潮仍然浩浩荡荡。地球村在变小，国与国之间的联系日趋紧密，合作促

* 本文系作者 2013 年 7 月在满洲里“科技合作与发展国际论坛”上的演讲，发表于《满洲里日报》2013 年 7 月 5 日“国际论坛优秀论文”。

进发展、合作应对挑战成为越来越多国家的共识。

俄罗斯高层和精英层也越来越深刻地认识到，经济全球化是时代的大潮，必须努力适应、充分利用，服务于国家的经济转型和振兴。俄罗斯已经加入世界贸易组织，目前正在按照世贸组织规则全面修订法律法规。

俄罗斯经济开放姿态的提高、经贸活动与世贸规则的接轨，对于中国企业赴俄投资经营无疑是种“利好”：俄投资环境有望加速改善，中国具有市场优势的轻工、电子产品进入俄市场的机会有望进一步增多，“灰色清关”和贸易纠纷也有望在 WTO 框架内得到更加及时公正的解决。

其二，两国关系处于历史最好时期，双方深化经贸合作意愿强烈。

经过两国多年的共同努力，中俄关系已经发展为“平等信任、相互支持、共同繁荣、世代友好的全面战略协作伙伴关系”。两国领导人一致认为，两国关系处于历史最好时期。

两国同为新兴大国、转型大国，不仅对和平稳定的国际环境有着共同的需求，对世界多极化、国际关系民主化有着共同的追求，而且对维护以联合国安理会为中心的国际安全机制和以不干涉主权国家内政为核心的国际安全准则，对政治解决国家间争端、反对动辄威胁制裁甚至武力相向有着共同的坚持，在发展道路和发展模式自主选择等问题上也有着相近的认知。

两国战略利益与战略理念上的广泛相近性，为两国深化战略协作奠定了重要基础。而两国战略协作的深化，则可望为拓展经贸合作提供政治保证，注入强大动力。

其三，两国经济结构互补优势明显，合作增长点众多。

中国拥有相对先进的制造业，俄罗斯拥有相对雄厚的科研基础，两国可以结成“现代化伙伴关系”，在高科技领域展开大项目合作，进行联合研发、联合生产。中国拥有稳定可靠的能源大市场，俄罗斯拥有储量丰富的能源资源，两国可以结成“能源战略合作伙伴”。中国外汇资金和人力资源充裕，俄罗斯在这两方面比较匮乏，两国金融合作、劳务合作大有可为。中国军事实力相对落后，俄罗斯军工技术相对先进，俄罗斯在支持中国国防建设、中国在支持俄国防工业发展上可以大有作为。

中俄间得天独厚的互补优势，为两国深化经贸合作、相互利用对方快速发展的机遇、实现共同发展，开辟了广阔的空间。

其四，俄实施“转向东方”战略，为两国深化相邻地区合作提供了机遇。

俄罗斯高层和精英层普遍认识到，21世纪是亚太世纪，亚太国家特别是中国已经成为世界经济的主要发动机，世界经济重心加速向亚太地区转移。为了搭乘亚太经济的快车、利用中国经济快速发展的机遇，加快俄经济社会发展、确保俄的大国地位，俄推出了“转向东方”或曰“向东看”战略。普京总统表示，俄罗斯必须“借中国之风扬俄罗斯之帆”。中国则视俄罗斯为亚太战略平衡与和平稳定的重大积极因素，欢迎俄成为亚太“玩家”。这就为两国在亚太地区的战略协作与务实合作提供了新的空间。

与“转向亚太”战略直接相关，俄推出了“东部发展”战略，决心下大力推动占俄国土面积3/4的东部地区的经济社会发展，并且将其作为新的增长极。为此，俄制定了一系列战略规划，采取了多项战略性举措，包括深化与比邻而居、蓬勃发展的友好邻国中国的经济合作。正是在此背景下，2009年中俄签署了两国地区合作规划纲要。尽管这一规划由于多重复杂原因而执行不力，但是规划的方向是正确的，两国相邻地区在发展领域的合作必将不断深化。

其五，两国间已建立起比较健全的合作机制，有利于消除分歧、管控风险。

习近平主席3月访俄与普京总统发表的“联合声明”强调，“中俄面临的战略任务是把两国前所未有的高水平政治关系优势转化为经济、人文等领域的务实合作成果”，并且提出“实现双边贸易额2015年前达到1 000亿美元，2020年前达到2 000亿美元，促进贸易结构多元化”，“加快落实《中俄投资合作规划纲要》，相互投资实现较大提升”。

与此目标相适应，两国建立起了各领域的合作机制，包括两国元首和政府总理定期会晤机制、政府对口部门混合委员会机制。这些机制对两国各领域的务实合作发挥着重要的推动和保障作用。例如两国副总理级能源谈判代表机制，在推动两国能源合作中就发挥了功不可没的重要作用。

还可以列举更多的有利因素。可以说，有利因素的大量存在，为中国对俄经贸合作，特别是中国企业对俄投资经营，提供了前所未有的重要机遇。

在看到有利因素的同时，必须清醒地认识到不利因素的存在。这些不利因素如不切实消除或者有效规避，必然影响到有利因素的利用，甚至会给中国企业对俄投资经营带来重大风险。

例如，部分俄罗斯人对中国经济发展水平缺少了解，仍然存在“看不起”中国的问题,“现代化伙伴关系”战略仅仅盯住欧美,看不到中国资金、技术对俄罗斯实现“再工业化”更具价值。部分俄罗斯人不能正视两国经济结构的现实,对于机电产品在俄对华贸易结构中比重偏低的现状十分不满,担心成为中国的“经济附庸”、“原材料附庸”,甚至出现“对华贸易吃亏论”。部分俄罗斯人一味抱怨中国对俄投资缺少积极性,而对其投资环境存在的严重问题却少有自省。另外,“中国威胁论”在俄仍然颇有市场,特别是“中国人口扩张论”已经成为投资合作的重大障碍。部分俄罗斯人存在势力范围思维,对中国发展与中亚国家的经贸合作感到忧心忡忡。

部分中国人也是两眼紧紧盯住西方,轻视俄罗斯,缺少发展对俄经贸合作的热情。部分中国人对俄罗斯的科技潜力缺少了解,仅仅看到俄资源丰富,而看不到俄在不少高科技领域所具有的独特优势。部分中国人对俄投资环境存在的问题看得过重,总认为不如与西方国家伙伴开展合作更规范、更顺当,而不去积极地想办法规避和消除这些阻碍。部分中国人缺少法制意识,热衷于“灰色清关”,在俄非法居留、非法经营,影响到两国间的贸易秩序。部分中国人互利共赢意识淡薄,有着“捞一把就走”的投机心理,不愿将附加值更多地留给合作伙伴。

此外,两国政治互信依然不足。特别是对于中国“和平崛起”的判断,不少俄罗斯精英仍然不够坚定,某些俄学者仍在模仿西方的腔调谈论“中国发展方向不确定”、“中国过于强硬”。中国某些舆论也担心俄罗斯重新崛起后会重走对外扩张的老路。中国某些媒体对于俄整顿贸易秩序、清理非法移民,往往做出过激反应。这些政治和安全领域的消极现象,对于两国经贸合作的深化有着不容小觑的影响。

有利因素与不利因素同时存在,中国企业对俄投资经营必须思考如何充分利用有利因素、如何有效规避和管控风险。在此,我提出以下看法与大家共同思考。

一是充分考虑俄经济社会发展的需求。

中国企业对俄投资经营必须适应俄罗斯发展战略的需要,准确把握俄市场需求。顺势而为,方可赢得俄政府和民众的欢迎,方可从战略层面上规避风险。基本思路是,急俄罗斯所急,想俄罗斯所想,更多地循着俄罗斯的需求找寻合作增长点。

俄罗斯希望实现“再工业化”，既满足国内市场需求又提高工业制品的国际竞争力。中国企业可考虑发挥制造业优势，投资于俄制造业的现代化改造，与俄企业结成互利共赢的“现代化伙伴关系”。俄罗斯希望提高能源及其他原材料产业的现代化水平、增加附加值。中国企业可考虑投资于俄能源设施改造和林木深加工项目。

中俄科技创新合作潜力巨大，尤其应当成为中国企业投资经营的重点领域。其中，现代农业、高端设备制造业、环保产业、生物工程、新一代移动通信、新能源与节能减排技术等高新技术产业，应当成为选择的重点。可考虑与俄方有资质、有信誉的企业合作经营科技产业园区，联合建立研发中心。对金融、信息、咨询等新兴服务产业以及文化教育产业、旅游产业的投资，也值得中国企业尝试。

在东部地区开发中，俄罗斯希望对交通运输、港口码头、电站电网等基础设施进行现代化改造，希望发挥东部地区的水资源优势和土地优势、发展现代有机粮食产业，中国企业可考虑投资于俄基础设施建设以及耗水农业、耗水加工业。俄罗斯有意对中国东北地区开放太平洋出海口，中国企业投资于俄滨海地区出海通道建设符合双方的需求。两国边境贸易也可通过增大高附加值产品比重优化贸易结构。还可考虑合作建设边境经济特区、边境科技园区。

二是充分考虑俄国内宏观环境。

俄罗斯国内宏观环境直接影响到投资于俄的中国企业的生存与发展。高度关注宏观环境问题，可以有效规避重大风险。

例如，政治环境方面，俄罗斯虽然总体稳定，中国企业对俄投资不存在政局动荡之忧，但是俄利益集团关系复杂、中央与地方政策时有冲突。中国企业投资于俄，应首选利益集团矛盾相对和缓、中央与地方政策取向比较一致的项目。

法律环境方面，俄罗斯制定有战略产业保护法，中国企业不应白费力气谋求对俄战略资源型企业的控股。俄罗斯法律法规多变，特别是时常以生态要求不达标为由惩治外资企业，中国企业进行较大规模投资时必须争取纳入两国政府投资保护协定的管辖范围。

社会环境方面，俄罗斯人既热情好客，又有着根深蒂固的“移民恐惧症”。需要批量使用中国工人的赴俄投资企业例如土地租赁企业，必须学会与当地政府、当地居民打交道、交朋友，打牢相互信任的基础。中国企业尤其应当考虑企业经营“本地化”的世界潮流，为当地社会公益事业多做贡献，争取俄民意的欢迎与支持。

其他例如人文环境、安全环境等宏观环境问题，中国赴俄投资经营企业也必须认真研究、高度关注。

三是切实增强合法经营意识。

合法经营是企业对外投资的生命线，也是规避风险的有效途径。中国赴俄企业，不论是大型国有企业还是小型民营企业，都必须适应俄法律法规的要求，任何情况下都不应做违法投机之事。

中国在俄零售批发企业，应当尽快走出不规范经营的大市场、走进规范经营的大商场，变倒爷形象为商家形象，变假冒伪劣商品形象为优质品牌形象。某些中国人非法在俄居留和经营问题给两国关系增加了不少干扰，两国政府应予共同整顿。

“灰色清关”对两国都十分有害，两国政府应尽快予以解决。着力方向是，提高正规清关的效率、降低正规清关的成本、规范企业的清关行为。

两国一些不法商人相互勾结，为谋取不义之财而盗伐俄林木、污染俄环境的事件时有发生，对两国经贸合作的氛围影响恶劣，两国政府应予共同整治。

四是积极探讨突破劳务合作“瓶颈”。

突破劳务合作“瓶颈”，有利于从宏观上消除部分投资经营风险。

劳务合作是中俄优势互补的重要领域。俄罗斯面临人口危机，特别是俄东部地区人口稀少，劳动力更是严重匮乏，而从俄欧洲部分引进劳动力将数倍增加成本。中国企业赴俄投资，要确保效率与效益，不能不从国内批量引进技术工人。否则，中国企业特别是大型企业赴俄投资就无从谈起，俄罗斯也就不可能利用中国素质较高的人力资源服务于其东部地区的开发。据俄罗斯专家估计，要实现俄东部地区开发战略，至少需要引进 400 万～500 万中国劳动人口。但是，由于俄罗斯存在“中国人口扩张”的担忧，加之两国政府在规范劳务合作问题上缺少作为，致使问题迟迟得不到解决。

我认为，问题的关键在于实现人员流动有序。可考虑在 WTO 规则基础上建立中国赴俄投资企业对引进本国劳动力出入俄境的担保制度及中国赴俄企业使用本国工人的用工保障制度。同时建议俄政府努力制止某些不负责任的媒体对“中国人口扩张论”毫无根据的炒作。

必须指出，中国政府从来没有任何鼓励向俄移民的政策，中国百姓从来没有把俄远东和西伯利亚视为宜居之地。从几百年的中俄关系史看，中国东北地区的人口密度一直大大高于俄东部地区，但是从未形成对俄移民潮，气候条件是其重要障碍。从横向对比看，在俄中国移民的相对系数远远低于加拿大、澳大利亚、美国等西方国家，而且从未形成像在欧美国家那样的华人社区。今天的中国经济蓬勃发展、居民生活水平持续提高，更不可能出现中国公民大规模移居俄罗斯的问题。俄罗斯在利用中国人力资源问题上应当尽早走出误区。

五是充分利用外交资源和政府间合作机制。

外交资源对企业在境外经营中管控风险至关紧要。中国赴俄投资经营企业既要坚持市场经济原则，又要用好两国政治关系优势。要主动争取政府外交部门特别是驻俄使领馆的政策指导、信息支持和决策咨询，特别是较大规模投资企业，应主动与使领馆建立联系，不要等到出了麻烦再找使领馆。

中俄两国政府之间已经建立起多种经贸合作机制，中国赴俄投资经营企业应善加利用，以推动合作、消除风险。首先应了解两国间建立有哪些合作机制，哪些合作机制与本企业的经营有关，尽可能将本企业的经营纳入两国合作机制的管辖范围。遇有本企业难以独自解决的重大难题，应主动向政府有关部门反映，争取通过政府间磋商妥善解决。同时还要推动俄方合作伙伴通过俄中央或者地方政府协助合资企业消除各种经营障碍。

女士们，先生们，我真诚地希望中国企业对俄投资经营取得更快更好的进展，希望中俄两国经贸合作不断深化。我相信，只要两国政府和企业真诚地践行互利共赢理念、充分发挥互补优势，两国元首达成的经贸合作目标就一定能够实现，两国共同发展、共同崛起的愿景也就一定能够成为现实。

切实落实已签协议，争取实现新的突破*

在世界油气生产和消费格局发生重大变化、俄罗斯东部开发战略加速推进、中俄全面战略协作伙伴关系不断深化的大背景下，今年以来中俄油气合作频频传出喜讯。

习近平主席今年 3 月访俄期间，中国石油集团与俄罗斯石油公司签署了为期 25 年的原油增供协议，确定从 2013 年下半年开始俄方向中方增供 70 万吨原油，从 2018 年开始增供原油提高到 1 500 万吨/年。俄方还承诺从其它方向扩大对中方的原油供应，包括通过中哈管道向中国出口原油 1 000 万吨/年，从太平洋港口向天津东方石化供应原油 910 万吨/年。加上太平洋石油管道中国支线原油 1 500 万吨/年，俄方对华供油可达 4 160 万吨/年。中方则以分期付款方式向俄方提供融资支持。

也是在习主席访俄期间，中石油集团还与俄气公司签署了开展东线天然气合作的备忘录，规定俄气自 2018 年开始，通过"西伯利亚力量"支线管道经布拉格维申斯克边境口岸，向中国供气 380 亿立方米/年，合同期 30 年。

6 月 21 日，在俄罗斯总统普京和中国国务院副总理张高丽的见证下，中石油董事长周吉平和俄石油总裁谢钦签署了俄方向中方增供原油的长期贸易合同。同日，中石油与俄第二大天然气生产商诺瓦泰克公司签署了收购亚马尔 LNG 项目 20%股份的框架协议。亚马尔 LNG 项目位于俄亚马尔-涅涅茨自治区，探明天然气储量超过 1 万亿立方米，拟建设 LNG 产能1 650万吨/年。

上述进展均系大项目合作，具有大规模、长期性、战略性的特点。正因为

* 本文发表于香港《信报》2013 年 7 月 20 日。

此，普京总统称中俄签署了“史无前例”的石油大单，中国媒体称中俄能源合作打通了“世纪动脉”。

中俄油气合作取得如此积极进展，首先是因为这一合作符合双方的战略需要。深化油气合作，不仅有利于发挥两国在油气领域得天独厚的互补优势，而且对于保障两国能源安全都具有重大战略意义。俄罗斯油气资源丰富，而传统欧洲市场急欲摆脱对俄油气的过度依赖，俄必须尽快开辟东方市场；中国是稳定可靠的油气战略买家，不论是市场容量还是增量在东亚地区均独一无二，进军中国油气市场是俄罗斯最具价值的战略性选择；要为产能日渐衰减的西西伯利亚油气田提供战略接替、确保世界“油气超级大国”地位，俄也必须加速东部地区的油气开发，为此需要资金、技术保障，而中国恰可在此方面予以俄方有力的支持。中国经济快速发展、油气需求增长旺盛、对外油气依存度不断攀升，而中国的传统油气资源地中东海湾地区局势持续动荡，要确保国家能源安全，必须开辟新的稳定可靠的油气供应来源；中国还面临摆脱马六甲海峡海上运输瓶颈的艰巨任务，扩大陆上周边油气供给成为保障能源安全的重大战略任务，而俄罗斯是不可多得的有利选择。中国石油参与亚马尔 LNG 项目对于进入北极地区油气资源勘探开发、开辟北极航道，亦具有重要意义。

中俄油气合作取得如此积极进展，其次是因为两国良好的政治关系发挥了重要保证作用。深化油气合作，不仅符合两国能源战略、发展战略的需要，而且符合两国外交战略和安全战略的要求。中俄关系进入历史最好时期，战略协作伙伴关系急需夯实物质基础，油气合作置于首位。因此，两国对深化油气合作都有着迫切的战略需求。多种情况表明，两国从政府高层到有关企业已经定下深化油气合作及其他能源领域合作的战略决策。

中俄油气合作取得如此积极进展，其三是因为经过多年的磨合，两国已经具备良好的合作基础。其中，两国政府间所建立的副总理级能源合作谈判代表机制务实、灵活、高效，对于消除能源合作中的障碍、推动能源合作不断深化，发挥了十分显著的保障作用。

可以看出，中俄油气合作具有坚实的利益基础和很强的战略性质。这就决定了两国对落实合作协议具有强大的动力，从而为履行合同提供了极为重要的保证。

与此同时必须认识到，要不折不扣地落实好已签协议并不是一件容易的

事情。这主要是因为，如此大规模、长时间的油气合作项目牵涉到两国多方面的具体利益，不少技术性难题有待解决。例如，如何避免再次发生类似管输费之类的争议，如何在国际石油市场价格出现大幅波动时实现双方利益平衡，如何确保原油稳定足量持续供给，如何推进天津东方石化建设如期完成，等等。

要解决这些难题、克服可能新出现的各种障碍，最为关键的是，切实贯彻“信守承诺、互利共赢”的原则，相互理解、相互照顾对方的利益与关切。

在切实落实已签协议的同时，还要争取达成新的突破。这里主要是指久拖不决的天然气管道合作。要实现天然气管道合作的重大突破，双方都必须发扬攻坚精神，尽快突破价格瓶颈、签署商业合同，确保东线天然气管道2018年如期供气，同时加紧西线天然气合作的磋商。

俄罗斯方面必须清醒地认识到，在页岩气革命不断深化、可替代能源快速发展、欧洲对俄天然气需求不断下降的情况下，俄罗斯必须加紧开发东方天然气市场，争取在中国大市场占据较大份额，而目前正是俄罗斯进军中国市场的最佳时机。

中国方面也必须明白，面对节能减排、清洁发展的巨大压力，为了确保生态环境安全和经济可持续发展，必须争取俄天然气的大规模引进。

两国天然气合作势在必行，目前的主要障碍是在价格上存在较大分歧。要解决价格分歧，除了相互理解对方的困难、照顾对方的关切、降低价格预期之外，还必须以创新思维提出相互靠拢的新途径。例如，中国应加紧论证国内市场天然气价格与国际市场接轨问题，加紧培育国内天然气市场；俄方则应考虑适当降低管道天然气出口的高税收（目前俄管道气出口税达30%，而LNG出口享受免税优惠），增强企业对价格的承受能力；双方还应共同确定一个既能保证资源有效开发，又能保证市场可承受的天然气合理定价机制，进而推动东北亚统一天然气市场的形成。

李克强总理去年4月访俄时提出的“上下游一体、风险共担、利益共享”的合作建议，意味着相互开放资源和市场、相互结成更加紧密的“油气共同体”。这是一种全新的合作模式，虽然实施难度较大，但是对于解决在价格问题上的分歧、全面深化两国能源合作、密切两国经济关系意义深远，值得认真探讨。

另外，关于气源地问题，俄方已经决定将科维克金和恰杨金两大油气田作为未来中俄东线天然气管道的气源地，再加上其他零星油气田作为补充，通过

“西西伯利亚力量”管线每年对华供气 380 亿立方米，应当不存在资源不足的问题。但是，要实现开发投产计划、确保管道如期修通，在俄东部地区自然条件恶劣情况下，还是需要付出巨大努力的。

综上所述，中俄油气合作关系到两国能源安全及两国关系的大局，双方企业和政府有关部门都应当着眼于两国的战略需要、以大国的魄力和只争朝夕的精神积极予以推动，争取油气合作在保障两国共同能源安全、两国共同和平崛起中发挥更大的支撑作用。两国在营造新型大国关系中堪称典范，在油气合作中也应当为世界各国树立榜样。

第四专题

中俄军事安全合作

中俄在反恐问题上的共同利益及战略协作*

美国“9·11事件”后，恐怖主义威胁成为国际社会普遍关注的重大问题，在反恐问题上的立场成为影响国家关系的重要因素。反恐斗争为中俄改善各自与美等西方国家的关系提供了契机，更为两国深化战略协作增添了动力。**中俄在反恐问题上存在广泛的共同利益，有着协同行动的坚实基础。两国在此问题上的战略协作不仅有利于双方的国家安全，而且有利于世界和地区的和平与稳定。**

一、中俄在反恐斗争中的共同利益

中俄均受到国际恐怖主义的直接威胁，反恐斗争是两国面临的共同任务。俄罗斯有“车臣”，中国有“东突”，两股势力均在外部势力支持下大肆进行恐怖破坏活动，并在国内伊斯兰民族中进行分裂国家的宣传，已成为两国国家安全与统一的重大威胁。“车臣”和“东突”恐怖组织与国际恐怖主义组织共生共存，有着共同的意识形态基础、共同的分裂国家目标、共同的恐怖活动手段。联手打击国际恐怖主义符合中俄两国的战略利益。

中俄反恐斗争均受到“双重标准”的掣肘，反对“双重标准”是两国面临的共同课题。美等西方国家只反对针对其安全的恐怖主义，而对针对中俄的恐怖主义不仅以“少数民族人权”为借口加以庇护和纵容，而且暗中给予资金和武器帮助。这既是造成车臣问题久拖不决的重要因素，也是导致“东突”问题出现“国际化”危险的重要原因。只有打掉“双重标准”，才可能使“车臣”和“东

* 本文系作者2001年12月国际研讨会上的发言提纲。

突"恐怖组织进一步陷入国际孤立。

中俄均受到美国借反恐搞霸权扩张的压力，既反恐又反霸是两国的共同理念。美国在阿富汗动武，确有打击塔利班恐怖组织的目的，同时也有借机向中亚地区进行扩张的企图。对中俄来说，重大危险在于美国以反恐为名在阿富汗和中亚建立长期军事存在。如美得手，俄将失去在中亚的传统影响和安全利益，中国西北安全形势也将更加复杂，上海合作组织亦可能因此而陷入困境。另外，美在反恐问题上推行单边主义、我行我素，将会严重削弱联合国安理会的权威，使国际秩序进一步滑向单极世界，从而可能对 21 世纪的国际安全构成更严重的威胁。因此，防止美国借阿富汗反恐在中亚坐大，制止美国在反恐斗争中推行单边主义，是中俄两国及有关大国的一项战略任务。

中俄均与广大伊斯兰国家有着友好关系，既打击伊斯兰极端势力的恐怖活动又维护伊斯兰国家的正当权益是两国的共同主张。伊斯兰极端势力恐怖活动猖獗，尽管有伊斯兰宗教某些教派的教义带有进攻性、扩张性等深层原因，但更重要的是国际政治经济秩序不合理、北南矛盾加剧、美国恃强凌弱等外部原因。反恐必须既治标又治本，努力消除产生恐怖主义的根源。广大伊斯兰国家是中俄的朋友，又是反对霸权主义、改造不合理的国际政治经济秩序的重要伙伴。反恐不应针对伊斯兰民族、伊斯兰国家、伊斯兰宗教。中俄均在努力说服伊斯兰国家政府与极端宗教势力划清界限的同时，尽力维护其正当权益特别是其主权和领土完整。

二、中俄在反恐斗争中的战略协作

在打击各自国内恐怖活动方面加强相互支持。既包括道义上、政治上、外交上的相互支持，也包括情报、经验、特种武器装备方面的相互帮助。在中俄共同签署的有关文件中，应当突出这一内容。要共同向中亚和高加索国家施加影响，防止这些国家成为车臣、"东突"恐怖组织的庇护所。共同做广大伊斯兰国家的工作，使车臣、"东突"恐怖组织难以在伊斯兰世界得到同情和支持。

在推动国际社会反对"双重标准"方面做出共同努力。要推动联合国尽早对"恐怖活动"做出界定。要从理论上划清"宗教自由"与"宗教极端主义"、"民族自决"与"分裂国家"的界限并广为宣传，努力使国际社会明了"双重标准"的危害性。对美等西方国家在反恐问题上实行"双重标准"的做法，要坚决予以揭露和抵制。

在抵制美国借反恐向中亚扩张和搞单边主义方面联手合作。为打掉美国在阿富汗和中亚建立长期军事存在的口实，必须推动阿富汗尽快实现和平与稳定，为此应在联合国主持下建立基础广泛的民族和解政府，防止阿富汗重新陷入内战。要努力做中亚国家的工作，使其明白“请神容易送神难”的道理，不贪一时之利、不惧一时之压。同时要充分利用政治、经济、军事杠杆对其施加必要的影响，利用独联体和上海合作组织对其进行必要的约束。要动员欧洲大国及广大发展中国家，共同强化联合国安理会在国际安全问题上的核心地位，遏止美国任何绕过联合国而为所欲为的企图。要做美国国内反单边主义力量的工作，使其更有力地从内部牵制美国政府的单边主义做法。反恐要重政治、经济、外交手段，不能只靠军事手段。

在引导上海合作组织发挥更大反恐作用方面采取共同措施。上海合作组织最早举起“反恐”的大旗，各成员国在地理上又恰与阿富汗毗邻、深受塔利班恐怖活动威胁，理应在当前反恐斗争中发挥重要作用。遗憾的是，“9·11事件”后，特别是美国在阿富汗动武后，上海合作组织却少有作为，仅仅召开过一两次执法部门领导人和专家会议，一次专门元首会议都未能召开，甚至未发表一项联合声明，更未采取任何具有实质影响的联合行动。总之，在当前反恐斗争中，上海合作组织基本上无所作为，实际上采取了一种“自我边缘化”的政策。照此下去，上海合作组织将逐渐失去内部凝聚力和外部号召力。中俄是上海合作组织的两个大国，对该组织能否有所作为负有更大的责任。因此，中俄应尽快就上海合作组织在反恐斗争中的地位和作用问题进行对话、形成共识、拟制措施，以推动该组织更有作为地存在、更健康地发展、更好地维护各成员国的安全利益。

军事合作是中俄战略协作的重要组成部分*

中国与俄罗斯都是世界上具有重要影响的大国。两国面临着相近的国际安全环境，有着相似的经济社会发展任务，在一系列重大国际和地区问题上利益相近、理念相通。两国都是联合国安理会常任理事国，对世界和平、稳定与发展都负有重大责任。两国均主张以公认的国际法准则为基础建立公正民主的国际秩序，以相互尊重、相互信任、相互协作、相互支持为原则发展新型国家关系。两国均认同以增强相互信任、降低军备水平、考虑彼此关切、互不使用武力或以武力相威胁为核心的新型安全观，均主张建立以联合国为核心的应对新挑战的普遍安全体系。两国都奉行防御性军事战略方针，实行独立自主的军事外交政策，反对霸权主义、单边主义和黩武政策。上述因素，为两国军事合作开辟了广阔的空间。

中俄互为最大邻国，漫长的边界把两国紧紧联在一起。两国人民有着深厚的传统友谊，这种友谊近年来与日俱增，2001 年两国元首签署《中俄睦邻友好合作条约》为两国"世代友好、永不为敌"奠定了坚实的法律基础。在维护主权和独立、发展经济和社会的斗争中，中俄有着相互合作、相互支持的历史，两国战略协作伙伴关系的建立和深化把这种互利合作提高到更高层次、扩展到更广领域。在"促和平、求发展"成为时代主题的 21 世纪，两国战略合作包括军事合作的基础将更加深厚。

在两国战略协作伙伴关系中，武装力量之间的交流与合作占有十分重要的地位。这不仅是因为两军合作对两国关系的深化有着重要作用，而且是因

* 本文发表于俄罗斯《军事外交官》杂志 2003 年第 1 期。

为这种合作对维护世界和平与地区稳定具有重要意义。两军关系是两国关系的重要组成部分，两国合作在不少领域是从两军合作开始的。例如在上海合作组织框架内的各领域合作，就是从两国相互裁减边境地区武装力量的磋商开始的。为了维护国家的独立和主权，维护世界的和平与安定，特别是为了应对恐怖主义、分裂主义、极端主义的新威胁，中俄必须不断深化武装力量之间的合作。

在两国政府的关心和两国军队的共同努力下，近年来中俄两军间的交流与合作取得了长足的进展。其突出特点是，高级别、多层次，多领域、多方向，有计划、可持续。中国人民解放军高度重视发展同俄罗斯武装力量的这种友好合作关系，将其作为对外军事合作的优先方向。**为加大合作的深度与广度，今后两军应朝着进一步增强互信、更加注重合作实效的方向做出更大努力**。

首先，要进一步推动互访交流。互访交流是增进相互了解、相互信任的重要途径。要保持高层互访的势头，并且逐步实现机制化。专业团组互访对相互学习、相互借鉴、促进双方军队建设大有益处，其领域宜进一步扩大，并使之更加务实、更富有成效。青年军官是军队的未来，应为两军年轻一代的交往创造条件、开辟渠道。军事媒体负有增进两军相互了解的重要使命，其交流与合作应予加强。

其次，要进一步扩大人员培训和情报合作。宜扩大培训的专业范围，增大部队实践和研究性学习的比重，推动两军院校间的对口交流，开展学术研讨、专家讲学和教员研修。中方欢迎俄方派遣人员到中国军事院校学习。为适应两军合作的发展，派遣学习中文的军事留学生尤有必要。情报合作应进一步拓宽渠道，更加机制化，更有针对性。就重大军事安全问题加强磋商具有特殊意义。

其三，要进一步深化军事技术合作。近年来中俄军技合作取得了进展，促进了两国战略协作伙伴关系的深化。中俄军技合作是在互信互利基础上进行的，符合双方的国家利益，符合国际惯例，不针对第三国，有利于地区稳定与世界和平。今后，应本着“积极务实”的精神，采取更加有力的措施，使两国军技合作取得更多实质性成果。

其四，要努力搞好上海合作组织框架内的军事安全合作。上海合作组织是从军事安全合作起步的，加强军事安全合作特别是反恐领域的合作，是该组织的一项重要使命。要推动该组织框架内的军事合作实现机制化。要加强反恐作战训练合作和边防部队合作。组织联合反恐军事演习是当前加强此框架内合作的重要任务。

中俄两军合作符合两国人民的根本利益,具有良好的发展前景。两国关系的不断加深为两军关系的发展提供了有力保证,两军间一系列重要军事政治和军事技术协定的签订为两军合作奠定了坚实的机制基础。两军在各领域的合作,一定能为两国人民世代友好做出重要贡献,为两国经济社会发展创造良好国际和周边安全环境。

友好的使者,合作的桥梁*

问:尊敬的将军,您能否先谈谈个人情况?

答:我出生在山东省西南部一个普通农民家庭。我的家乡是历史上的鲁国,孔夫子的诞生地,儒教的发祥地。可能是受儒教文化的影响,虽然家境贫寒,父母一直坚持供我读书。1964年,我进入山东大学学习。在这所全国知名学府,我不仅接受了全面的高等教育,而且学习掌握了俄语。1969年大学毕业后,我被分配到国防部从事外国军事理论研究,直至90年代后期。

1990年,我被任命为驻苏联陆海空军副武官,在这个岗位上一直工作到1993年底,亲身经历了苏联和俄罗斯的历史性剧变。至今忆起,“8·19事件”、“10月事件”仍然历历在目。我不能不为苏联这样一个大国瞬间解体而震惊,不能不为俄罗斯国家陷入动荡、人民陷入痛苦而惋惜。

我从副武官岗位离任后,将研究重点转向了国际战略问题,被聘为中国国际战略学会的高级研究员,同时被选为中国俄罗斯东欧中亚学会常务理事。1999年,被授予少将军衔。

可能是因为我有在俄工作的经历,2001年初我奉命就任中国驻俄罗斯使馆陆海空军武官,再次踏上了俄罗斯美丽的国土。我把成为“友好的使者、合作的桥梁”视为自己光荣的使命。我的夫人与我共同生活在莫斯科,她同样对俄罗斯人民怀有友好的感情。儿子、女儿常来莫斯科探亲,他们特别喜欢俄罗斯的文学和艺术。

问:您在俄罗斯工作多年,请谈谈您对俄罗斯国家和人民的印象。

---

* 本文系俄罗斯《军事外交家》杂志记者2003年11月对作者的访谈。

答：俄罗斯国家是伟大的国家，俄罗斯人民是伟大的人民。俄罗斯幅员辽阔、资源丰富，具有巨大的发展潜力。俄罗斯人民坚韧勇敢，极富创造性。正是在这块土地上，诞生了伟大的化学家门捷列夫、伟大的物理学家罗姆诺索夫、伟大的诗人普希金、伟大的文学家高尔基、伟大的音乐家柴可夫斯基、伟大的革命家列宁……正是苏联人民和军队在反法西斯战争中立下了不朽的功勋，对人类和平做出了历史性贡献。也正是苏联人民和军队，对中国人民的抗日战争与和平建设，给予了宝贵的支援。对此，中国人民永远不会忘记。

俄罗斯独立后的改革，特别是最初几年，的确走了不小的弯路：不顾俄罗斯是个横跨欧亚、有着近 70 年的社会主义历史、发展极不平衡、情况极其复杂的大国这样一种国情，盲目照搬西方自由经济模式，以极端激进的方式实行"休克疗法"式经济改革，导致经济秩序严重混乱、生产急剧下滑、贫富两极分化、社会持续动荡、人民遭受痛苦。这对其他转轨国家来说，不能不说是一个沉痛的教训。最近几年，在普京总统的领导下，俄罗斯人民努力医治激进改革造成的创伤，大力恢复经济，取得了社会稳定、经济发展的瞩目成就，再次显示出俄罗斯人民巨大的创造精神。我对此深为钦佩。

我在俄罗斯先后工作、生活已近 7 年，与俄罗斯人民和军队结下了深厚的友谊。俄罗斯人民、军队对中国人民和军队的友好感情也给我留下了深刻的印象。不论在军队还是在学术界，不论在高层还是在普通百姓中，我都结交了不少朋友。他们与我一样，都十分热心于发展中俄两国人民和军队的友好合作。

说到中俄两国人民之间的友好感情，我想到了最近的例子。10 月 15 日，中国第一艘载人宇宙飞船发射成功，在太空遨游 21 小时后，于预定地点准确着陆。消息传来，接连几天我的电话响个不停，传真、电子邮件也大大增多，许多俄罗斯朋友向我表达了热情洋溢的祝贺。他们称赞中国自主开发载人航天技术的巨大成功是人类和平利用太空的又一伟大里程碑，真诚希望中俄进一步加强航天领域的合作。俄罗斯人民和军队对中国人民和军队的美好情谊使我深受感动。我想借此机会对所有关心和致力于中俄友好的俄罗斯朋友表达我的敬意。我坚信，两国在各个领域包括航天领域的合作必将不断深化，造福于两国人民和全人类。

问：您如何评价中俄关系及其发展前景？您对推动两国关系发展有何

思考?

答：目前的中俄关系可以说处在历史最好时期。自 1992 年俄独立以来，中俄关系连续上了三个台阶：友好国家关系，建设性伙伴关系，战略协作伙伴关系。“协作”一词是个军语，指各种兵力、各部(分)队在作战行动中按时间、地点、任务进行紧密的协同。因此，中俄关系不是一般的战略伙伴关系，而是更高层次的战略伙伴关系。2001 年中俄两国元首签订了《中俄睦邻友好合作条约》，确定了“世代友好、永不为敌”的国家关系原则，为两国友好合作的持续深化奠定了坚实的法律基础。目前，两国不仅高层互访不断，而且在各个领域形成了开展合作的机制。边界问题已基本解决，两国间不存在任何政治问题。在国际和地区问题上，两国有着共同的战略利益和广泛的战略共识，进行着紧密的协调和配合。上海合作组织的建立给两国合作提供了新的平台，增添了新的动力。相近的国际安全环境、相似的社会发展任务，更是要求两国人民相互理解、相互支持，互利互惠、长期合作。因此，我坚信，不论世界风云如何变幻，两个最大邻国之间的友好合作关系绝对不会发生逆转。中俄战略协作伙伴关系具有可持续发展性质，对此不应有任何怀疑。

问：为进一步推动中俄两国合作的不断深化，您认为当前特别要做好哪些事?

答：一是增进相互了解、相互信任。没有了解谈不上信任，没有信任谈不上友好，更做不到真诚合作。因此，了解、信任是发展两国关系的重要基础。目前两国高层已形成良好的互信关系，两国人民也有着传统的友好感情。但是由于两国关系经历了一段不愉快的历史，加之俄一些媒体不能客观公正地介绍中国，两国人民之间的相互了解还非常不够。“中国威胁论”就是在这种背景下出现的。两国各领域合作中出现的麻烦，不少与此有关。因此，应大力加强两国人民之间的往来，扩大民间交流。媒体对增进相互了解和信任有着不可替代的作用。“百闻不如一见”，希望俄媒体多到中国走走，以自己的亲身见闻报道中国，而不是仅仅援引西方材料。作为中国武装力量的代表，尤其欢迎俄罗斯军队和强力部门的媒体扩大与中国同行的交流与合作。

二是加固两国战略合作的经济基础。经济合作对国家间的战略合作起着基础性作用，扩大经济合作对两国关系的持续发展具有战略意义。中俄经济合作近年发展总体较快，但是与其具有的巨大潜力相比仍明显滞后，已成为两国关系发展的"瓶颈"。为此，两国应采取切实措施，为对方商品进入本国市场、对方企业家来本国投资创造良好的环境。能源合作能够体现两国经济的互补性，应成为重点合作领域。在高新技术领域，两国也有着广阔的合作前景。总之，应把经济合作作为"重中之重"，大力予以推动，使之造福于两国人民。

三是深化军事安全领域的合作。军事安全领域的合作是两国人民和武装力量互信的重要标志。中俄在军事安全领域的合作，不仅有利于两国的军事安全，而且有利于地区的安全与稳定。目前，两军在高层互访、专业交流、人员培训、军事技术等方面都有着良好的合作关系，但是仍存在进一步扩大的巨大空间。上海合作组织框架内的军事安全合作特别是反恐合作，具有十分紧迫的性质，尤应重点深化，尽快形成机制。推动军事安全领域的合作不仅是两国武装力量的责任，其他强力部门也应积极参与，两国外交机构对两国军事安全合作亦应大力协助。

问：您个人打算如何推动两国友好合作关系的发展？

答：作为武官，我首先是军事外交官。同时，我也是中国人民和军队的友好使者，是两国人民和军队开展合作的桥梁。在今后的任期里，我将以更加坚定的信念、更加饱满的热情，推动两国人民特别是军队和其他强力部门之间的友好往来和真诚合作。我相信，所有与我接触过的俄罗斯朋友，都会感受到我对俄罗斯人民和军队的深情厚谊，感受到我对深化两国关系的巨大热情。我是中俄友好合作的坚定支持者和推动者。不论现在作为武官，还是将来离任回国，我都会将推动两国关系的发展作为矢志不渝的事业。

中俄印有必要举行三国联合军演*

据俄罗斯媒体报道，俄国防部一高级官员日前透露，俄已提议明年举行俄中印三国联合军事演习。而在印度媒体的报道中，俄罗斯高官所谈仅为“不排除举行三国联合军演的可能性”。尽管媒体报道有些差异，但是从三国关系的水平与战略需要看，举行此类军事演习完全必要。

首先，举行三国联合军演不存在军事和技术困难。近年来俄印两军已几次举行联合军演，10 月 10 日还将联合举行迄今最大规模的俄印反恐演习。俄印联合军演已成为强化两国军事合作的重要形式。中印联合军演虽然起步较晚，但是自 2003 年 11 月以来也已举行 2 次。据媒体报道，今年 5 月我军总参谋长梁光烈上将访印时，印方已正式提出两国海军在印度洋海域举行联合军演。中俄上月举行的首次联合演习规模大、战略性强、实战意义突出、技术含量高，对两军、两国关系影响深远，双方都十分满意，计划今后经常举行此类演习。另外，三国军队主要技术装备均为俄罗斯系列，对武器装备性能相互熟悉。加之三国又都是上海合作组织成员国或观察员，联合军演更易于操作。也就是说，中、俄、印三国军队已积累了进行联合军演的必要经验，也有了必要的实施机制，举行三方联合军演在军事和技术上不存在大的困难。

其次，举行三国联合军演不存在政治障碍。冷战期间，俄印是战略盟友。冷战后两国关系虽然曾一度冷淡，但是近年关系升温迅速，已宣布建立特殊战略伙伴关系。在军事技术领域，俄印合作十分密切，印已是俄先进武器装备的最大买主，并且两国已开始联合研制、联合生产。其他领域包括政治、经济领

---

* 本文发表于《世界新闻报》2005 年 8 月 30 日。

域，两国合作也在快速发展。中俄于1996年宣布建立"面向21世纪、平等互利的战略协作伙伴关系"。近年来两国在各领域的合作不断深化。特别是最近一个时期，随着俄安全环境的变化及对外交战略的反思，俄对华借助、合作的热情显著增高。与此同时，中国面对诸多安全挑战，也更加重视强化与俄罗斯这个大邻国的全方位平等互利合作。两国联合军演将两国关系推上了新的高度，预示着两国完全可能以联合军事行动应对共同威胁。中印间虽因边界问题发生过冲突，国家关系一度停滞不前。但是近年在双方共同努力下，各领域合作有了长足的进展。而且，三大国都奉行独立自主的外交政策，都重视发展多边合作关系，都致力于地区稳定与和平，不会因外部势力干扰而回避联合军演。上述情况说明，从国家关系的角度看，举行三国联合军演不存在明显政治障碍。

其三，举行联合军演符合三国国家利益。中、俄、印三国都处在复兴、崛起、走向现代化的关键历史阶段，都渴望有一个和平稳定的国际和周边发展环境，都面临着霸权主义和单边主义猖獗的严峻挑战，都希望成为未来多极化世界中有重要影响力的一极，因此有着相似的战略利益、战略思维和战略诉求，有着联手合作的客观基础。自1996年时任俄罗斯外长普里马科夫提出建立俄中印战略三角关系以来，不仅双边关系发展良好，而且三边关系也在不断深化。今年6月中俄印三国外交部长海参崴会晤可视为这种三边战略关系趋于成型的标志性进展。三个大国都是有丰富战略文化的大国，懂得在国际战略格局严重失衡的形势下加强相互战略关系的必要性和紧迫性。而军事安全关系是国家关系中最具战略性的领域，联合军演又是强化军事安全合作的最重要形式之一。欧亚大陆三大国举行联合军演，不仅可为三方战略合作增添动力，而且有利于增强三国的国际地位和应对复杂局势的能力。当今时代，各国军队之间举行双边或多边联合军演已是平常之事，更何况三国联合军演不会针对其他国家。某些抱持冷战思维不放、以遏制他国发展为诉求的霸权国家及其附庸硬要对号入座，自愿充当这种演习的假想敌，我们也只好悉听尊便，不必多虑。

中俄联合军演的军事政治影响深远*

中俄八月联合军事演习引起国内外广泛关注。这不仅因为此次演习是两个大国首次举行的联合军演，而且因为演习极具战略性质，军事政治意涵十分突出。演习结束虽已有月余，评论分析仍频频见诸报端。不少评论发人深思，但是也有某些议论值得商榷。笔者亲历此次演习，有着更直接的观感，愿与读者进行诚挚的交流。

联合军演是一次极具战略性质的军事政治活动

中国长时间回避与他国军队举行联合演习，开放联合军演仅仅是最近几年的事，而且基本上都是小规模反恐或搜救演习。而据报道，此次联合演习是中国方面提议的，显然这是中国军事外交的一个重大行动。中国高层之所以做出这一重要决策，与中国努力维护和平稳定的发展环境这一总体战略直接相关。中国快速发展、迅猛崛起，引起美日等抱持冷战思维国家的极大不安，遏制中国的喧嚣不断高涨。在此情况下，中国在努力实践、广泛宣传“和平发展”理念的同时不能不寻求必要的地缘政治依托；而俄罗斯既是中国的最大邻国，是有重大国际影响的世界大国，又是与中国战略处境相近、战略诉求相似的战略伙伴，深化对俄关系是中国应对复杂多变的国际形势的战略需要。由于联合军演是国家关系中最敏感、最具标志性的领域，举行此次联合军演因此被舆论视为影响中俄关系全局的战略性举措。

俄罗斯同意与中国举行如此规模和性质的演习，据称是普京总统与伊万

---

* 本文发表于《领导者》杂志 2005 年 9 月号。

诺夫国防部长亲自决定的。不少俄罗斯问题专家认为，这与俄受西方挤压日甚、危机感加重，欲借与中国进行联合军演拉近对华关系、增强战略地位有关。近年来俄罗斯政局稳定、经济持续增长，内部环境明显改善，但是外部环境却在不断恶化。西部方向，北约军事力量已经前出到俄罗斯的家门口；西南方向，乌克兰"橙色革命"得手，"背俄西靠"倾向发展；南部方向，车臣战争久拖不决，高加索地区动荡不已；东南方向，伊斯兰宗教极端势力在"颜色革命"的鼓舞下接连制造大规模暴乱、骚乱，俄的传统后院存在变色不保的危险。环顾四周，除东部与中国友好合作不断加深外，"北极熊"从头部到胸部到软腹部都受到来自美等西方国家及极端伊斯兰势力的恶性挤压。俄罗斯战略思维历来将安全问题置于国家利益的首要位置。为了改善安全环境，通过举行有别于一般演习的战略性演习，深化与蓬勃发展的大邻国中国的合作，成为俄罗斯高层的战略选择。

此次演习的战略性质集中体现为演习由高层决策，并在战略层面上运筹。演习筹备过程长达 11 个月，双方进行了多轮磋商。从俄罗斯国防部高官透露的情况看，每遇障碍，均是双方国防部领导商最高决策层后予以排除的。此次演习俄方出动图-95、图-22 战略轰炸机，出动战略预警机和空中加油机，出动现代级驱逐舰和大型猎潜舰以及空降兵和登陆兵，这也都是俄罗斯国防部和总参谋部主要领导亲自宣布的。中国方面，演习准备更是由军委领导和总参领导直接谋划和参与的。演习中，两国国防部长亲临现场督导，亲自进行演习总结，并举行记者会。演习本身属战役规模，却由两军总参谋长宣布开题，并从两军高层战略磋商开始。双方演习总指挥均由副总长一级的战略领导担任，军区司令、舰队司令仅分别担任陆上和海上战略方向指挥，足见两国高层对此次演习的高度重视。

以上情况表明，这是一次不同寻常的联合军演，是一次由两国最高领导亲自决策、在战略层面上运筹、着眼于增强两国在国际关系中的战略地位的军事政治行动。

联合演习开辟了两军交流与合作的新领域，将两军、两国关系推上了新的高度

中俄两军都是大国军队，都有着丰富的军队建设经验。演习中，两国军人

并肩作战、紧密协同，两国官兵广泛交流、细心切磋，相互学习了不少对方有益的经验。这对于提高双方军队的战斗力、适应未来高技术信息化战争的要求，有着直接助益。

此次演习首次探讨了实施“强制隔离作战”的新课题，研究了“强制和平行动”的特点、重点与难点，对于以军事手段应对新挑战新威胁、丰富两军作战理论很有价值；解决了两军联合行动中的指挥体制、一国军队进入另一国的法律地位以及两军协同作战中的相互适应等问题，为今后必要时两军采取联合行动奠定了重要基础；从中国军队讲，还积累了与外军进行联合训练的宝贵经验。联合军演已成为两军交流与合作的新领域，相信今后还会经常举行。

两个大国、大邻国、战略协作伙伴国举行如此规模、极具实质意义的联合军演，充实了两国战略协作伙伴关系的内涵，给两国战略协作增添了新的动力，标志着两军、两国的政治互信与战略协作迈上了新的台阶、进入了新的阶段。

演习向国际社会传递了一个重要信息：必要时，中俄两国完全有能力、有意志采取联合军事行动应对共同威胁。欧亚大陆两个最大的新兴大国强化军事合作，互为后盾、互为纵深，在大国关系特别是亚太地缘政治格局中无疑是一件值得关注的大事。

正如军委曹刚川副主席所说，军演的成功充分表明两国在政治、军事安全领域的互信已达到新的水平，为进一步深化两军在防务与安全领域的合作奠定了坚实的基础。俄罗斯国防部长伊万诺夫在演习结束时也讲到，演习证明了俄中关系的战略性质，中俄在国防与安全领域正在建立起崭新的关系。两位国防部长的评价完全正确。

此次联合军演还将中国的军事外交带入了一个新的发展阶段。不仅空前活跃了中国的军事外交，而且大大提高了军事外交在国家总体外交中的影响与地位。这里有必要特别谈谈军事外交问题。军事外交在任何国家都是总体外交的重要组成部分，对于大国尤显重要。综观现代国际关系，从反恐、防扩散到裁军、军控，所有这些关系国家重大利益的问题，无不与军事相关，离不开军队的参与。军事外交是营造良好外部环境、维护国家利益不可或缺的重要活动。军事外交还是熟悉外国军事思想、军事科技的重要途径。因此，应当高度重视军事外交，大力拓展军事外交，发挥军事外交的独特作用。那种排斥军事外交的做法是狭隘的，有害国家利益的。像俄罗斯举办战胜法西斯六十周年“五.九”庆典这种极具军事意义的活动，无论如何不应没有中国军方领导出席。

此次联合军演仅仅是个开端。联合军演有望成为今后推动军队、国家关系的重要形式。除中俄军演外，媒体最近盛传的中俄印三方联合军演亦有必要举行，因为从国家关系的水平及国际形势的发展看，举行三国军演不仅具备条件，而且意义重大。

联合军演对伊斯兰极端主义等恶势力将产生巨大威慑，对地区和平与稳定将产生积极影响

此次演习虽然不以第三方为假想敌，不针对任何国家，但是宗教极端势力、国际恐怖势力、民族分裂势力无疑是演习的矛头所向。演习作战企图传递的信息是明白无误的。演习设想某国发生极端主义势力的暴乱，形成双重政权，非法政权与合法政府武装对峙。为恢复宪法秩序，该国政府请求上海合作组织进行军事干预。经联合国授权，中俄两军采取陆海空同时突进的方式实施“强制隔离作战”，消灭敢于顽抗的极端主义武装，恢复了该国的和平与秩序。显然，这不同于一般的反恐演习，很容易使人联想到近半年多以来的中亚形势，联想到美等西方国家在中亚煽动的“颜色革命”及由此引发的伊斯兰宗教极端主义势力的大规模骚、暴动。

可以设想，今后中亚地区如果再次发生极端主义势力的严重骚、暴乱，以至影响到地区的总体安全，应合法政府的请求，经联合国批准，中俄完全可能在上海合作组织框架内联合实施“强制和平行动”。伊斯兰极端主义势力要在中亚制造大规模动乱，将不得不三思而后行。这种强有力的警示，对地区稳定的积极影响广泛而深远。

中俄联合军演还强化了上海合作组织的安全功能。中俄都是上海合作组织的重要成员，对组织所在地区的安全与稳定负有重大责任。中俄联合军演表明，两国对组织所在地区的安全问题高度关注。有理由认为，在中俄的带动下，今后在上海合作组织框架内有多个成员国参加的联合军演将会增多，保证地区安全的各种机制包括国防部长会晤和总参谋部磋商机制将会逐步建立，上海合作组织所在地区的安全形势将会得到有效控制。

联合军演中某些做法值得商榷，由军演引发的争论值得重视

其一，演习报道过于低调，媒体与学术界颇有一些想法。显然，这与我国外交陷入“一切服从对美关系”的误区、害怕刺激美国有关。看来，到了该重新思考中俄美大三角关系的时候了。美国是当今世界唯一超级大国，美国因素对中国的安全与发展具有至关重要的影响，将对美关系置于中国外交战略的优先方向无疑是必要的。但是这并不意味“对美关系高于一切”。俄罗斯是我们的主要战略伙伴，是我们的重要战略依托，深化对俄关系显然也应当置于中国对外战略的优先位置。从不同角度理解两个“优先方向”，一个是主要战略竞争对手，一个是主要战略协作伙伴，不存在对俄关系服从对美关系的问题。另外，联合军演是国家关系中的正常现象，美国每年与其他国家举行数十次联合演习，俄罗斯每年也要与他国举行多次联合军演，中国何必如此小心翼翼？事实上美国对此次中俄联合军演的反应相当低调，尽管美军动用了各种侦察手段对演习进行严密监视。俄罗斯国防部长伊万诺夫说得好：“俄罗斯近年来与美、印、日以及许多北约国家举行了演习，为什么就不能与中国举行联合演习？如果有人因此忧心忡忡，那是他们自己的问题。”中俄明确宣布，联合军演不针对任何国家，不存在任何秘密部分，假想敌只有极端主义势力和国际恐怖主义势力。中俄都希望稳定与发展对美关系，无意与美国为敌。美国某些坚持冷战思维的政客硬要对号入座，我们也没有办法。当然，此类演习能显示团结、展示力量，某些有着霸权心态的国家感到不舒服、说些怪话，我们只能悉听尊便。另外，对媒体报道控制过严政治上也未必有益。首先，演习的政治效应大打折扣，特别是在增强国民的国防意识方面难以起到应有作用。其次，主流媒体报道少、学者和专家发声少，各种臆测和小道消息就会满天飞。对媒体报道和评论，重要的是引导，而不是限制。

其二，有种议论认为演习耗费太大、冲击经济建设，非常值得商榷。这仍是让军队继续过“紧日子”的主张。在国家经济困难、发展刚刚起步的短时间里，军队减少活动、压缩开支，是可以理解的。但是国防不能长时间过紧日子，国防必须与经济协调发展，否则再强大的经济实力都不可能转化为战略优势。没有适当强大的军事实力，不可能营造和平稳定的发展环境，不可能有效维护国家的经济利益，更不可能确立大国地位。不要害怕“中国军事威胁论”，美国

拥有那么超强的军事力量，谁人议论“美国军事威胁”？更何况中国一向奉行防御性军事战略，历史上从未侵占过别国一寸土地。而且通过联合军演扩大中国的军事透明度，有利于消除别国对中国军事力量的猜疑及别有用心者的炒作。军事演习是提高军队战斗力不可或缺、无可替代、最为有效的军事活动，不能因为顾虑花钱而令军队刀枪入库。军队不搞演习是打不了仗的，战时是要付出血的代价的。联合军演还是重要的军事外交活动，其所带来的外交效益是其他手段无法取代的。另外，军演对激发民众爱国热情、增强全民国防意识，亦可产生重要促动作用。中国人歌舞升平时间太久了，国防意识已经淡薄到了危险的地步，到了该猛醒的时候了。

其三，军演还引发了中俄是否应走向结盟的争议。的确存在必要情况下中俄采取联合军事行动应对共同威胁的现实需要，但是这并不意味着两国要走向军事结盟。中国一再声明奉行“不结盟、不对抗、不针对第三国”的政策。这一声明是真诚的，符合 21 世纪的时代潮流，符合中国的国家利益。经过 20 世纪两极对抗的历史教训，世界绝大多数国家都希望新世纪成为摈弃集团对抗、实现和平与发展的世纪。对于中国来说尤其如此，因为快速发展、走向振兴是全中国人民的共同心愿，是本世纪中国最重大的战略任务。中国的发展与振兴需要一个和平稳定的世界，一个没有对抗、互惠共存的世界。而中俄结盟势必引起美国及其盟友的强烈反弹，其对中俄的挤压与遏制可能更加野蛮，中俄实现发展所必需的国际与周边环境将会急剧恶化。而且，中俄结盟还会导致新的两极格局。中国、俄罗斯，即使再拉上几个中等国家，也只能构成一个弱极；而美国拥有超强实力，又有北约与美日同盟作为依托，自然是一个强极。这种强弱不对称的两极格局对力量弱小的一方十分不利。显然，中俄现在不应走向结盟。但是必须指出，如果某些国家硬要与中国为敌，硬要遏制中国、围堵中国，为了自身的安全，为了世界的和平，相信中国不至于愚笨地死抱着“不结盟”政策不放的地步。说到底，结盟与否，应是种审时度势的策略，而不应成为一成不变的战略。一切都取决于国际战略形势与中国的国家利益。中国既要坚持“不结盟”，又要为一旦需要时结盟创造必要的条件。

关于深化中俄军事安全关系的思考*

军事安全关系，狭义讲主要是指两国武装力量之间的交往与合作；广义讲还可包括两国其他强力部门之间以维护国家安全为目的的交往与合作。军事安全活动是武装力量及其他军事力量为维护国家安全利益而采取的国家行为。军事安全是国家安全的核心组成部分，军事安全关系是国家关系中最敏感、最具标志性的领域。

中俄军事安全关系近年总体发展良好，各个领域都取得令人鼓舞的进展。与此同时，合作的空间仍然巨大，合作的潜力还有待进一步发掘，合作的障碍性因素还需要下大力消除。

俄罗斯是我最大邻国，是与我战略利益广泛相近的世界大国。今后几十年我安全环境复杂严峻、维护国家安全的任务十分艰巨。深化对俄军事安全关系对我具有重大战略价值，需要予以积极推动。

一、中俄军事安全关系的建立与发展

(一) 军事安全关系的建立

20 世纪 60 年代两国关系恶化，军事安全关系几乎完全中断。

80 年代末，随着中苏关系解冻，两国高层决定恢复军事安全关系。1992 年，以我国防部外事局代表团访俄为标志，两国武装力量重启军事交往。

其他强力部门，例如安全、内务部门之间的交往也于 90 年代中后期相继恢复。

---

* 本文系作者 2006 年 3 月在中国人民大学的讲课稿。

（二）军事安全关系的发展

两国武装力量关系恢复后发展迅速，两军各级别代表团互访日趋频繁。

两军最初的合作领域主要是边境地区相互裁减军事力量谈判。在此框架内，中国先是与苏联，后是与新独立的前苏联五个共和国先后达成了边境地区加强军事信任措施的协定、边境地区相互裁减军事力量的协定。两协定的达成，从根本上改变了七八十年代两国军事力量在边境地区紧张对峙的局面，为两国睦邻友好关系的建立奠定了重要基础。

正是在边境裁军会谈的基础上，逐渐形成了“上海五国”机制，并于2001年发展成为“上海合作组织”。可见军事安全关系在国家关系中的基础性、实质性、战略性意义。

90年代初，两军启动军事技术合作。其后规模不断扩大，合作领域从苏-27战斗机发展到基洛级潜艇、956驱逐舰、各类导弹、苏-30战机、加油机以及各种陆军装备，合作方式从军品买卖发展到许可证生产，合作的技术水平也在不断提高。这一合作对于提升我军战斗力和国防科研能力、实现从半机械化向机械化和信息化的跨越式发展，对俄罗斯维持军工综合体的生存、保持与提高国防科研水平，均具有重大意义。

90年代中后期，两军恢复人员培训合作。迄今我军已向俄军10余所院校派出近千名以师团指挥员为主的军事留学生。这些学员学成归国后在我军建设中发挥了突出的骨干作用。参加接装培训的官兵数量更多。

差不多同期，两军总参谋部之间建立了定期战略磋商机制，该机制对增进两军互信、深化两军各领域合作及两国战略协作发挥了积极作用。

两军联合军事演习，经多年酝酿，终于去年8月举行。这是一次非同寻常的演习，不仅增进了两军的相互了解、信任和友谊，而且起到了相互学习、相互借鉴、探讨协同的作用，对震慑三股势力具有直接意义。更为重要的是，向国际社会传达了两国为消除共同威胁可能采取联合军事行动的政治意向，强化了两国各自的地缘战略地位。这次演习来之不易，在传统演习还是反恐演习、战略性演习还是战术性演习、在一方国土上举行还是在双方国土上举行等问题上经过了多轮艰苦磋商。

其他军事安全领域，从交往到合作的进程稍长一些，但是近几年合作关系的发展也相当迅速。目前，两国安全、内务部门都在各自驻对方使馆派设了代表处，合作关系日益加深，领域日益扩大，实质性内容越来越多。

（三）军事安全关系的现状

目前两国军事安全关系，可以用“发展良好”来概括。其突出特点是：

战略性。两国军事安全合作均着眼于国家战略安全，主要磋商均在战略层面上进行，合作领域和内容也大多具有战略意义。例如军技合作、军事演习就极富战略意义。军事安全合作不仅成为两国战略协作伙伴关系水平的重要标志，而且成为两国不断深化战略协作的重要动力。

广泛性。合作领域覆盖军事安全的方方面面，既包括对共同威胁的研判、国际战略行动的协调、情报信息的交换、军事建设经验的交流，也包括武器装备的提供、人员培训、军事演习，还包括特种部门之间的特种合作。

互利性。这种合作建立在互利共赢理念基础之上，对双方增强国际战略地位、改善安全环境、加强军事安全建设，都具有重大意义。对中国军队现代化建设，对俄罗斯克服财政困难、维持国防科研实力，作用尤其直接。

平等性。这是两大国之间建立在相互平等、相互尊重基础上的新型合作关系。不似美国对他国军售或为盟国提供保护，总要附加这样那样的政治条件，有时甚至要他国让渡部分主权。

二、中俄军事安全关系发展的促动因素

（一）两国战略利益的广泛一致性

战略处境相近。两国都面临着冷战后一超独大、战略力量严重失衡的国际格局，都面临着美国的战略遏制与挤压。在维护国家军事安全方面，都面临着严峻挑战，需要相互支持。

战略任务相近。在今后相当长时间里两国的根本性国家任务都是集中力量发展综合国力，为此都需要一个和平稳定的发展环境，一个公正合理民主的国际秩序，一个力量平衡、相互制衡的世界格局。

战略目标相近。都以推动世界多极化为目标，都希望成为未来多极化世界中的重要一极，成为有重大影响力的世界大国。

历史责任相近。作为世界大国和安理会常任理事国，在全世界、全人类面前，都肩负着维护世界和平与稳定、恢复全球战略平衡、确保地区安全等不容回避的历史责任。

战略思维相近。两国在国际重大问题上几乎总能找到共同语言。特别是在反对霸权主义和单边主义、维护联合国权威问题上，在反对强权政治、反对干涉别国内政问题上，在反对双重标准问题上，在发展道路自主选择问题上，两国都有着十分相近的主张。

国家间的任何合作，战略利益是最根本的促动因素。战略利益的广泛一致性，是两国军事安全合作不断深化最主要的基础、最重要的前提。

（二）军事安全合作在两国战略全局中的重大价值

首先，有利于强化各自的地缘战略地位。两大国的军事安全合作对减少全球战略失衡、制约美国霸权，扩大各自战略纵深、建立新的战略依托，顶住北约和美日同盟对中俄的两面挤压意义重大，对维护世界和平与稳定也是重大贡献。对中国来说，北部稳定，方可集中力量应对来自其他方向的威胁。与俄军事安全合作的加深，还可明显增强我在对美、对日、对台问题上的战略地位。我国是濒海陆国，既要强固陆疆又要经略海疆，今后几十年来自海上的威胁可能更大。搞好与俄罗斯的军事安全关系，方可集中更大力量保卫海洋疆土。

其次，有利于改善两国安全环境。北约不停顿地东扩，高加索地区持续动荡，美等策动“颜色革命”、驻军中亚，俄安全环境严重恶化。加强与中国的军事安全合作，可确保其东部方向安宁、避免两面受敌，大大改善安全环境。俄与我有 4 300 公里共同边界，是我周边安全环境的“半边天”。俄对与我接壤的中亚国家还有重要带动作用，对俄军事安全合作的深化可保我北部、西北两大战略方向的安宁。

其三，有利于各自发展战略的实施。对两大邻国来说，军事安全合作关系的深化，可大大减少共同边界地区的军事部署，从而节约财力物力用于经济发展，边界地区还可从重兵部署的前沿变成为经济合作的特区。中苏交恶时期苏联为加强远东军事力量部署耗费 3 000 亿美元，是勃列日涅夫中后期苏联经济陷入停滞的重要原因之一。我“大打、早打”战略的实施，也给国民经济造成致命破坏。这些对中俄两国都是严重教训。今天，我西部大开发战略、振兴东北老工业基地战略的实施，均有赖于北邻威胁的消除。俄东部发展战略的实施，也必须以中俄边境和平安宁为前提。两国发展战略的对接，必须以军事安全合作为基础。

其四，有利于我在台海军事斗争中保持主动。解决台湾问题是我国面临的最重大、最棘手的战略性任务。而在台海问题上我对俄罗斯存在特殊的需求，也可以说有一定的依赖。

一是在武器装备方面。我军事技术研制水平比较落后，今后相当长时间里主要装备不能不依靠引进。而在美国对我实施武器禁运并阻挠欧盟解禁的情况下，我先进武器装备的主要来源只能是俄罗斯。如果考虑到装备体系的兼容性，即使欧盟解禁，俄罗斯仍将是我引进先进武器装备和军事技术的主渠道。到目前为止，我军有数的几件"杀手锏"，几乎全部来自俄罗斯。如果两国军事安全合作关系不够牢固，一旦台海开战，俄仅仅停止零部件供给，我军的持续作战能力就会大打折扣，"打赢"就将变成一句空话。而输掉此战，中华民族就将失去本世纪重新崛起的希望。即使久拖不决，战争的代价我也难以承受。要打只能速战速决、干净利落。这就要求我们下大力提升武器装备的水平，确保先进装备供应的稳定性。

二是在后方稳定方面。上面说过，北部稳定、后方无虞，我方可集中力量南下用兵。1979 年我对越自卫反击战，不得不将大部兵力部署在北线，以防苏联背后插刀，对南部战事不能说没有影响。只要中俄军事安全合作关系得以继续，今后我对台用兵将不会再有北部牵制，从而可以获得战略部署上的主动权。北部方向还有可能成为我战略后方。

三是在战略牵制方面。只要中俄军事安全关系存在，俄罗斯远东军区和太平洋舰队十几万军队客观上就会对美日构成重大牵制。即使俄军不采取任何特别的动作，美日太平洋驻军也不敢倾巢援台，我在台海战场的压力即可大大减轻。

四是侦察情报方面。我航天侦察、技术侦察、谍报侦察能力相对较弱，不仅难以获取美国纵深情报，即使战场侦察情报在时效与精度方面也相当落后。而俄的侦察能力较强，如俄能给我以侦察技术和情报信息援助，对我战事进展将有极大助益。当然，条件是两国战略协作关系进一步加深。

五是在争取国际同情方面。俄作为联合国安理会常任理事国，在限制美国组织反华联盟、阻止美国对我发起制裁、动员国际舆论对我支持方面，都可望发挥重要作用。这不仅是因为俄拥有联合国安理会否决权，而且是因为俄具有较强的国际影响力。只要两国关系不倒退，俄是可以做到的。

正是由于军事安全合作对两国战略全局特别是军事安全意义重大，这一合作才得以不断扩展、不断深化。因此可以说，战略价值产生合作动力。

（三）两国总体关系发展的带动作用

军事安全关系是国家总体关系的重要组成部分。总体关系和军事安全关系总是相互促进的。这些年两国军事安全关系与国家总体关系都在不断加深。一般说来，军事安全合作要比其他领域的合作迟后一些，但是每次军事安全合作的提升都会对总体关系产生实质性推动。反过来，国家总体关系的积累，也成为军事安全关系提升的基础。

（四）两国高层和强力部门的大力推动

在推进军事安全合作方面，两国高层和强力部门领导姿态积极、作用直接。不少合作项目都是两国元首亲自推动甚至直接敲定的，每次高层会晤，军事安全合作都是必谈议题。军委领导及各大总部，在对外军事合作问题上一向把对俄合作置于优先位置。我驻俄军事代表机构更是把推动两军合作作为最重要的任务，投入主要力量。正是在各方面的大力推动下，两国军事安全合作才得以不断深化。

归纳一下，战略利益、战略价值、总体关系的带动、各方努力推动，是中俄军事安全合作不断加深的主要促动因素。

三、中俄军事安全关系发展的障碍性因素

（一）“中国威胁论”的消极影响

“中国威胁论”已在俄罗斯流行多年，至今仍在蔓延。俄罗斯的“中国威胁论”与西方国家鼓吹的“中国威胁论”有许多相通之处，同时又具有某些俄罗斯特色，主要包括“中俄力量对比失衡论”、“中国人口扩张论”、“中国经济威胁论”、“中国领土要求论”。这些论调在俄政治精英中经常谈论，在俄媒体上广泛存在，对俄民众认知及舆论氛围产生较大影响，对两国军事安全关系的销蚀作用相当严重。

在“中国威胁论”的影响及其他因素的作用下，俄罗斯迄未放松对中国的防范。俄罗斯远东战区的大大小小演习，将中国作为假想敌的情况时有出现。对华军售存在不少保留，底线是要保持 10～15 年的技术优势。最先进的武器可以卖给印度而不能卖给中国。中国要从俄罗斯引进先进武器生产技术更是难上加难。据说原因是，中国是邻国，可以“用俄罗斯的武器打俄罗斯”。这种

担心在俄媒体上公开谈论，一些势力甚至就此向俄国防部施压。在俄罗斯的民意调查中，视中国为安全威胁甚至“潜在对手”者的比例居高不下。

最近一段时间，俄国内批驳“中国威胁论”的声音增大，俄高层和部分精英开始较为客观、理智地看待中国，这对于消除“中国威胁论”起到一定积极作用。但是“中国威胁论”依然猖獗。这不能不影响到两国军事安全合作的深化。

（二）俄传统安全思维的影响

大国主义心态。俄罗斯相当一部分人大国主义心态强烈。在与他国关系中，总想以己为中心。各种交往中总是自觉不自觉地流露出傲视他国的情绪。中俄强弱易位，俄心理上受到冲击，不服气、不适应。俄在对华关系上虽然也讲“平等”，但是总想说了算，要改变他的主张相当困难。这不能不影响到合作谈判的进程、项目的推进。

“强邻即威胁”的观念。这是俄罗斯民族传统安全思维、传统战略文化的典型表现。“远交近攻”，对近邻特别要加强防范。即使对华友好人士，也存在中国强大后可能对俄构成威胁的担心。当然，军队总是要准备打仗的，总是要做好应对各种威胁的准备，总是要防备万一。

势力范围追求。在俄罗斯民族思维中，大国必须有周边势力范围，或曰战略缓冲带，否则不仅难称其为大国，而且国家安全也难有保证。这也是俄罗斯战略文化的内容之一。正因为此，俄在上合组织军事安全合作问题上多有保留。

过度的国土意识。这个有近300年扩张历史的国家，对领土问题看得很重。对于被其侵占的中国领土，俄罗斯人也大多视为祖宗基业，惟恐被夺走。在此问题上甚至有点草木皆兵。“中国威胁论”的各论，都有此深层背景。

这些传统安全思维，对两国的军事安全合作产生的消极影响是无形的，但是障碍作用有时是相当突出的。

（三）我国外交理念的束缚

突出表现为“几不”：

一是“不结盟”。在俄罗斯人看来，只有结成同盟关系，才是兄弟，才能放手进行军事安全合作。俄罗斯内部确有推动中俄结盟的力量。我在此问题上躲闪，相当部分俄罗斯人觉得我对其不够真诚。于是，在军事安全合作问题上与我保持距离。当然，现阶段我坚持不结盟是正确的，但是从应对非常事态和拉住俄罗斯考虑，将中俄关系从战略协作伙伴关系逐步提升至“准盟友”、“非正式盟友”关系是必要的。结盟与否不应视为一成不变的战略，只能视为需要审时度势、适时调整的策略。

二是“不向国外派一兵一卒”。这是我在驳斥“中国威胁论”时经常提到的。但是，这一论据并未对“中国威胁论”的蔓延起到多大抑制作用。与此同时，要继续坚持这一原则问题越来越多，在发展对俄军事安全关系问题上也会因此而遇到难题。中国是上海合作组织的重要成员国，而中亚地区安全形势严峻，如果成员国提出组建上海合作组织联合反恐部队，中国该怎么应答？如果继续坚持“不向国外派一兵一卒”的原则，与俄罗斯及中亚国家在上海合作组织框架内的军事合作必然会受到影响。8 月中俄联合军演设想两国军队对发生极端主义暴乱的某国联合实施“强制隔离作战”，即意味着中国要派出较大规模的正规部队到国外实施作战行动，这与“不向国外派一兵一卒”存在着明显的矛盾。美国可以在国外大规模驻军，俄罗斯可以在国外建立军队集群，我何必把“向国外派兵”视为大忌。“向国外派兵”是否意味着“军事扩张”，关键要看是否应主权国家的请求，是否在联合国或国际组织框架内实施，是否有利于主权国家和地区的和平与安定。从现在起我即应为将来必要时向国外派兵遂行集体安全义务进行相应的法律和力量准备。当然，从我现实能力及外交策略看，今后若干年仍不宜在海外建立军事基地。

三是“不要刺激美国”。美国是唯一超级大国，是影响我外交运筹、和平发展的重大因素。美国实力强大而又十分霸道，世界各国在处理对美关系问题上无一不小心谨慎。从营造国家发展所需的国际环境考虑，稳定对美关系、避免与美对抗、尽量减少对美刺激无疑是十分必要的。但是事情并不完全取决于我们。美国一些人抱持冷战思维，对中国的一言一行总是无端猜疑。如果处处考虑不刺激美国，我们就会被束缚住手脚、陷入被动。美国最害怕中俄接近，中俄军事安全合作的任何重大步骤都难免会刺激美国，想要完全避免“刺激”事实上是做不到的。不论刺激与否，美国对中国崛起的遏制都是不可避免的，差别仅在于是以“软遏制”为主还是以“硬遏制”为主。因此，我在外交运筹中，特别是在处理大国关系问题上，虽然应尽量减少对美刺激，但是绝不可以“不刺激美国”作为行为准则。

与“不刺激”相关，还有个“对俄关系服从对美关系”的问题。这种主张于我大国关系运筹十分不利。俄罗斯是我们的“主要战略伙伴”，美国是我们的“主要战略对手”，对俄对美关系都应置于突出位置，不存在一对关系服从另一对关系的问题。要求“对俄关系服从对美关系”，实际上就是要把对俄关系置于次要位置，势必引起俄罗斯的疑虑与不满，存在“战略协作伙伴关系”倒退的危险。一旦出现这种局面，美对我的遏制将会更加肆无忌惮，我国际处境将会更加困难。考虑到应对危机局面的需要，这种做法更是危险。事实上，近年中俄关系发展的每一重大步骤几乎总在拉动对美关系，尚未看到引起美国强烈反弹的事例。在8月中俄联合军演问题上，中央力排以“不刺激美国”为由反对举行此次演习的主张，使演习得以成功举行，决策是完全正确的。演习中、演习后美国的反应均比较平静，佐利克讲话便是很好的证明。但是我过于顾虑美国的反应，提议演习时间提前、限制媒体报道，影响到演习的政治效果。在中俄美关系问题上，似应根据事情的轻重缓急、全局影响，动态地考虑何者应置于更加优先的位置，决不可使一对关系服从另一对关系成为固定模式。

（四）我外交决策机制的制约

首先是对军事外交和特种外交的认识问题。军事外交和特种外交是总体外交重要组成部分，是对外交部传统外交的重要补充和支撑。有些同志、部门不明白这个道理，总想越俎代庖。美、俄军事外交均十分活跃，与外交部门相互唱和，非常灵活有效。军人之间的沟通方式不同于外交官。特种部门外交具有特殊作用，更是无法取代。美国、台湾善用特种外交，成效显著。

其次是决策过程的封闭性问题。外交部、国防部外事办整天忙于迎来送往、忙于办案，加之条块分割，决策建议难免就事论事，缺少深层次考虑和战略谋划。对上是一条线，缺少横向协商。还有部门利益、偏见问题。因此社会智力资源得不到充分利用，未能形成职能部门与学研机构的有机配合。这些情况不能不影响到外交决策的水平。军事安全外交因封闭性最强，受影响也就最大。

（五）外部势力的牵制

主要是美日等对我不友好势力。在我对俄军技合作问题上干扰最突出。去年8月的中俄联合军演也曾受美国因素的牵制，是中俄高层出于战略考虑力排异议，才得以成功举行的。在中俄军技合作问题上，也存在类似情况。例如，美国会曾专门通过决议，阻止俄向我出售某些军品。日本高官也曾多次向俄施加压力。

（六）沟通不足造成的误解

在俄强力部门中"中国威胁论"仍有市场，而我在与其对话中很少坦率地交换看法，总是客客气气、"你好我好"，难以消除其疑虑。在军事透明度问题上，在相互通报重大军事活动问题上，双方也未能形成应有的机制。这显然是产生误解和不信任的一大原因。

四、深化中俄军事安全关系的着力点

（一）增强对中俄军事安全合作重要性的认识

要认识俄罗斯因素对我和平崛起的重大战略价值。要从战略高度认识军事安全关系特别是与最大邻国的军事安全关系，对改善我国际安全环境和周边安全环境的重大意义。

要从国家整体利益看待军事外交、特种外交的重要作用和地位。

要从我特殊国情、特殊需要认识对俄军事安全合作不可替代的重要作用。

（二）加强沟通，着眼全局，增进互信

互信不足仍是深化中俄两国军事安全合作的主要障碍。为此，必须多渠道加强对俄沟通，特别要主动开展对俄强力部门领导层的工作，打消其疑虑。因在军事安全合作上我对俄的需求大于俄对我的需求，我应表现得更加主动、更加真诚。

（三）减少理念上的束缚，强化合作机制

对多年存在的一些理念、观念、提法需要进行重新梳理，打破思维定势、解除自我禁锢。该放弃的放弃，该调整的调整。在对俄军事安全合作问题上，应抓住机遇，胆子更大一些，不必处处顾及美国的感受。为加强对俄军事安全合作，还应进一步完善合作机制。例如，建立国防部长、安全部长、公安部长定期会晤机制，重大国际安全事态的紧急磋商机制等。不搞军事结盟，但是可以发展"军事安全伙伴关系"。

（四）活跃非传统外交，加强涉外事务协调

大力活跃军事外交和特种部门外交，是安全挑战日益突出的客观要求。必须尽快采取措施。

首先要明确军事外交和特种外交的地位。军事外交和特种外交是根据国家总体外交的需要，为加强与相关国家军队等强力部门的政治互信与军事合作、维护国家军事安全利益，以军事和特种部门人员为主所进行的外交活动。国家总体外交既要对军事外交和特种外交提出任务、予以指导，又要为其创造条件、予以支持。在外交礼仪中，武官享有仅次于大使的礼遇，驻在国和他国驻外机构举办国庆、军节等重大庆典活动通常只邀请大使和武官出席，在派驻国外的外交人员中也只有大使、武官的任命需要征询驻在国的意见，可见军事外交的地位非常重要。

其次要发挥军事外交和特种外交的特殊作用。现代国际关系中，反恐、军控、防扩散等重大课题均属军事安全领域，军事安全因素意义上升，军事安全外交的地位与作用更加突出。军事安全外交可比传统外交更加灵活地运用各种方法和手段达成目的。军事安全外交还具有交往深入的特点，可利用特种渠道，直达高层，以非外交语言坦率地谈论和解决两军甚至两国关系中的敏感问题。要给这些部门必要的外交授权，搞好分工协调，该由军事安全部门主导的事务，其他部门不要包办。

其三要增强军事外交和特种外交部门的活动能力。应学习俄罗斯，在外交部派设懂军事的人员。要从编成上、人员素质上加强军队、安全、公安部门的外交能力。要在不影响保密的情况下，适当扩大透明度，争取社会对军事安全外交的智力支持。

在加强涉外工作协调方面，还要解决协调机制问题。

首先是安全委员会问题。中央安办仅是名义上的，从人员组成到业务工作，至今仍是个外办，难以胜任日益尖锐复杂、时常牵动全局的安全保障需要。为了更好地协调对外军事安全关系，似应建立更具权威、更能统揽大局、更懂军事安全的国家安全委员会。该委员会应能高效率地集中各职能部门、各研究机构的情况分析和决策建议，从国家安全战略的高度整合各方面的意见，提出更能照顾全局、更有长远谋略、更具可操作性的建议，供中央最高层决策参考。

另外，人大常委会没有国家国防委员会、安全委员会的设置，也是一大缺陷，不利于有关立法，不利于通过对方议会推动军事安全合作。

（五）探讨中俄军事安全合作的新思路

军技合作领域，应积极推动联合研制、联合生产。既要引进装备又要引进技术，同时要下大力发展我国的国防科研。一个大国在军事技术上长时间依赖别国是十分危险的。

人员培训领域，应更多地解决我面临的实际问题。军事留学生要加强研究性学习，基础性培训可转向国内。两军各军兵种部队、分队间的训练交流，两军分队合练，也非常值得推动。

联合军演要继续目前的势头，并且逐步机制化。不仅着眼于部队战斗力的提高，而且着眼于国际战略的需要，并使之成为军事外交的重要载体。

五、中俄军事安全合作的前景

在国际战略格局不发生实质性变动、两国崛起为世界强国之前，中俄战略利益的广泛一致性将长时间存在。也就是说，中俄开展军事安全合作的基础将长期存在。即使将来俄罗斯重新崛起为世界强国，但是由于届时世界将是多极化世界、中国也是世界强国，加之在全球化时代俄难以坚持传统的安全思维、难以重走对外扩张的老路，两国仍然有希望继续做“好邻居、好伙伴、好朋友”，仍然有必要开展军事安全合作。

因此，中俄军事安全合作在可以预见的时间里具有可持续发展性质，合作的前景总体上是光明的。在军事安全领域我应充分运筹俄罗斯因素，服务于我国的和平崛起、和平发展。中俄军事安全合作应当而且完全有希望为中国的和平崛起做出更大的贡献。

中俄军事安全合作的基础、进展及深化路径*

军事安全合作是国家关系中最敏感、最具标志性的领域，是国家关系的晴雨表、风向标。为了进一步深化中俄战略协作伙伴关系，两国国际问题专家有必要认真考察两国军事安全合作的现状和潜力，共同探讨深化这一合作的可行途径。

一、军事安全合作是中俄战略协作伙伴关系的重要组成部分

军事安全合作是战略协作伙伴关系的固有内涵，中俄战略协作伙伴关系必须有军事安全合作作为支撑，否则名不副实。事实上，中俄从建立战略协作伙伴关系之日起，就高度重视、积极推进军事安全领域的合作，并且对维护两国国家安全发挥了重要作用。

中俄军事安全合作具有坚实的国家利益基础。首先，符合两国的安全利益。不论是军事技术合作、军事训练合作、军事情报合作，还是非传统安全领域的反恐合作，对两国的国防建设和国家安全都具有极其重要的意义。例如通过军事技术合作，中国可以打破西方国家的军事技术禁运、促进军事力量的现代化建设，俄罗斯可以扩大国际军品市场、促进国防工业和国防科研的发展。通过反恐合作，不仅可以震慑和打击两国及共同周边地区的国际恐怖主义组织，而且可以有效抵制某些国家在反恐领域推行的双重标准。其次，符合两国的经济利益。例如通过军事技术合作，中国得以以相对合理的价格获取先进武器装备，俄罗斯则可获取促进经济稳定与发展的宝贵资金，并且扩大就业。通过军事训练合作，两国可以相互借鉴，降低提升军队战斗力的成本代

* 本文系作者 2007 年 9 月在莫斯科中俄民间战略对话会上的发言要点。

价。其三,符合两国的政治利益。中俄军事安全合作本身就是政治上的相互支持,可以有效扩大两国对国际政治的影响、增强两国在国际格局中的地位。通过军事安全合作推动中俄军事力量发展强大,对于分散、减轻两国面临的霸权压力,也有着极为重要的作用。这种合作还可有效增强两国在军事安全领域的国家软实力,是两国军事实力的倍增器。

中俄军事安全合作具有重要地缘战略意义。中俄互为最大邻国,加强军事安全合作对于两国营造和平稳定的周边安全环境意义重大。中俄军事实力的增强及在此领域的联手行动,还有利于缓解严重失衡的国际战略力量对比,有利于抑制美国的霸权主义、单边主义和强权政治,有利于世界的和平与稳定。中俄军事安全合作是两国快速崛起的助推器,而中俄作为新兴大国的崛起,对于世界多极化进程的推进和国际战略格局的变化,必将产生深远的影响。

二、中俄军事安全合作的总体进展

总体上看,这些年中俄军事安全合作进展良好。

军事技术合作。包括军事科研、军工军贸合作,已经全面展开,成绩斐然。俄罗斯是中国的最大军贸伙伴,中国是俄对外军贸合作中仅次于印度的第二大伙伴。

军事训练合作。其领域不断扩展。中国已经连续多年向俄十多所军事院校派出军事留学生,近年俄罗斯也已开始派出军官参加中国国防大学的防务研讨班。两国成功地举行了“和平使命- 2005”联合军事演习,并且在上合组织“和平使命- 2007”联合军演中发挥了主力军作用。

军事安全情报合作。这一合作也正在通过多个渠道进行。我作为驻俄武官,深知这种合作对于增进两国、两军的相互信任和相互理解,对于及时掌握国际战略和军事发展动向,对于两国、两军高层做出正确的战略判断和战略决策,都有着极其重要的作用。

军事政治合作。包括军控、防扩散、维和等方面两国紧密协调,多次在联合国等重要国际场合及朝核、伊核危机处理中联手行动,对于维护中俄及广大发展中国家的立场与利益,维护地区和世界的和平与稳定,都起到了重大的、无可替代的作用。

非传统安全领域的合作。特别是反恐安全领域,两国、两军的合作对于打击恐怖主义势力和有组织犯罪、维护国家安全，都起到了十分重要的作用。

上合组织框架内的军事安全合作。中俄也发挥了积极的推动和引领作用，赢得了其他成员国的尊敬与支持。中俄军事安全合作已经成为上合组织该领域合作的重要基础。

在看到中俄军事安全合作取得重要进展和重要成果的同时必须承认，两国在此领域的合作潜力尚未得到充分发挥，合作的深度与广度还有待进一步扩展。

三、进一步深化中俄军事安全合作的思考

一是以新型安全观及“上海精神”为指引。新型安全观的核心是“共同安全”，倡导结伴而不结盟、不针对第三国，不以对抗方式而以协商方式解决国家间的分歧和争端，互不诉诸武力或以武力相威胁，不为维护自身安全而损害他国安全。这种新安全观还要求两国在军事安全合作中切实践行“上海精神”的“互信、互利、平等、合作”理念。我想特别指出，两国有必要进一步强化安全战略对话、军事安全政策沟通，努力增进政治互信。必须相互确信对方的和平发展意图，确信在21世纪的国际大环境、大趋势下任何国家要想发展强大都只能走增强综合国力、提高科技创新能力的道路，而不是进行任何形式的扩张。两国国际问题专家在抵制、批驳“中国威胁论”、“俄罗斯威胁论”，特别是“邻居强大必然构成安全威胁”等荒谬论调问题上，应当承担起历史责任。

二是贯彻“不结盟、不对抗、不针对第三国”的原则。这里的核心问题是“不结盟”。在此问题上两国战略界都存在不同的声音。我并不认为“不结盟”应当作为一个国家一成不变的教条。但是，在目前及今后可以预见的一段时间里，搞军事结盟显然不符合中俄两国的根本利益。因为中俄结成军事同盟，必然引起美国、日本及一些欧洲国家的强烈反弹，严重破坏中俄两国安全环境与发展环境的稳定，而稳定的安全环境与发展环境是确保两国快速发展强大最具根本性的国际宏观条件。中俄结成军事同盟，还会导致新的两极对抗格局的形成。即使再拉上一些中小国家，中俄所组成的一极也只能是一个弱极，在与以美国为首的强极的对抗中必然处于不利地位，并且不利于世界的和平与稳定。更何况军事结盟思维已被我们两国反复批判为冷战思维，事实上也的确不符合时代的潮流和世界多数国家的愿望。

正因为此，上合组织不能搞成军事同盟。还要看到，上合组织中亚成员国

大都实行“大国平衡、多方获益”的外交战略。这种外交战略尽管可能给这些国家带来某种风险，但是对于夹在多个大国中间的中小国家来说，的确是个诱人的选择。要让他们放弃这种战略、加入中俄军事同盟，不仅有悖上合组织的根本宗旨和基本原则，而且有违多数成员国的基本理念，恐怕会对上合组织的发展产生严重负面影响。因此，起码在目前情况下，中俄结成军事同盟不可取、不可行。

但是，不搞结盟不等于不能深化军事安全合作。在战略协作伙伴关系框架内，强化军事安全合作的空间仍然很大，可以做的事情仍然很多，潜力仍然有待进一步发掘。

三是建立完善的军事安全合作机制。代替结盟性合作的正确途径是强化机制性合作。机制性合作与军事结盟的原则性区别在于：是合作思维而不是对抗思维；是共同安全而不是排他性集团安全；是实行普遍标准而不是实行双重标准。两国武装力量有必要进一步强化现有各种合作机制，如国防部、总参谋部会晤机制、安全磋商机制、安全情报共享机制。有必要建立新的军事安全合作机制，例如联合快速反应机制、部(分)队联合训练机制等。为了推动两国武装力量军事安全合作机制的完善，有必要建立有两国军事战略界和国际战略界专家参与的常设“军事安全论坛”，藉此加强沟通、协调行动，制定合作构想、进行合作举措论证，共同维护两国的军事安全和世界的和平稳定。

四是排除干扰，坚定意志。军事安全合作大多具有战略性质，两个大国之间的这种合作更是一种战略合作。正因为这种合作在国家关系中相当重要，中俄军事安全合作才特别引人注目。对中俄军事安全合作说三道四者，不仅存在于美日欧等国，而且存在于中俄两国内部。霸权国家和不友好国家惟恐中俄关系发展，更是集中诋毁中俄军事安全合作。两国内部某些人，或者出于无知和误解，或者受到西方恶意宣传的影响，也对两国军事安全合作大扯后腿。不排除这些内外干扰，中俄军事安全合作将难以深化。鉴此，两国政府和战略研究界必须保持清醒的头脑、坚持正确的战略判断、坚定深化合作的意志，主动地、旗帜鲜明地批驳西方政客和媒体、内部亲西方势力和极端民族主义势力的不实之词，做好对国内民众的解释工作，为两国军事安全合作营造良好的舆论环境和民意基础。

总之，对于进一步深化中俄军事安全合作，我和我的同事们充满信心和期待，同时准备做出更大的努力。

维护世界和平，构筑和谐世界*

尊敬的反法西斯战争老战士，请允许我表达作为晚辈军人对你们的崇高敬意。老战士们的发言令我感触良多。

第一，一个没有战争、没有霸权、没有恐怖活动的世界是人类的共同期盼。20世纪的法西斯侵略战争给包括中俄两国人民在内的世界人民带来深重的灾难。对此历史，受害国人民不应忘记，加害国政府必须深刻反省。这是构筑新世纪世界和平的基础。一个对侵略罪行遮遮掩掩甚至拒不认账的国家，很难立于世界之林，更不可能成为一个负责任的大国。当今世界，霸权主义和恐怖主义是战争和冲突的两大根源。我们两国都期盼一个没有战争、没有霸权、没有恐怖活动的和谐世界。两国人民与世界人民必须联合起来，把霸权主义和恐怖主义扫进历史的垃圾堆。

第二，中俄两国应当成为维护世界和平、构筑和谐世界的中坚力量。中俄两国都深受德、日法西斯侵略之害，对侵略战争带来的灾难都有着痛苦的记忆。我们两国曾经并肩战斗，为反法西斯战争都作出过历史性贡献。我们两国今天都遭受到霸权国家的遏制和打压，都面临"三股势力"的现实威胁。我们两国不仅战略理念一致，而且战略利益与共。我们两国又都是安理会常任理事国、快速崛起的新兴大国、"负责任的大国"，在世界人民面前负有共同的历史责任。作为战略协作伙伴，在美国"一超独大"、国际战略力量严重失衡的当今世界，我们必须联手合作，成为维护世界和平的中坚力量，为建设一个公正和谐的新世界而共同努力。

---

* 本文系作者2008年5月7日在"祈盼和平"中俄老战士座谈会上的讲话。

第三,"祈望和平"老战士座谈会展现了两国人民的共同愿望、共同意志。从老战士发言中,人们可以看到两国人民对世界和平的期盼,听到两国人民对和谐世界的呼唤。这是一次很有意义的民间外交活动,必将产生广泛影响。希望组织者能够办好"祈望和平"系列活动。相信今后的活动将会越办越好。

影响俄罗斯对华军技合作的主要因素*

我想主要讲讲与我国对外军技合作,特别是与公司业务有关的国际形势问题。对俄军技合作是公司的主要业务方向,所以重点讲讲与对俄军技合作相关的问题。同时谈谈对开拓发展中国家军品市场的一些思考。

一、中俄军技合作简要情况

(一)中俄军技合作的历程

从新俄罗斯立国迄今两国军技合作可分三个阶段。

1991 年俄罗斯独立至 1996 年中俄建立战略协作伙伴关系为第一阶段(两国军技合作的起步阶段)。背景是:两国边境地区裁军谈判取得进展,军事领域互信关系初步建立,军事技术合作被提上日程;新俄罗斯经济陷入困境,国防工业面临生存危机,急需通过对外军售解决资金问题;中国面临解决祖国统一的艰巨任务,必须加强军队建设,在自身研制水平落后、西方对华军事技术禁售的情况下,迫切需要发展对俄军事技术合作关系。正是在此背景下,两国军事技术领域的合作逐步展开。

1996 年至 2005 年底为第二阶段(两国军技合作全面展开阶段)。背景是:北约开始东扩,俄罗斯与美欧关系恶化,叶利钦抛弃"一边倒"外交战略,转而实行东西方相对平衡的多极化外交战略;台海局势趋于紧张,我国加强"打赢"军事斗争准备的紧迫性增大;中俄建立起战略协作伙伴关系,各领域协作全面展开;边境地区裁军与边界条约相继签订,历史遗留问题消除。特点

* 本文系作者 2009 年 6 月在某军技公司的讲课提纲。

是，两国军事技术合作全面展开，中国成为俄最大军品贸易伙伴。在这些年里对华军品出口占俄军品出口总量的30%～50%，中国武器进口的95%来自俄罗斯。

2006年初至今为第三阶段（两国军技合作停滞或者半停滞阶段）。俄经济形势好转，对华武器出口条件随之趋于苛刻；中国对俄军品“仿制创新”，俄方不满情绪趋于强烈。突出表现是，两国间军技合作混委会年度例行会议一直未能召开，新的军购协议迟迟未能签署；双方围绕价格、知识产权、履约情况等问题的争论持续不断。

（二）中俄军技合作的主要成果

可以做个简单概括。一是领域广，涉及各军兵种、各类武器装备；二是数额大，平均每年高达20亿～30亿美元；三是形式多样，既包括军事装备贸易，也包括合作生产（苏-27）及人员培训（飞行员、艇员、军事留学生）；四是相对先进，尽管不是最先进的（俄有所保留且生产能力不足）。

中俄军技合作对我军“打赢”准备起到重要作用。可以说，目前我军主要现代化武器装备、确保打赢的主要“杀手锏”，基本上都来自俄罗斯。

（三）中俄军技合作陷入停滞的主要原因

“普京8年”俄经济发展较快，油气出口赚回大量石油美元，俄有点“财大气粗”。

西方国家坚持对华军售制裁，俄在中国军品市场上没有竞争对手。

近年来俄军售市场不断扩大，对中国市场的依赖减小，对华军售的要价随之提高。俄罗斯2007年的军品出口额达到75亿美元，成为仅次于美国的世界第二大军品出口国。

美国、日本对俄施压，俄开始强调军技合作不得影响地区战略平衡。

俄在某些重要项目上未能如期履约（例如伊尔-76、78），并且要求提高价格30%，引起中方不满，影响到新的大型合同的签订。

中方武器装备批量引进任务基本完成，希望转向小批量购买，而俄方担心知识产权流失，担心中国仿制，担心中国低成本武器挤占俄的军售市场，因而不愿小批量军售。中方需要更为现代化的武器装备，希望展开联合研制，而俄对联合研制姿态消极，向印度发出联合研制第五代战机的邀请，而未向中国发出。

更深层次讲,“中国威胁论”仍在起作用。中俄力量对比越来越不平衡,部分俄精英鼓噪“不能武装中国、威胁自己”,对两国军技合作形成掣肘。

(四) 中俄军技合作的前景

最近俄方姿态趋于积极,合作有望重新启动,并且有望进入一个新的阶段。去年 10 月温总理访俄,两国签署了俄向我提供重型直升机的协议及联合研发民用直升机的备忘录,可以视为合作“重启”。12 月俄防长访华,双方讨论了在华生产苏-27、苏-30 许可证问题,一致认为必须改变军技合作停滞不前的局面。

主要背景是:金融危机导致俄经济困难,俄急需扩大军售,以稳定军工企业,赚取急需的外汇;俄与西方关系恶化,需要深化对华战略关系,甚至出现两国结盟的呼声;中国和平发展的理念及负责任大国的表现,使俄高层对所谓“中国威胁”的担忧减小;俄看到中国快速崛起,军事建设必将加速,对俄军技合作可能出现新的需求,特别在航母舰载机方面,欲分一杯羹。

二、影响俄对华军技合作的深层因素

俄是我主要军技合作伙伴。对俄军事技术合作在我军现代化建设中发挥了无可替代的重要作用,在相当长时间里,我仍需继续对俄军事技术合作。为此必须深入分析主要影响因素,特别是具有长期影响的深层因素,并且据此采取针对性措施。

(一) 俄安全战略思维

战略思维对战略决策与行为方式具有重大影响。

誓为世界强国的大国意识。俄所谓“强国”首先是“军事强国”。俄罗斯民族有着“尚武”传统,对加强国防建设有着全民共识。俄罗斯国家一向依托强大的军事力量支撑大国地位。普京曾多次引用沙皇亚历山大二世的名言:俄罗斯只有两个盟友——陆军和海军。从前苏联到今天的俄罗斯,一直集中大量资源于军事建设领域,以确保其在世界军备领域的领先地位。这是俄军事技术能够做到相对先进的重要基础。

邻国强大即是威胁的地缘安全意识。俄对华战略思维的基本特点是,看重、借重、怀疑、防范。怀疑、防范集中于安全领域。即使在中苏同盟时期俄亦未放松对我的防范。这是俄对华军售坚持保持 10～15 年技术优势的理论基础。

寸土必争的领土意识。普京有句名言,“俄土地辽阔,但是没有一寸是多余的”。历史上俄侵占中国 150 万平方公里土地,心中总不踏实。“中国领土要求论”、“中国人口扩张论”即与此相关。这也是俄对华军售多有保留的重要原因。

寸金必争的逐利意识。俄公开提出“本国利益最大化”原则,缺少互利共赢意识。军技合作中时的摩擦与此有关。

控制势力范围的帝国意识。俄担心中国挤占俄的传统势力范围,不愿看到中国军事力量过于强大。

另外,**夺占出海口的海权意识**等安全战略思维,对军事技术合作也有着直接或者间接的影响。

(二) 中俄关系走向

军技合作关系是国家关系的晴雨表,具有很强的政治属性。国家关系是开展军技合作的基础,对军技合作影响重大。目前的中俄关系总体上有利于两国军技合作的开展,同时也存在某些掣肘因素。

两国关系具有广泛的利益基础。互为最大邻国,需要互为依托。拥有共同周边,需要共同经营。战略处境与战略需求相近,需要相互维护。战略理念与历史责任相近,需要共同努力。基本国情与发展模式相近,需要相互借鉴。

两国关系面临新的发展机遇。中国快速发展,俄欲搭乘“中国快车”,深化对华战略协作与务实合作的动力增大、热情增高。俄格冲突后,俄与西方关系恶化,俄新的安全构想明确指出安全威胁来自西方,俄对我战略借重需求增大,外交重点局部向东方转移。世界金融危机与油价下跌对俄造成严重冲击,俄迫切希望借助中国减缓经济衰退。俄东部开发提速(东部开发是俄重大战略问题),内部在东部开发思路问题上的争论出现新的态势,梅德韦杰夫明确提出中俄相邻地区发展战略应当相互接轨、互动捆绑。

两国关系发展中仍面临诸多挑战。政治互信仍然不足。俄精英批驳“中国威胁论”的声音虽然有所增高,但是相关谬论仍在不时泛起。外交上不够协调的问题仍然突出,俄对中美关系的疑虑尚存。俄大国主义与极端民族主义抬头,与俄打交道的难度增大。

对中俄关系既要充满信心又要看到困难挑战。中俄战略协作伙伴关系具有较强的可持续性质。关键要看双方对战略利益的判断、实现战略利益路径的选择是否正确。国家关系的发展是双方的事情，存在互动问题。

（三）俄经济发展走势

“普京8年”俄崛起势头强劲。年均GDP增幅接近7%，居民实际收入增长1倍多，贫困人口减少50%。黄金和外汇储备跃居世界第三，仅次于中国和日本。2006年国内生产总值超过1万亿美元，跻身世界10大经济体之列。

俄经济增长非常脆弱。普京在经济发展上盲目乐观、急于求成、唯意志论，提出2010年经济翻番。产业结构严重畸形，对油气、军品出口依赖过重（GDP的25%、政府预算的50%、外汇收入的55%依靠油气出口）。企业过度扩张，政府放松金融监管，企业外债5 000多亿美元，超过外汇储备。

对俄的崛起前景需要客观评估。崛起潜力巨大，障碍众多。前景看好，道路曲折。

对“普京8年”需要客观评价。普京提出比较适合俄国情的“主权民主”政治模式、“可控市场经济”发展模式，是其英明之处，迎来国力的大幅增强。但是不应神化普京（时势造英雄）。

世界金融危机对俄冲击严重性远远超出预料。不仅金融系统，而且实体经济都受到严重冲击。特别是对俄经济至关紧要的能源产业受到的打击更为沉重。据俄罗斯经济发展部统计，俄GDP今年1月同比下滑8.8%，工业产值同比下滑16%。俄政府由此预计，今年俄国内生产总值的降幅为2.2%。世界银行预测，今年俄经济将下滑4.5%。有的国际机构甚至预测，俄经济今年降幅可能高达5.6%。俄不少专家惊呼，出现“俄被挤出金砖四国”的危险。困难既有外源性的，也有内源性的。来自外部的金融危机引爆了众多内部隐患（普里马科夫谈话）。

俄要在短时间内走出危机难度很大。金融危机初期俄判断失误，认为这主要是美国的问题，直到10月才认识到问题的严重性，导致应对不力。俄摆脱危机的办法不多（大宗商品的国际市场需求下降、转为内需困难，战略资产被禁止偿付外债）。国家外汇储备迅速减少，目前仅存3 600多亿美元。金融危机后的国际经济格局对俄非常不利。长期看，俄虽然提出转向创新经济，但是相当长时间里不可能摆脱对资源出口的依赖，起码2020年前仍必须依赖能源产业。俄重新崛起为世界强国的时间点可能要推后十几年。

在国际油气市场低迷情况下,扩大军品销售对俄应对危机的作用增大。不论是否明讲,俄都迫切希望恢复、扩大对华军售。

以上几点讲的是宏观因素。宏观因素研究对企业决策十分重要,领导层尤其应予高度关注。除宏观因素外,影响中俄军技合作的重要因素还有技术商业因素。例如价格、质量、履约能力、交货时间、售后服务、零配件供给等等。另外俄官僚主义、效率低下、言而无信等等,也在产生消极影响。

三、对外军技合作应予关注的问题

(一)增强使命感,为军队现代化建设多做贡献

中华民族的伟大复兴离不开军事力量的强大。世界强国必须是军事强国,否则经济优势难以转化为战略优势,只能是个经济动物,经济发展环境也随时可能遭到破坏。中国要成为"负责任大国",不能没有强大军事力量作为支撑。国家尚未完全统一,周边安全形势复杂多变。美国实行对华遏制战略,中美关系充满变数。我国全球利益扩展,离不开强大军事力量保护(海上运输线和战略要地)。

强大的军事力量离不开先进的武器装备。高技术战争离不开高技术武器装备,先进武器装备对胜负的基础性作用没有降低。现代战争中人的因素虽然仍是第一战斗力,但是必须是掌握先进技术的人。尽快解决武器装备发展滞后的任务艰巨而又紧迫。装备发展具有长周期特点,在加大研制力度的同时,必须有选择地引进部分先进技术和先进装备。我国军工技术基础薄弱,先进军事装备研发离不开国际合作,军事技术引进对军队建设意义重大。

对俄关系必须考虑战略全局的需要。俄在我战略全局中价值重大,地缘战略上互为最大邻国、战略纵深,大国关系中互为推动多极世界、应对霸权主义与单边主义的主要战略伙伴。上合组织建设中,中俄同为主要发动机。失去俄这一重要伙伴,我国际战略环境将大幅恶化,紧紧拉住俄罗斯是中国的重大战略任务。

从国家战略高度认识对俄军技合作的重要性,坚持不懈地予以推动。我军主战装备基本属于俄军装备体系,加之不同装备体系之间存在兼容性问题,今后相当长时间里,俄仍将是我先进武器装备的主要来源。军技合作还是两国战略协作伙伴关系的重要组成部分。空军装备仍是我对俄合作的重点。中

俄历史积怨只能以和平方式解决(俄是对我掠夺最多的国家,国内对边界条约存在争议)。青年人要培养理性思维,不能让愤青左右民意。

军贸人员肩负重大使命。应有强烈的使命感和自豪感,以对国家安全、国家发展高度负责任的姿态多作贡献。军品出口对国防科研具有重要拉动作用。中国性能可靠、价格低廉的军品,在发展中国家受到欢迎。我军贸公司积极参与军品出口竞争可以拉动研发水平的提高。军品出口可为国防科研积累资金。

(二)抓住俄深陷危机的机遇,扩大对俄军技合作

紧紧抓住当前俄对资金渴求的机遇扩大军技合作。俄资金短缺、急需扩大军品销售,为我扩大对俄军技合作提供了重要机遇。俄高层最近关于对华军技合作的表态趋于积极,主动提出尽快召开军技合作混委会会议。我有可能从俄得到过去难以得到的先进技术和装备。这与两国在能源领域的合作(贷款换石油)存在一定相似之处。

争取在联合研制、联合生产上有所突破。强化军事技术联合研制、联合生产合作,应成为中俄军技合作的主要进取方向。大批量引进俄先进武器装备的时代即将过去。作为世界大国的军队,装备建设的立足点必须是本国研制、本国生产。对联合研制、联合生产,俄方仍有不少顾虑,需要尽力消除。

努力消除俄对华战略疑虑。"中国威胁论"是影响俄对华军技合作的关键性因素,必须努力消除。要积极宣传中国和平发展与和谐世界的战略理念、独立自主的和平外交原则、防御性军事战略方针。

深入研究俄战略文化与民族特性。针对俄大国主义、追求虚名,与俄打交道时要对俄表示必要的尊重,有更多的耐心。针对俄缺少市场经济意识和互利共赢思维以及办事拖沓、言而无信的行为特点,注意利用国际规范、细定约束性条款予以防范。针对俄追求利益最大化,见不得对方得利,谈判中、宣传中不应让俄产生吃亏之感。

以迂回方式弥补自俄军技引进的缺口。与前苏联国家特别是乌克兰、白俄罗斯的军技合作关系是对俄军技合作的重要补充,合作潜力较大,值得下大力推动。利用对象国高官外围公司进口部分军品(注意手续完备),也是一种易见成效的迂回方式。

(三)加大国防经费投入,为军技合作提供支撑

军技合作、军品引进都是要花大钱的,对俄军技合作亦不例外。为此,必

须使国防经费保持在必要的水平上。这就要求我们切实贯彻国防建设与经济建设协调发展的思想。

军队多年过紧日子，国防建设欠账太多。从1979年到1989年，我国国防费实际平均每年下降5.83%。尽管近年来国家对国防建设的投入逐年加大，但是基本上属于补偿性投入，国防建设与经济发展不相协调的情况尚未完全得到纠正。

与其他一些国家特别是大国相比，无论是军费绝对值还是其占国内生产总值的比重，以及占财政支出的比重，我国都处于比较低的水平。2005年国防费占国内生产总值的比重，中国是1.35%，美国是4.03%，英国是2.71%，法国是1.93%。2005年中国国防费占财政支出的比重为7.3%，同年美国为20.04%，法国为11.41%，德国为9.2%。

我国有必要使国防经费逐步达到世界大国的通常标准——GDP的2.5%。依靠仅为GDP百分之一点几的国防经费难以有效应对错综复杂的安全形势。

中俄联合军演与军事结盟毫不相干*

《环球时报》7 月 14 日刊登文章《联合军演有助于军事互信》。文章对中俄"和平使命—2009"联合军演的军事政治意义给予了很高的评价，笔者深表赞同。但是，文章将联合军演上升到两国将走向"军事结盟"的高度看待，强调"中国军队必须转变观念，全面适应盟军联合作战的新情况"，则有可能误导读者，似乎中国已经到了需要放弃长期以来作为国策被坚定不移执行的"不结盟"方针的时候了。对此，笔者不敢苟同。

首先，联合军演与军事结盟并无必然联系。联合军演有多种情况：有的是在军事集团内部举行的，有的是在友好国家之间举行的，有的则是关系不睦国家间为了改善关系而举行的。近年来我军先后与多个国家包括与美国、印度军队举行了 20 来次联合军演，难道都是要搞军事结盟？我军与俄罗斯军队已经举行过两次"和平使命"联合军演，虽然国际上出现过中俄可能走向结盟的议论，但是结盟并未成为事实。就目前的中俄关系而言，"战略协作伙伴关系"依然存在巨大的发展空间，不存在重新考虑国家关系基本框架的必要。当前最紧要的任务是，增进政治互信、拓展务实合作，包括军事安全领域的务实合作，而不是引导两国走向军事结盟。

其次，中国坚持实行"不结盟、不对抗、不针对第三方"方针。在中国的战略思维中，军事结盟不符合冷战后时代的历史潮流，也不利于国家的和平发展。冷战后时代的历史潮流是和平、合作与发展，搞军事结盟则意味着追求排他性集团安全，必然引发集团对抗，造成国际形势的不稳，影响各国的合作与

* 本文发表于《环球时报》2009 年 7 月 22 日。

发展。中国新安全观的核心是追求“共同安全”，倡导“结伴而不结盟”，不以对抗方式而以和平方式解决国家间的分歧和争端，互不诉诸武力或以武力相威胁，不为维护自身安全而损害他国安全。这种安全观顺应当今世界求和平、谋发展的大势，与中国坚持走和平发展道路的国策相一致，与中国推动建设和谐世界的理念相一致，是对冷战思维的彻底摈弃，对共同安全的真诚追求，对于维护中国的国家安全乃至全球的安全稳定都具有十分重要的意义。中国今后几十年的根本性国家任务是快速发展综合国力，决不能因为参与集团对抗而恶化和平发展的国际环境。中俄两国领导人多次声明，并且在两国《睦邻友好合作条约》中、在中国与俄罗斯共同发起建立的上海合作组织《宪章》中都清晰地载明，中俄将奉行“三不”方针，不可能搞军事结盟。

其三，在当前国际格局中，中俄结盟很可能形成不对称的两极结构。中俄虽然都是快速发展中的新兴大国，但是同时也是发展相对滞后的发展中国家。中俄结盟，即使再拉上几个中小国家，与以美国为首的北约相较，只能组成一个弱极。这种强弱不对称的两极结构，不仅不利于两国的和平发展，而且可能引发新的冷战，甚至诱发针对两国的大规模战争。在可以预见的一段时间里，中国不存在强敌大规模入侵的安全威胁。至于可能发生的局部冲突威胁，中国则完全有能力依靠自身力量予以应对，没有必要走军事结盟的道路。

当然，结盟与否不应看成一成不变的教条，而应更多地看成因势而定的军事政治策略。如果国家面临大规模战争威胁，而且侵略者是由多国军队组成的军事集团，那就应另当别论。面对强敌，中国还不至于傻到一定要坚持不结盟政策、单打独斗的地步。为了将来必要时能迅速结成反击侵略的军事联盟，现在的确需要奠定必要的基础。那就是广泛发展战略伙伴关系，与友好国家军队更多地举行联合演习，以增进相互了解、促进相互借鉴，提高协同作战的能力。但是，这不等于现在就应走上军事结盟的道路。

每逢中俄或者上合组织举行联合军演，西方国家总有一些媒体、政客起劲地鼓噪“中俄要搞军事结盟”，“上合组织要发展成军事集团”。他们要么不懂军事，要么别有用心。因为从演习想定及科目设置都可以清清楚楚看出，中俄、上合组织举行的联合军演都是反恐演习，是针对“三股势力”的，并不指向任何国家或者国家集团。我们中国的专家、媒体切不可顺着某些西方媒体的鼓噪误导读者。西方某些势力也不要逼使中俄走上军事结盟的道路，逼使中俄结成军事同盟不会给西方国家带来任何好处。

在反法西斯战争胜利 65 周年纪念活动上的讲话*

尊敬的反法西斯战争老战士，再过 3 天世界将迎来反法西斯战争胜利 65 周年纪念日。为了共同缅怀中俄老战士及世界爱好和平人民在反法西斯战争中建立的丰功伟绩，共同呼唤新世纪人类的持久和平，中俄老战士举办此次视频连线。我作为中国前驻俄罗斯陆海空军武官、两国老战士深厚友谊的见证者，应邀参加此次活动，感到十分荣幸。在此，谨向两国反法西斯战争老战士表示崇高的敬意，祝他们健康长寿，祝他们所致力的和平事业世代永续。

发生在 20 世纪 40 年代的第二次世界大战，是德日意帝国主义强加给人类的一场浩劫。在这场战争中，中国人民、苏联人民经过浴血奋战，为世界反法西斯战争的胜利付出了巨大的牺牲，为人类的和平做出了巨大的贡献。前辈们用鲜血写成的历史，不容任何人歪曲篡改。绝不容许抹杀侵略与被侵略的界限、正义战争与非正义战争的区别，更不容许德日法西斯及其仆从国的余孽颠倒黑白，为其不光彩的历史鸣冤翻案。

第二次世界大战爆发的原因非常复杂，其中有一点值得今天的人们特别关注，那就是大国对势力范围的争夺。争夺势力范围也是战后发生多次局部战争的深层原因。为了 21 世纪的人类和平，大国必须放弃以“控制性”、“排他性”为主要特征的势力范围思维，将对势力范围的争夺转变为建设睦邻友好带、战略稳定带、经济合作带的努力。中国实行“睦邻、安邻、富邻”周边外交政策，与势力范围思维划清了界限，为睦邻友好合作树立了榜样。

---

* 本文系作者 2010 年 5 月 9 日在中俄老战士纪念反法西斯战争胜利 65 周年视频连线上的讲话。

今天的人们从反法西斯战争中得到的另一重要启迪是，各国的安全是共同的、相互的，那种为了自身所谓“绝对安全”而损害他国安全的霸权作法，既不可能为本国赢得真正的安全，又会严重危害他国与世界的安全，因而应予坚决摒弃。面对日益增多的共同安全挑战，我们必须强化“共同安全”意识，放弃集团对抗逻辑，相互理解、充分照顾他国的安全利益与安全关切。

朋友们、同志们，让我们继承反法西斯战争的光荣传统，共同为新世纪世界的和平、人类的安宁而努力。

新形势下的中俄军事关系研讨会开场白*

感谢朋友们出席今天的研讨会。简单说说为什么要以“新形势下的中俄军事关系”为题召开这次研讨会。

首先,新形势下中俄关系在我国外交全局中的战略价值增大。

我国快速崛起,遭遇美国的战略围堵,导致周边麻烦多发。这就是我国目前面临的新的国际战略形势。如何破解美国的战略围堵,关系到我国对外关系的全局,是当前最为紧迫、最为重大的战略任务。在此新形势下,中俄关系在我国外交全局中的价值增大、地位增高。因此,必须下大力深化对俄战略协作伙伴关系。这就要求我们深入研究中俄关系,特别是军事安全关系。

俄罗斯是我国的最大邻国,是我国北部安全的“半边天”。中俄比邻而居是对我国和平发展的国际环境与周边环境具有重大影响的地缘战略现实。北部安宁友好,我方能消除塞防之忧,集中力量应对来自海洋方向的安全挑战;方能为经略海洋、扩展海权构建起陆上战略纵深,实现中华民族“海洋强国”的伟大梦想。

中俄同为新兴大国,战略利益与战略理念广泛相近。而且俄罗斯具有大国分量、大国思维、大国作为。有俄罗斯作为我国的主要战略伙伴、中俄联手合作,方能改变严重失衡的国际战略格局,推动新型国际政治经济安全秩序的建立;方能经营好上合组织,打造作为我国战略依托的新兴国家集合体,更加有力地运筹大国关系,破解美国的战略围堵。

其次,军事关系在中俄关系中具有特别重要的地位。

---

* 本文系作者 2013 年 3 月在国内研讨会上的讲话。

军事关系是国家关系中最具战略性、实质性、标志性的领域。军事关系的建立与发展既要建立在政治经济关系良好的基础之上，反过来又可强有力地促进政治经济关系的深化。

俄罗斯是军事大国，军事技术先进性仅次于美国。由于我国遭遇西方国家的军事技术封锁，加之我国武器装备基本属于苏式体系，相当长时间里俄罗斯将是我国先进军事装备的主要来源。

在俄罗斯权力格局中，军队等强力部门历来具有重大影响力。普京团队的核心成员大多来自军队等强力部门。密切与俄军队等强力部门的关系，是深化对俄战略关系的重要途径。

其三，习主席刚刚对俄罗斯进行了重要国事访问。

这是两国关系乃至国际关系中的一件大事，必将为中俄战略协作伙伴关系的深化注入强大动力。此访引起了国内外的广泛关注，大家都在思考中俄关系的现在与未来。而且，两国军事安全关系在习主席此访中居于重要地位，取得重大进展。作为研究国际战略问题的智库，不能不紧紧抓住这一有利时机，深化中俄军事关系研究。

以上情况都对深入研究中俄军事关系提出了迫切的要求。非常希望这次会议能够对中俄军事关系的现状给予准确的评估，对中俄军事关系的深化形成一些具有战略性、前瞻性、可操作性的思考和建议。

希望同志们畅所欲言。也就是说，希望各位能够放开一些，谈得更深一些，更生动活泼一些。

在反法西斯战争胜利68周年中俄友好联欢会上的讲话*

尊敬的反法西斯战争老战士，再过两天将迎来反法西斯战争胜利68周年纪念日。为了隆重纪念这一对人类历史有着深刻影响的伟大日子，中俄老战士聚集在俄罗斯文化中心，举行友好联欢会。请允许我向在座的二战老战士，向在反法西斯战争中建立丰功伟绩的英雄们，致以崇高的敬意；向中俄及世界爱好和平的人民致以节日的祝贺；也向此次活动的主办者表示诚挚的谢意。

发生在20世纪40年代的第二次世界大战，是德日意法西斯强加给人类的一场浩劫。在这场战争中，德日意强盗对被侵略国人民、对全人类犯下了令人发指的罪行。68年过去了，德国通过反省历史、洗心革面，得到了受其侵略国家人民的谅解，走上了和平发展的道路。而以安倍政府为代表的日本右翼势力却对其侵略罪行遮遮掩掩，死不认账。日本不断向受害国人民尚未愈合的伤口上“撒盐”，又是“拜鬼”，又是否定强征“慰安妇”恶行。安倍甚至公然大讲“关于侵略还没有统一的定义”。还穿上作战服、戴上坦克帽，对日本天皇山呼“万岁”。日本同时发起了与中国、韩国、俄罗斯的岛屿争端，企图通过岛争彻底推翻二战战胜国关于惩罚日本侵略者的国际法安排，并且为其发展军备寻找借口。安倍政府还肆无忌惮地推动修改“和平宪法”，企图突破“专守防卫”。日本的战略图谋很明确，那就是通过否定侵略罪行、改写二战历史，成为所谓“正常国家”，进而成为“政治大国”、“军事强国”；就是要颠覆《开罗宣言》、《波茨坦公告》、《雅尔塔协定》以及《联合国宪章》所确立的远东和平秩序，成为

* 本文系作者2013年5月7日在北京俄罗斯文化中心的讲话。

地区霸主。

日本的种种恶行,不仅与其数百年来的“皇国史观”灌输,以及其藐视邻国、扩张成性、惯于抵赖、死不认账的民族劣根性有关,而且与美国“重返亚洲”、企图借日本遏制中国与俄罗斯的和平崛起,给日本撑腰打气、包庇纵容紧密相连。

日本的所作所为对东亚和平构成了巨大的现实威胁。在反日本法西斯战争中浴血奋战,并且付出巨大民族牺牲的中俄人民不能漠然处之。中俄作为两个亚太大国、安理会常任理事国,负有维护地区和平稳定的大国责任,必须采取强有力的反制举措。中俄作为战略协作伙伴,必须在此问题上紧密协作。必须明白,不论是钓鱼岛争端,还是南千岛群岛争端,本质都是日本要改写反法西斯战争的历史结论,性质完全相同。日本要推翻二战历史结论,不仅是对遭其残害的被侵略国人民的反攻倒算,而且是对中国伟大抗日战争、俄罗斯伟大远东战役的根本性否定。所谓两起岛争“性质不同”,在此问题上应“保持中立、不选边站”的说法,起码是战略上的糊涂。中俄老战士、两国有识之士有责任力促两国政府在此问题上展开紧密的战略协作。

去年 2012 年 7 月我曾经撰文,而后在多次座谈会、研讨会上又多次呼吁,借《开罗宣言》签署 70 周年之际,中俄联手发动一场声势浩大的清算日本侵略罪行、落实二战战胜国国际法安排的“战略性战役”。我相信,这是投入最小、抓手最多、最易操作、最能击中日本软肋、最能占据道义制高点的和平手段的运用,是从根本上解决岛争同时又超越岛争、抑制日本地区霸权野心、稳定东北亚局势的“治本之策”。借今天的纪念活动,我再次呼吁中俄两国政府和人民,为了维护地区乃至世界的和平,为了稳定东北亚安全秩序,为了维护两国和平发展所必需的和平稳定的周边环境,也为了对得起为战胜日本法西斯浴血奋战的两国先人们,迅速行动起来,动员一切可以动员的力量,讨伐日本侵略罪行,遏制日本翻案邪风,还历史以公正,还东亚以稳定。务必促使日本像德国那样对受其侵略的东亚各国“下跪谢罪”,并且接受战胜国的正义安排;务必唤起日本的健康力量,教育日本的年轻一代,改变日本的政治生态;务必铲除日本滋生军国主义的土壤,切断日本右翼势力重走帝国扩张称霸的老路,促使日本走上真正和平发展的道路。

同志们、朋友们、尊敬的老战士们,世界已经进入以和平与发展为主题的新时代,中俄关系已经进入战略协作与务实合作并举的新时期。中俄两国的和平崛起难以阻挡,中俄两国的友好合作必将不断深化。让我们重温两国军民并肩战胜法西斯侵略者的光荣历史,继承两国老一辈结下的战斗友情,携手实现两国的“强国富民”之梦,并且为亚洲与世界各国的共同安全、共同发展做出应有的大国贡献。谢谢大家。

中俄反恐联合军演拉开帷幕*

7月27日，中国人民解放军陆军参演部队自满洲里搭乘专列开赴俄罗斯车里雅宾斯克演习场，空军和陆航部(分)队也在新疆地区整装待发，即将通过空中机动飞赴俄罗斯，中俄“和平使命-2013”反恐联合军演就此拉开了帷幕。这是继中俄“海上联合-2013”之后两国武装力量进行的又一次联合军演。在短短一个月内连续进行两次大规模联合军演，在中俄军事关系史上尚属首次，自然会引起两国及国际舆论的广泛关注。人们不仅对此次联合军演有何看点感到兴趣，而且对中俄接连进行联合军演的背景议论纷纷，关于两国可能要结成针对美日的军事同盟的猜测更是随之再起。其实，只要读一读中俄两国国防部发言人的情况介绍，回顾一下两国领导人的多次谈话，答案相当明确。

关于此次演习的看点，首先需要说，这是一次反恐联合军演，是上合组织框架内的系列演习，自2005年以来已经进行过5次。只是此次联合军演规模较大(是一次“战役行动”，双方参演实兵1 500人，想定兵力达数万人)，持续时间较长(历时20天)，参演部队合成程度较高(既有陆军部队，又有空军部队，还有保障分队，而陆军既有机械化步兵部队，也有特种兵分队、陆航分队)，这显然应是此次演习的一大看点。

演习阶段的划分及实施也是重要看点。在兵力投送和部署阶段，中方军队在友邦境内陌生环境中进行远距离铁路和空中机动及紧急部署，自然会遇到一些在本国境内不会遇到的困难，这对于首次参加此类演习的沈阳军区部队来说无疑是一大考验。在战役筹划阶段，需要重点关注两军联合导演部如

* 本文发表于《中国日报》英文版2013年8月5日。

何进行演习科目设置,如何设置敌情,如何区分各部(分)队的任务,这对于了解演习的目的和性质将会有直接帮助。而在战役实施阶段,则要看联合指挥部对战役战斗行动的指挥,各部(分)队特别是两军之间、地空之间、各战斗群之间的协同动作,以及两军部(分)队的战术技术素养。

至于第二个问题,中俄两国海军刚刚结束在日本海彼得大帝湾规模空前的“海上联合-2013”联合军演,“和平使命-2013”联合军演又接踵而来,这究竟意味着什么,确实值得关注和思考。

首先,我认为,这无疑意味着中俄两国军事合作的深化。中俄互为主要战略伙伴,两国军事关系不仅是战略协作伙伴关系的重要组成部分,而且是其最具标志性的部分。两国高水平的政治关系需要转化为防务领域的务实合作。在两国安全形势趋于严峻的情况下,军事合作自然应予加强。中俄进行联合军演不仅是提高军队战斗力的重要途径,更是提高两军协同作战能力的必由之路。为了在必要时联合打击针对两国及上合组织成员国的恐怖暴力活动,平时不能不通过联合军演提高这种能力。中俄两军联合军演还有利于相互了解、增进互信,相互学习、提高各自部队的战斗力。对于中国军队来说,由于几十年没有打仗,而且主要技术装备来自俄罗斯,通过与俄军共同演训,学习俄军先进经验,更是具有迫切的必要性。另外,通过联合军演,走出国门、走向世界,对于中国军人开阔国际视野、增进对国际形势的了解,也有着非常重要的意义。正是因为联合军演对于两国军队建设具有重大价值,这种军演正在走向机制化、常态化。

其次,中俄进行联合军演与建立军事同盟毫不相干。两国领导人多次声明,两国关系发展的重要指导原则是“不结盟、不对抗、不针对第三方”。中国的新安全观更是强调共同安全、合作安全,倡导结伴而不结盟。正是在这个意义上,中国总参谋长房峰辉表示,“中俄两军进行联合演习不针对第三方,目的是深化两军在训练领域的合作,提高军事行动协调能力,在维护地区安全稳定中发挥积极作用”。就“海上联合-2013”和“和平使命-2013”联合军演来说,假想敌十分明确,一个是海盗,一个是恐怖主义势力,绝无针对某一特定国家的考虑。很显然,那种认为中俄加强军事合作、进行联合军演是要走向军事结盟的议论,是冷战思维的顽固表现。美国打着“重返亚太”、“战略再平衡”的旗号,拉帮结伙、煽风点火,围堵中国、遏制俄罗斯。日本傍定美国,企图推翻二战历史结论、突破和平宪法制约、重走军事强国之路，也在极力渲染中俄军事威胁论。他们心中有鬼，硬要对号入座，把中俄联合军演说成是针对他们的，自愿充当军演的假想敌，我们也没有办法。美日在东亚频繁举行大规模联合军演，而且对针对中俄的指向几乎不加掩饰，现在却要对中俄说三道四，实在没有道理。

其三，中俄联合军演必将对地区安全形势产生重要影响。虽然中俄联合军演与建立军事同盟毫不相干，但是不等于说不会对地区安全形势产生影响。有充分理由相信，此次“和平使命- 2013”联合军演必将再次有力地震慑国际恐怖主义势力，对维护地区和平稳定必将产生积极作用。在美国等西方国家新干涉主义肆虐、西亚北非“民主动乱”持续发酵的情况下，在以美国为首的北约联军即将从阿富汗撤离、阿富汗可能重新成为“三股势力”的策源地的情况下，上合组织反恐安全形势明显趋于严峻。上合组织必须进行有关战略布局，必须加强组织框架内的反恐合作力度。中俄作为上合组织的两个大国，必须在上合组织反恐维稳合作中发挥大国作用。尽管武装力量在反恐行动中主要是起震慑和后盾作用，但是必要时必须有能力迅速出动，通过紧密协同，坚决果断地制止“三股势力”的恐怖破坏活动。这正是中俄在上合组织框架内连续多年举行反恐联合军演的重要原因。

第五专题

媒体访谈录

联合军演：中俄战略合作迈上新台阶*

中俄将于2005年8月18日至25日举行的“和平使命-2005”联合军事演习，无论从规模上还是武器装备投入上，都受到广泛关注。**此次联合军演不仅将对中俄战略协作伙伴关系的深化起到重要推动作用，而且将对亚太地区的安全稳定产生积极影响**。

中国中东欧中亚学会常务理事王海运认为，**首先，此次军演的目的明确**。一是促进中俄双方军队相互了解、相互学习，增进彼此友谊，从而进一步强化两国在政治和军事上的互信。二是增强两军联合军事行动能力，特别是对联合军事行动的适应能力和协调能力，为两国在面临共同威胁时能够迅速展开联合军事行动创造条件。三是增强中俄两国在亚太地区的战略地位、缓解周边安全压力。联合军演不存在任何假想敌，不针对任何具体国家和地区。

其次，此次军演的意义重大。一是推动两国战略合作迈上新台阶。军事关系是国际关系中最敏感的关系，军事合作是最高层次的战略合作，两国决定进行联合军演充分体现了两国的政治互信。二是两国军事合作更加具体化。军演是重要军事合作形式，能够有效提高两军的战术配合和协同作战能力，为两国应对共同威胁、为解决地区安全问题以及在联合国授权下进行联合军事行动创造必要的条件。三是适应打击恐怖主义活动的需要。联合军演将有效震慑国际恐怖主义恶势力，在中亚地区相继发生极端势力骚乱的情况下意义更加突出。

最后，此次军演的亮点很多。一是战略性强。军演背景、情况设想(强制

* 本文系《解放日报》记者对作者的专访，发表于《解放日报》2005年8月3日。

和平)均具有很强的战略性。联合军演在战略层面上策划,从战略磋商开始,出动的兵器亦具有战略性,对两国两军关系的影响更是具有战略性,国际影响也具有战略性。二是实战性强。是两军为应对共同威胁、进行协同作战所进行的试验性演习。演习想定明确针对现实威胁(中亚颜色革命、台海局势),并且在近似实战条件下实施。将贯彻两军核心作战理论(俄军远程战略机动、我军联合作战)。两军联合反恐能力的提高,有助于共同应对地区大规模恐怖主义袭击,担负联合国可能赋予的制止地区局部战乱任务。三是协同性强。所有课目均由两军几个军兵种协同实施,需要克服语言、思维习惯、军事思想、条令条例等方面的差异以及军兵种多、战场条件复杂等困难,将会有效提高两军各军兵种、各部队之间协同作战的能力。四是合同性强。联合军演将在陆、海、空、天、电磁、水下同时展开多维立体作战行动。演习课目(控制局部海域、垂直登陆、陆上交战)均为合同作战。五是技术性强。联合军演各课目均是高技术条件下的作战行动,立足于打高技术信息战争。两军均将出动各自最先进的武器装备,演练最复杂的战术动作。

联合军演影响深远,具有重大军事与政治意义。将增进两军相互了解以及信任与友谊,开辟两军交流合作的新领域。将起到相互学习、相互借鉴,共同探索、共同提高的作用,有利于两军战斗力的增强。将为今后必要时进行协同作战积累宝贵经验。将赋予两国战略协作以新的内涵,有利于增强两国在国际关系中的战略地位。将向国际社会传递一个重要信息:必要时两国有能力、有意志采取联合军事行动,以应对共同威胁。对伊斯兰极端势力、台独势力以及“颜色革命”势力将产生威慑作用。对美日也有警示作用。

此次演习仅是两国武装力量联合训练的开端,今后还会经常进行此类联合军演以及上海合作组织框架内的联合军演。

是时候考虑投资俄罗斯的油气产业了*

在全球性金融风暴的冲击下，俄罗斯的"金砖"成色似乎变得有些黯淡。受俄格冲突、国际油价迅速回落等一系列因素的影响，俄罗斯资本外逃加剧，此前大举进入俄罗斯市场的西方资本加快了撤离速度。自从8月8日俄格冲突爆发以来，外国投资者不断从俄罗斯的股市、债市撤出资金。根据法国巴黎银行的数据，仅在8月8日至9月26日期间，就有589亿美元资金流出俄罗斯。根据俄罗斯中央银行的最新数据，今年第三季度俄罗斯资本净流出达到了167亿美元，其中从银行业流出的资本就占了159亿美元。

中国驻俄罗斯前武官王海运少将在接受《第一财经日报》采访时表示，俄罗斯出现资本外逃是因为在俄外资短线投资比较多、长线投资相对少。一旦出现风吹草动，资本外逃就会非常迅猛。其深层原因是俄罗斯金融体系不健全，在监管机制不完善的情况下金融体系的开放程度却比较高。因此，资本的外逃对俄罗斯金融系统的冲击特别大。

王海运还称，另一个因素是国际油价从上百美元的高位迅速回落至80美元以下。俄罗斯产业结构不平衡，石油天然气行业占了GDP的20%左右、预算收入的50%左右。因此，油价大幅下跌对俄财政形势影响比较大。更为关键的是，油价迅速下跌摧垮了投资者的信心。无论是本国寡头，还是外国投资者，都出现资金撤离的现象。

---

* 本文系《第一财经日报》记者对作者的专访，2008年10月13日。

不会重演 1998 年那样的违约危机

市场对于俄罗斯经济的最大担心是，这是否是危机的前奏？俄罗斯是否会重演 1998 年那样的金融和财政危机？

王海运对记者表示，预计俄罗斯不会出现 1998 年类似的崩溃局面。这是因为俄罗斯有如下一些有利因素：

第一，俄罗斯仍然是世界上第三大外汇储备国。

第二，俄罗斯最近几年利用巨额的石油美元建立起了稳定基金。虽然根据俄经济发展部 10 月 6 日的最新数据，俄罗斯银行和公司的外债总额高达 3 000 亿美元，不过，俄罗斯外汇储备仍然维持在 5 000 亿美元以上，联邦预算仍然是盈余的。10 月 9 日俄央行声称，即使经过了下调，俄罗斯上半年的经常账户盈余仍达 636 亿美元。俄罗斯依靠石油收入建立起来的稳定基金占其 GDP 的 10%左右。

第三，与 1998 年的情况不同，俄罗斯的内需比当时有了较大的提高。民间资金也比 1998 年雄厚得多。虽然政府不能随便动用，但是也为整个金融提供了资金池。

第四，目前俄罗斯政府的施政能力比较强，管控得当，措施出台速度比较快。这比叶利钦时代要强得多。

是时候考虑投资俄罗斯的油气资源了

在危机的打击下，一向资金充裕的俄罗斯石油天然气企业也开始“哭穷”。

据俄罗斯《报纸报》10 月 8 日报道，为偿还海外贷款，包括俄罗斯天然气工业公司、俄罗斯石油公司、卢克石油公司和 BP-秋明石油公司在内的俄罗斯四大能源巨头已向政府申请贷款。卢克石油公司总裁阿列克佩罗夫表示，希望得到 20 亿～50 亿美元的贷款，其他 3 家公司没有透露借款数额。

“除资本市场的外部因素外，企业内部因素也是导致俄罗斯石油企业出现问题的重要方面。”王海运向记者介绍，前几年俄罗斯石油企业扩张过度，借了很多短期信贷，在东南亚、非洲投入了很多资本，试图进行全球油气资源布局。但是，由于风险管理不善，出现了债务负担过重的问题。截至 2007 年底，俄天然气工业公司债务总额达 571 亿美元，俄罗斯石油公司为 272 亿美元，卢克石油公司为70亿美元，BP-秋明公司为18.5亿美元。在金融市场动荡的局面下，俄油气企业陷入了股票市值下跌、资金链紧张的尴尬境地，不得不呼吁政府救助。

不过，王海运同时表示，俄罗斯石油企业出现问题，绝不意味着这些公司将来会倒闭。他认为，这些企业是俄罗斯重新崛起的希望，俄政府一定会大力扶持。因此，这些企业的投资潜力巨大。

王海运表示，在俄罗斯股市一泻千里、该国油气资产价格被低估的情况下，是时候考虑投资俄罗斯的油气资源了。在俄罗斯，已探明的石油原始可采储量约为310亿吨，探明天然气储量约为48万亿立方米，分别占世界石油和天然气剩余探明储量的6.5%和26.7%。

王海运对记者表示，由于种种原因，俄罗斯目前在油气资源勘探方面的投入不足。而随着开采和勘探技术的提高，东西伯利亚和远东地区的能源储量很可能大于目前估算的数额，俄罗斯油气资源的开采很可能再上一个台阶。因此，我国应考虑适时投资俄罗斯油气资源。

王海运同时强调，中国企业一方面应积极寻找进入俄罗斯油气勘探开发市场的机遇，另一方面应注意进入俄罗斯油气领域的风险及规避风险的策略，以免造成投资的失败。

中俄天然气合作非大搞不可*

两国天然气合作的主要障碍

《中国能源报》：我们已经知道，价格问题是中俄双方天然气谈判中最难平衡的一点，利益问题在这场谈判中是否起了决定性的作用？

王海运：利益问题当然是很重要的。尤其对于俄罗斯而言，追求本国利益最大化是其长期坚持的价值取向。表现在对外油气合作中，则是追求高价，不坚持到最后一分钟绝对不会退让。同俄方打交道，特别是谈判，一向很艰难。

还有一些心理上的原因：俄罗斯是个资源大国，相对于消费国有着强烈的优势心理，存在所谓"我有资源不怕找不到买主"的心态。更何况俄罗斯作为曾经的超级大国，对向昔日的"穷兄弟"出售资源存在心理障碍，总要端些架子。俄罗斯某些势力对中国的快速崛起很不适应，担心中国强大后对俄构成安全威胁，因而质疑以宝贵的油气资源帮助中国发展强大是否合理。这对价格谈判也会形成某种牵制。

《中国能源报》：如果价格问题很难平衡的话，能不能采取一些别的措施，比如双方在其他条件上作出努力？

王海运：这也是一个很重要的思路。俄罗斯油气出口关税特别高，如果能在税收方面给企业减负，双方合作就少了一些障碍。再比如预付款与价格挂钩的思路也有一定可行性，即参照"贷款换石油"的方式，给俄方预付款或者贷款，解决俄气的资金困难问题。要知道，俄罗斯外汇贷款利率非常高，我国

* 本文系《中国能源报》记者 2011 年 8 月 1 日对作者的专访。

是百分之几，他是百分之十几。俄气将钱拿到后，哪怕转手放贷都能赚很多。

另外，双方还应积极探讨能源合作新的增长点。比如中方可以利用俄国有能源企业减持国有股的契机，扩大对俄油气企业的参股深度，迂回进入俄油气产业上游领域；利用俄推进能源产业现代化改造的契机，参与俄油气处理、油气炼化、技术服务、管道建设等能源产业现代化项目；吸引俄方投资我国油气中下游领域，以扩大俄方对我国的能源资源供给，等等。

“油气合作非搞不可，非大搞不可”

《中国能源报》：既然存在那么多难以平衡的关系，中俄天然气合作能否顺利进行？毕竟对于中俄原油管道谈判一波三折的事，大家仍记忆犹新。

王海运：这是当前一种有失偏颇的倾向。中俄天然气谈判未果仅仅是一个技术性、局部性困难，而不是战略性、全局性困境。从长远来看，中俄天然气合作的前景仍是非常乐观的。

俄罗斯是潜力巨大的天然气资源大国，中国是增长旺盛的天然气消费大国。俄罗斯急欲在中国天然气市场上获得较大份额，中国也希望得到俄罗斯天然气大规模长期稳定的供应。资源与市场的天然互补优势为两国天然气合作提供了重要的基础。

俄罗斯想要搭乘亚太经济快车，减少对欧洲市场的过度依赖，必须以开发东部油气为重点。天然气市场的区域性特点决定了俄方必须大力开辟东方市场。而在东方国家中，输送给日本需要跨海，或者通过LNG，不太便利。输送至韩国则需要经过朝鲜，也不现实。而且日韩油气市场都是成熟市场，容量和增量都比较有限。只有中国市场具有几乎无限的增长潜力，而且稳定可靠、输送便利。

《中国能源报》：两国推进天然气合作，不仅仅是出于能源战略的考虑。

王海运：能源作为一种战略资源，还涉及到两国的政治关系。中俄互为战略协作伙伴，两国关系处于历史最好时期。在准多极时代，中俄必须强化相互借助，为此必须夯实经济基础，特别要加强油气合作。可以说，两国的地缘战略利益决定了油气合作非搞不可，非大搞不可。

事实上，两国政府都在大力推动油气合作的深化。年输油量1 500万吨的石油管道已经开通。两国高层加强天然气合作的战略决策已定。任何战略性决策都是经过反复论证审慎做出的，是不可能轻易改变的。这就决定了这一合作的前景总体乐观。对此，不应有任何的怀疑。

做好长期攻坚的心理准备

《中国能源报》：我们知道，普京将于秋季访华，那您预测一下，双方签署合同的几率高吗？

王海运：要最终达成合作，价格上双方恐怕都要做出让步。不过，鉴于中俄双方近期就天然气价格达成妥协的可能性不大，10 月份普京访华时签署合同的可能性不是很高。对这个问题，企业、政府、学术界和媒体都应有必要的心理准备。这次谈不成，再拖 1、2 年也无碍大局。

《中国能源报》：有人说“俄罗斯担心谈判越久对自己越不利”。在这次谈判中，中方是不是比俄方更从容？

王海运：这是俄专家的看法，而不是俄官方的看法。据我所知，他们还是有各种各样的理由要求涨价，并且非常坚持，对中国加价的期望值依然很高。

总而言之，中俄天然气谈判是一个互利共赢的问题。不单是天然气价格问题，还有整体能源合作，都必须贯彻互利共赢的原则。我们不能一味强调这件事现在就必须办成，而应既有坚定的信心，又有巨大的耐心；既要积极推进，又不要急于求成；既要坚持市场经济原则，坚持互利共赢理念，又要充分发挥两国政治关系优势，用好副总理级能源合作谈判机制；特别要积极探讨能源合作新的增长点。这才是正确的态度。

中俄联合军演凸显高科技战争特点*

问：中俄8月18日联合军演是根据中俄两国国防部2004年7月签署的关于举行联合军事演习的备忘录实施的，您能给我们介绍一下具体的背景吗？

答：这次联合军演有三方面背景值得我们关注。首先，它代表了中俄两国在政治上互信合作的增强。军事关系是两国关系最敏感的部分，军事合作又是两国最高层次的合作，所以本次军演预示着中俄关系迈上了一个新台阶。其次，俄罗斯目前面临着十分复杂的国际安全形势，它要应对北约东扩和“颜色革命”等诸多威胁。安全环境的恶化使俄方更关注与中国的合作，以此共同应对安全挑战；同时也期望加深与中国的睦邻友好合作关系，扩大战略纵深，加强战略地位；最后，中国的和平发展同样也需要一个稳定安全的国际环境，与俄罗斯加强战略合作和军事合作也就显得十分重要。

问：这次联合军演的目标是什么？双方能达到何种合作目的？

答：中俄双方是本着增加相互了解、相互学习，增进彼此友谊和信任的目的开展这次反恐演习的。同时，联合演习是消除针对两国的共同威胁，加强协同作战的最好形式。通过演习两国能加强相互适应和配合。当然，演习背景影响着本次演习的目的。俄国的巨大安全环境压力决定了俄方在此次演习中抱着加强战略地位的想法，而中国则倾向于加强伙伴关系、加深战略合作。

问：与历次俄方与他国的军事演习相比，这次演习有何特点？

答：主要有四个特点。第一是演习的兵力规模大。双方人数达到上万人。第二是演习的战略性突出。这表现在演习具有很强的战略背景，即针对

* 本文系作者答香港《文汇报》记者问，载于该报2005年8月5日。

国际恐怖活动维护地区合作;参与演习的兵器具有战略性,如包括图-22、图-95战机、预警机等;军事安全领域的合作对深化两国的战略合作具有重要意义。第三是演习的合同程度高。此次演习是在多维空间进行的,体现了地、海、空、天、电的一体性。同时,演习又是多兵种联合作战,无论是俄军的远距离战略机动还是我军的联合作战都体现了高度的合同性。第四是体现出高技术。这次演习是以现代高科技战争为背景设计的,参演兵器的技术含量高,潜艇、预警机都将参与演习,不同于一般的反恐军事演习,更不同于搜救演习。

问:有些媒体认为这次军演有针对美国之嫌,也有人指出俄军是以推销武器为目的,您怎么看?

答:我不认为这次演习是针对美国的。我方已经表示"演习不针对第三国",演习的直接对象是国际恐怖主义活动,不存在针对美国的秘密部分。中俄两国均致力于与美国关系的健康发展,俄美也进行过多次联合军事演习,所以,宣扬联合军演针对某国没有根据,是冷战思维的表现。

就中俄联合反恐军事演习回答记者提问*

新华网消息(李宣良、白瑞雪、王楠楠):7月17日,中国驻俄罗斯前陆海空武官、中国国际战略学会高级顾问王海运少将在外宣局官员的陪同下,就"和平使命-2009"中俄联合反恐军事演习回答了十余家国内媒体记者的联合提问。

王海运:非常高兴和各位记者见面,希望能就此次中俄联合反恐军演的一些问题和大家一起探讨。

《中国日报》:相对于"和平使命-2005"与"和平使命-2007",此次"和平使命-2009"有什么特点?

王海运:"和平使命-2009"中俄联合反恐军事演习是"和平使命"系列演习之一,中俄每两年举行一次"和平使命"联合反恐演习。"和平使命-2009"与"和平使命-2005"、"和平使命-2007"联系紧密,目的都是反恐、打击"三股势力"。

此次"和平使命-2009"联合军演的科目设置、出动兵力和规模是根据具体任务来确定的。所以说,此次联合军演与之前两次演习既有联系又有不同。

《中国日报》:演习有哪些意义?

王海运:"和平使命"系列联合军演具有突出的战略意义。

恐怖主义是中俄面临的共同威胁,也是上合组织所有成员国面临的共同挑战,是欧亚地区特别是中亚地区的突出问题。"三股势力"对地区的和平、稳

* 本文系作者2009年7月11日就中俄举行联合反恐军事演习回答记者联合提问。

定、安宁构成了威胁，中国和俄罗斯都面临这个突出问题。

中国和俄罗斯作为联合国常任理事国，作为上合组织的两个大国，应该在应对“三股势力”恐怖破坏活动问题上发挥带头作用，为地区稳定作出更多的贡献。

所以，我认为这次联合反恐演习，无论是对两国反恐协作的深化，还是对上合组织框架内的反恐合作，都有着重要的推动作用，对地区的和平、稳定、安宁将会产生积极影响。

新华社：海外媒体认为此次演习地点和时间的选择高度敏感，您怎样分析？

王海运：我认为这是海外媒体的误解、误读和误判。

我们的演习地点是早就确定了的，虽然距朝鲜半岛不远，但是和朝鲜核问题没有直接联系。我们的科目设置是反恐，与朝鲜半岛形势毫不相干。硬把这些联系在一起，是一些不负责任的西方媒体的惯常做法。

新华社：中俄联合反恐军事演习的机制化、常态化对两国的国家关系意味着什么？

王海运：意义非常深远。

首先是增进相互了解。尽管两国军队来往比较频繁，但是两国官兵一起训练的机会并不多。双方一起摸爬滚打，对于增进相互了解具有重要意义。

其次是相互学习、相互借鉴。两军各有所长，在反恐方面都有自己的经验。相互学习和相互借鉴对提高两军的作战训练水平具有现实意义。

其三是加强反恐合作，特别是上合组织框架内的反恐合作。这次军演，上合组织成员国的军事代表团也会前来观摩。这是一种带动，会对“三股势力”起到震慑作用，也会对地区的和平、稳定起到促进作用。

同时，这种军事关系对两国关系也非常重要。军事关系是两国关系中最敏感、最具标志性的部分。军事关系的发展往往滞后于政治、经济关系，军事关系受损害、受冲击也往往早于政治、经济关系。两国的军事合作如果加强，对深化两国的战略协作意义深远。

中俄有 4300 多公里的共同边界，这是一个非常重要的地缘政治现实。邻居是不能选择的，只能友好相处。只有友好相处，才能使两国得到共同发展。

21 世纪中国的主要经济活动可能要更多地依靠海洋，需要以更大的努力来开发海洋。与俄罗斯发展战略协作关系，对于我国构建经略海洋的战略纵深非常重要。

中俄在国际事务中有很多共同利益、共同理念、共同需求。我们都是新兴大国，都反对霸权主义、单边主义，都希望未来世界是一个有序的多极世界。我们都需要一个和平、稳定的国际环境和周边环境。近年来中俄战略协作越来越紧密，在军事联演问题上也能反映出两国关系的这种发展趋势。

所以，两国联合反恐军事演习是深化中俄关系很重要的举措。

新华社：怎么理解此次军演的反恐性质？海外媒体往往有一些其他的猜测。

王海运：看演习主要是看演习想定、科目设置。这次演习很清楚，科目设置集中指向恐怖主义势力：某主权国家遭受恐怖暴力袭击，对地区局势稳定造成破坏，中俄协同解决这个问题。这里没有任何可以怀疑的地方。

新华社：联合军演会有多大的实质性意义？

王海运：实质意义很大。2005年以来的系列联合演习，对“三股势力”的震慑是明显的，对促进地区稳定的确起到了重要作用。

联合军演还有一个更重要的目的就是增强作战能力、协同能力。一旦有情况发生，中俄两军可以更好地采取联合行动。

所以，举行反恐演习的实际意义很突出。

《人民日报》(海外版)：演习的地点为什么选在吉林？

王海运：地点的选择考虑了多种因素。这么大规模的军事行动，需要保障吃住行，任务非常艰巨，我们各军区需要轮流担任演习接待任务。还有演习场的问题，演习地点选择更多是从训练实际需要出发的。

新华社：部队在反恐问题上有什么职能，有什么变化和趋势？

王海运：武装力量在反恐行动中主要起震慑和后盾作用。必要时要能够迅速出动，如果没有这种作战能力，就起不到震慑和后盾的作用。

部队直接参与反恐行动仅是在十分必要的时候。如果恐怖暴乱活动没到相当大的规模，可以靠执法部门和武警解决。但是要考虑危机扩大的可能性，军事斗争准备不能不考虑复杂情况。

新华社：部队要通过什么途径和手段来提高这种能力？

王海运：联合反恐军演本身就是提高这种能力的重要途径。通过联合军演，可以研究演练打击恐怖势力的作战方法、兵力兵器运用等。

当然，要想有效地打击恐怖主义势力，军队的军事斗争准备要全面加强，包括对恐怖主义活动规律的研究也要进一步加强。

《中国日报》(海外版)：俄罗斯怎样看待这次演习？

王海运：俄罗斯对此次联合反恐军演的评价很高，寄予了很大期待。

俄罗斯也面临“三股势力”的破坏。俄罗斯对打击“三股势力”非常积极，非常需要这次演习。从加强两军的军事安全合作、深化战略协作伙伴关系角度讲，这次演习对俄罗斯也有现实意义。

中国日报：请您预测一下中俄军方领导战略会谈的内容？有没有可能将联合军演扩展到整个上合组织的成员国，包括中亚国家？

王海运：演习的第一阶段就是战略磋商。有三个方面内容：重大问题磋商、演习开训仪式、下达训令。磋商就是进一步明确演习的背景和目的。接着就是首长下达演习命令，正式进入演习。我认为在这个环节，涉及重大敏感问题的可能性不大。

新华社：武警部队已形成反恐力量体系，体系化建设已经很成熟。请您预测一下未来部队参与反恐的程度？

王海运：我认为，大规模动用部队反恐的可能性极小，但是不能不具备这种能力，具备这种能力可起到震慑作用。有强大的军事力量，不仅可以用于“打”，而且可以用于“防”。强大的军事力量可以避免战争，威慑是避免战争的一个重要手段。预防战争是上策。

新华社：根据您这些年来的观察，通过中俄联合反恐军演以及中国和其他国家举行的联合军事演习，中国军队在哪些方面得到了提高？

王海运：我认为，多方面都有提高。2003 年以前我们军队基本没有进行过联合军演. 从 2003 年开始到现在共举行了 20 多次联合军演。

中国军队的国际视野在扩大，军人对国际形势的了解、对国际合作重要性的理解也在增强。我们是一个大国，需要增强国际影响力。国际利益在增大，需要履行的国际责任也在增大。我们不能不考虑在必要时根据联合国决议履行大国国际责任的问题，例如打击海盗、进行维和。

新华社：一般来说，机制化、定期性的演习是军事联盟的一个标志，但是中俄联合反恐军演并不是搞军事联盟。我们怎样理解中俄军事关系与传统军事联盟之间的区别?

王海运:中俄联合反恐军演为什么并不意味着结盟?这的确是国际社会、某些媒体容易误解的地方。但是我们的确与军事结盟毫不相干。

首先,上合组织宪章明确规定"三不"原则——不结盟、不对抗、不针对第三方。这是上合组织建设的一个重要原则,也是上合组织能够不断扩大影响、充满活力的重要原因。

第二,中国一向奉行不结盟政策。现在中国如果改变这个政策,对我们的国际环境会将会带来很多问题,不利于我们的和平发展。

我们现在的军事合作是一种机制性合作,结伴而不结盟。在冷战后时代,摈弃集团对抗、用合作思维取代对抗思维是个潮流。结盟不符合时代潮流,也不符合相关国家的利益。而且,在上合组织框架内,也没有结成军事同盟的客观条件。

结盟的前景,我认为基本上是不存在的。当然,如果有些军事集团胆敢威胁我们的核心安全利益,到那时什么办法都可以用。但是在今天条件下,我们不可能走结盟之路。中俄联合反恐军演更是和结盟不沾边。

新华社:最近某些媒体形成一种论调,声称中俄每两年举行一次军事演习,但是俄美最近宣布在 2009 年 12 月之前要举行不少于 20 次的军事演习。从数量上看,有人认为中俄之间的军事合作是在萎缩,您怎样认为?

王海运:我不这样认为。我认为军事合作是否具有实质意义不在于举行了多少次联合军演,而要看演习课目的设置和演习想定以及演训水平。

联合军演有不同的目的,有的是为了相互学习、相互借鉴、共同提高,具有很强的合作意义。有的则是为了缓和关系,具有某种象征意义。

俄美之间剑拔弩张的形势对两国都不利,两国都不愿意长时间对抗。但是两国的战略利益有冲突,一时难以解决。借奥巴马上台,俄罗斯释放缓和信号,奥巴马也表示了缓和关系的愿望,俄美关系的氛围有所改善。在这种条件下,举行几次联合军演对进一步缓和这种紧张气氛具有积极意义。俄美两国关系缓和,我认为是件好事。

新华社:我们对恐怖主义的认识是动态的发展过程,这个过程有什么变化和趋势?

王海运:"三股势力"是我们面临的现实威胁,也是我们要首先予以高度关注的问题。

我们国家面临的安全问题存在于方方面面,包括领土安全等。我认为,在可以预见的时间内,针对中国的大规模战争不大可能发生,但是恐怖主义活动很难完全避免。

恐怖主义活动的危害相当严重,对国家稳定和经济发展都有很大的冲击。所以把打击恐怖主义活动作为我们面临的重大课题、现实威胁予以高度重视是必然的。这是我们军事斗争准备要向这方面倾斜的重要原因。

出版说明

《国际观察与思考：王海运将军文集》系王海运将军21世纪以来发表的文章、谈话文集。王海运将军是资深国际问题专家、军事理论专家、能源外交问题专家，并且多年担任高级外交官，有着广阔的国际视野和丰富的外交实践，其研究领域涵盖国际战略、安全战略、外交战略、能源战略等等。

王海运将军是上海大学上合组织公共外交研究院学术委员会副主席、博士生导师，其研究成果在上海大学较具代表性。上海大学出版社从其近年在各类媒体、研讨会和各种论坛上发表的2 000余篇文章、发言稿、专访中选取部分成果结集为五卷本文集：《国际风云与中国外交》、《新世纪的俄罗斯》、《新世纪的中俄关系》、《上海合作组织与中国》、《国际能源关系与中国能源外交》。

王海运将军长于战略观察和深层次思考，其文章、谈话与现实问题比较贴近，兼具情况分析与对策思考，对于相关领域研究人员、政府部门工作人员、相关学科专业研究生具有很好的参考价值。